蒋伯潜

诸子通考

吉林人民出版社

图书在版编目(CIP)数据

蒋伯潜诸子通考/ 蒋伯潜著.
长春:吉林人民出版社,2012.12(2021.1 重印)
(中国学术文化名著文库)
ISBN 978-7-206-08287-0

Ⅰ.①蒋…
Ⅱ.①蒋…
Ⅲ.①哲学家—人物研究—中国—先秦时代 ②先秦哲学—研究
Ⅳ.①B220.5

中国版本图书馆CIP数据核字(2012)第308850号

蒋伯潜诸子通考

著　　者:蒋伯潜
责任编辑:于二辉　王璐瑶
制　　作:吉林人民出版社图文设计印务中心
吉林人民出版社出版 发行(长春市人民大街7548号　邮政编码:130022)
印　刷:三河市天润建兴印务有限公司
开　本:710mm×1000mm　1/16
印　张:27.5　　　字　数:370千字
标准书号:ISBN 978-7-206-08287-0
版　次:2013年3月第1版　　印　次:2021年1月第2次印刷
定　价:79.00元

出版说明

一、中国学术文化名著文库，旨在为读者提供20世纪二三十年代以来的中国学术精品。当时，学问家经历了新文化运动，西学东渐，学术革新；因时应势而现出版高峰，大师名家之作数量激增，质量上乘，对此时及后世的中国学术发展与演进，均产生了巨大的影响。

二、本丛书精选此时大师名家之有关学术文化经典著作，以期对20世纪以来的中国学术文化做一系统整理。

三、丛书所收书目，虽各自早有出版，但零散而不成规模。此次结集，欲为推动中华文化之大发展、大繁荣尽出版人绵薄之力，成一民族文化珍品，为后代留存传之久远的鸿篇巨作。

四、为丛书系列之计，故以史学、国学、文学、一般学术著作之顺序编排。

1. 单种书文字量过少的著作，寻二三种内容相近，或作者为同一名家者，则合成一册，字数以30万字为限；

2. 单种书文字量超过50万字的著作，则分为上、下两册；

3. 单种书文字量超过100万字的著作，则分为上、中、下三册。

五、所收著作，版本不一；流布之中，文字错讹；择其善本，一一折校。现虽为通行横排简体，然尽量保持二三十年代原貌。

1. 人名、地名、异体、通假，仍从原书繁体；

2. 标点符号，从作者习惯，非排版差误者不予改动；

3. “的”，“底”一类文字之分，均从原书；

4. 遇原书字句有疑问者，非有根据不予更改，力求保持原貌。

“中国学术文化名著文库”丛书，工程浩大、环节繁多，编辑、校对、照排、印制人员虽勉力为之然错漏不免，还望方家谅解之余，不吝指正。

总序

在几十年学习和研究中国近现代史的过程中，我一直对中国近现代的思想文化学术史颇感兴趣。尤其是在1995年至1996年我和东北师范大学历史系知名教授杜文君老师一起撰著《中国现代文化志》一书时，更是对中国近现代思想文化学术史进行了认真的梳理和研究。由此，我对中国近现代思想文化学术史有了一个大致的了解，尤其是那些文化泰斗、学术大师、扛鼎巨著、思想流派、异说纷争等，更令我铭刻在心，萦绕于怀。直到今天，每每回想起那段英英历历、千唱万和的历史，仍然是激动不已。

从1912年中华民国成立到1949年中华人民共和国诞生，是中国历史上由旧民主主义革命转变为新民主主义革命，并逐步取得革命胜利的时期。前后两次历史性的开国，前者结束了延续两千多年的封建帝制，后者标志“中国人民站起来了”。其间38年，是中国社会逐步实现由旧到新的转变时期，与该时期社会经济、政治的变革相适应，中国文化也在古今中西文化的冲突、反思、融合中变革着、发展着：社会文化的结构和内容在更新，西方文化被大量引进，中国传统文化也适应时代变革而被重新阐扬；一些原有学科的内容、体系在变革，许多新的部门文化纷纷兴起；出版了近十万种图书和无以计数的出版物，其中有不少革故鼎新、出类拔萃之作；中等以上学校培养了近五百万名学生，产生了一大批享誉海内外的政治家、思想家、哲学家、文学家、史学家、经济学家、教育家、科学家，等等。这一时期在文化上取得了卓越的成就，尤其是“自从中国人学会了马克思列宁主义以后，中国人在精神上就由被动转入主动。从这时起，近代世界历史上那种看不起中国人，看不起中国文化的时代应当完结了”。

现代中国社会的经济和政治，是现代思想文化的源头。半殖民地半封建社会的基本矛盾是当时中国的根本国情，制约着现代中国文化的主题、结构、性质、内容和特征。“没有资本主义经济，没有资产阶级、小资产阶级和无产阶级，没有这些阶级的政治力量，所谓新的观念形态，所谓新文化，是无从发生的。”但是从思想文化的相对独立性的角度来考察，中国现代文化是从古代的、近代的文化发展演变而来的。中国传统文化基本精神的演变，近代中西文化的冲突与融合，社会文化结构的变化，以及知识分子群体的历史走向等，都对现代中国文化的发生、发展有重要的影响。

纵观20世纪初年至1949年中国文化的发展历史，一般以五四运动为界分为两个不同的历史时期。在“五四”以前，中国文化的基本状况是，由甲午战争后起始的资产阶级文化运动已经开展起来，资产阶级新的文化体系逐渐形成，进化论、天赋人权论和资产阶级共和国思想成为新文化各个领域的指导思想，而新文化领域各部门也都为宣传民主、自由、平等服务。这时，文化战线上主要是资产阶级新文化与封建主义旧文化的斗争，学校与科举之争、新学与旧学之争、西学与中学之争都带有这种性质。资产阶级在领导文化变革中起了非常重要的作用，并为中国培养了一大批能够站在时代前列、代表中华民族“讲话”、“呐喊”的思想家。可是，他们无力战胜帝国主义文化和中国封建文化的反动同盟：中国资产阶级文化革命同其政治革命一样，始终未能彻底完成。“五四”以后，由于国际国内形势的变化，由于马克思主义的广泛传播和中国无产阶级及其政党登上政治舞台，中国文化格局发生了变化，以无产阶级共产主义的文化思想为领导的新民主主义文化，联合资产阶级民主主义文化作为同盟军，向着帝国主义文化和封建主义文化展开了英勇进攻。

其基本态势是：其一，“五四”以后的30年，是中国社会的剧烈变革时期，是新民主主义革命逐步取得胜利的时期，与此相应，这个时期的中国文化仍围绕反帝反封建的历史主题，以传播、应用和发展马克思主义为主潮，以介绍和品评西方文化、重释和阐扬中国传统文化为重要内容，并以文化为武器来推动社会改革、人民革命和民族解放为根本目的。其主要成就，不仅表现在文化各领域、各门学科的变革与发展上，而且表现在马克思主义在中国的广泛传播、应用以及弘扬中国优秀文化传统上。其二，这一时期中国文化界出现了派别林立论战迭起的复杂局面。其中影响较大的论争有：东西文化之争、马克思主义与反马克思主义论争、中国社会性质问题论战和关于中国文化出路的论争等，这是当时多种社会经济与复杂阶级关系、民族矛盾在文化形态上的反映，也是古今中西文化之争与多种思想源流汇集于中国社会的必然表现。其三，就文化的主要类型及其发展趋势看：无产阶级领导的新民主主义文化，代表着中华民族新文化的方向；资产阶级民主主义文化，作为新文化营垒的一员，继续发挥反帝反封建、推进社会前进的作用；帝国主义文化和封建主义文化虽然占据统治地位，但是日薄西山，气息奄奄。中国新民主主义革命的胜利，在思想文化上是马克思列宁主义、毛泽东思想的伟大胜利，也是革命民主主义思想的伟大胜利，是帝国主义奴化思想和封建旧文化在中国的失败和破产。这是一个总的发展趋势，而在不同的历史阶段，中国文化的发展和演变各有其不同的历史特点。

具体到各个学科，几乎每个学科都有一批学术大家在辛勤耕耘，都有一批学术著作相继面世。从某种意义上说，中国具有现代意义的、门类齐全的学科体系正是在这一时期建构起来的。例如在历史学学科，1939年开明书店出版了周谷诚的《中国通史》，1940年开明书店出版了吕思勉的

《中国通史》，1949年三联书店出版了吕振羽的《简明中国通史》，1948年新知识书局出版了侯外庐的《中国古代社会史》，1949年商务印书馆出版了周谷诚的《世界通史》，1936年南京文化印刷社出版了吕振羽的《殷周时代的中国社会》，1947年商务印书馆出版了李源澄的《秦汉史》，1934年商务印书馆出版了王钟麒的《三国史略》，1948年开明书店出版了吕思勉的《两晋南北朝史》，1944年商务印书馆出版了陈寅恪的《隋唐制度渊源略论稿》，1946年商务印馆出版了金毓黻的《宋辽金史》，1947年上海中国文化服务社出版了孟森的《清史讲义》，1947年新华晋绥分店出版了范文澜的《中国近代史》，1937年商务印书馆出版了罗尔纲的《太平天国史纲》，等等。这些学术巨匠和学术巨作，使中国现代意义上的历史学学科正式建立起来了。其他学科如哲学、文学、教育学、民俗学、法学、图书馆学、博物馆学、考古学等，也是如此。学术史是全息的。后来者应该探源开流，继往创新，把我国的学术研究推向一个更高的层次。

大概正是基于上述原因，我组织同仁历时数载，编辑出版了这套《中国学术文化名著文库》，以飨读者。

是为序。

胡维革

2011年12月15日

于长春百汇街寓所

目录

目录

自　序

《诸子通考》者，伯潜就先君子建侯公遗稿残帙，整理补编者也。全书分上下二编；上编为《诸子人物考》，下编为《诸子著述考》。

伯潜于二十七年春，挈眷避地，虱处沪上，忽忽四年，笔耕舌耨，无须臾之暇，得以温焊故籍。三十年十二月，孤岛沉沦，不可复居，乃又于翌年春仓皇返浙。时金兰已陷，道梗，欲往浙南不可得。幸故里尚存瓯脱，杜门蛰居，得以苟全。因念老学虽如炳烛，犹愈于束书不观。乃发故箧，曝楹书，埋头故纸堆中。箧底有先君子遗稿残帙，手泽宛然。检而读之，关于周秦汉诸子者，凡二十八篇。曰《史记孔子世家考》，《史记老庄申韩传考》，《史记屈原传考》，均录《史记》原文，加以考释；曰《孟子略考》，《荀子略考》，《墨子略考》，《商君略考》，《苏秦张仪略考》，《稷下诸子考》，则但撮叙其人，加以考证，不复迻录《史记》原文；盖以史公所记或过简略，或过冗繁而又与学术无关也。以上九篇，皆考诸子之人物者。曰《孟子考》，《荀子考》，《子思子考》，《曾子考》，《晏子考》，《陆贾新语考》，《贾谊新书考》，《盐铁论考》，《刘向所序考》，《杨雄所序考》，《老子考》，《庄子考》，《管子考》，《墨子考》，《商君书考》，《韩非子考》，《公孙龙子考》，《吕氏春秋考》，《淮南子考》，此十九篇，皆考诸子之著述者，大致以《汉书·艺文志·诸子略》所录为范围。虫鼠蚀啮，屋漏浸渍，间有损坏漫漶者，因为钞补以完之，而父书可复读矣。此三十一年事也。

初，伯潜读近人胡適冯友兰诸先生所著哲学史，觉有未安处，妄欲就诸子学说，有所申论。志此已二十年，未敢遽尔奋臆命笔。及读先君子遗稿残帙，乃更欿然。盖吾人于诸子人物之身世，著述之真伪，未尝详考，则不能读诸子之书；于诸子之书，未能细读，则无以知诸子之学说。若徒浏览近人所为哲学史或大纲概论之类，即欲于诸子学说有所评述，非人云亦云之耳食，即妄诩新奇之臆度，自误误人，亦徒贻笑而已。乃复就遗稿所考者，检故籍，抒己见，补加按语，凡周岁而始完。此三十二年事也。

继思先君子《史记老子传考》既以"老子"为通称而非专名，《老子考》既以《老子》为战国时人所荟萃掇拾而成，非老子过关时自著；《史记孔子世家考》又谓诸子以孔子为第一人，诸子之书以《论语》为第一部；而其考诸子著述诸篇，独无《论语考》，盖以《汉志·诸子略》为范围，而《论语》在《汉志》固录入《六艺略》也。又于亡书伪书，均未之考。亡书，固不易考，且似不必考；伪书之待考，则尤甚于他书，如《太公六韬》《鬻子》《关尹子》《文子》《鹖冠子》之类是也。又如《公孙龙子》，今本仅存残帙，先君子已为文以考之。《慎子》亦尚存残帙，而独付阙如。其考诸子人物也，重要者固已略具；待考者亦不乏人。且于西汉诸子，考其书而遗其人。则此稿似犹未完成者。爰为之补苴，以成完璧。补苴既竟，乃又重加组织，冠以绪论，殿以附录，复历二年有半，乃成此书。

伯潜少受庭训，凡所诵习，限于经传。比出就外傅，受业于李永年先生。李先生与先君子莫逆，喜浏览诸子。每于课暇，辄相与谈诸子之学。伯潜虽常侍侧，窃闻其绪论；然方在童年，未之留意也。四十年来，学殖荒落，自愧有负父师属望之殷。今幸手泽犹存，父书可读，历时四载，勉成斯编。然欲就正于父师，而墓木已拱。抚今思昔，衋然不自知其涕之霝落矣！

中华民国三十五年五月伯潜序于上海新绿村之寄庐。

说　明

一、儒家之《论语》《孝经》及本在《小戴礼记》中之《中庸》《乐记》《大学》《学记》《礼运》诸篇，旧皆列于经部。今以其性质与诸子为近，且可以考见自孔子以迄西汉儒家之学说，故列入。

二、名家之书，今存者仅《公孙龙子》残本，《墨子》中之“墨辩”六篇，《荀子》之《正名篇》，虽非名家之作，亦阐发名学者，皆可以见战国时之名学，故特提出，其《公孙龙子》并录之。但因非名家之书，故本栏不曰“名家”而曰“名学”。

三、道家之《列子》，今存者为伪书，故未列入。但可以见魏晋间之老庄思想与颓废思想，读者亦宜浏览及之。

四、《吕氏春秋》与《淮南子》同为门客所作，同列杂家，但亦有别。前者纯系杂集而成；后者则偏重于道家。读者宜分别观之。

绪　论

一　何谓诸子

我国周秦之际，学者辈出，各著书立说，欲以改制救世。学者不只一人，其书亦不只一种，故以“诸子”称之。以“诸子”为某种古书部类之名称，自《七略》始。西汉成帝命刘向领校中秘书。向校经传、诸子、诗赋，步兵校尉任宏校兵书，太史令尹咸校数术，侍医李柱国校方技。向卒后，哀帝命向子歆卒其业。歆于是总群书而奏《七略》。《七略》者，曰《辑略》曰《六艺略》曰《诸子略》曰《诗赋略》曰《兵书略》曰《数术略》曰《方技略》。除《辑略》为全书之总最外，其余六略即分古书为六大类，故《七略》为我国古书之分类目录。所谓“诸子”，即六大类之一类。此类古书，大多名曰“某子”，而又不仅一种，故以“诸子”称之。《七略》原书已佚。东汉班固删其要以成《汉书·艺文志》，尚可见其大概焉。自是以后，如齐王俭之《七志》则有《诸子志》，梁阮孝绪之《七录》则有《子兵录》（合“诸子”“兵书”二类为一录），《隋书·经籍志》及清代之《四库全书》亦均特立子部。溯其渊源，皆自《七略》。故曰以“诸子”为某种古书部类之名称，自《七略》始也。

任宏，步兵校尉也，故校兵书；尹咸，太史令也，故校数术；李柱国，侍医也，故校方技。此三类之书，各以专家司校雠，其为专门书籍，性质各殊，不问可知，故分为三类耳。至于六艺、诸子、诗赋，均由刘向校雠，而亦分为三类者，因其性质体裁亦各不同也。“诗赋”与其余二类不同，亦显而易见。“六艺”与“诸子”所以分为二类，不但由汉儒尊经而然，其性质体裁，亦自判然也。西汉时称《易》《书》《诗》《礼》《乐》《春秋》六经为“六艺”（与《周礼》以礼、乐、射、御、书、数为“六艺”，绝不相同），故《六艺略》所录之书，为六经及其传记。《论语》《孝经》“小学”三类，不过六经之附庸而已。六经之中，唯《乐》无经（或云，《乐》本无经，附于《诗》；或云《乐》亦有经，亡于秦火）；故《六艺略》之中坚为《易》《书》《诗》《礼》《春秋》五经。《易》以《卦辞》《爻辞》为“经”；此文王所作（或云《爻辞》周公作），在周代，不啻为御纂钦定之书也。《书》者，夏商周史官所记录所保存之文告档案，传之后世，成为史料者也。（《秦誓》时代最晚，当为秦穆公时，秦之史官所记。）《诗》之《颂》，为周商二代及鲁国之郊庙乐章。（《商颂》，或云商代作品，或云宋国作品。）《风》本各地民间歌谣，《雅》本士大夫美刺时政之诗，但既采于輶轩使者，献之太师，合以音乐，则与《颂》均由乐官保存矣。《礼》十七篇（即今《十三经》中之《仪礼》），本属“仪注”之类，则亦礼官所保存也。《春秋》本鲁史，为鲁之史官所记录保存者。故《五经》原皆“官书”，古文经学家之说是也。今文经学家则以五经为孔子所作。《易》之《彖传》《象传》，孔子所加。《文言》《系辞》，虽非孔子自著，要亦后学记述孔子之言。于是由天道以及人事，卜筮之书变为哲理之书矣。《书》始《帝典》（《礼记·大学》引，即作《帝典》。伪古文《尚书》分其下半为《舜典》，改称上半为《尧典》），终《秦誓》，全书二十八篇，当经一番有意义的编次。古诗三千余篇，孔子删存三百五篇之说，虽未可信；但正《乐》以正《诗》，使《雅》《颂》各得其所，则孔子曾自言之矣（《论语·子罕篇》，子曰：“吾自卫反鲁，然后乐正，《雅》《颂》各得其所”）；而其论《诗》之“兴”“观”“群”“怨”及

"思无邪"云云，均有特到之见。礼官所录存者当不仅十七篇；此十七篇皆士礼，殆孔子取以教弟子者也。《春秋》本鲁史，孔子加以笔削，以寓其"微言""大义"，故孟子直谓为孔子所作焉。（见《孟子·滕文公篇》）盖孔子之于《五经》，乃取原有之官书，加以赞修编次者，故自谓"述而不作"。（见《论语·述而篇》）但经此纂述，《五经》乃更有其新意义，新价值焉，则孔子殆"以述为作"者也，故今文经学家之说亦非全无理由。《五经》，本官书也。诸子之书，则不论其著作，为记述，为追辑，为依托，皆私家之著述，非官书也。孔子之纂述《五经》，虽"以述为作"，终是"述而不作"；《六艺略》所著录之"传"、"记"、"说"、"故"，虽为私家著述，但均所以释经，亦是"述"而非"作"。诸子之书，皆自抒己见，自成一家之言，不复寄托其微言大义于自具内容之古籍，故皆是"作"而非"述"。虽其中多为后人所记述，所追辑，甚且为后人所依托，但自其本书之性质体裁言之，则终是"作"而非"述"，此则"六艺"与"诸子"二类古书之大别也。

然则此类古书，何以率名为"某子"耶？"子"者，古代弟子称其师之词也；加氏以别之，则曰"某子"，如墨子、庄子、孟子、荀子之类，此皆以"子"称其人者也。诸子之书，多非自著，由弟子后学记述成书；即出自著，亦本为单篇，由后人编纂成书；成书之后，不别题书名，径称之曰"某子"者，所以示其人为此书之主人云尔，如《墨子》《庄子》《孟子》《荀子》之类，此则以"子"称其书者也。题曰"某子"之书既多，于是以"诸子"为其部类之名焉。

然则弟子何以称其师曰"子"耶？汪中《述学·释夫子》曰："古者孤卿大夫皆称'子'。子者，五等之爵也。《周礼·典命》：'公之孤四命，以皮帛视小国之君。'《大行人》：'大国之孤，视小国之君。'《春秋传》：'列国之卿，当小国之君。'小国之君则子男也。子男同等，不可以并称，故著'子'去'男'，从其尊者。王朝，则刘子、单子是也；列国，则高子、国子是也。王朝，生称子，没配谥称公；列国，生称子，没配谥亦称子；此其别也。称‘子’而不成词，则曰‘夫子’。‘夫’者，人所指名也。……以‘夫’配‘子’，取足成词尔。凡为大夫，自嫡以下，皆称之曰‘夫子’。孟献子，穆伯之孙；穆伯之二子，亲为其诸父，而曰‘夫子’；崔成，崔疆，称其父，亦曰‘夫子’。故知为大夫者例称‘夫子’，不以亲别也。孔子曾为鲁司寇，其门人因称之曰‘子’，曰‘夫子’。后人沿袭，以为师长之通称，而莫有原其始者。”汪氏自注又曰：“《左氏春秋》昭七年：‘孟僖子召其大夫曰：“我若获没，必嘱说与何忌于夫子，使事之。’”《疏》曰：‘身为大夫，乃称夫子。此时仲尼未仕，不得称为夫子。以未仕之时，为仕后之语，是丘明意尊之而失实。’益知惟卿大夫乃得称子也。”按汪氏之说是也，“子”与“夫子”本所以称卿大夫。故章炳麟《诸子学略》说有“子犹今言老爷”之解释。孔子弟子记孔子之言，或面称孔子，皆但曰“子”；与他人言及孔子，则曰“夫子”。（《上论》十篇，此种分别甚为严明。）“子”者，犹今云“先生”；“夫子”者，犹今云“这位先生”耳。而所以称之曰“子”者，则因其尝为司寇也。孔子之后，墨子尝为宋大夫，孟子尝为卿于齐，故其弟子亦以“子”称之。其日墨子孟子者，加氏以别之也。沿袭既久，遂成习惯。“子”与“夫子”乃为弟子对师之专称，故虽未仕，如庄子，亦以“子”称之。于是弟子纂述其师之言行而成之书亦以“某子”名焉，弟子称师曰“子”，始于孔门。弟子纂述其师说以成专书，始于《论语》，《论语》一书，如不别立书名，则亦可题曰《孔子》矣。

二　诸子之开祖

弟子称师曰“子”，纂述其师之言行以成私家之专著，始于孔门，已如上述。其实，私人聚徒讲学，私人纂修官书以述为作，亦以孔子为最早。孔子者，我国教育史学术史上划时代之学者，周秦诸子之开祖也。孔子以前，有官学，无私人之师儒；有官书，无私人之著述。诸子中有老子，与孔子同时，而其年辈长于孔子；《老子》一书，为老子过关时所著，均见《史记·老子传》。故论者恒推老子为诸子之开祖焉。虽然，《史记·老子传》恍惚迷离，老子究为何如人，殊滋疑问。《老子》一书，乃由后人荟萃而成，非一时一人所著。（详见本书上下编）且老子亦未尝聚徒讲学也。至于黄帝、神农、伊尹、鬻熊、管仲、晏婴诸人之书，或出依托，或由追辑，更无论矣。故诸子以孔子为第一人，诸子之书，以《论语》为第一部。

孔子以前，何以无私家之著述，私人之师儒乎？是有二因：其一，古代物质文明未启，纸帛笔墨尚未发明，而书籍则已渐见萌芽。彼时以龟甲简牍代纸帛，以刀刻漆书代笔墨。以竹简编缀而成之书籍，究始于何时，似尚未经考定。按《尚书·多士篇》曰：“惟殷先人有典有册。”龟甲文“册”字作、作（见《殷虚书契前编》卷五），像竹简编缀之形；“典”字作、作（见同书卷四卷七），像两手持册之形。“册”为竹简书之象形字，“典”则守藏书册之指事字也。龟甲文，一般学者公认为殷代文字，合之《多士》之言，足为殷代已有竹简书之证。刀刻漆书，法拙而难；编简成册，物夯而繁，故藏书不易，成书更不易，故惟官府得有书籍，私人之力，不能成书也，且亦不能藏书也。其二，古代政治社会制度，贵族阶级与平民阶级相去悬殊。贵族不但在政治上为统治者，在经济上亦为大地主，世袭其官爵，世有其土田，世受其特殊教育。平民不过贵族之农奴而已。王夫之《读通鉴论》曰：“三代之国，幅员之狭，直今一县耳。仕者不出于百里之中，而卿大夫之子恒为士。故有世禄者有世田，即其所世营之业也。名为卿大夫，实则今乡里之豪族而已。世居其土，世勤其畴，世修其陂池，世治其助耕之氓。……”所谓“助耕之氓”，即农奴也。不但在政治经济上均无相当之地位，且亦无受教育之机会。因书籍为官府所有，惟世官之贵族子弟得浏览之，平民固不得见之也。平民除入官府服役外，无由得见书籍，无由接近有相当学识之贵族。故《尚书·周官篇》有“学古入官”，《礼记·曲礼篇》有“宦学事师”之语。然“庶人在官”者，其地位仅如今政府中之雇员或隶役，其所能获得或需要获得之知识，亦至浅陋，不足以言学术也。彼等久处此种环境中，且亦自认为无求得高深学识之必要矣。平民既无书籍，又无学识，何能教人？何能著书？贵族有知识矣，但既从政，自无教人著书之余暇。既为贵族，亦不屑于倥偬公退之余，教彼平民；平民亦无由接近之，而受其教诲也。且既握政权，如具政治理想，亦不难见之实施，成为法令典章，传之后世，成为官书；亦无著书教人以自张其说之必要也。古代之情形如此，故有官书，无私家之著述；有官学，无私人之师儒。从前学者，如清章学诚辈，所盛称之“三代以前，著述为公”，“学者王官”，“官师不分”云云，诚为事实；但此乃古代不得不然之事实，不得谓为郅治之隆也。

贵族制度之兴盛存在与衰落，实与古代之封建制度相伴。所谓封建制度，直是上古部落制度所蜕化之遗形；诸侯，酋长之变相耳；诸侯国，部落之变相耳。故除鼎革之时，所封之子弟功臣外，胜代所遗之诸侯国占其大多数焉。降及春秋，诸小国渐为诸大国所并吞。《左传》僖公二十八年所云“汉阳诸姬，楚实尽之”是也。其实，被并吞之小国，岂仅汉阳诸姬姓诸侯？并吞小国者，又岂仅楚一国而已？故封建制度之崩溃，春秋时已开其端；夷封建为郡县，固不自秦始皇始也。其时贵族子孙亦渐式微，平民之俊日多崛起。此亦大势所趋，莫可遏制者也。而以缣帛代简牍之风，亦萌芽于春秋之季。《论语》言“子张书诸绅”，《墨子》言“书之竹帛”，皆其证。虽相传齐人薛稷造墨，秦人蒙恬造笔，皆在战国之世，似笔墨发明较后，但既书绅书帛，自不能再用刀刻，再以漆书，则笔墨之发明，当亦在春秋末年也。上述二因，渐已变灭。孔子适应运而生于此时，且生于在宋为贵族，迁鲁为平民之孔氏。其人又“好古敏求”，“学无常师”，努力于学识之获得，故能成为一杰出之学者。且其生平，初为平民，中闻国政，寻即失其政治地位。不能久握政权，实现其政治理想，以救当世，此孔子之不幸也。然正因其不能久握政权，乃专心于聚徒讲学，立说著书，以觉后世，卒为我国教育史学术史辟一新纪元，开诸子之先河，成一划时代之学者，则又孔子不幸中之大幸矣。（《左传》襄公二十四年曰："太上有立德，其次有立功，其次有立言。"立德立功，即《庄子》所谓"内圣外王"之大业。不能立功，乃不得已而求其次，著书教人，立言以自见于后世尔。）

孔子之编《书》、正《诗》、定《礼》也，功在整理。其赞《易》，修《春秋》也，则更予古籍以新意义，新价值焉。要之，皆变官书为私家之著述，所谓"述而不作"，实则"以述为作"，前已言之。然《易》之彖、象传犹汉代经生之传，所以释《易》；《春秋》之事与文，与鲁史无大差异；《诗》《书》《礼》之内容上未尝变易；故以内容及体裁而论，仍是"经传"而非"诸子"也。故虽已开私家著述之风，仍当列之《六艺略》中。《论语》为孔子弟子门人所记纂，足以成一家之言，见孔子之学说，且其性质体裁，与"经传"绝异。徒因其以记孔子之言语为主，且并录诸大弟子之言语，语经论纂，故特立一书名，谓之"论语"耳。弟子门人记其师之言语，成私家之专著，盖自此始。孟子自言愿学孔子。《孟子》七篇，亦弟子记纂，全仿《论语》；二书之性质体裁，完全相同。《汉志》录《孟子》于《诸子略》之儒家，而《论语》则附录于《六艺略》者，其意盖独尊孔子也。按之实际，则以《论语》为《六艺》之附庸，固不若以《论语》为诸子之冠冕耳。

孔子为诸子之开祖，故本书上编考诸子之人物，始于孔子；《论语》为子书之先河，故本书下编考诸子之著述，首列《论语》焉。

三 诸子之派别

孔子以后，私人讲学，私家著述，成为风尚；王官之学，亦已散在民间。才士目击世变，俱欲出其所学，以救时艰，以教后学。于是学者之兴，云蒸霞蔚；著述之富，充栋汗牛。周秦诸子遂形成我国学术史上之黄金时代。所谓百家诸子，虽多“不能见天地之纯，古人之大体”，但皆“多得一察焉以自好”，“各为其所欲焉以自为方”（用《庄子·天下篇》语），而又能“持之有故，言之成理”。故其时诸子之学派，实至为纷歧。

我国述诸子学派之文，莫早于《庄子》之《天下篇》，篇中列“邹鲁之士”于总论中。“邹鲁之士”，后世目为儒家者也。次叙“道术既裂”后之诸子，是《天下篇》之作者，亦以孔子为诸子之开祖矣。（“邹”当为“郰”。“邹鲁之士”指孔子，如指孟子，当曰“鲁邹”，不当曰“邹鲁”矣。）其评述诸子，以墨翟禽滑釐为一派，即所谓墨家也；宋钘尹文为一派，其学亦近于墨家；（《汉志》列宋子于小说家，《自注》曰：“孙卿道宋子，其言黄老意。”又列尹文于名家，而刘歆《七略》曰：“其学本于黄老。”见洪迈《容斋续笔》引。则二子盖在道墨二家间也）彭蒙，田骈，慎到为一家，其学近于道家；（彭蒙未详。《汉志》道家有田子，法家有慎子，而《荀子·解蔽篇》言“慎到学黄老之术”）惠施为一派，则名家也；（《汉志》在名家）关尹老聃为一派，庄周为一派，则皆所谓道家也。（《汉志》均在道家）《天下篇》但举人以为代表，未标家名。如以后来所分之家考核之，则并总论中之“邹鲁之士”，不外“儒”“道”“墨”“法”“名”五家焉。

《荀子·非十二子篇》所非之十二子，共分六派：它嚣魏牟为一派；陈仲史鰌为一派，墨翟宋钘为一派，慎到田骈为一派，惠施邓析为一派，子思孟轲为一派。它嚣未详。魏牟即《汉志》道家之魏公子牟。邓析，《汉志》列之名家。子思孟轲，《汉志》均列之儒家。（《韩诗外传》录此文，无子思孟轲。说者因谓荀子未尝非子思、孟子。不知荀子学说与二子不同，既以儒家之正统自居，其排斥二子，亦犹程朱陆王同为理学家，而两派门户之见，几同水火也。）陈仲即《孟子》中之於陵陈仲子，史鰌即

《论语》中所谓“直哉史鱼”。此二子者，盖均以行谊见称，未尝以著述名者也。《荀子》此篇，本非为评述学派而作。但如以后来所分家数核之，则仍不外“儒”“道”“墨”“法”“名”五家而已。

诸子各派之有家名，似以“儒”“墨”为最早。《孟子·尽心篇》曰：“逃墨必归于杨，逃杨必归于儒。”（“杨”者杨朱，非学派名。“儒”与“墨”则学派之名称也。）《韩非·显学篇》曰：“今之显学，儒墨也。”是战国之世，足以与儒家抗衡者惟墨家耳。《韩非·定法篇》论商鞅申不害二子，而以“定法”为篇名，则战国末似已有“法家”之名矣。

《史记·自序》引司马谈《论六家要指》之言，始列举“阴阳”“儒”“墨”“名”“法”“道德”六家之名，不但始有家名，且较《庄子》《荀子》多一阴阳家焉。按《汉志》所录阴阳家之书，以《宋司星子韦》为首。《自注》曰：“景公之史。”司马谈谓阴阳家所长，在“序四时之大顺”；《汉志》言阴阳家所长，在“历象日月星辰，敬授人时”；是阴阳家殆以“星历”为其专门学术。司马谈父子，在汉武帝时，世为太史令。司马迁《报任安书》，自言“文史星历，近乎卜祝之间”。迁又尝为武帝定“太初历”，是司马氏之家学，即阴阳家之“星历”也。（“历象日月星辰，敬授民时”，“三百有六旬有六日，以闰月定四时成岁”，《尚书·帝典》中已言之。虽不能据为信史，谓尧时已有星历之学，但其发明之早，为春秋以前所固有，则可断言。）故司马谈增阴阳家一家，且首列之，此则西汉中世述诸子派别之说，已稍异于战国矣。

至西汉之末，刘歆《七略》之《诸子略》，则较司马谈所论六家，又增四家，曰“纵横”，曰“杂”，曰“农”，曰“小说”。但又以小说家为“小道”，且曰：“诸子十家，其可观者，九家而已。”其分论十家也，首句皆曰“某家者流”。流即派也。故“十家”除小说家外，又有“九流”之称。《七略》述诸子之派别，分“十家”“九流”。每家各有家名，较之司马谈所论，范围愈广，派别愈多，此则西汉末世述诸子派别之说，又异于西汉中世者也。

总之，诸子之派别家数，乃后来评述者各就其主观的见解所分析之异同，归纳而得者；故评述者之见解不同，则其人所隶属之派别亦即因以不同。如宋子，《汉志自注》以为“其言黄老意”；而《庄子·天下篇》则以与尹文并列，《荀子·非十二子篇》则以与墨翟同讥，《汉志》又列其书于小说家中焉。诸子之家名亦后人所定，非各派开祖先立一学派名以资号召者。故孔子为儒家之开祖，未尝以“儒”自名其学派焉。（《论语·雍也篇》，记孔子谓子夏曰：“汝为君子儒，毋为小人儒。”此“儒”字但为有学识之士之通称，不专指儒家而言。）

四　十家名称之取义

诸子之派别，战国已有其五，至西汉末，渐增而为十；各家之名称，以“儒”“墨”二家成立为最早，至西汉末而十家之名称乃全。此十家之名称，皆时人或后人所加，各有所取义，兹分述之如次：

（一）儒家　《说文解字》曰：“儒，柔也，术士之称。”是“儒”字本有二义。《汉书·司马相如传》注曰：“有道术者皆为儒。”此与《说文》“术士之称”一义相合，是“儒”为学者之通称也。故《史记·孟荀列传》曰：“鄙儒小拘如庄周等。”庄周明为道家，亦以“儒”目之。《论语》子谓子夏曰：“汝为君子儒，毋为小人儒。”盖凡有学识道术者皆曰“儒”，不问其为君子，为小人也。“儒”既为学者之通称，何以孔子之徒独称“儒家”乎？《周礼·太宰》注曰：“儒，诸侯保氏有道术以教人者。”又《大司徒注》曰：“师儒，乡里教人以道义者。”有学识道术，又能教人者，谓之“儒”。儒者，犹今言教育家耳。此则儒字之引申义也。孔子以前，有官学，无私人之师儒；私人聚徒讲学始于孔子。其弟子，如子夏、子游、曾子等，皆尝设教。故称之曰儒，其后沿袭，乃成学派之名也。杨雄《法言·君子篇》曰："通天地人曰儒。"王充《论衡·超奇篇》曰："能说一经者为儒。"则又为两汉人之说，乃后起之义矣。

（二）道家 "道家"者，"道德家"之省称也，故《汉志》曰"道家"，司马谈则谓之"道德家"。"道德"与"阴阳"，"纵横"，皆以二字为家名者也。此派学者所以名曰"道德家"者，以"道德"二字为此派学说之根本观念也。《老子》上篇曰："孔德之容，惟道是从。"下篇曰："道生之，德畜之，物形之，势成之，是以万物莫不尊道而贵德。道之尊，德之贵，夫莫命之而常自然。"《管子·心术上篇》曰："德者道之舍，物得以生，生得以职道之精。故德者，得也，其谓所得以然也。以无为之谓道；舍之之谓德。道之与德无间，故言之者无别也。"《老子》《管子》，虽均由后人杂辑成书，但亦确有道家之精义焉。《庄子·天地篇》曰："德兼于道，道兼于德。"又曰："泰初有无，无有无名，一之所起，有一而未形。物得以生，谓之德。"按《老子》尝曰："道生一、一生二、二生三、三生万物。"则庄子所谓泰初之"无"，虽"有一而未形"，实为"一之所起"者，即是"道"也。盖"道"者，天地自然之道，万物所以生之总原理也。"德"者，一物所得于道以成此物者也，即一物所以生之原理也，亦即道之寄于一物者也。道为"一之所起"，故曰"道生一"。"一"者，所以生二、生三、生万物者也。物之所以能生者，以有所得于道也，故曰"物得以生谓之德"。物生而道即寄于物，故曰"德者道之舍"。道为万物所以生之总原理，德为一物所得以生之原理，"道"与"德"，本二而一者，故曰"德兼于道，道兼于德"，"道之与德无间，故言之者无别也"。而"德"又为"道"之一部分，故曰"孔德之容，惟道是从"。"是以万物莫不尊道而贵德"，道德之尊贵，盖"莫命之而常自然"者也。此派学者之宇宙论，实以"道德"为其根本观念焉，故名之，曰"道德家"，可谓能举其要矣。一般人乃谓《老子》上篇首句曰"道可道，非常道"，下篇首句曰"上德不德，是以有德"，故《老子》又名《道德经》，盖取二篇首句以为名也。老子为道家之开祖，“道德家”即因《道德经》而得名。此说非是。诸子十家无以书名为家名者，道家不当独异。且老子本传说的人物，《老子》本由后人杂辑而成。西汉人虽极崇老子，但常以与黄帝并称曰“黄老”。黄帝在老子之前，何以独取《老子》一书之别名以名此派之学乎？

（三）墨家　墨家之开祖，为墨翟，故即以墨翟之氏为此学派之名，而称之曰“墨家”，此旧说也。诸子十家，其余九家皆不以开祖之氏为家名，何独于墨家而异之。故“墨”为学派之名，与“儒”“道”“名”“法”……同，因谓墨子并非墨氏，此新说也。（近人江瑔《读子卮言》有论《墨子非姓墨》一篇。）按“墨”为墨子之氏，古无异说。江氏之说当于上编考墨子章详辨之。此派学者所以名曰“墨家”，亦自有其取义。其一，“墨”为古代五刑之一，引申之为刑徒贱役之称。墨子生于鲁国，当儒家全盛之时，而主张节用，非乐，节葬，短丧，以自苦为极，甚至腓无胈，胫无毛；与缝衣缓带，峨冠缙绅，四体不勤之儒，截然不同。故时人多以刑徒贱役目之。《墨子·贵义篇》记穆贺曰：“子之言则诚善矣。而君王天下之大王也，毋乃曰贱人之所为而不用乎？”正其证也。其二，“墨”字又有黑义。墨子以自苦为极，沐甚雨，栉疾风，驯至面目黎黑，形容枯槁。其徒亦如此，故《荀子》常称之曰“瘠墨”。“瘠”字之义，一为“薄”，言其生活之刻苦；一为“瘦”，言其形容之枯槁也。其三，“墨”字又有“绳墨”之义。《庄子·天下篇》论墨翟，即有“以绳墨自矫”之言。且曰：“今墨子独生不歌，死无服，桐棺三寸而无椁，以为法式。”又曰：“世之墨者，多以裘褐为衣，以跂蹻为服，日夜不休，以自苦为极，曰不能如此，非禹之道也，不足为墨。”则墨子盖以自苦为生活之方式，不徒以为自矫之绳墨，且以为其徒之绳墨矣。时人见墨子与其徒之生活方式迥异常人，而墨子之氏曰“墨”，恰有“刑徒贱役”与“瘠墨”之义，故戏以“墨”称之，本含讥讪揶揄之意。而墨子与其徒，则以

“墨”字又有“绳墨”之义，足以标举其规律的生活，因亦自承为“墨”，于是此派学者遂有“墨家”之称焉。希腊人目安提斯塞尼斯（Antisthenes）之学为“犬学”，安氏亦乐于自承为“犬学”，死后且刻一石犬以表其墓，与此正复相似。诸子十家之开祖，仅儒墨二家可确指为孔子、墨子，“孔”字之义，不适用为孔子一派之名。墨子氏墨，“墨”字含义，恰有合于墨子一派之生活与精神。故儒家不曰“孔家”，墨家则以“墨”为家名耳。（参阅近人钱穆之《墨子》及冯友兰之《中国哲学史》。）

（四）名家　《公孙龙子》曰：“夫名，实谓也。”“实”者，事物也。“名”者，所以呼此事物者也。名与实相符，则名正。名与实不相符，则名不正。“觚不觚”，名实不相符也；“君不君，臣不臣，父不父，子不子”，名实不相符也。纠正不符实之名，使名实相符，是谓“正名”。名实相符，则“名定而实辨”，自然“名闻实喻”矣。故“名”之本义，指事物之名，为实体词。引申之，则凡动作、形态、位置、性质、数量之词，亦有其所代表之“实”，亦可以谓之“名”，亦当求其与实相符矣。至若“兼异实之名以论一意”，则谓之“辞”。此即《墨子·小取篇》所谓“以辞抒意”之“辞”，质言之，则为表示一种意义之语句。凡以文字或言语抒意者必用“辞”，而辞则为“兼异实之名”，连缀成之。故目辩说所用之术曰“名学”，其性质与印度之“因明”，西洋之“逻辑”（logic）相同，即持论所需之“辩证术”也。《公孙龙子》曰：“公孙龙疾名实之散乱，欲推是辩以正名实而化天下。”其意盖曰：“我岂好辩哉？我欲以辩正已散乱之名实而已。”辩士常以“正名”自命，而其运用“名学”又特精巧，故目之为“名家”尔。然《墨子》中有《经》及《经说》，《大取》，《小取》等篇，《荀子》中有《正名篇》，可见“名学”为各家持论所共需。而辩士独以“名家”称者，殆以其除长于辩说外，别无特出之学说欤？

（五）法家　《韩非·难三》曰：“法者，编著之图籍，设之于官府，而布之于百姓者也。”是“法”指法律政令而言也。《论语·为政篇》记孔子曰："道之以政，齐之以刑，民免而无耻。道之以德，齐之以礼，有耻且格。"儒家主张"德治"，"礼治"，故其言如此。法家则反对儒家之说，主张任法而治。《管子·任法篇》曰："君臣上下贵贱皆从法，此谓为大治。"又曰："故法者，天下之至道，圣君之实用也。"此派学者，对法极重视，故名之曰"法家"。

（六）阴阳家 阴阳家之专长在星历，上已言之。《管子·四时篇》曰："是故阴阳者，天地之大理也。"一切星象四时，皆以此"天地大理"之阴阳为主。《史记·封禅书》曰："齐威宣之时，《邹子》之徒论著终始五德之运。"《文选·故安陆昭王碑文》李善注引《邹子》曰："五德所不胜，虞土、夏木、殷金、周火。"按五行相克之说，谓木能克土，金能克木，火能克金，故夏代虞，殷代夏，周代殷。但水又能克火，土又能克水，故五德之运，终而复始也。所谓"终始五德之运"，即是如此。《史记·孟荀列传》言"邹衍深观阴阳消息"。《封禅书》言"邹衍以五德主运显于诸侯"。盖金木水火土五德之运，亦阴阳主之，故"深观阴阳消息"，可以知"终始五德之运"也。此派学者既以阴阳为星历及五德运行之主，则"阴阳"为其学说之根本观念可知，故名之曰"阴阳家"耳。

（七）纵横家 "纵"本作"从"，读曰纵；"横"亦作"衡"。南北曰纵；东西曰横。战国时，西方之秦最强。当时之政客，有两种外交策略：苏秦主六国南北连合，西向以抗秦，谓之"合纵"；张仪主六国应各西向与秦联络，谓之"连横"。当时游说之士，不仅苏张，而其所主张之策略，则不外此二种，故名之曰"纵横家"焉。

（八）杂家 杂家兼采各家之说，故名之曰"杂"。《汉志》所录杂家之书，以《吕氏春秋》与《淮南子》为最著。此二书皆成于门客之手，非吕不韦刘安所自著，作者非一人，宜其杂矣。虽然，专门乃可名家。家而曰"杂"，实为不词。

（九）农家 许行主张"君臣并耕"，废除治人与治于人之阶级，其陈义甚高，虽实出于道家之说；但亦自托于神农之言也。至于《汉志》所录农家之书，则皆关于农桑树艺者。

（十）小说家　《汉志》曰：“诸子十家，其可观者九家而已。”盖以小说家言为“道听涂说者之所造”，“闾巷小知者之所及”，乃“致远恐泥之小道”，故以为不足观，而以“小说”名之也。《汉志》所录小说家之书，已全亡矣。据其书名度之，似皆外史别传杂纂笔记之类，除《宋子》外，殆皆不足观者也。

五　十家学说之短长

《庄子·天下篇》评诸子学说，除关尹老聃与庄周外，各有所长，亦各有所短。其评墨翟禽滑釐也，以为闻古之道术有“不侈于后世，不靡于万物，不晖于数度，以绳墨自矫而备世之急”者而悦之，而“为之太过，已之太循”。非乐，节用，毁古之礼乐，“生不歌，死无服，桐棺三寸而无椁，以为法式。以此教人，恐不爱人；以此自行，同不爱己”。故“其生也勤，其死也薄，其道大觳；使人忧，使人悲，其行难为也，恐不可以为圣人之道。反天下之心，天下不堪；墨子虽独能任，奈天下何？离于天下，其去王也远矣”。故“墨翟禽滑釐之意则是，其行则非也。将使后之墨者必自苦，以腓无胈，胫无毛相进而已矣。乱之上也，治之下也”。此皆言二子之短。但又曰：“虽然，墨子真天下之好也；将求之不得也，虽枯槁不舍也，才士也夫！”则其精神亦有不可及者矣。其评宋钘尹文也，以为闻古之道术有“不累于俗，不饰于物，不苛于人，不忮于众，愿天下安宁以活民命，人我之养毕足而止”者而悦之。故“作为华山之冠以自表，接万物以别宥为始。语心之容曰心之行。以聏合欢，以调海内，请欲置之以为主。见侮不辱，救民之斗；禁攻寝兵，救世之战。以此周行天下，上说下教，虽天下不取，强聒而不舍者也”，其短在“为人太多，自为太少”，但亦可谓为“图傲乎救世之士”矣。其评彭蒙、田骈、慎到也，以为闻古之道术有“公而不党，易而无私，决然无主，趣物而不两，不顾于虑，不谋于知，于物无择，与之俱往”者而悦之。故“齐万物以为首”，“知万物皆有所可，皆有所不可”，乃“弃知去己”，“舍是与非”，“不师知虑，不知前后”，“推而后行，曳而后往”，“至于若无知之物”，此其“所谓道非道，而所言之韪不免于非”者也，故曰“不知道”，“虽然，概乎皆尝有闻者也”。其评惠施也，以为“其书五车，其道舛驳，其言也不中”。盖“惠施日以其知与人辩，特与天下之辩者为怪”；“遍为万物说，说而不休，多而不已，犹以为寡，益之以怪；以反人为实，而欲以胜人为名，是以与众不适也”。故“由天地之道，观惠施之能，其犹一蚊一虻之劳者也”。“惜乎惠施之才；骀荡而不得，逐万物而不反，是穷响以声，形与影竞走也。”以上六子，皆所谓瑜不掩瑕者也，惟于关尹老聃，则不言其所短。以为关尹老聃闻古之道术有“以本为精，以物为粗，以有积为不足，澹然独与神明居”者而悦之。故“建之以常无有，主之以太一，以濡弱谦下为表，以空虚不毁万物为实”。“人皆取先，己独取后”；“人皆取实，己独取虚”；“人皆求福，己独曲全”；“常宽容于物，不削于人”；此其道“可谓至极”。故叹曰：“关尹老聃乎，古之博大真人哉！”其于庄周更为推崇。以为庄周闻古之道术有“芴漠无形，变化无常，天地并与，神明往与，芒乎何之，忽乎何适，万物毕罗，莫足以归”者而悦之。故“以谬悠之说，荒唐之言，无端崖之辞，时恣纵而不傥，不以觭见之也。以天下为沉浊不可与庄语，以卮言为曼衍，以重言为真，以寓言为广。独与天地精神往来，而不傲倪于万物，不谴是非，以与世俗处。其书虽环玮而连犿，无伤也。其辞虽参差而諔诡，可观。彼其充实不可以已。上与造物者游而下与外生死无终始者为友。其于本也，弘大而辟，深闳而肆。其于宗也，可谓稠适而上遂矣。虽然其应于化而解于物也，其理不竭，其来不蜕；芒乎，昧乎，未之尽者”。可谓推崇备至矣。此篇疑非庄子自著，乃庄子后学辑《庄子》成书后所撰之序，故于庄子推崇如此，且赞及其书其辞尔。

《天下篇》之评诸子，惟举人以为据，而无所谓家数。《荀子·非十二子篇》亦然。《非十二子篇》旨在非十二子，故仅言其短，而不著所长，故其于它嚣魏牟，则曰："纵情性，安恣睢禽兽之行，不足以合文通治。"于陈仲史鰌则曰："忍情性，綦谿利跂，苟以分异人为高，不足以合大众，明大分。"于墨翟宋钘，则曰："不知壹天下建国家之权称，上功用，太俭约，而僈差等，曾不足以容辨异，县君臣。"于慎到田骈，则曰："尚法而无法，不循而好作，上则取听于上，下则取从于俗，终日言成文典，及纠察之，则倜然无所归宿，不可以经国定分。"于惠施邓析，则曰："不法先王，不治礼义，而好治怪说，玩琦辞，甚察而不急，辩而无用，多事而寡功，不可以为治纲纪。"于子思孟轲，则曰："略法先王而不知其统，然而犹材剧志大，闻见杂博，案往旧造说，谓之五行，甚僻违而无类，幽隐而无说，闭约而无解。"此其门户主奴之见甚深，非平心静气之论矣。

《史记·自序》所引司马谈《论六家要指》之言，则举六家之名而评其短长，不复以人为代表矣。其言曰："尝窃观阴阳之术太详，而众忌讳，使人拘而多所畏；然其序四时之大顺，不可失也。儒者博而寡要，劳而少功，是以其事难从；然其序君臣父子之礼，列夫妇长幼之别，不可易也。墨者而难遵，是以其事不可遍循；然其强本节用，不可废也。法家严而少恩；然其正君臣上下之分，不可改也。名家使人检而善失真；然其正名实，不可不察也。道家使人精神专一，动合无形，赡足万物。其为术也，因阴阳之大顺，采儒墨之善，撮名法之要；与时迁移，因物变化，立俗施事，无所不宜。指约而易操，事少而功多。儒者则不然，以为人主天下之仪表也，主倡而臣和，主先而臣随；如此，则主劳而臣逸。至于大道之要，去健羡，绌聪明，释此而任术。夫神太用则竭，形太用则敝；形神骚动，欲与天地久长，非所闻也。"司马谈之意，以为五家各有短长，惟道家独无短处；末段且与儒家作一比较，以见道家非儒家所能及。《自序》言司马谈尝习道论于黄子，故特推崇道家耳。又汉初帝王如文帝，名相如曹参，皆好道家。景帝虽好刑名，而窦太后笃信黄老，申公且以讥黄老得罪太后，罚令入圈刺豕矣。故崇尚道家，为文景时之风尚。司马谈生当其时，而又深有得于道论，故其言如此也。但其言道家之为术也，曰“因阴阳之大顺，采儒墨之善，撮名法之要”。西汉人言道家，曰黄老，不曰老庄。老子，孔子之前辈也。孔子见老子时，尚不能创立学派也。墨子在孔子后，不及见老子矣。名法二家更成立于战国中世。老子何由“采儒墨之善，撮名法之要”耶？《淮南子》本名《淮南鸿烈》。鸿，大也；烈，明也；意谓“大明道之言”。其书本淮南王刘安之门客杂采阴阳、儒、墨、名、法之说，缀辑而成，而其旨则偏于道，岂西汉时所谓，道家之言皆如此，故司马谈有是言欤？下文就本节所论，加以详释，文繁不具录；《史记·自序》，可以覆按。其释“儒者博而寡要，劳而少功”二句曰：“夫儒者以六艺为法；六艺经传以千万数，累世不能通其学，当年不能究其礼。”则似指西汉经生而言，非孔孟荀诸大儒之真相。他如儒家之长不仅序礼，墨家之长不仅节用，法家之长不仅正君臣上下之分；则所评论，亦未能尽得其要领矣。

《汉志·诸子略》录一家之书毕，各系以小序，分论十家短长。其论儒家曰：“儒家者流，盖出于司徒之官。助人君顺阴阳，明教化者也。游文于六艺之中，留意于仁义之际；祖述尧舜，宪章文武，宗师仲尼，以重其言；于道最为高。孔子曰：‘如有所誉，其有所试。’唐虞之隆，殷周之盛，仲尼之业已试之效者也。然惑者既失精微，而辟者又随时抑扬，违离道本，苟以哗众取宠。后进循之，是以五经乖失，儒学寖衰。此辟儒之患。”班氏盖就后儒立论，故“宗师仲尼”与“祖述尧舜，宪章文武”平列。“失精微”之“惑者”，指章句陋儒，不知精义微言者；“随时抑扬”，“哗众取宠”之“辟者”，则指“曲学阿世”之鄙儒，如公孙弘之徒。则所谓儒家之短，乃末流之弊，非其本身然，故曰“于道最为高”也。盖自武帝尊儒而后，学风已变，故班氏特崇儒家，与司马谈之论调，迥不相同也。

其论道家曰：“道家者流，盖出于史官。历纪成败存亡祸福之道，然后知秉要执本，清虚以自守，卑弱以自持，此人君南面之术也。合于尧之克让，《易》之谦谦，一谦而四益，此其所长也。及放者为之，则欲绝去礼学，兼弃仁义，曰独任清虚，可以为治。”绝礼、弃仁、废义，以清虚为治，《老子》中已有此主张。非“及放者为之”而后有此流弊，班说似误。但《汉志》所录，道家之书，前于《老子》者甚多，彼固以道家为成立于老子之前也。

其论阴阳法名三家曰：“阴阳家者流，盖出于羲和之官。敬顺昊天，历象日月星辰，敬授民时，此其所长也。及拘者为之，则牵于禁忌，泥于小数，舍人事而任鬼神。法家者流，盖出于理官。信赏必罚，以辅礼制。《易》曰：‘先王以明罚饬法。’此其所长也。及刻者为之，则无教化，去仁义，专任刑法而欲以致治，至于残害至亲，伤恩薄厚。名家者流，盖出于礼官。古者名位不同，礼亦异数。孔子曰：‘必也正名乎。名不正，则言不顺；言不顺，则事不成。’此其所长也。及警者为之，则苟钩鈲析乱而已。”班氏谓阴阳家长在星历授时，短在多所禁忌；法家短在刻薄伤恩；名家长在正名实，短在诡辩；均与司马谈同。惟谓“信赏必罚”为法家所长，较之司马谈谓长在“正君臣上下之分”，殊为扼要。牵于禁忌，严刑伤恩，钩鈲析乱，皆三家本身之弊，非必待“拘者”，“刻者”，“警者”为之而后有此流弊。但班氏谓诸子皆出自王官，其渊源甚早，则视战国诸子为各家之末流，亦其宜也。

其论墨家曰：“墨家者流，盖出于清庙之守。茅屋采椽，是以贵俭；养三老五更，是以兼爱；选士大射，是以上贤；宗祀严父，是以右鬼；顺四时而行，是以非命；以孝示天下，是以上同；此其所长也。及蔽者为之，见俭之利，因以非礼；推兼爱之意，而不知别亲疏。”“贵俭”，“兼爱”，“上贤”，“右鬼”，“非命”，“上同”六者，诚为墨家要旨，但不得概目为“是其所长”。墨子所以反对儒家，“其礼烦扰不悦”，列为第一，则“非礼”为墨子之主矣。“不别亲疏”，正“兼爱”耳。此皆不待“蔽者为之”，而始有此流弊者也。盖班氏以为墨子之前，已早有墨学耳。

以上六家，即司马谈所论者也。其所增纵横，杂，农，小说四家，亦各有评论。其言曰：“纵横家者流，盖出于行人之官。孔子曰：‘诵诗三百，不能专对，虽多亦奚以为?’又曰：‘使乎，使乎!’言其当权事制宜，受命而不受辞，此其所长也。及邪人为之，则上诈谖而弃其信。”“杂家者流，盖出于议官。兼儒墨，合名法。知国体之有此，见王治之无不贯，此其所长也。及蘯者为之，则漫羡而无所归心。”“农家者流，盖出于农稷之官。播百谷，劝农桑，以足衣食。故八政一曰食，二曰货。孔子曰：‘所重民食。’此其所长也。及鄙者为之，以为无所事圣王，欲使君臣并耕，悖上下之序。”“小说家者流，盖出于稗官。街谈巷语道听涂说者之所造也。孔子曰：‘虽小道，必有可观者焉；致远恐泥。’（按此子夏语，见《论语·子张篇》。）是以君子弗为也，然亦弗灭也。闾里小知者之所及，亦使缀而不忘；如或一言可采，此亦刍荛狂夫之议也。”按纵横之名，起于苏秦张仪。苏张即上诈谖而弃信之邪人。班氏殆以纵横家指外交家，故引孔子论诗专对之言也。“君臣并耕”，废除治人治于人之阶级，为许行之主张，见《孟子·滕文公篇》。此正农家之特见。班氏以为“鄙者”之说，故《汉志》农家惟录树艺之书耳。小说家，特附录耳，故不复评论其短长，但说明所以“弗灭”之意而已。总论首句曰：“诸子十家，其可观者，九家而已。”所谓可观者，即除小说家外之九家也。总论又曰：“若能修六艺之术而观此九家之言，舍短取长，则可以通万方之略矣。”班氏论诸子短长，所以未能全中肯綮者，正因其认儒家“于道最为高”，以儒家言为尺度，以评论九家也。

《庄子·天下篇》,《荀子·非十二子篇》,及司马谈班固二氏评论诸子短长,既引述如上。总而论之,十家中后五家实远不及前五家。阴阳家之短,不但在“牵于禁忌”而多拘禁,任鬼神而舍人事,即其专长之星历,亦是技术而非哲理。纵横,特战国时政客之策略,更与学术无关。《汉志》所录农家之书,按其书名,亦皆为农艺之技术与政令,而非学理;即许行之主张,亦为道家之余绪。小说家所录,皆后世笔记杂纂之类,不足与于小说之林;即如今之小说,亦是文学而非哲理之书。至于杂家,凑集众说,无一定宗旨,更不合于“专门名家”之旨矣。更就前五家比较之,名学本为各家持论所同需之辩证术;所谓“名家”,又皆辩士,除辩说为其特长外,亦无特殊之学说。法家成立最晚,与儒道二家均有关系。如慎到,前期之法家也,而其学由黄老而为刑名。《史记》申韩与老庄同传,以为其学本归于黄老。而韩非李斯俱为荀子之弟子。则谓法家由儒道二家合流蜕变而成,亦有理由。故前五家中,亦惟儒道墨三家,为能卓然有以自立也。

六　诸子兴替之因缘

诸子之学,兴于春秋之末,至战国而大盛,至西汉而渐以衰替。其兴盛,其衰替,自有其所以兴替之故,此所以兴替之故,在学术本身者,谓之“因”;在当时环境者,谓之“缘”。事物之发生或消灭,皆有其内在之“因”,外界之“缘”,不仅学术为然也。譬之植物,所以能萌芽滋长者,必有其能萌芽之种子焉,此内在之“因”也;必有其可以使种子萌芽之土壤、水分、阳光焉,此外界之“缘”也。

《汉书·艺文志》曰:“儒家者流,盖出于司徒之官”;“道家者流,盖出于史官”;“阴阳家者流,盖出于羲和之官”;“法家者流,盖出于理官”;“名家者流,盖出于礼官”;“墨家者流,盖出于清庙之守”;“纵横家者流，盖出于行人之官”；“杂家者流，盖出于议官”；“农家者流，盖出于农稷之官”；“小说家者流，盖出于稗官”。此诸子出于王官之说也。胡適有《诸子不出于王官论》，力辩《汉志》之非。章炳麟胡先骕则又为《汉志》辩护。平心论之，《汉志》于诸子十家，必各举一所从出之王官以实之，自不免牵强附会。如论墨家出于清庙之守一节，以为贵俭出于茅屋采椽，兼爱出于养三老五更，上贤出于选士大射，右鬼出于宗祀严父，非命出于顺四时而行，上同出于以孝示天下，已可笑矣；其于小说家，则无可牵附，漫云出于稗官，是亦不可已乎？十家派别之分，至西汉始完全，始确定，古代王官恰有此十官为十家所从出，夫岂其然？王官不仅此，如冢宰、宗伯、司马、司寇、司空等官，何以无所自出之学派耶？其为勉强傅合，显而易见。章炳麟据《吕氏春秋》“鲁惠公请郊庙之礼，桓王使史角往，其后在于鲁，墨子学焉”数语，为墨家出于清庙之守之证。即使果有其事，亦不能证墨家之必出于清庙之守也。虽然，古代学在王官，无私人之师儒，无私家之著述，当为事实。我国上古，殷以前之史料，诚多不可靠；但必谓我国殷以前绝无文化，则亦武断之论。有史以前，乃至有文字以前，亦自有其文化。自上古至周，我国文化已具规模矣。典章制度史料学艺，在王官者，度已有相当的丰富。故孔子曰：“周监于二代，郁郁乎文哉！”（见《论语·八佾篇》）周代郁郁之“文”，殆皆掌于王官，此即诸子学术之种子也。故谓诸子之学出于王官，原亦未可厚非；但如《汉志》必每家指一所从出之王官以实之，则非耳。

胡適《中国古代哲学史大纲》曰：“那时政治那样黑暗，社会那样纷乱，贫富那样不均，民生那样痛苦。有了这种形势，自然会生出种种思想的反动。”梁启超以为此种形势，在中国史中，几于无代无之，对于古代哲学之发生，虽不必无关系，要不能引以说明古代哲学发生之特殊情形云云。其说极是。但梁氏所举“当注意”各事，亦多为后世所常见，亦不能作为诸子勃兴之原因。胡梁二氏所说，亦均为诸子学发生之“缘”，但犹未能扼其要也。

我国有史以来，剧烈变动之时期有二：一在春秋至西汉初；一在清代中世至今日。后一剧变时期，乃由闭关时代变为全世界交通时代，由君主专制之政治变为民主共和之政治，由纯粹的农业手工之社会变为工业机器之社会，由国内懋迁居积之商业变为国际贸易之商业，由科举制度的教育变为学校制度的教育……，国家、社会、家庭、个人，一切政治、经济、文化，乃至生活、思想，均有剧烈的变化，且今日犹在剧变中。此吾侪所身历而目睹者也。前一剧变时期之变化，其为全盘的根本的，亦不下于后一时期焉。

任何民族国家，其始殆皆有部落酋长制度。我国秦以前所谓封建制度之诸国，实皆部落之遗形；所谓诸侯，实皆酋长之变相；所谓天子，实皆诸部落酋长之领袖。故三代之鼎革，不过甲部落之酋长夺得乙部落酋长之领导权而已。故夏亡而杞存，商亡而宋存，领导者之地位虽失，自己部落酋长之地位未尝失也。各部落之领袖世袭，各部落之酋长世袭，酋长左右之地位亦世袭。间有新兴之领袖，分地以封其子弟与功臣为诸侯者，及既世袭其封，世守其地，则亦侪于原有之诸侯矣。此古代所谓封建之实际情形也。降及春秋之世，诸国强弱不一，于是兼并之风渐启，封建制度已渐次崩溃。至战国，而仅存之国，已无几矣。及秦并六国，乃举部落遗形之诸国一扫而空。秦祚至促，秦亡而六国之后纷起。汉高祖称帝以后，所封有异姓功臣，同姓子弟，至景帝时七国之变平后，诸侯王渐无实权，且多以罪失国。是西汉初之封建制度复活，乃如夕阳返照，转瞬黄昏也。贵族制度，随封建制度而兴起，而存在者，春秋之世，亦已开始崩溃。《诗》有《式微》，黎侯所赋。《左传》昭公三年，亦有“栾、郤、胥、原、狐、续、庆、伯、降在皂隶”之言，其中如孔氏在宋为公族，奔鲁以后为平民者，亦不少也。而甯戚以饭牛仕齐，百里奚以奴隶仕秦，孔子以布衣为鲁司寇，平民之后渐得与闻政治。降至战国，如范雎、张仪、李斯等，孙膑、白起、乐毅等，以布衣致将相者尤多。及刘邦以匹夫而为天子，其功臣如萧何、韩信、黥布、樊哙等，亦多无赖之徒。于是世卿世禄贵族专政之制度，亦以消灭焉，此政治方面之剧变也。

古代诸侯卿大夫，不但为其国其食邑之政治的主人翁，且为经济的大地主，平民只是助耕之农奴，前已言之。及商鞅“坏井田、开阡陌……王制遂灭，僭差无度，庶人之富累巨万”。（见《汉书·食货志》）其实，不仅秦自商鞅变法后为然也。《诗》曰：“舟人之子，熊罴是裘；私人之子，百僚是试。”私人之子试为百僚，即前节所云平民亦可为官也。舟人之子而衣熊罴之裘，则为平民暴富之现象。而商业之兴起，亦在春秋之世。如弦高以商人而却秦师，吕不韦以大贾而为秦相，则商人已干政矣。《食货志》又曰：“及周室衰……士庶人莫不离制而弃本，稼穑之民少，商贾之民多。……富者土木被文饰，犬马余肉粟。……”盖自商业兴盛以后，富者日富，于是资产阶级乃代贵族阶级而起，此经济方面之剧变也。

上文所说简牍刀漆，进化为纸帛笔墨，由官学变私人之师儒，由官书变为私人之著述，亦为学术本身直接有关之文化教育的剧变；胡适所说，政治黑暗，社会纷乱，贫富不均，民生困苦……，亦为当时环境之现象。积此种种因缘，诸子之学，乃发生焉。

诸子学之衰替，一般人多归咎于秦始皇之焚禁《诗》《书》百家语。其实，秦之焚书，第烧民间之书，不烧官府之书。焚书令明曰：“非博士官所职，有私藏《诗》《书》百家语者，皆诣守尉杂烧之。”则博士官所职之《诗》《书》百家语不在焚烧之列，彰彰甚明。故秦博士中，有各家学者，王国维《汉魏博士考》中已言之。且秦祚至促，自下令焚书至汉高祖入关，不过四五年。经传经秦火后，至汉复出者甚多，诸子何至遽尔灭绝？且古今来以政治力量消灭书籍，遏制思想，未有能奏实效者，不但秦也。故秦始皇之焚书，于学术之发展，思想言论之自由，固不能谓为全无影响，但决不能谓为诸子学衰歇之主因。

董仲舒《对策》曰："《春秋》大一统者，天地之常经，古今之通谊也。今师异道，人异论，百家殊方，指意不同。是以上无以持一统，治制数变；下不知所守。臣愚以为诸不在六艺之科，孔子之术者，皆绝其道勿使并进。邪辟之说灭息，然后统纪可一，而法度可明，民知所从矣。"（见《汉书》本传）论者以为诸子学之衰歇，乃由汉武帝之罢黜百家，独尊儒术。然董仲舒所谓"皆绝其道"者，旨在"勿使并进"，则所绝者不过"并进之道"，非真欲灭绝诸子之道也。且此仅《对策》中语，仅仲舒个人之主张耳。本传下文但曰："及仲舒《对策》，推明孔氏，抑黜百家；立学校之官，州郡举茂材孝廉，皆自仲舒发之。"不言武帝因仲舒《对策》，而下诏禁绝百家也。摘《对策》中数语，而遽以为武帝有罢黜百家之事实，岂非"莫须有"乎？故此亦非诸子学衰歇之主因。

诸子学之衰歇；亦有其因与缘。其"因"，则为诸子学本身之变化。阴阳家本任鬼神而舍人事，邹衍复有"大九州"之说。适秦皇汉武均有求长生之奢望，于是由鬼神之说而变为神仙，由"大九州"之说而变为海外三神山，遂成方士之言。方士既盛，儒家乃与之混合而有种种荒诞不经之说（如董仲舒求雨求晴等说，京房《易》学灾异之说），至西汉末，纬书出，而儒学大变（夏曾佑《中国历史·论儒家与方士之糅合》一章，言之颇详），道家亦与方士混合，而老庄列诸子皆成为仙人。至东汉末，道教出，而老子俨成教祖矣。儒家之学，除与方士混合外，又一变而为章句训诂之学，饾饤笺注，失其精微。墨家则以偏重实际行为，不重理论之故，著述极少；其自苦与摩顶放踵以利天下之精神，则流为任侠之自我牺牲，殉私交，报恩仇；故其学衰歇，竟无继人。秦汉一统，游说以无用而绝迹，不但纵横之士，一变而为赋家；且以君臣悬隔日甚，面说变为上书，而以辩论见长之名家，亦以无用而衰歇。农家则惟有农艺农政之书；小说家则均为外史笔记之作。汉世犹有著述者，惟儒、法、杂三家而已。然自单篇散作之风渐盛，而专书著述渐衰。汉代学风，盖已转趋于经学及文学之赋，此则学术本身之变化也。

自春秋时开始之政治经济的剧变，至西汉亦已渐形停止。封建制度，贵族制度，已崩溃无余。社会人士亦已安于蜕变而成之新经济制度。《食货志》又曰：“其为编户齐民，同列而以财力相君，虽为仆虏，犹无愠色。”夫至为仆虏而无愠色，则已安之若素矣。虽汉代尚行重农抑商之政策，然对于当时之经济的新秩序，固未能根本动摇也。此则当时政治的经济的环境之变化也。加以汉既统一而后，政治较为清明，秩序较为安定；而武帝之以对策取士，及提倡经术，均以利禄为饵；学风丕变，亦由在上者有以左右之；此与诸子学之衰歇，亦不无影响者也。

上编　诸子人物考

近人夏曾佑尝言："诸子之书，我国自古及今，至精之政论，至深之哲理，至美之文章，并在其中；百世之后，研穷终不能尽。"（见所著《中国历史》）故一般学者公认诸子为应读之古籍，足与"经""史"鼎足而三。孟子曰："诵其《诗》，读其《书》，不知其人可乎？是以论其世也。"读《诗》《书》，尚欲知其人，论其世；读诸子之书，尤当知其人论其世，何则？诸子立说著书，皆欲以其学改制救世，则其思想学说，目与当时之环境至有关系，故必先知其人，论其世，而后可以读其书也。

《汉志》所录诸子之书多矣。有明出后人依托者，如《神农》《黄帝》之类是也；有明为后人追述者，如《管子》《晏子》之类是也；有书已亡佚，人无可稽者，如阴阳小说各家之书是也；有原题某某，实由门客所作者，如《吕览》《淮南》之书是也；有亡后复出，显系赝品者，如明人所传《孟子外书》之类是也。本编考诸子人物，必其人确有可考，或虽恍惚迷离，而确有考证之必要者，始著于篇。苟其人已无从考求，或与本书渺不相涉，或虽似有关，并非真相者，概从淘汰。窃谓考证古代人物，大忌耳食盲从，臆度武断，强不知以为知，致自欺而欺人；故与其泛滥而失真，不如简约以求当也。

其次，考证古代人物，必有所依据；古籍固未可尽信，但出之臆度，恐更不足信。诸子之时代，约起于春秋末，亘战国及秦，而迄于西汉；故重要人物见于《史记》者甚多。太史公网罗旧闻，所采史料，详瞻而未必精审；但终为可以依据之唯一的古史。本编考证诸子，其重要人物，即录《史记》本传，加以考证；其并无传文，或虽有传而所录事实与学术无甚关系者，则或采辑他书，或撮叙大概，另撰简传，附以考证；其人非重要，事又散见者，则为之撮集他传，总加考证。故或一人分为数章，或数人合为一章。盖人有重轻，事有繁简，不欲削趾适屦，断鹤续凫，强求形式之匀称。

第一章 孔 子（上）

本书绪论曾言："弟子称师曰'子'，始于孔子；弟子纂述师说以成私家之著述，始于《论语》；故诸子以孔子为第一人，诸子之书以《论语》为第一部。孔子以前，有官学，无私人之师儒；有官书，无私家之著述。"孔子开私人讲学私家著述之风，不仅为儒家之宗师，实为诸子之开祖，辟我国教育史学术史上之新纪元，为我国划时代之空前伟大的学者。故本编列之篇首，以为诸子人物之冠。

孔子与闻鲁政，为时至暂，周游列国，不得志于诸侯，卒归鲁以布衣终老，故在当时政治上之关系甚小。但开私人讲学，私家著述之风，而诸子承之，故其及于后世教育学术之影响则甚大也。孔子卒后，儒家之学乃盛于战国之初。汉高祖，儒冠置溺者也，其过鲁，乃以太牢祠孔子；帝王之崇奉孔子，盖自此始。文帝好黄老，景帝好刑名，未尝尊儒术也；武帝始乃特崇儒术；帝王之特尊儒术，盖自此始。此后历代帝王，如唐玄宗追谥孔子为文宣王，宋真宗加谥为元圣文宣王，元成宗又加谥为大成至圣文宣王，文庙遍于全国，祀典隆重，历明清而弗替。学者，无论其为汉，为宋，更无论其为古文，为今文，为程朱，为陆王，亦均奉孔子为不祧之祖。民国初年，袁世凯犹以尊孔为政策，康有为且欲定孔教为国教焉。及帝制，复辟，先后失败，论者群谓孔子为专制政体之护符，尊孔为专制时代之政策，起而反对；掊击揶揄，及于孔子本身。平心论之，孔子固可尊，而历代之尊孔，其所以尊之之故与所以尊之之道，则非也，传统的尊孔固应反对，而盲目的掊击揶揄，则固无伤于日月之明也。

司马谈论“六家”，特崇“道德”；司马迁作《史记》，独尊孔子。此或父子时有先后，风尚使然；要亦各有信仰，不必强同者也。《史记》例以本纪志帝王，世家志诸侯，列传志一般人物。孔子布衣耳，而特为立世家者，尊之也。高山景仰，心所乡往，赞中固已明言之矣。王安石《孔子世家议》，讥为“自乱其例，进退失据”；王应麟《困学纪闻》引潏水李氏说，讥为“欲尊大圣人而反小之”。按纪传之史，创自《史记》，细按其例，盖以本纪为全书之纲，所以示当时政治中心所在，初不限于志帝王也。如战国时，秦未统一，未尝为天子，而其时之政治中心已在秦，故立《秦本纪》；秦汉之际，楚未尝统一，项王未尝为天子，而实际上则为当时之政治中心，故立《项羽本纪》。（旧说谓太史公立《项羽本纪》，乃尊项绌刘，故目《史记》为谤书；此臆说也。近人又谓此乃太史公尊平民革命，亦非。）孔子非春秋末之政治中心，故不为立本纪耳。诸侯所以称世家者，以子孙世袭也。《孔子世家》末段，叙孔子子孙能世传其学甚详。不独孔氏之子孙也，儒家后学，自颜曾游夏及门诸弟子，以至孟荀，以至西汉诸儒，宗孔子者多矣。即墨庄诸子，虽其学说与孔子背驰，实皆承孔子之余风而兴起者也。诸侯之子孙世袭其位，世守其土，以富贵兴其家；孔子之子孙与后学，世传其学，世守其师说，以学术世其家；事既相类，此更胜彼。王鸣盛谓为“推崇至极，斟酌尽善”，盖有见于此也，但《史记》叙孔子事，亦多失检处。先君子有《史记孔子世家考》，录之如下：

《孔子世家考》

孔子生鲁昌平乡陬邑。

按："陬"，《论语》作"郰"，《水经注》作"鄹"。《庄子·天下篇》"邹鲁之士"指孔子，"邹"亦当作"郰"。(《庄子》中未尝提及孟子；倘兼指孔孟，当云"鲁邹之士"，不当云"邹鲁"。）裴骃《史记集解》引孔安国曰："郰，孔子父叔梁纥所治邑。"司马贞《史记索隐》曰："郰是邑名，昌平乡号。孔子居鲁之郰邑昌平乡。"据此，则《史记》乡邑倒置也。张守节《史记正义》引《括地志》曰："昌平山在泗水县南六十里。"又曰："夫子生在郰，长徙曲阜，仍号阙里。"按郰邑即今山东曲阜县东南之郰城。昌平山在今曲阜县东南五十里，尼山之西。昌平乡盖以山得名。

伯潜按：《汉书·梅福传》颜师古《注》曰："阙里，孔子旧里也。"阙里在今曲阜城内。盖孔子生于郰，长徙曲阜城内之阙里耳。《正义》云"仍号阙里"，则似昌平乡亦有阙里矣，恐出臆度，不可信。

其先，宋人也。[曰] 孔防叔 [防叔] 生伯夏，伯夏生叔梁纥。

按：宋湣公共卒（即愍公。《孔子家语》作襄公，误），弟炀公熙立。湣公之子鲋祀弑炀公，以国让其兄弗父何。何不受，鲋祀立，是为厉公。见《左传》昭公七年及《史记·宋世家》。鲋祀盖伪让其兄，何不屑受，且亦不敢受耳。何世为宋卿。何生宋父周，周生世子胜，胜生正考父，正考父生孔父嘉，五世亲尽，别为孔氏。殇公时，孔父嘉为司马，为太宰华督所杀，殇公亦被杀，事见《左传》桓公元年。孔父嘉之子木金父奔鲁。故孔子之先为宋人。"其先宋人也"自为一句，下文"孔防叔生伯夏，伯夏生叔梁纥"二句，叙孔子之三代。"曰"字衍；重"防叔"二字，亦衍。

伯潜按：木金父生祁父睪夷，睪夷生防叔。木金父畏华氏之逼，故奔鲁。防叔当宋成公之世，华氏已衰矣。《索隐》曰："防叔畏华氏之逼而奔鲁。"《家语》及《世本》均谓防叔始奔鲁。盖未之考，且因衍一"曰"字，误读"其先宋人也曰孔防叔"九字为一句耳。叔梁字，纥名。古人名字常连举，如弗父、何，孔父、嘉……，即其例。

纥与颜氏女野合而生孔子。祷于尼丘，得孔子；［鲁襄公二十二年而孔子生］生而首上圩顶，故因名丘，［云］字仲尼云。［姓孔氏］

按：《索隐》《正义》均引《家语》，谓纥娶鲁之施氏，生九女；其妾生孟皮，病足；乃求婚于颜氏。颜氏三女，少女徵在从父命为婚云云。"野合"之义，说各不同。《索隐》谓纥老而徵在少，非当壮室初笄之礼，故云野合，谓不合礼。《正义》谓男子二八十六阳道通，八八六十四阳道绝，纥婚过六十四，故为野合。崔適《史记探原》谓当作"纥与颜氏女祷于尼丘，野合而生孔子"，上下文错杂而又衍"得孔子"三字云。则野合乃祷尼丘时事矣。古有"圣人感生"之说，如吞玄鸟之卵而生契，履巨人之迹而生弃，见于《诗》之《玄鸟》《生民》。野合而生孔子，殆亦类此之传说耳。"祷于尼丘，得孔子"，"生而首上圩顶，因名丘，字仲尼"，意相联贯，盖以孔子之顶似尼丘山也。（《索隐》曰："圩顶，言顶上窊也。故孔子顶如反圩。反圩者，若屋宇之反，中低而四傍高也。"）"鲁襄公二十二年而孔子生"句，当移后。"云"字当移置句末，"姓孔氏"三字衍。

伯潜按：纥已有一妻一妾，而又娶颜氏，疑但如今之同居，未尝举行婚礼者，故曰“野合”。野合而生孔子，则孔子殆今所谓“非婚生子”欤？余所揣度，或将斥为唐突孔子。孔子固谨于礼者，然圣人之父，未必亦谨于礼也。《史记》文意不明，后人以意度之，未必能得其真，付之阙疑而已。

鲁襄公二十二年而孔子生。丘生而叔梁纥死，［葬于防山；防山在鲁东。］乃殡五父之衢。由是孔子疑其父墓［处，］母讳之也。

按：“鲁襄公二十二年而孔子生”句当移置于此。此言孔子生于鲁襄公二十二年，与《左传》杜预《注》，苏辙《古史》，罗泌《路史》，金履祥《通鉴前编》同，《孔氏家谱》，《素王事记》从之，《公羊传》，《穀梁传》，俱云孔子生于鲁襄公二十一年，洪善庆《阙里谱系》，程登庸《孔子年表辨正》，蔡复赏《孔子编年》及宋濂《孔子生卒考》均从之，是孔子生年有二说也。《左传》昭公二十四年杜《注》曰：“是年，孔子年三十五。”则似又从《公》《穀》二传矣。崔适《史记探原》曰：“《公》《穀》全体释经，此言何以入传？当由二家经师附记于旁，后乃误入正文尔。其始附于二十二年‘公会诸侯于沙随’之下，一本误脱，而误补于二十一年‘公会诸侯于商任’之下。文相似，易于致误也。一本误，则各本皆误；一传误，则二传并误。”崔说是也。孔子生年，当从《史记》，以正《公》《穀》二传之误。《公羊传》曰：“十一月庚子，孔子生。”《穀梁传》曰：“庚子，孔子生。”《春秋经》鲁襄公二十一年曰：“冬，庚辰朔，日有食之。”庚辰为十月朔，则庚子当为十月二十一日，而十一月中不得再有庚子日。陆德明《公羊传释文》出“庚子孔子生”五字，并曰：“传文上有‘十月庚辰’，则此亦十月也。一本作

‘十一月庚子’，又一本无此句。”则《公羊传》本与《穀梁传》同，亦无“十一月”三字可知。鲁襄公二十二年十月庚子，为十月二十七日。周正十月，当夏正八月（夏正建寅，周正建子，故相差二月），故孔子生日为旧历八月二十七日。又按：《礼记·檀弓》但云“孔子少孤”，不言叔梁纥卒于何年，与此同。惟《家语》言“孔子三岁，叔梁纥卒”，不知何据。此处“葬于防山，防山在鲁东”九字衍；下文“乃殡五父之衢”六字，当移置于此；“墓”字下衍一“处”字；说详下文。

伯潜按：《春秋》记各国大事，即孔子曾加笔削，亦无插入自己出生一条之理。既为经文所无，释经之传，何以羼入此条？且如《公》《穀》已详记月日，司马迁又何以不采入本记？崔適疑为二家经师附记，其说甚是。其误入正文，亦当在司马迁作《史记》之后也。鲁襄公二十二年，当周灵王二十一庚戌，为公元前五五一年。今教育部定国历八月二十七日为孔子诞辰，盖即取旧历之月日耳。其并定是日为教师节者，以私人讲学始于孔子也。

孔子为儿嬉戏，常陈俎豆，设礼容。

按：此记孔子儿时事，而插入上下文记父丧母丧之间，易使文意不相联贯。以无足重轻，且无可移置，姑仍其旧。

孔子之母死。[乃殡五父之衢，]［盖其慎也。］郰人挽父之母诲孔子父墓，然后往合葬于防焉，盖其慎也。防山在鲁东。孔子要绖。

按：《礼记·檀弓》曰：“孔子少孤，不知其父墓殡于五父之衢。人之见之者，皆以为葬也。其慎也；盖殡也，问于聊曼父之母；然后得合葬于防焉。”殡，浮厝也。殡可发而迁以合葬；如已葬，则不宜复发。孔子少孤，故不知其父之墓为殡为葬。及问于聊人挽父之母，始知其果为殡而非葬，然后发其父浮厝之柩，与母合葬于防。问而后发，盖其慎也。《檀弓》此章，“其慎也……合葬于防”二十字有二重倒装。“曼”为“挽”之借字。“挽父”，司葬事者。本传原文，或衍或倒，竟不可读，当据《檀弓》正之。《左传》襄公十一年杜《注》曰：“五父衢，鲁县东南道名也。”五父衢在今曲阜县东南，防山在今曲阜县东三十里。孔子曾祖曰防叔，尝为防大夫。聊防二邑均在曲阜东南。盖防山为孔子祖墓所在，故合葬父母于此也。“疑其父墓”者，不知其为殡为葬也；句末多一“处”字，则似不知其父墓所在矣。“母讳之也”者，母不欲谈及其父之墓，孔子亦不忍问，以伤其心也。“诲孔子父墓”者，以父墓是殡非葬告孔子也。“要”同“腰”，“绖”丧服麻带。此言孔子合葬父母时腰绖尔。

季氏飨士，孔子与往。阳虎绌曰：“季氏飨士，非敢享子也!”孔子由是退。孔子年十七。

按：上节末句“孔子要绖”旧连本节读，本节末句“孔子年十七”，旧连下节读；均误。《索隐》曰：“‘要绖’一作‘要经’。要经，犹带经也。故刘氏云：‘嗜学之意’，是也。”盖误以上节末句连此，而又觉丧服与飨之非，故为此曲说耳。《家语》乃谓阳虎吊于孔氏，告以享士之事，孔子言某虽衰绖，亦必与往，以示不非阳虎云云，更为荒谬不经。此事与上文全系两事，并不相涉。“孔子要绖”句属上文读，便自了然矣。孔子此时年仅十七，声名未著，故阳虎绌之。《索隐》引贾逵说，以为“昭公二十四年，孔子年已三十五，此文误也”；《水经注》又谓“孔子年十七，适周”；皆由误以“孔子年十七”句属下文读之故。

[鲁大夫孟釐子病且死，诫其嗣懿子曰：“孔丘，圣人之后，灭于宋。其祖弗父何始有宋而嗣，让厉公。及正考父，佐戴、武、宣公，三命兹益恭，故鼎铭云：‘一命而偻，再命而伛，三命而俯，循墙而走，亦莫敢余侮。馇于是，粥于是，以糊余口。’其恭如是。吾闻圣人之后，虽不当世，必有达者。今孔丘年少好礼，其达者与？吾即没，若必师之。”及釐子卒，懿子与鲁人南宫敬叔往学礼焉。] 是岁，季武子卒，平子代立。

按：孟釐子事，当移置下文，说详后。季武子即季孙宿，季平子即季孙意如。《春秋经》昭公七年，冬十一月，季孙宿卒。昭公七年，孔子年正十七。足证当径接“孔子年十七”句。孟釐子卒，在昭公二十四年，亦见《春秋经》，故当移置下文。若如原文，读者易误谓孟釐子与季武子卒于同岁矣。

孔子贫且贱。及长，尝为 [季氏史] 委吏，料量平；尝为司职吏，而畜蕃息。[由是为司空。已而去鲁，斥乎齐，逐乎宋卫，困于陈蔡之间，于是反鲁。] 孔子长九尺有六寸，人皆谓之长人而异之。[鲁复善待，于是反鲁。]

按：《孟子·万章篇》，孟子曰：“孔子尝为委吏矣，曰会计当而已矣，尝为乘田矣，曰牛羊茁壮长而已矣。”孔子未尝仕于季氏。“季氏史”三字，乃与“委吏”二字形似，且涉上文而误。赵岐《孟子注》曰：“委吏，主委积仓库之吏”，故曰“料量平，会计当”也。司职吏当即乘田。《周礼·地官》牛人曰：“凡祭祀，共其牛羊，以授职人而刍之。”注曰：“职读为枳，枳谓之杙，可以系牛。”司职吏盖即职人，掌养牛羊，故曰“畜蕃息”，“牛羊茁壮长”也。“由是为司空……困于陈蔡之间”二十二字，当移置下文“鲁复善待”句上。“由是反鲁”即“于是反鲁”；重此二句，而又涉上文“由是为司空”句，变“于是”为“由是”耳。

伯潜按：杨敬夫《先圣年表》曰：“孔子二十岁，始仕于鲁，为委吏；二十一岁，为乘田。”孔氏在宋为贵族，奔鲁则为平民，孔子又少孤，故贫且贱。因少贫贱，故及长，为贫而仕；委吏司职吏之类，殆亦孟子所谓“庶人在官者”耳，乃云“由是为司空”误矣。《史记探原》谓“由是为司空……于是反鲁”二十六字，及下文“鲁复善待，由是反鲁”八字，皆衍文，当删，今从之。“孔子九尺有六寸，人皆谓之长人而异之”十七字，记孔子成长后之状貌，与上文“及长”二字有关。删去衍文，意既明显，文亦连络矣。

鲁大夫孟釐子病不能相礼，且死，诫其嗣懿子曰：“孔丘，圣人之后，灭于宋。其祖弗父何始有宋而嗣，让厉公。及正考父佐戴、武、宣公，三命兹益恭，鼎铭云：‘一命而偻，再命而伛，三命而俯，循墙而走，亦莫敢余侮。饘于是，粥于是，以糊余口。’其恭如是。吾闻圣人之后，虽不当世，必有达者。今孔丘年少好礼，其达者与？吾即没，若必师之。”及釐子卒，懿子与鲁人南宫敬叔往学礼焉。

[鲁] 南宫敬叔言鲁君曰：“请与孔子俱适周。”鲁君与之一车、两马、一竖子，俱适周，盖见老子云。[辞去，而老子送之曰：“吾闻富贵者送人以财，仁人者送人以言。吾不能富贵，窃仁人之号，送子以言曰：‘聪明深

察而近于死者，好议人者也；博辩广大危其身者，发人之恶者也。为人子者毋以有己，为人臣者无以有己。'”〕孔子自周反鲁，弟子稍益进焉。

按："鲁大夫孟釐子……往学礼焉"，为下文南宫敬叔言于鲁君，请与孔子俱适周张本，故当自上文移置于此。"南宫敬叔言鲁君曰"句首之"鲁"字，衍，当删。"釐"同"僖"，孟釐子，仲孙貜也。懿子名何忌。《左传》昭公七年曰："三月，公如楚，郑伯劳于师之梁，孟僖子为介，不能相仪：及楚，不能答郊劳。……九月，公至自楚。孟僖子病不能相礼，乃讲学之，苟能礼者从之。及其将死也，召其大夫曰：'礼，人之干也；无礼，无以立。吾闻将有达者曰孔丘，圣人之后也，而灭于宋。其祖弗父何以有宋而授厉公。及正考父……（同《孔子世家》，文繁不录。）其共也如是。臧孙纥有言：曰"圣人有明德者，若不当世，其后将有达人"。今其将在孔丘乎？我若获殁；必嘱说与何忌于夫子，使事之而学礼焉，以定其位。'故孟懿子与南宫敬叔师事仲尼。"与《史记》略同。"病不能相礼"者，以"不能相仪""不能答郊劳"为己病也，非疾病之病。故据《左传》，于"病"字下增"不能相礼"四字，孟釐子自恨不能相礼，故嘱其子往师孔子也。釐子卒于昭公二十四年，而《左传》记其将死之言于昭公七年者，因"三月公如楚""九月公至自楚"二条连类而及之也。杜预《左传注》曰："说，南宫敬叔，何忌，孟懿子，皆僖子之子。"而此云"鲁人南宫敬叔"，则非孟釐子之子矣。《仲尼弟子传》亦但云"鲁人"，又《弟子传》中无孟懿子。《论语》，孔子对弟子皆呼其名，而《为政篇·孟懿子章》，孔子语樊迟，不曰"何忌问孝于我"，而曰"孟孙问孝于我"。则孟懿子虽尝来问，未尝著籍为弟子也。又所引乃正考父食鼎之铭，观铭辞甚明。

《集解》谓是正考父庙中之鼎，误。

又按：孔子适周见老子事，亦见《老庄申韩传》及《家语·观周解》。《庄子·天道篇》曰："孔子欲西藏书于周室。（疑当作"欲西观书于周室"）子路谋曰：'由闻周之征藏史有老聃者，免而归居，夫子欲藏书（疑当作"欲观藏书"），则试往因焉。'孔子曰：'善。'往见老聃，而老聃不许。"殆同一事而传闻异辞者。但《老子传》谓老子为楚人，如已免而归居，则已归楚，不复在周为征藏史矣。"试往因"者，欲因老聃之介绍以观书于周也。"老聃不许"，则孔子之适周观书，亦未尝因老聃矣。《史记》言孔子适周观书，见老子云云，与《庄子》所记完全不同。庄子道家也；苟孔子果曾见老子而问礼焉，《庄子》断无不载之理。此曰："盖见老子云。""盖"者疑词；"云"者，传说云尔也。则本非传信之辞矣。试更就老子之言按之，亦甚可疑。《晏子春秋·杂上》曰："晏子送曾子曰：'君子赠人以轩，不若以言。'"《说苑·杂言篇》曰："子路将行，辞于仲尼。仲尼曰：'赠汝以车乎？以言乎？'子路曰：'请以言。'"《索隐》出"送人以财"四字曰："庄周'财'作'轩'。"则《庄子》中似有相类之记载矣。因知此为当时流行临别赠言之绪语，故曰"吾闻……"也。但其告孔子者，皆为讥斥之辞。老子，楚人，且仕于周，与孔子本无一日之雅。奈何于其虚心请问之际，遽加讥斥乎？《老子传》所记规孔子语，亦类此。至所记孔子犹龙之赞，更可一望而知为道家增饰之辞矣。要之，孔子尝适周，尝见征藏史而观书焉，而问礼焉，宜若可信。但必谓所见之征藏史即老聃，则殊无实据；其因此而加以增饰，则更不足信矣。故此节应将"辞去……无以有已"八十三字删去。至于孔子适周之年，歧说亦多；以情理度之，当在三十以后，五十以前。

伯潜按："南宫敬叔言鲁君"句首所以衍一"鲁"字者，因上文"鲁大夫孟釐子……往学礼焉"一节；本与此节相连，后错简移前，而此处尚剩一"鲁"字也。《左传》及杜《注》均谓南宫敬叔名说，为孟僖子之子，误，当从《世家》及《弟子传》。孔子弟子有南宫縚，字子容者，即《论语·先进篇》所称"三复《白圭》，孔子以其兄之子妻之"之南容，《礼记·檀弓篇》言"南宫縚之妻之姑之丧，孔子诲之髽"。正以其为兄之子，故诲之也。观《周解》记孔子入周庙，见金人三缄其口，以慎言诫弟子。与孔子同适周之弟子，即南宫敬叔。《白圭》之《诗》，正与慎言之旨相合，则南宫敬叔即南容矣。氏南宫，简称则曰"南"；名縚，字子容；又称"敬叔"者，"敬"为谥，"叔"为伯仲之次，犹《论语》之叔孙武叔耳。孔子称之，且以兄之子妻之，其为高弟，不言可知。孟懿子与往学礼者，殆因南宫敬叔之介而往问礼也。南容没而有谥，则尝厕大夫之列矣。孔子时犹布衣，欲适周观书，非有地位者为之介绍不可，故南容为请于鲁君也。岂初欲因曾为周征藏史，已免而归居之老聃，老聃不许，乃又请于鲁君欤？经此一度周折，故有问礼老聃之传说，亦未可知。《庄子》所记，究为寓言，为实事，已无可考。即使可信，老聃既已免而归居，则孔子适周所见之征藏室史，亦非老聃矣。孔子好古敏求，不耻下问，故尝问官于郯子（见《左传》昭公十七年），问乐于苌弘。（见《观周解》，《乐记》亦载孔子与宾牟贾论《大武》，亦有"吾闻诸苌弘"之言。）其问礼于征藏史，正此类耳。

又按：孔子适周之年，各说不同，约举如下：

（一）在昭公七年，孔子年十七时。《索隐》曰："孔子适周，岂访礼之时，即在十七耶？孔子见老聃云：'甚矣道之难行也。'此非十七岁人语，乃仕后之言耳。"梁玉绳《史记志疑》

曰："敬叔生于昭十一年，当昭七年，孔子十七时，不但敬叔未从游，且未生也。"按此说之误，最显而易见。盖由误以"孔子年十七"句连下文"鲁大夫孟釐子……"节读耳。孔子少贫贱，年十七时，往与季氏飨士，且为阳虎所绌，何由上达鲁君，得其力以适周耶？《索隐》据《庄子》为说，尚未得其据。

（二）在昭公二十四年，孔子年三十四时。阎若璩《先圣生卒年月考》曰："《曾子问》，孔子曰：'昔者吾从老聃助葬于巷党，及堩，日有食之。'惟昭公二十四年夏五月乙未朔，日有食之，见《春秋》；此即孔子从老聃问礼时也。他若昭二十年，定九年，皆不日食。昭七年虽日食，亦恰入食限，而敬叔尚未从孔子游，何由适周？"冯登府《解春集》驳之曰："春秋，昭公世凡七日食，不止二十四年。且二十四年二月，孟僖子卒，五月日食，此时僖子甫葬，敬叔方在虞祭卒哭之时，焉能与孔子适周？"《史记志疑》亦曰："若昭二十四年，孔子三十四岁时，不但僖子方卒，敬叔未能出门从师，且生才十四岁，恐亦未能见于君，未能至周，而明年昭公即逊于齐，安所得鲁君而请之？"崔述《洙泗考信录》亦言："敬叔是年方有父丧，且生于昭十二年，至是仅十三岁，未能远行；敬叔岂无车马，何以必待鲁君与之"云云。按此说较前说为可信。冯梁崔三氏驳之，皆以敬叔为孟僖子之子，因疑其年不相及，值父丧不能远行耳。但南宫敬叔即南宫縚，字子容者，非孟僖子之子也。梁氏云："明年昭公即逊于齐，安所得鲁君而请之？"昭公于明年逊齐，则此年所请之鲁君，正昭公也。明年昭公出奔之后，乃真无鲁君可请矣。孔子鲁之布衣，欲观光王室，必以君命而行，方得观藏书耳，岂仅资其车马仆从而已。惟阎氏以《曾子问》为据，亦未尽可信。《曾子问》此下曰："老聃曰：'丘，止柩就道右，止哭以听变；既明反而后行；曰礼也。’反葬，而丘问之曰：‘夫柩，不可以反者也。日有食之，不知其已之迟数，则岂如行哉？’老聃曰：‘诸侯朝天子，见日而行，逮日而舍；［奠］大夫使，见日而行，逮日而舍。’”按老聃以诸侯朝天子，大夫使为比，则老孔此次助葬，当亦送诸侯或大夫之丧。孔子以鲁之布衣，初至王畿，年德未崇，交游不广，不必参与送葬。老聃既为周之征藏史，位望年德较高，既主止柩听变，何以不径告丧主，而必呼孔子以告之？“巷党”之上，未冠国名。以其为孔子之言，曾子所记，疑是鲁地。《论语·子罕篇》，“达巷党人……”。康有为谓“达”字当连上章“子罕言利与命与仁”句读，则正与《曾子问》之“巷党”同指一地。虽老聃曾至鲁，不见他书，未可臆断“巷党”为鲁地；但其地果在东周否，亦一疑问。况《庄子》明言老聃时已免而归居乎？故曰《曾子问》亦未足为据也。

（三）在定公九年，孔子年五十一时。《史记志疑》曰：“盖适周问礼，不知何年。……此本阙疑之事。必欲求其年，则《庄子》五十一之说，庶几近之。”按《庄子·天运篇》曰：“孔子行年五十有一而未闻道，乃南之沛，见老聃。”此梁氏所本。然《庄子》明云“南之沛”，不云西适周也。孔子相定公，会齐侯于夹谷，在定公十年。前一年，已仕鲁矣。正将大有为，何暇适周？且已得君，又何必南宫敬叔为言于君乎？

孔子自言：“吾十有五而志于学，三十而立。”（见《论语·学而篇》）昭公七年，十七岁时，志学未久也；定公九年，五十一岁时，则学优而仕矣；一失之太早，一失之太迟。鲁为周公之后，文物之邦，藏有《易·象》《春秋》《诗》《乐》等官书。（晋韩宣子聘鲁，观书鲁太史，见《易·象》与《鲁春秋》，见《左传》昭公二年；吴季札聘鲁，观乐于鲁太师，为之歌各国之风，见《左传》襄公二十九年）孔子好学，度已遍览。犹以为未足，乃欲远适东周，观王官之藏书。此事之年，本难确指，只能如梁氏所说，付之阙疑，约略计之，当在志学已久，三十而立之后也。观书归来，学益进，弟子益众，声望益高，乃始见用于鲁耳。

是时也，晋［平公淫］六卿擅权，东伐诸侯；楚［灵王］兵强，陵轹中国；齐大而近于鲁。鲁小弱，附于楚，则晋怒；附于晋，则楚来伐；不备于齐，齐师侵鲁。鲁昭公二十年，而孔子年盖三十矣。

按：《史记志疑》谓昭公二十年时，晋侯为顷公，去平公已二世；楚子为平王，去灵王死已七年。故“平公淫”三字，“灵王”二字，均当删去。此节撮叙当时国际大势，以见鲁国之地位，并点明孔子之年龄。盖以本篇文过冗长，故时加提点耳。此节适承上节之后，而末言“昭公二十年，孔子盖年三十矣”二句，故又有孔子于昭公二十年适周之说。前引阎若璩说，有“他若昭二十年……皆不日食”之言，即是因此。

齐景公与晏婴来适鲁。景公问孔子曰：“昔秦穆公国小处辟，其霸何也？”对曰：“秦国虽小，其志大；处虽辟，行中正；身举五羖，爵之大夫，起缧绁之中，与语三日，授之以政；以此取之，虽王可也，其霸小矣。”

按：《齐世家》记“景公与晏子狩鲁界，因入鲁，问礼于孔子”，似即此事。但《春秋》经传此时无齐景公适鲁事。且孔子此时在鲁尚无声望，而邻邦大国之君，偶入鲁境，即往问礼，似不近情。殆儒者欲张大孔子，有此种传说耳。

孔子年三十五；而季平子与郈昭伯以斗鸡故，得罪鲁昭公。昭公率师击平子。平子与孟孙氏，叔孙氏三家共攻昭公。昭公师败，奔齐。[齐处昭公乾侯。]

按：孔子三十五岁时，正昭公二十五年也。此事详见《左传》。乾侯在今河北安成县。《史记志疑》引余有丁曰："乾侯，晋地，乃晋以处昭公者。齐处公于郓，非乾侯也。"昭公二十五年九月奔齐次于阳州；齐侯唁之于野井。十二月，齐侯取郓，以处昭公。翌年，昭公居郓。二十八年，昭公始如晋，晋处之乾侯。自此之后，常往来郓与乾侯二地。三十二年十二月，薨于乾侯。本篇以记孔子事为主。昭公出奔，因与鲁国大局有关，其处乾侯，则与孔子无涉，故删。

[其后顷之，] 鲁乱，孔子适齐。[为高昭子家臣，欲以通乎景公。] 与齐太师语乐，闻《韶》音，学之，三月不知肉味；齐人称之。景公问政于孔子。孔子曰："君君臣臣，父父子子。"景公曰："善哉！信如君不君，臣不臣，父不父，子不子，虽有粟，吾得而食诸?"他日，又复问政于孔子。孔子曰："政在节财。"景公说。[将欲以尼谿田封孔子。晏婴进曰："夫儒者滑稽而不可轨法，倨傲自顺，不可以为下，崇丧遂哀，破产厚葬，不可以为俗，游说乞贷，不可以为国。自大贤之息，周室既衰，礼乐缺有间。今孔子盛容饰，繁登降之礼，趋详之节，累世不能究其学，当年不能究其礼。君欲用之以易齐俗，非所以先细民也。"后景公敬见孔子，不问其礼。异日，景公止孔子曰："奉子以季氏，则吾不能。以季孟之间待之。"齐大夫欲害孔子。孔子闻之。景公曰："吾老矣，弗能用也。"] 孔子 [遂行] 反乎鲁。

按：此云“鲁乱”，即指上文三家攻逐昭公事，非昭公出奔后又顷之而鲁始乱也，故“其后顷之”四字当删。《史记考证》引余有丁说，谓“孔子与晏婴善。孔子至齐，因晏子以通乎景公。为高昭子家臣云云，恐误”。余说是也，“为高昭子……”句当删。《论语·八佾篇》有“子语鲁太师乐曰……”一章。此云“齐太师”，与《论语》异。但齐鲁各有太师，与孔子语乐者，固不限于鲁太师也。又《述而篇》曰：“子在齐闻《韶》，三月不知肉味，曰：‘不图为乐之至于斯也。’”此多“学之”二字。“君君臣臣……”之对，亦见《述而篇》。又《微子篇》曰：“齐景公待孔子曰：‘若季氏，则吾不能。’以季孟之间待之。曰：‘吾老矣，不能用也！’孔子行”与此略同。《洙泗考信录》谓孔子此时未尝仕鲁为司寇，声望未高，而景公遽愿以季孟之间待之；景公是时年仅四五十之间，此后又在位二十余年，而曰“吾老矣”；均与情理未合云云。其说甚是。

伯潜按，景公欲以尼谿之田封孔子一事，不见于《论语》。《索隐》曰：“此说出《晏子春秋》与《墨子》，其文微异。”金履祥及崔述均以为不可信。《论语·八佾篇》记孔子曰：“晏平仲善与人交，久而敬之。”晏子沮孔子，殆非事实。《洙泗考信录》谓昭公奔齐时，晏子仕齐已四十年；次年，以论慧星见于《左传》，自后无闻；疑孔子去齐时，晏子已卒矣。故“将欲以尼谿田封孔子……弗能用也”及下句“遂行”二字不如删去。孟子言孔子去齐，接淅而行。去齐自有故，但已不可考耳。

第二章　孔　子（中）

孔子年四十二，鲁昭公卒于乾侯，定公立。

按：昭公在位三十二年卒，是年孔子年正四十二。旧以“孔子年四十二”连上文读，故《历聘纪年》谓孔子在齐凡七年也。《檀弓》记吴季札适齐，反，其长子死，葬于嬴博之间，孔子往观。此事在昭公二十七年，而其地近鲁，孔子盖自鲁往观。此昭公二十七年孔子已反鲁之证，孟子尝言，孔子未尝有所终三年淹也。故江永谓孔子在齐不过一年。又《孔子年谱》谓孔子适齐，先后凡三次，《洙泗考信录》已辨其误矣。

定公五年夏，季平子卒，桓子嗣立。［季桓子穿井，得土缶，中若羊。问仲尼，云得狗。仲尼曰：“以丘所闻，羊也。丘闻之：木石之怪，夔、罔阆；水之怪，龙、罔象；土之怪，坟羊。”吴伐越，得骨节专车。吴使使问仲尼：“骨何者为大？”仲尼曰：“禹致群神于会稽山。防风氏后至，禹杀而戮之，其骨节专车。此为大矣。”吴客曰：“谁为神？”仲尼曰：“山川之神足以纲纪天下，其守为神，社稷为诸侯，皆属于王者。”吴客曰：“防风何守？”仲尼曰：“汪罔氏之君守封禺之山，为釐姓。在虞夏商为汪罔，在周为长翟，今谓之大人。”客曰：“人长几何？”仲尼曰：“僬侥氏三尺，短之至也；长者不过十之，数之极也。”于是吴客曰：“善哉，圣人!”]

按：季桓子，季孙斯也。二事亦见《国语》，后一事又见《家语·辨物解》。桓子得坟羊，即实有其事，亦未必在嗣立之年。《史记志疑》谓吴入越在哀公元年，后一事当移置下文“吴败越王句践会稽”句后，其说甚是。俗儒以为圣人“多学而识”，无所不知，故有此类传说；史公采之亦以示孔子之博学；不知无稽之谈，言不雅驯，非正式之史料也，删此二事，方觉干净。

桓子嬖臣曰仲梁怀，与阳虎有隙。阳虎欲逐怀，公山不狃止之。其秋，怀益骄，阳虎执怀，桓子怒。阳虎因囚桓子，与盟而释之。阳虎由此益轻季氏。季氏亦僭于公室，陪臣执国政。是以鲁自大夫以下，皆僭离于正道。故孔子不仕，[退而] 修《诗》《书》《礼》《乐》。弟子弥众，至自远方，莫不受业焉。

按：此事见《左传》定公五年。阳虎，《论语》作阳货，《孟子》阳虎阳货互见。崔述谓非一人，误。《墨子·非儒篇》曰：“阳货乱乎鲁”，即阳虎也。公山不狃，《论语》作公山弗扰。《史记志疑》谓定公五年时，孔子未修《诗》《书》《礼》《乐》，“退而修《诗》《书》《礼》《乐》”句，疑衍。按此但言孔子不仕，隐居讲学，以《诗》《书》《礼》《乐》教弟子耳。惟既未尝仕，便不当云“退”，当删“退而”二字。

伯潜按：《论语·阳货篇》首章曰：“阳货欲见孔子，孔子不见，归孔子豚。孔子时其亡也，而往拜之，遇诸涂。谓孔子曰：‘来！予与尔言。’曰：‘怀其宝而迷其邦，可谓仁乎?’曰：‘不可。’‘好从事而亟失时，可谓知乎?’曰‘不可’。‘日月逝矣，岁不我与！……’孔子曰：‘诺，吾将仕矣。’”此章描绘阳货之态度神情，可谓刻划入微。洁身自好之士，处乱世而欲避人苟全，如此者固不少矣！此时孔子学养已深，弟子弥众，声望日高。昔季氏飨士时，尝面绌孔子之阳货，已执鲁政，亦改变态度，亟思罗致，以收人望焉。

定公八年，[公山不狃不得意于季氏，因] 阳虎为乱，欲废三桓之嫡，更立其庶孽，阳虎素所善者，遂执季桓子。桓子诈之，得脱。阳虎不胜，奔于齐。是时孔子年五十。[公山不狃以费叛季氏。使人召孔子。孔子循道弥久，温温无所试，莫能已用，曰：“盖周文武起丰镐而王。今费虽小，傥庶几乎？”欲往。子路不悦，止孔子。孔子曰：“夫召我者，岂徒哉？如用我，其为东周乎？”然亦卒不行。]

按：阳虎之乱，见《左传》定公八年。其文曰：“初，季寤，公鉏极，公山不狃，皆不得志于季氏，叔孙辄无宠于叔孙氏，叔仲志不得志于鲁，故五人因阳虎。至是，阳虎欲去三桓，以季寤更季氏，以叔孙辄更叔孙氏，已更孟氏。冬十月，作乱。阳虎败，遂入于讙阳关，以叛。”此五人皆党于阳虎。所谓“因阳虎”者，见阳虎以陪臣执国政，思因之以得志耳。非谓五人因阳虎以作乱也。此次叛乱，自以阳虎为主。本文乃曰“公山不狃氏不得意于季氏，因阳虎以为乱”，则误以公山不狃为此次叛乱之主矣，故删“公山不狃……因”十一字。定公八年，孔子正五十岁。又《论语·阳货篇》曰：“公山弗扰以费叛，召，子欲往。子路曰：‘末之也已！何必公山氏之之也？’子曰：‘如召我者，而岂徒哉？如有用我者，吾其为东周乎？’”此史公所本。按公山不狃之叛，《左传》载之甚详。定公十二年夏，孔子为鲁司寇，与闻国政，主张堕三家之都。公山不狃为费宰，乃以费叛，攻定公。孔子命申句须乐颀伐而败之。公山不狃奔齐。是公山之叛，正因反对孔子堕费也。因反对孔子堕三家之都而叛，乃召所反对之执政；孔子正命人讨伐，乃闻召而欲往，甚至以东周许之；岂非怪事？即就本文所记言之，公山既党阳虎，如欲叛，当约期共举，何以必待阳虎败逃之后，始以费叛？如云与阳虎同时叛，何以阳虎败逃，公山仍能宰费，历四年之久，以迄定公十二年乎？此次叛乱，阳虎为主。阳虎久欲罗致孔子，何以此时不召孔子，而由公山召之？阳虎欲见，孔子且避之若浼；何以闻公山之召而又欣然？此事极可疑，不能以其曾见于《论语》而遽信之也。《史记志疑》及《洙泗考信录》均辨之甚详。吾意"公山不狃以费叛季氏。……然亦卒不行"一段，不如删却。

其后，定公以孔子为中都宰。一年，四方皆则之。由中都宰为司空，由司空为［大］司寇。

按：中都，鲁邑，故城在今山东省汶上县西。《历聘纪年》谓定公九年，孔子为中都宰。狄子奇《孔子编年》谓孔子定公九年为中都宰，十一年为司空，十二年为司寇。惟《孔子年谱》谓定公五年为中都宰，次年迁司空。定公五年，季桓子嗣立，阳虎始渐专横。孔子是时不仕，已见上文。如已由中都宰一年而超迁司空，则阳虎亦不至以"怀其邦而迷其邦，好从事而亟失时"为言矣，故知《年谱》之说非也。又阎若璩谓诸侯司寇，无以"大司寇"称者，"大"字衍。此由陋儒欲尊孔子，妄加"大"字，当删。

定公十年春，及齐平。夏，[齐大夫犁鉏言于景公曰：“鲁用孔子，其势危齐。”]乃使使告鲁，为好会于夹谷。鲁定公且以乘车好往。孔子摄相事，曰：“臣闻有文事者必有武备，有武事者必有文备。古者诸侯出疆，必具官以从。请具左右司马。”定公曰：“诺。”具左右司马，会齐侯夹谷。为坛位，土阶三等，以会遇之礼相见。揖让而登，献酬之礼毕。齐有司趋而进曰：“请奏四方之乐。”景公曰：“诺。”于是旍旄羽袚矛戟剑拨，鼓噪而至。孔子趋而进，历阶而登，不尽一等，举袂而言曰：“吾两君为好会，夷狄之乐何为而至？请命有司。”有司却之，不去，则左右视景公。[与晏子]景公心怍，麾而去之。有顷，齐有司趋而进曰：“请奏宫中之乐。”景公曰：“诺。”优倡侏儒，为戏而前。孔子趋而进，历阶而登，不尽一等，曰：“匹夫而荧惑诸侯者，罪当诛！”有司加法焉，手足异处。景公惧而动，知义不若。归而大恐，告其群臣曰：“鲁以君子之道辅其君，而子独以夷狄之道教寡人，使得罪鲁君，为之奈何？”有司径对曰：“君子有过，则谢以质；小人有过，则谢以文。君若悼之，则谢以质。”于是齐侯乃归所侵鲁汶阳郓[汶阳]讙龟阴之田以谢过。

按：此事亦见《左传》《穀梁传》。夹谷，《穀梁传》作颊谷，在今山东省莱芜县境内。定公十年三月，鲁及齐平，故为此会以结好，非因犁鉏之言而有此会，故删“齐大夫犁鉏……其势危齐”十八字。《左传》言犁弥谋使莱人以兵劫鲁侯，又言齐侯将享公，孔子谓梁丘据，以为非礼，乃不果。《穀梁传》言齐人鼓噪而起。欲以执鲁君；又言罢会后，齐人使优施舞于鲁君之幕下，孔子使司马行法。均与此略异者，传闻不同也。犁弥或即犁鉏，但均无晏子，盖已前卒矣，故删“与晏子”三字。春秋时，两君相见，相必以卿。孔子未为卿，故云“摄”也。《春秋经》作“齐归郓讙龟阴田”。郓、讙、龟阴、皆在汶水之阳。《史记志疑》谓“汶阳”二字当移置“郓”字之上，“郓”字下又脱一“讙”字，是也。齐强鲁弱，初为好会，孔子相鲁君，卒使齐归所侵之田，自有其折冲樽俎之功。但会中情形，则传说显多夸饰耳。

定公十三年夏，孔子言于定公曰：“臣无藏甲，大夫无百雉之城。”使仲由为季氏宰，将堕三都。于是叔孙氏先堕郈。季氏将堕费。公山不狃叔孙辄率费人袭鲁。公与三子入于季氏之宫，登武子之台。费人攻之，弗克，[入] 矢及公侧。孔子命申句须乐颀下伐之。费人北。国人追之，败诸姑蔑，二子奔齐。遂堕费。将堕成，公敛处父谓孟孙曰：“堕成，齐人必至于北门：且成，孟氏之保鄣；无成，是无孟氏也。子伪不知，我将弗堕。”十二月，公围成，弗克。

按：此事《春秋》经传皆在定公十二年；此作十三年，误。三都，三家之都也。郈，在今山东省东平县南，费即今山东省费城县，成在今山东省宁阳县东北。姑蔑在今山东省泗水县东。上云“攻之弗克”，下又云“入及公侧”，不合，当从《史记探原》改作“矢及公侧”。季氏方经阳虎之变，叔孙氏方经侯犯之变，故从孔子之言，堕费、堕郈。孟孙氏情形不同，故从公敛处父之计，伪为不知，使得据成弗堕耳。

定公十四年，孔子年五十六，由 [大] 司寇 [行摄相事，有喜色。门人曰：“闻君子祸至不惧，福至不喜。”孔子曰：“有是言也，不曰乐其以贵下人乎？”于是诛鲁大夫乱政者少正卯] 与闻国政。三月，粥羔豚者弗饰贾，男女行者别于涂，道不拾遗，四方之客至乎邑者不求有司，皆 [予之以] 如归。

按："司寇"上之"大"字衍，说已见前。毛奇龄《经问》曰："'摄行相事'，乃因上文夹谷之会孔子摄相事而误。周时无以'相'名官者。上文所云'相'，乃傧相之相，非卿相之相。且是时季孙以司徒兼冢宰，孔子以异姓平民，骤至司寇，已是异数，岂能代季孙摄行相国之事哉?"其说甚是。《史记探原》谓"行摄"当作"摄行"，尚非探本之论。诛少正卯事，并见《家语·始诛解》，《荀子·宥坐篇》，《淮南子·氾论训》，《说苑·指武篇》。但少正卯其人，不见于《春秋》经传及《论语》《孟子》《礼记》诸书。孔子所宣布之罪状，曰"心逆而险，言伪而辩，行僻而坚，记丑而博，顺非而泽"。甚且谓"少正卯居鲁，孔子之门三盈三虚"。似孔子因少正卯言辩行坚记博，足以号召徒众，嫉其声势过己，特以言行思想上莫须有之罪而杀之。故朱子及王若虚《五经辨惑》，尤侗《看鉴偶评》，均言决无此事。至摄相事而有喜色云云，亦甚鄙陋，与孟子之不动心大异，故删"摄行相事……少正卯"四十九字，径曰"由司寇与闻国政"，则不枝蔓矣。又《索隐》谓"皆予之以归"，《家语》作"皆如归"，今从之。

齐人闻而惧，曰："孔子为政，必霸；霸则吾地近焉，我之为先并矣。盍致地焉。"犁鉏曰："请先沮之。沮之而不可，则致地，庸迟乎?"于是选齐国中女子好者八十人，皆衣文衣而舞康乐，文马三十驷，遗鲁君。陈女乐文马于鲁城南门外。季桓子微服往观再三，将受，乃语鲁君为周道游，往观终日，怠于政事。子路曰："夫子可以行矣。"孔子曰："鲁今且郊，如致膰乎大夫，则吾犹可以止。"桓子卒受女乐，三日不听政，郊又不致膰俎于大夫。孔子遂行，宿乎屯。师己送曰："夫子则非罪。"孔子曰："吾歌，可夫?"歌曰："彼妇之口，可以出走；彼妇之谒，如以死败。盖优哉游哉，维以卒岁。”师己反。桓子曰：“孔子亦何言？”师己以实告。桓子喟然叹曰：“夫子罪我，以群婢故也夫？”

按：《论语·微子篇》曰：“齐人归女乐，季桓子受之。三日不朝，孔子行。”《孟子·告子篇》曰：“孔子为鲁司寇，不用，从而祭，膰肉不至，不脱冕而行。不知者以为为肉也，其知者以为为无礼也。乃孔子则愿以微罪行，不愿为苟去。君子之所为，众人固不识也。”此盖合二事记之尔。盖孔子因受女乐而去志已决，但又不欲扬其君之过，故借不致膰肉之细故而行，以示非苟去也。孔子去鲁之年有三说：此节连上文，盖谓孔子与闻国政及去鲁，均在定公十四年，此一说也；《十二诸侯年表》及《鲁世家》则在定公十二年，此又一说也；《卫世家》记卫灵公三十八年，孔子去鲁适卫，则又在定公十三年矣，此又一说也；《公羊传》定公十二年曰：“孔子行乎季孙，三月不违。”定公十二年夏，堕郈堕费，即“行乎季孙”之时。惟仅“三月”，则去鲁当在定公十二年秋冬之间。是年十二月，定公围成不克，已在孔子去鲁之后矣。盖孔子既去，其政策已根本动摇，故围之弗克，遂置之耳。屯，鲁南地名。

伯潜按：齐人归女乐事，崔述以为不可信，《洙泗考信录》中辨之甚详。《论语·宪问篇》曰：“公伯寮诉子路于季孙。子服景伯以告曰：‘夫子固有惑志于公伯寮；吾力犹能尸诸市朝！’子曰：‘道之将行也与？命也。道之将废也与？命也。公伯寮其如命何！’”孔子所以能行乎季孙者，以子路为季氏宰，为桓子所信任也。故诉子路于季孙，即所以离间孔子。季桓子已有惑志于公伯寮，则子路被谗而疏矣。孔子所以不得不去，殆因此耳。又春郊在寅月，为周正之三月，似去鲁在十三年春。但孟子仅言

“祭”，不曰“郊”，则不致膰于大夫，未必果是春郊也。

孔子遂适卫，主于子路妻兄颜浊邹家。卫灵公问：“孔子居鲁，得禄几何?”对曰：“奉粟六万。”卫［人］亦致粟六万。［居顷之，或谮孔子于卫灵公。灵公使公孙贾一出一入。孔子恐获罪焉。］居十月，去卫。

按：《孟子·万章篇》曰：“孔子于卫主颜雠由。”颜雠由，即颜浊邹。弥子瑕之妻与子路之妻为兄弟，而弥子瑕有宠于卫灵公。见孔子主颜浊邹家，故有“孔子主我，卫卿可得”之言。致粟，但须曰“卫”，不必云“卫人”，“人”字衍。孔子以鲁定公十二年秋冬间去鲁适卫，居卫十月，则其去卫当在鲁定公十三年夏秋之间矣。《孟子·万章篇》言孔子于卫灵公，际可之仕也。故“迎之致敬以有礼，则就之；礼貌衰，则去之”。（见《告子篇》）孔子去卫，殆因灵公礼貌已衰之故。若真被谮而恐获罪，则何为居十月而始去，且不久又反卫乎？故“居顷之……恐获罪焉”二十七字衍，当删。

将适陈，过匡。颜［刻］高为仆，以其策指之曰：“昔吾入此，由彼缺也。”匡人闻之，以为鲁之阳虎。孔子状类阳虎。阳虎尝暴匡人。匡人于是遂止孔子，［孔子状类阳虎，拘焉］五日。颜渊后，孔子曰：“吾以女为死矣!”颜渊曰：“子在，回何敢死?”［匡人拘孔子益急，］弟子惧。孔子曰：“文王既没，文不在兹乎？天之将丧斯文也，后死者不得与斯文也；天之未丧斯文也，匡人其如予何!”［孔子使从者为宁武子臣于卫，然后得去。］

按：匡在今河北省长垣县西南。《仲尼弟子传》谓颜刻少孔子五十岁。孔子以鲁定公十三年去卫，年五十五，则此年颜刻仅五岁，岂能从游执辔耶？以此推之，《左传》定公五年，鲁侵郑取匡时，颜刻犹未生，岂能踰缺入城？故《史记探原》谓“颜刻”乃“颜高”之误。“高”，篆文作“”，“克”篆文作“”；“高”以形似误作“克”，又以音近误作“刻”耳。《左传》定公八年曰：“颜高之弓六钧。”当即此人。此云“阳虎尝暴匡人”，又记颜高曰“昔吾入此，由彼缺也”，皆指定公五年取匡时事也。“孔子状类阳虎”句当移前。匡人以其状类阳虎，又闻颜高之言，故生误会，以为阳虎而止之也。畏匡事，并见《论语·子罕》《先进》二篇及《家语·困誓解》。《论语》但云“畏于匡”，不言被围拘；倘被围拘，则颜渊当同在一处，何以独后？疑但因误会而有戒心，或闻变趋避，故颜渊从而后，疑其已遭难耳。“拘焉”二字，“匡人拘孔子益急”七字，均当删去。又宁武子为卫成公之大夫。卫灵公三十八年，孔子去卫时，宁武子早卒，宁氏亦式微久矣。《史记探原》疑宁武子为孔文子之误，“孔子使从者……然后得去”十六字，亦以删去为宜。

伯潜按：《左传》：“定公六年，鲁侵郑，取匡”，匡本郑邑，畏匡似当在下文适郑之前；《庄子·秋水篇》曰：“孔子游于匡，宋人围之数匝。”则匡又宋地，畏匡似当在下文适宋之时矣。实则匡在宋之北，郑之东。《左传》哀公十一年曰：“疾臣向魋纳美珠焉，与之城鉏。”城鉏在今长垣县北，正与匡近。向魋即桓魋。《论语·述而篇》记孔子曰：“天生德于予，桓魋其如予何！”与此云“匡人其如予何”，语正相似。《庄子·秋水》又言宋人围孔子于匡。故崔述疑畏匡即宋司马桓魋嗾匡人止孔子，其说甚是。盖孔子本欲适陈，至宋之北境，即有畏匡之难，不得已折而西行以适郑也。本篇记桓魋事于适郑之前，本不误；但折畏匡与桓魋事而二之，则误耳。

去，即过蒲。月余，反乎卫，主蘧伯玉家。灵公夫人有南子者，使人谓孔子曰："四方之君子不辱欲与寡君为兄弟者，必见寡小君。寡小君愿见。"孔子辞谢，不得已而见之。夫人在绨帷中。孔子入门，北面稽首。夫人自帷中再拜，环佩玉声璆然。孔子曰："吾乡为弗见；见之，礼答焉。"子路不悦。孔子矢之曰："予所不者，天厌之，天厌之！"居卫月余，灵公与夫人同车，宦者雍渠参乘，出，使孔子为次乘，招摇市过之。孔子曰："吾未见好德如好色者也！"于是丑之，去卫，适曹。

按：孔子见南子、子路不悦，孔子矢之曰云云，见《论语·雍也篇》。"吾未见好德如好色者也"句，见《论语·子罕篇》。雍渠即孟子之痈疽。

伯潜按：孔子见南子、子路不悦，孔子不说明其所以然，而仅以天厌自矢，殊不可解。且以南子使告孔子之言观之，似在孔子初至卫时。第一次留卫至十月，南子未尝要其一见；此次留卫月余，乃必欲一见；亦似不合情理。故《论语集解》引孔安国说，已疑其事；《洙泗考信录》更直斥为不可信也。岂孔子中间未尝去卫，留卫十月，而南子迫使相见，又欲使为次乘，孔子俱力却之，因见礼貌已衰，而遂去耶？徒以主颜浊邹，主蘧伯玉，传说两歧，故史公误分为二次，亦未可知也。《洙泗考信录》据《左传》鲁襄公十四年，孙林父将叛，先谒蘧伯玉；是时孔子未生，蘧伯玉在卫已负人望。襄公十四年至定公十五年，凡六十五年。因疑蘧伯玉已前卒，主蘧伯玉为不可信云。按《论语·宪问篇》记蘧伯玉使人于孔子云云。岂尚在孔子未去鲁时乎？又匡在卫之南，蒲在卫之西。由匡反卫，不必经蒲也。下文记孔子去陈反卫，亦云“过蒲”，陈亦在卫之南也。疑此“过蒲”二字，即涉下文而衍。

是岁，鲁定公卒。

按：鲁定公在位十五年。孔子以定公十二年去鲁适卫，至是去卫，行四年矣。孟子尝谓孔子未尝有所终三年淹，何也？本篇上文一则曰“居卫十月”，再则曰“居卫月余”，则又似前后居卫不及一年。岂中间去卫，行三年乎？以无可考，姑付阙疑。

伯潜按：定公卒于十五年五月。是年春，邾子来朝，执玉高仰；定公执玉卑俯。子贡观焉，谓二君皆将死亡。及五月，定公果卒。孔子曰：“赐不幸言而中，是使赐多言也。”见《左传》。又上文载吴伐越，堕会稽，得骨节专车，吴使来聘，问于孔子云云。吴入越，在鲁哀公元年。据此二事，则定公末年，哀公元年，孔子在鲁，显然可知。《庄子·让王篇》有“孔子再逐于鲁”之言。是孔子于定公末年曾一度反鲁，不久而又去也。

孔子去曹，适宋，与弟子习礼大树下。宋司马桓魋欲杀孔子，拔其树。(孔子去) 弟子曰：“可以去矣。”孔子曰：“天生德于予，桓魋其如予何！”孔子去。适郑，与弟子相失。孔子独立郑东门。郑人或谓子贡曰：“东门有人，其颡似尧，其项类皋陶，其肩类子产，然自要以下，不及禹三寸；累累然若丧家之狗。”子贡以实告孔子。孔子欣然笑曰：“形状，末也；而似丧家之狗，然哉，然哉！”

按：桓魋事，见《论语·述而篇》。此叙于哀公元年，《十二诸侯年表》及《宋世家》均在哀公三年。“孔子去”三字衍。因下文明言“弟子曰可以去矣”也。下文“孔子适郑”句，当作“孔子去，适郑”。拔树云云，似不近情；桓魋为宋司马，方专横，欲杀孔子，径杀之可矣，拔树何为？适郑，《孔子编年》谓在定公十四年。被嘲云云，全为戏谑之辞，殆所谓齐东野人之语欤；然举世滔滔，所如不合，其皇皇然无所归，诚如丧家之狗也。

孔子遂至陈，主司城贞子家。

按：上文云去曹适宋，又适郑，而此云至陈。郑北陈南，相距颇远，而宋陈则相近。疑中间未必有适郑事。宋有司城氏，司城贞子疑为宋大夫。《孟子·万章篇》曰：“孔子不悦于鲁卫，遭宋桓司马，将要而杀之。是时孔子当厄。主司城贞子，为陈侯周臣。”则主司城贞子，正遭桓魋当厄时事。此云至陈，主司城贞子者，误连下句“为陈侯周臣”读耳。惟按《陈世家》，此时陈侯名越，又与《孟子》异。

[岁余] 吴王夫差伐陈，取三邑而去。赵鞅伐朝歌。楚围蔡，蔡迁于吴。吴败越王句践会稽。

编者按：此处底本脱页。

用我者，期月而已可也，三年有成”之叹，见《论语·子路篇》。此少“可也”二字。又按下文，孔子尚在卫，此节末“孔子行”三字衍，当删。

[佛肸为中牟宰。赵简子攻范、中行氏，伐中牟。佛肸畔，使人召孔子。

孔子欲往。子路曰："由闻诸夫子：其身亲为不善者，君子不入也。今佛肸以中牟畔，子欲往，如之何？"孔子曰："有是言也。不曰坚乎，磨而不磷；不曰白乎，涅而不缁？我岂匏瓜也哉？焉能系而不食？"]

按：中牟在今河南省汤阴县西。此事亦见《论语·阳货篇》。赵鞅（即简子）与范吉射、中行寅同为晋卿，而相交恶。故《春秋经》于定公十三年夏，书赵鞅入晋阳以叛；冬，书赵鞅归于晋，荀寅（即中行寅）士吉射（即范吉射）入朝歌以叛。《左传》哀公五年曰："夏，赵鞅伐卫，范氏之故也，遂围中牟。"盖齐卫助范、中行氏，故寅与吉射败而奔齐，赵鞅遂伐卫而围中牟耳。《左传》仅言赵鞅围中牟，不云佛肸以中牟叛。则非此时之事，显而易见。据《韩诗外传》，佛肸以中牟叛赵，乃赵襄子时事，而赵襄子之立，在孔子卒后五年，则佛肸之叛，孔子卒久矣。故《洙泗考信录》以为不可信，辨之甚详，本节宜径删去。

伯潜按：此次抗日战争期中，无耻之徒，甘为虎伥者，往往借口维持生活，不得已而降敌。孔子答子路曰："吾岂匏瓜也哉？焉能系而不食？"其口吻抑何相类耶？孔子尝曰："志士仁人，无求生以害仁，有杀身以成仁。"（见《论语·卫灵公篇》）岂其出此？是类记载，不但厚诬孔子，抑且大坏人心，不知《论语》何以记之，《史记》何以又采录之也！

孔子击磬。有荷蒉而过门者，曰："有心哉，击磬乎！硁硁乎，莫己知也，而已矣！"

按：《论语·宪问篇》曰："子击磬于卫。有荷蒉而过孔氏之门者，曰：'有心哉，击磬乎！'既而曰：'鄙哉，硁硁乎！莫己知也，斯已而已矣！深则厉，浅则揭。’”较此所记，似为完全。

孔子学鼓琴师襄子，十日不进。师襄子曰：“可以益矣。”孔子曰：“丘已习其曲矣，未知其数也。”有顷，曰：“已习其数，可以益矣。”孔子曰：“丘未得其志也。”有间曰：“已习其志，可以益矣。”孔子曰：“丘未得其为人也。”有间，若有所穆然深思焉，有所怡然高望而远志焉，曰：“丘已得其为人，黯然而黑，幾然而长，眼如望羊，心如王四国，非文王其谁能为此也？”师襄子辟席再拜曰：“师盖云《文王操》也。”

按：“不进”谓不进学他曲。“幾”同“颀”。“望羊”，《庄子》作“望洋”，《释文》作“盳洋”，昂举远视之貌。孔子嗜乐之笃，学习之专，不欲躐等而进，浅尝即止，均于此可见。

伯潜按：《论语·微子篇·太师挚章》有击磬襄。此节与上文击磬连类而及，岂师襄子即击磬襄，学琴在鲁而不在卫欤？

孔子既不得用于卫，将西见赵简子。至于河，而闻窦鸣犊，舜华之死也，临河而叹曰：“窦鸣犊、舜华，晋之贤大夫也。赵简子未得志之时，须此二人而始从政；及其已得志，杀之乃从政。丘闻之也，刳胎杀夭，则麒麟不至郊；竭泽涸鱼，则蛟龙不合阴阳；覆巢破卵，则凤凰不翔。何则？君子讳伤其类也。夫鸟兽之于不义也，尚知辟之，而况丘乎哉？”乃还息乎陬乡，作《陬操》以哀之。而反乎卫，主于蘧伯玉家。

按：《家语》云：“作《槃操》。”《孔丛子》及《琴操》《水经注》亦均记之。而其辞不同，疑皆出依记。

伯潜按：上文记孔子初去卫，月余而反，主蘧伯玉家，《洙泗考信录》已疑其不相及。此又云主蘧伯玉，则更晚矣。《索隐》

曰："此陬乡非鲁之陬邑。"但《孔子编年》列此事于定公十四年，并谓此陬乡正鲁之陬邑，故曰"还息"，以陬邑为孔子故里也。定公十五年，哀公元年，孔子均居鲁；二年，又适卫云云。按孔子此时曾反鲁，已见上。《孔子编年》是也。

他日，灵公问兵陈。孔子曰："俎豆之事，则尝闻之；军旅之事，未之学也。"明日，与孔子语，见蜚鸿，仰视之，色不在孔子。孔子遂行，复如陈。

按：问阵事，亦见《论语·卫灵公篇》。《孔子编年》列此事于哀公二年。《左传》哀公十一年曰："孔文子将攻太叔，访于仲尼。仲尼曰：'胡簋之事，则尝学之矣；甲兵之事，未之闻也。'退，命驾而行。"其事其言，与此极相类，岂本为一事，而传闻两歧欤？灵公与语而仰视飞鸿，此孟子所谓"礼貌已衰"，故去之。

夏，卫灵公卒，立孙辄，是为卫出公。六月，赵鞅内太子蒯聩于戚。[阳虎]使太子绕，八人衰绖，伪自卫迎者，哭而入，遂居焉。冬，蔡迁于州来。

按：蒯聩，卫灵公之太子。初，灵公为夫人南子召宋朝。蒯聩过宋，闻野人"既定尔娄猪，盍归吾艾豭"之嘲，耻之，欲杀南子。事泄，出奔。见《左传》定公十四年。及哀公二年，灵公卒，南子立蒯聩之子辄。赵鞅以范中行氏故，怨卫，故纳蒯聩。《左传》记此曰："晋赵鞅纳卫太子于戚，宵迷。阳虎曰：'右河而南，必至焉。'使太子绕。……"阳虎之言只为宵迷而发。此省“宵迷”二字，“曰右河而南必至焉”八字，则似下文“使太子绕之”，皆阳虎所为矣。故“阳虎”二字，亦当省去。此阳虎，当非鲁之阳虎。“蔡迁于州来”，即上文所云“蔡迁于吴”。

是岁，鲁哀公三年，而孔子年六十矣。齐助卫围戚，以卫太子蒯聩在故也。夏，鲁桓釐庙灾燔。南宫敬叔救火。孔子在陈，闻之，曰：“灾必于桓釐庙乎?”已而果然。秋，季桓子病，辇而见鲁城，喟然叹曰：“昔此国几兴矣！以吾获罪于孔子，故不兴也。”顾谓其嗣康子曰：“我即死，若必相鲁；相鲁，必召仲尼!”后数日，桓子卒。康子代立。已葬，欲召仲尼。公之鱼曰：“昔吾先君用之不终，为诸侯笑。今又用之，不能终，是再为诸侯笑。”康子曰：“则谁召而可?”曰：“必召冉求。”于是使使召冉求。冉求将行。孔子曰：“鲁人召求，非小用之，将大用之也。”是日，孔子曰：“归乎，归乎！吾党之小子狂简斐然成章，吾不知所以裁之!”子贡知孔子思归，送冉求诫曰：“即用以孔子为招云。”

按：齐助卫围戚，鲁桓僖庙灾，季桓子卒，《春秋经》均书于哀公三年；故“是岁，鲁哀公三年而孔子年六十矣”，当连本节读，不当连上节读。“归乎”之叹，重见，殆同一语而两记者。《孔子编年》记于在陈绝粮之后。季康子，季孙肥也。

伯潜按：冉求为季氏宰，哀公十一年始见于《左传》。疑冉求反鲁，不在哀公三年，季康子初立之时。岂此时曾召之，而未即反鲁耶？抑此乃因桓子之嘱，而预记以后之事耶？下文记哀公五年，公会吴于缯，太宰伯嚭召季康子，康子使子贡往云云；（亦见《左传》）又记季康子召孔子、孔子反鲁，于郎之战后，而郎之战在哀公十一年；（见《左传》）是子贡之反鲁，至少当早于孔子反鲁五年也。但子贡冉求之反鲁，孰先孰后，则难推断耳。

［冉求既去。］明年，孔子自陈迁蔡。蔡昭公将如吴，吴召之也。前昭公欺其臣，迁州来。及将往，大夫惧复迁。公孙翩射杀昭公。楚侵蔡。明年秋，齐景公卒。

按：公孙翩射杀蔡昭公，见《春秋》及《左传》哀公四年。“楚侵蔡”，即是年《左传》所云“楚人谋北方，叶公诸梁等致蔡于负函”也。而齐景公卒，则在哀公五年。故“秋齐景公卒”句上，当有“明年”二字，今误倒在下。

伯潜按：冉求反鲁，不在哀公三年，已见上，且与本节全无关系，故“冉求既去”四字衍，当删。

［明年，孔子自蔡如叶。］叶公问政。孔子曰：“政在来远附迩。”他日，叶公问孔子于子路，子路不对。孔子问之曰：“尔何不对曰，其为人也，学道不厌，诲人不倦，发愤忘食，乐以忘忧，不知老之将至云尔？”［去叶，反于蔡。］

按：叶公，楚之叶令沈诸梁也。叶公二问，见《论语·子路》《述而》二篇。《左传》哀公四年：“叶公诸梁等致蔡于负函。”致蔡于负函者，叶公在负函抚辑，故蔡之遗民也。蔡为吴所迁于州来，其臣惧再迁而弑昭公，则故蔡遗民之皇皇，不难想见；故叶公至负函抚辑之耳。十六年，楚有白公之乱，诸梁自蔡入楚，攻白公，平之，其后老于叶。是哀公四年至十六年间，诸梁盖坐镇负函，未尝反楚。叶，则诸梁之采邑，在楚者也。孔子自陈适蔡，自为故蔡，非迁于州来之蔡；其见叶公诸梁，与相问答，当亦在负函而不在叶。史公见与叶公问答，误谓孔子曾往叶，乃有“孔子自蔡如叶”及“去叶反于蔡”二语；其实，皆衍文也。又“明年”二字，当在上节末句“秋齐景公卒”句上，误倒在下，既移置上文，此亦当删。

长沮桀溺耦而耕。孔子［以为隐者］使子路问津焉。长沮曰：“夫执舆者为谁?”子路曰：“为孔丘。”曰：“是鲁孔丘与?”曰：“然。”曰：“是知津矣。”桀溺谓子路曰：“子为谁?”曰：“为仲由。”曰：“子，孔丘之徒与?”曰：“然。”桀溺曰：“悠悠者，天下皆是也，而谁以易之?且与其从辟人之士，岂若从辟世之士哉?”耰而不辍。子路以告孔子。孔子怃然曰：“鸟兽不可与同群。天下有道，丘不与易也。”他日，子路行，遇荷蓧丈人，曰：“子见夫子乎?”丈人曰：“四体不勤，五谷不分；孰为夫子?”植其杖而耘。子路以告。孔子曰：“隐者也。”复往，则亡。

按：二事均见《论语·微子篇》。“长沮”，“桀溺”，非真人名；“长”与“桀”状其貌之魁梧，“沮”与“溺”言其洳足；偶遇耦耕者而问津焉，固无由知其姓名也。“长沮”“桀溺”正与上文“荷蒉者”，下文“荷蓧丈人”相同。既非素识，何由知为“隐者”，且问津亦不择“隐者”而问之。《论语》亦无“以为隐者”四字，当删。又“鸟兽不可与同群”句下，《论语》多“吾非斯人之徒与而谁与”一句。今省此句，则似斥长沮桀溺为“鸟兽不可与同群”矣。《论语》记后一事，“植其杖而行”句下，远较此为详，文曰：“子路拱而立。止子路宿，杀鸡为黍而食之，见其二子焉”数句。下云：“子路行，以告，子曰：‘隐者也。’使子路反见之。至，则行矣。子路曰：‘不仕无义。长幼之节，不可废也；君臣之义，如之何其废之?欲洁其身而乱大伦。

君子之仕也，行其义也。道之不行，我知之矣。’”此并省去。

[孔子迁于蔡三岁。]吴伐陈；楚救陈，军于城父。[闻]孔子在陈蔡之间，[楚使人聘孔子，孔子将往拜礼。陈蔡大夫谋曰：“孔子，贤者，所讥刺皆中诸侯之疾。今者久留陈蔡之间；诸大夫所设行，皆非孔子之意。今楚，大国也；来聘孔子。孔子用于楚，则陈蔡用事大夫危矣！”于是乃相与发徒役，围孔子于野，不得行。]绝粮，从者病莫能兴。孔子讲诵弦歌不辍。子路愠见曰：“君子亦有穷乎？”孔子曰：“君子固穷；小人穷斯滥矣。”子贡色作。[孔子曰：“赐，女以予为多学而识之者与？”曰：“然，非与？”孔子曰：“非也，予一以贯之。”]孔子知弟子有愠心，乃[召子路而问]曰：“《诗》云：‘匪兕匪虎，率彼旷野。’吾道非耶？吾何为于此？”子路曰：“意者吾未仁耶？人之不我信也，意者吾未知耶？人之不我行也。”孔子曰：“有是乎？由，譬使仁者而必信，安有伯夷叔齐？使知者而必行，安有王子比干？”(子路出，子贡入见。]孔子曰：“赐，《诗》云：‘匪兕匪虎，率彼旷野’，吾道非耶？吾何为于此？”子贡曰：“夫子之道至大也，故天下莫能容夫子。夫子盖少贬焉？”孔子曰：“赐，良农能稼而不能为穑；良工能巧而不能为顺；君子能修其大纲而纪之，统而理之，而不能为容。今尔不修尔道而求为容，赐，尔志不广矣！”[子贡出，颜回入见。]孔子曰：“回，《诗》云：‘匪兕匪虎，率彼旷野。’吾道非耶？吾何为于此？”颜回曰：“夫子之道至大矣，故天下莫能容。虽然，夫子推而行之，不容何害？不容，然后见君子。夫道之不修也，是吾丑也。夫道既已大修而不用，是有国者之丑也。不容何病！不容，然后见君子。”孔子欣然而笑曰：“有是哉？颜氏之子，使尔多财，吾为尔宰！”[于是使子贡至楚。楚昭王兴师迎孔子，然后得免。]

按：《左传》哀公六年春，吴伐陈，楚昭王救陈，师于城父；

秋，楚昭王卒于城父。则本节所记，当在此年；首句“孔子迁于蔡三岁”句，衍。绝粮陈蔡之间及子路愠见一节，见《论语·卫灵公篇》。又见《家语·在厄解》及《困誓解》。楚聘孔子，见《孔丛子·记问》《记义》二篇。《记义篇》谓使楚者为宰我。《檀弓》曰：“孔子将之荆，先之以子夏，申之以冉有。”亦与此异。《论语》记绝粮，不云被围。《孟子·尽心篇》曰：“君子之厄于陈蔡之间也，无上下之交也。”亦不云被围。故《洙泗考信录》及全祖望《经史问答》均以被围绝粮为不可信，辨之甚详。故“军于城父”句下之“闻”字，及“楚使人聘孔子……围孔子于野不得行”九十字，“于是使子贡……然后得免”十九字，均当删。孔子与子贡“多学而识”“一以贯之”问答一节，见《论语·卫灵公篇》。但其意与绝粮事全无关系，亦衍文也。又上文既言“子路愠见”，“子贡色作”，颜渊答语亦承子贡之言以为说，则三子明明均侍侧，不待召问，亦无所谓一出一入也。故“召子路而问”，“子路出，子贡入见”，“子贡出，颜回入见”亦均衍。

伯潜按：此言孔子绝粮，由陈蔡大夫合谋围之。朱子已辨其误矣。但朱子谓是时陈蔡皆服于楚，亦误。是时陈服楚，蔡服吴，故楚逼蔡，吴迁之于州来；吴伐陈，楚即救之也。陈蔡二国，一事楚，一事吴，势同水火；且蔡已迁州来，去陈已远；二国大夫，何由合谋耶？如果已兴二国之兵以围之，则孔子师生人数不多，杀之拘之，均甚易易；何以听其在围中弦诵问答乎？且楚方以救陈而来，陈如闻楚聘孔子，岂敢围之？楚命陈释之，一言可矣。又何必兴师迎之乎？又楚昭王之来，本为救陈，非专欲迎孔子也。闻孔子在陈，而往聘之，或有其事。但是年秋，昭王即卒于城父，未尝反楚，则孔子往见昭王，亦当在城父师次矣。

往楚云云，亦不足信。《墨子·非儒篇》曰："孔丘穷于陈蔡之间，藜羹不糂，十日。子路为亨（同烹）豚，孔丘不问肉之所由来而食之；褫人衣以沽酒，孔丘不问酒之所由来而饮之。"此固墨家诋毁之辞，但绝粮当为实事。孟子言孔子厄于陈蔡之间，因无上下之交。但又言孔子为陈侯周臣。既为臣，焉得云无上下之交？殆此时已致为臣，而又栖连陈蔡之间，值吴楚构兵，乃乏食至绝粮耶？《论语集解·卫灵公篇·在陈绝粮章》注，引孔安国曰："吴伐陈，陈乱，故乏食。"庶几近之。

[昭王将以书社之地七百里封孔子。楚令尹子西曰："王之使，使诸侯，有如子贡者乎？"曰："无有。""王之辅相，有如颜回者乎？"曰："无有。""王之将军，有如子路者乎？"曰："无有。""王之官尹，有如宰予者乎？"曰："无有。""且楚之祖始于周，号为子男五十里。今孔丘述三王之法，明周召之业。王若用之，则楚安得世世堂堂方数千里乎？夫文王在丰，武王在镐，百里之君，卒王天下。今孔丘得据土壤，贤弟子为佐，非楚之福也！"昭王乃止。] 其秋，楚昭王卒于城父。

按：此与上文晏婴沮齐景公封孔子事同类，盖后儒标榜孔子者之臆说耳。《论语·宪问篇》曰："或问子西。子曰：'彼哉，彼哉！'"因托于子西也。《史记志疑》引《经史问答·史剡》，谓为事理所必无，辨之甚详。又按上文曰："楚救陈，军于城父。"此又曰："其秋，楚昭王卒于城父。"则哀公六年，自春至秋，昭王未尝离城父而反楚矣。即使曾聘孔子，曾见孔子，亦当在城父而不在楚，则孔子实未尝至楚也，故"昭王将以书社之地七百里封孔子……昭王乃止"一大段，不如删去。

楚狂接舆歌而过孔子曰："凤兮，凤兮，何德之衰？往者不可谏兮，来者犹可追也。已而，已而，今之从政者殆而！"孔子下，欲与之言。趋而去，弗得与言。

按：此事见《论语·微子篇》。"接舆"非人名；此言楚之狂人高歌迎舆而来耳。孔子闻而下车，欲与之言，且以趋避而不可得，何从知其姓名？但众俱目为狂人，故曰"楚狂"。盖与荷蒉、荷蓧、长沮、桀溺、同为避世之士，未由知其姓名者也。

于是孔子［自楚］反乎卫。是岁也，孔子年六十三，而鲁哀公六年也。明年，吴与鲁会缯，征百牢，太宰嚭召季康子。季康子使子贡往，然后得已。

按：吴与鲁会于缯……，见《左传》哀公七年，与此合。由此可知是年子贡已返鲁。故《孔子编年》谓哀公六年，孔子自陈反鲁；十年，又自鲁适卫。《论语集解·子在陈章》，引孔安国注，末有"遂归"二字，正自陈反鲁之证。且孔子未尝真至楚，其见楚昭王，当亦在陈之城父也，此云"自楚"，误。自陈反鲁，亦当过卫，故"反乎卫"，未尝误也。

伯潜按：此言哀公六年反卫，至十一年始反鲁，则中间居卫约六年；《十二诸侯年表》及《卫世家》言哀公十年自陈反卫，则居陈约七年；朱子《论语序说》从《孔子世家》，而《论语集注·正名章注》又谓哀公十年自楚反卫，则居楚约五年；《孔子编年》则云哀公六年，孔子自陈经卫反鲁；四说不同，未知孰是。

孔子曰："鲁卫之政，兄弟也。"是时，卫君辄父不得立，在外，诸侯数以为让。而孔子弟子多仕于卫，卫君欲得孔子为政。子路曰："卫君待子而为政，子将奚先？"孔子曰："必先正名乎？"子路曰："有是哉，子之迂也！何其正也？"孔子曰："野哉，由也！名不正，则言不顺；言不顺，则事不成；事不成，则礼乐不兴；礼乐不兴，则刑罚不中；刑罚不中，则民无所措手足矣。夫君子，为之必可名，言之必可行；君子于其言，无所苟而已矣！"

按：孔子鲁卫之政之叹及对子路论正名，均见《论语·子路篇》。又《述而篇》曰："冉有曰：'夫子为卫君乎？'子贡曰：'诺，吾将问之。'入曰：'伯夷叔齐何人也？'曰：'古之贤人也。'曰：'怨乎？'曰：'求仁而得仁，又何怨？'出曰：'夫子不为也。'"卫君辄欲得孔子为政，故子路、冉有、子贡各有所问。辄为南子所立，必借口祖母之命，以拒其父蒯聩。父子争国，此正所谓"父不父，子不子"也。夷齐兄弟让国，孔子称为"求仁得仁"。故子贡知其决不助卫君耳。但据上文哀公七年，吴会鲁于缯节，知子贡是年已反鲁。则子贡在卫之问，决不在哀公七年之后矣。子路之问，似亦当与子贡同时，则正名之论，亦不当记于会缯之后也。孔子之主正名，殆欲以父子之谊晓辄，调停于父子之间。未能见之实行，致其后有蒯聩反国，辄又出奔之祸耳。《洙泗考信录》论之甚详。又《孟子·万章篇》曰："于卫孝公，公养之仕也。"朱子《注》曰："孝公，即出公辄。"盖"孝"为其谥，因出奔，故又以"出公"称之耳。

其明年，冉有为季氏将师，与齐战于郎，克之。季康子曰："子之于军旅，学之乎？性之乎？"冉有曰："学之于孔子。"季康子曰："孔子何如人哉？”对曰：“用之有名，播之百姓，质诸鬼神而无憾。求之至于此道，虽累千社，夫子不利也。”康子曰：“我欲召之，可乎？”对曰：“欲召之，则无以小人固之，则可矣。”而卫孔文子将攻太叔，问策于仲尼。仲尼辞不知，退而命载而行，曰：“鸟能择木，木岂能择鸟乎？”文子固止。会季康子逐公华、公宾、公林、以币迎孔子，孔子归鲁。孔子之去鲁，凡十四年而反乎鲁。

按：郎之战在哀公十一年，见《左传》；此记于七年会缯之后，而曰“其明年”，似误。史公盖以上节所记正名云云为哀公十年在卫之语，故曰“其明年”耳。孔文子攻太叔，在哀公十一年十一月，见《左传》。则孔子归鲁，已岁暮矣。（《孔子编年》谓哀公六年，孔子反鲁；十年，又适卫，十一年，反鲁；亦与此合。）以本篇按之，孔子以定公十二年去鲁，哀公十一年反鲁，恰为十四年。

第三章 孔 子（下）

鲁哀公问政。对曰："政在选臣。"季康子问政。子曰："举直错诸枉，则枉者直。"季康子患盗。孔子曰："苟子之不欲，虽赏之，不窃。"然鲁终不能用孔子，孔子亦不求仕。

按：《论语·颜渊篇》曰："季康子问政。孔子对曰：'政者，正也。子率以正，孰被不正?'"又《为政篇》曰："哀公问曰：'何为则民服?'孔子对曰：'举直错诸枉，则民服；举枉错诸直，则民不服。'"又《颜渊篇》曰："樊迟问政。子曰：'举直错诸枉，能使枉者直。'"均与此相似而有出入。殆史公采《论语》而未尝检原书耶？答季康子患盗，亦见《颜渊篇》。

孔子之时，周室微而礼乐废，《诗》《书》缺。追迹三代之礼，[序《书》传，上起唐虞之际，下至秦穆，编次其事。]曰："夏礼吾能言之，杞不足征也；殷礼吾能言之，宋不足征也。足，则吾能征之矣。"观夏殷所损益，曰："后虽百世可知也，以一文一质。周监二代，郁郁乎文哉！吾从周。"序《书》传，上起唐虞之际，下至秦穆，编次其事，故《书》传《礼》记自孔氏。

按：此节叙孔子定《礼》编《书》事。“序《书》传……编次其事”十七字，系错简，今依《史记探原》正。此节先记定《礼》，次记序《书》，次第甚明；因有错简，意遂间隔耳《论语·八佾篇》：“子曰：‘夏礼吾能言之，杞不足征也；殷礼吾能言之，宋不足征也；文献不足故也。足，则吾能征之矣。’”又《为政篇》：“子张问：‘十世可知也？’子曰：‘殷因于夏礼，所损益可知也；周因于殷礼，所损益可知也。其或继周者，虽百世可知也。’”均与此大同小异。“周监二代……”云云，亦见《八佾篇》。《尚书》为古代所传，故曰“书传”；礼为时人所记，故曰“礼记”，非指《尚书传》及《礼记》“序”即“编次”之意。“上记唐虞”，指以《尧典》为首篇；“下至秦穆”，指以《秦誓》为末篇。

伯潜按：孔子所定之《礼》，即《士礼》十七篇，今称《仪礼》；所编之《书》，即今文《尚书》二十八篇。孔子作《书序》百篇之说，由误‘序’为序跋之序，因依托之，不可信。又《尚书纬》曰：“孔子得黄帝玄孙帝魁之书，迄于秦穆公，凡三千二百四十篇，断远取近，定其可为世法者百二十篇为《尚书》。”更不可信。至今存《十三经》之《尚书》，则为东汉末，三国初，王肃所伪造，东晋梅赜（亦作枚颐）所献之伪《古文尚书》。详见拙著《十三经概论》。

孔子语鲁太师：“乐，其可知也。始作，翕如；纵之，纯如、皦如、绎如也，以成。”“吾自卫反鲁，然后乐正，《雅》《颂》各得其所。”古者《诗》三千余篇。及至孔子，去其重，取可施于礼义，上采契后稷，中述殷周之盛，至幽厉之缺。始于衽席，故曰《关雎》之乱以为《风》始，《鹿鸣》为《小雅》始，《文王》为《大雅》始，《清庙》为《颂》始。三百五篇，孔子皆弦歌之，以求合韶武雅颂之音。礼乐自此可得而述。

[以备王道，成六艺。]

按：此节叙孔子正《乐》正《诗》事。末句“礼乐自此可得而述”，总结上两节。上两节所叙，仅《诗》《书》《礼》《乐》，未及《易》与《春秋》，故“以备王道成六艺”句当移后。与鲁太师论乐，见《论语·八佾篇》；“吾自卫反鲁……”，见《子罕篇》。孔子删古诗为三百五篇之说，为经学上聚讼之问题。信之者，有欧阳修、郑樵、王应麟、王崧、崔適诸人；疑之者，有孔颖达、朱彝尊、赵翼、崔述诸人。又《汉书·艺文志》及《儒林传》载王式说，均云“《诗》三百五篇”。《经典释文》始取《诗序》所云《南陔》《白华》《华黍》《由庚》《崇丘》《由仪》六篇计之。此六篇，旧说谓亡于秦火；朱熹等谓系笙诗，本有声无辞。(即仅是奏笙之乐谱，无歌辞者。《仪礼·乡饮酒》曰：“工歌《鹿鸣》《四牡》《皇皇者华》，笙《南陔》《白华》《华黍》；乃间歌《鱼丽》，笙《由庚》；歌《南有嘉鱼》，笙《崇丘》；歌《南山有台》，笙《由仪》。”“歌”与“笙”分别记之。）既是有声无辞，便不得有“义”，并不得列于《诗》篇之数矣。《诗序》本后汉人卫宏作，见《后汉书·儒林传》。而萧统《文选》云子夏作，《隋书·经籍志》云子夏所创，毛公卫宏润色，沈重云《大序》（总序，今与《关雎篇小序》混合）子夏作，《小序》（各篇之序）子夏毛公合作，程颐竟云《小序》国史旧文，《大序》孔子作，王安石又云诗人自制，皆非也。

伯潜按：《论语》屡言“《诗》三百”。《庄子》亦云“孔子诵《诗》三百，歌《诗》三百，舞《诗》三百。是三百五篇之《诗》，在孔子时已为定本矣”。《左传》襄公二十九年，记吴季札观乐，为之遍歌各国之风。时孔子尚在童年，而所歌之风，无出诗十三国以外者，更足证今本之《诗》，孔子前已如此矣。且书传所引之诗，现存者多，亡佚者少。如古诗有三千余篇，孔子仅删存十一，则书传所引，宜佚诗居多矣，故删诗之说，终不足信。此节《诗》《乐》同叙，盖以二者关系至切，乐为曲谱，诗乃歌辞；乐谱失乱，故《乐》缺而《诗》废。孔子反鲁不仕，乃为之正误补亡，于是《诗》复可歌，故曰“吾自卫反鲁，然后乐正，《雅》《颂》各得其所”。又曰“三百五篇孔子皆弦歌之”也。风本民间歌谣，初为徒歌，但既采于𬨎轩，献之太师，则亦以合乐矣。故季札观乐，《国风》并奏；大《戴记》亦列《魏风》之《伐檀》于可歌之八篇中；《晋书·乐志》记曹操破荆州，得汉雅乐郎杜夔于刘表所，所记雅乐四篇中亦有《伐檀》也。魏源梁启超均有正《乐》即所以正《诗》之说，庶几得之。(参阅拙著《十三经概论》)

[孔子晚而喜《易》，序《彖》系《象》，《说卦》《文言》；读《易》，韦编三绝，曰：“假我数年，若是，我于《易》则彬彬矣。”]

按：《史记探原》谓此节当移置下文作《春秋》节之前。盖读《易》作《春秋》均晚年事，且均未尝以教弟子；移去此节，则上文定《书》《礼》，正《诗》《乐》二节，与下文“孔子以《诗》《书》《礼》《乐》教”句相接，文意亦相联贯也。今从之。

孔子以《诗》《书》《礼》《乐》教，弟子盖三千焉。[身通六艺者七十有二人。] 如颜浊邹之徒，颇受业者甚众。孔子以四教，文、行、忠、信。[绝四，毋意、毋必、毋固、毋我。所慎、斋、战、疾。子罕言利与命与仁。] 不愤，不启；举一隅，不以三隅反，则弗复也。

按：此节叙孔子之教弟子。《仲尼弟子传》曰：“受业身通者七十有七人。”传中所记弟子，亦为七十七人。《家语·弟子解》亦为七十七人。均与此异。惟文翁《家庙图》作七十二。盖孔门高弟传有七十余人，而其确数则传说互异。但上文明云“以《诗》《书》《礼》《乐》教”，则未尝以《易》《春秋》教矣。赞《易》、修《春秋》、均孔子晚年事，安能以《易》《春秋》教人？汉儒以兼通六艺为可贵，故有此说耳。故“身通六艺者七十二人”句可删。“四教”，“不愤不启……”，“子之所慎……”，均见《论语·述而篇》。“子绝四……”，“子罕言……”，均见《子罕篇》。“绝四……利与命与仁”二十三字，非教弟子事，与本节上下文不类，当移置下文“子不语……”句之下。

伯潜按：“三千”为汪中《释三九》中所谓“虚数”，盖极言弟子之多，非必为三千人也。“颇受业”者，言尝来问业，未尝著籍为弟子者也；如孟懿子，当亦此类。此言其设教之盛也。“《诗》《书》《礼》《乐》”，教授之材料也。“文、行、忠、信”，教学之进程也。（“文”为文章，《诗》《书》之类是；“行”乃行为，“礼”即所以训练人之行为者；“忠信”则为品性，“乐”即所以陶人之性情者；故二者可以相通。）“不愤不启”，重在启发；“举一反三”，贵能类推；此则教学之方法也。

其于乡党，似不能言者；其在宗庙朝廷，辩辩言，唯谨尔。朝，与上大夫言，訚訚如也；与下大夫言，侃侃如也。入公门，鞠躬如也；趋进，翼如也。君召使摈，色勃如也。君命召，不俟驾行矣。鱼馁、肉败，割不正，不食。席不正，不坐。食于有丧者之侧，未尝饱也。是日哭，则不歌。见齐衰、瞽者，虽童子，必变。“三人行，必得我师。”“德之不修，学之不讲，闻义不能徙，不善不能改，是吾忧也。”使人歌，善，则使复之，然后和之。

子不语怪力乱神。绝四、毋意、毋必、毋固、毋我。子罕言利与命与仁。

按：此节叙孔子之为人。于其在朝在乡之生活态度，及待人修己之言行，均撮叙大概。“其于乡党……不坐”均见《论语·乡党篇》；“食于……不歌”，见《子罕篇》；“见齐衰……怪力乱神”，见《述而篇》。（《论语》作“子见齐衰者，虽狎必变；见冕者与瞽者，虽亵必以貌”。与此小异。）上文“绝四……与仁”与此相类，故移此。

子贡曰：“夫子之文章，可得而闻也；夫子言性与天道，弗可得闻也已。”颜渊喟然叹曰：“仰之弥高，钻之弥坚，瞻之在前，忽焉在后。夫子循循然善诱人，博我以文，约我以礼。欲罢不能；既竭吾才，如有所立卓尔，虽欲从之，末由也已！”达巷党人［童子］曰：“大哉孔子，博学而无所成名。”子闻之曰：“我何执？执御乎？执射乎？”牢曰：“子云：吾不试，故艺。”

按：此节记时人赞孔子语。子贡颜渊语，见《论语·子罕篇》；记此以见弟子之悦服，此重在教人方面者。达巷党人及牢语，亦见《子罕篇》；记此以见孔子之博大，此重在博学多艺方面者。又《论语》“达巷党人”下无“童子”二字，此衍。又孔子语“执射乎”下多“吾执御矣”四字，此省。

孔子晚而喜《易》，［序彖、系象、说卦《文言》。］读《易》，韦编三绝，曰：“假我数年，若是，我于《易》则彬彬矣。”

按：此节叙孔子之学《易》，自上文移此。“序彖系象说卦文言”八字，旧说以为指《易》传之《序卦》《彖传》《系辞》

《象传》（以上三篇各分上下）《说卦》《文言》，并《杂卦》称“十翼”者。果如此，则八字中无一动词，不能独立成句。如连上句读，则孔子所喜者即己之“十翼”矣，于理亦不可通。故疑“序《彖》”谓按卦序作《彖传》，“系象”谓每卦系以《象传》，“说卦《文言》”谓说乾坤二卦而成《文言》耳。《论衡·正说篇》，云：“汉宣帝时，河内女子发老屋，得《逸易》一篇。”《隋书·经籍志》谓即《说卦》《序卦》《杂卦》合为一篇。是《说卦》《序卦》本晚出，不足信，司马迁亦不及见之也。

又按：《论语·述而篇》曰：“子曰：‘加我数年，五十以学易，可以无大过矣。’”与此略异。或曰：“五十”二字乃“卒”字之误。此改《论语》以就《史记》耳。或曰：“易”字乃“亦”字之误，言“五十以学，亦可以无大过矣”。则此章所记，又与学《易》无涉矣。

伯潜按：如旧说，则《序》《彖》《系》《象》《说卦》《文言》六篇之次序，亦甚凌乱。崔適及康有为均谓此八字乃陋儒羼入，主删去，是也。删此八字，则“孔子晚而喜《易》，读《易》韦编三绝”，文意均连贯矣。盖孔子所喜所读者，即为《易》之《卦辞》《爻辞》也。竹简韦编，至于三绝，可谓勤矣。玩索有得，乃加赞述，《彖传》《象传》、于是有作；后学又记所闻，为《系辞》《文言》；卜筮之《易》乃一变而为哲理之书矣。至于《说卦》《序卦》《杂卦》、则晚出而依托孔子者也。详见拙著《十三经概论》。

鲁哀公十四年春，狩大野。叔孙氏车子鉏商获兽，以为不祥。仲尼视之，曰：“麟也。”取之，曰：“河不出图，雒不出书，吾已矣夫！”颜渊死，孔子曰：“天丧予！”及西狩获麟，曰：“吾道穷矣！”喟然叹曰：“莫我知夫！”子贡曰：“何为莫知子？”子曰：“不怨天，不尤人，下学而上达；知我者，其天乎！”［“不降其志，不辱其身，伯夷叔齐乎？谓柳下惠、少连、降志辱身矣。”谓“虞仲、夷逸、隐居放言，身中清，废中权”。“我则异于是，无可无不可。”］子曰：“弗乎，弗乎！君子病殁世而名不称焉。吾道不行矣，吾何以自见于后世哉？”乃因史记，作《春秋》，上起隐公，下讫哀公十四年，十二公。据鲁、亲周、故殷，［运］通之三代，约其文而指博。以备王道，成六艺。故吴楚之君自称王，而《春秋》贬之曰“子”；践土之会实召天子，而《春秋》讳之曰“天王狩于河阳”。推此类以绳当世，贬损之义。后世王者起而推之，《春秋》之义行，则天下之乱臣贼子惧焉。孔子在位听讼文辞，有可与人共者，弗独有也。至于为《春秋》，笔则笔，削则削，子夏之徒不能赞一辞。［弟子受《春秋》。］孔子曰：“后世知丘者以《春秋》，罪丘者亦以《春秋》。”

按：此节记孔子作《春秋》。作《春秋》为孔子一生著述大事，故郑重记之。哀公十四年春获麟事，见《春秋》经传及《家语·辨物解》《孔丛子·记问篇》。《公羊传》谓采薪者获之。此与《左传》同。《论语·子罕篇》：“子曰：凤鸟不至，河不出图，吾已矣夫。”与此稍异。“天丧予”之叹，见《先进篇》；答子贡语，见《宪问篇》；论伯夷诸人语，见《微子篇》；“君子疾殁世而不称焉”句，见《卫灵公篇》。“不降其志……无可无不可”一段，与作《春秋》无关，与上下文亦不伦，当删。

又按：《春秋》本鲁史官所记，而孔子加以笔削，故孟子以鲁之《春秋》与晋之《乘》，楚之《梼杌》并举，又云孔子作《春秋》也。《春秋》以鲁君编年，自隐公元年起，至哀公十四年获麟止，所记凡十二公，即隐、桓、庄、闵、僖、文、宣、成、襄、昭、定、哀是。《春秋》据鲁史，故曰“据鲁”，“亲”读为

"新"。(《书·金縢》以"新逆"为"亲迎",《礼记·大学》以"亲民"为"新民",亲新二字古通。)《公羊传》宣公十六年曰:"外灾不书:此何以书,新周也。"何休《解诂》曰:"孔子以《春秋》当新王,上黜杞,下新周而故宋。""以《春秋》当新王"者,言假设一新王而以《春秋》当之也。《春秋》之褒贬,即所以示新王之赏罚。既以《春秋》当新王,则周亦为故王之后矣。新为故王之后,故曰"新周"。周为故王之后新,则宋为故王之后旧矣,故曰"故宋"。宋为殷后,故又曰"故殷"也。周以杞宋存夏殷二王之后;《春秋》既以宋周为二王之后,故置杞不复论,何休云"上黜杞",即因此。"运"字为"通"字之形误。《春秋》成而六艺备,故上文"以备王道成六艺"句,当移置此处。践土之会,晋文公召王,见僖公二十八年《春秋》及《左传》。《孟子·滕文公篇》言"孔子作《春秋》而乱臣贼子惧"。又引孔子曰:"知我者其惟《春秋》乎?罪我者其惟《春秋》乎?"(二"惟"字均通借作"以"。《战国策·齐策》,冯煖谓孟尝君曰:"君家所寡有者以义耳。"则借"以"为"惟"。)乱臣贼子,尝有所借口以自文,以欺后世。孔子作《春秋》,明正其罪,故乱臣贼子惧也。但以布衣借褒贬以行王者之赏罚,亦僭也。故曰知我罪我,皆以《春秋》耳。孔子作《春秋》,笔削皆有深意,故虽长于文学如子夏之徒亦不能赞一辞。"不能赞一辞"者,言未尝赞助笔削,非谓子夏等受《春秋》后不能加一赞语也。且十四年春绝笔之后,十六年初夏即卒,亦不及授弟子。故"弟子受《春秋》"句赘,当删。

伯潜按:《左传》昭公二年,晋韩宣子来聘,观书鲁太史,见《易·象》与《鲁春秋》,曰:"吾今乃知周公之德与周之所以王也。"疑《鲁春秋》直自周公记起。孔子断自隐□者,盖犹《尚书》始《尧典》,示贵让国也。孔子之作《春秋》,盖因仕鲁三月，小试而未大成，周游归老，道不得行，故寓其政治理想于《春秋》，以自见于后世，所谓“微言大义”是也。

古以麟凤为圣人在位之瑞应。今凤鸟不至，麟见而被狩，故孔子见之，大为感伤，甚至“反袂掩面，涕沾袍”也。经此刺激，故无心著作而绝笔。此节所记，乃似孔子见获麟而始作《春秋》，疑与事实不符。《公羊》《穀梁》二传之《春秋经》，止于“十有四年春，西狩获麟”一条，是也。《左传》之《春秋经》，则获麟之后，本年尚有十四条，十五年尚有八条，十六年尚有三条，最后一条为“夏四月己丑孔丘卒”，则孔子作《春秋》，非绝笔于获麟，乃绝笔于卒后矣。卒后岂尚能书此？如系预记，又何能预知是日死耶？且此后无经之传，直至鲁悼公四年。传所以释经，无经何必作传乎？故先儒疑《左传》，或以为《左氏春秋》乃记事之书，本与《春秋》无关；或以为左丘明只作《国语》（司马迁《史记·自序》及《报任安书》均但云，“左丘失明，厥有《国语》”），《左传》乃刘歆自《国语》中分出，以附《春秋》者；似亦不为无据。详见拙著《十三经概论》。

明岁，子路死于卫。

按：子路仕卫，死于蒯聩入卫，孔悝逐辄之难，见《左传》哀公十五年。孔子方食，闻子路被醢，命覆醢而哭之。见《礼记·檀弓篇》。

孔子病。子贡请见。孔子方负杖逍遥于门，曰：“赐，女来何晚也！”孔子因叹，歌曰：“太山颓乎？梁木摧乎？哲人萎乎？”因以涕下。谓子贡曰：“天下无道久矣！莫能宗予。夏人殡于东阶，周人于西阶，殷人两柱间。

昨暮，予梦坐奠柱间。予，殷人也。”后七日，卒。孔子年七十三，以鲁哀公十六年四月己丑卒。

按：《檀弓》亦记孔子将卒事，与此大同小异。杜预注《左传》续经此条曰：“四月十八日乙丑四月无己丑。己丑为五月十二日，月日必有一误。”以长历推之，哀公十六年有闰月，故崔適谓“四月”当作“三月”。江永又谓己丑为周正四月十一日，即夏正之二月十一日，各说纷歧，未能考定。但周秦诸子生卒年月日可考者，惟孔子耳。

伯潜按：鲁哀公十六年壬戌，当周敬王四十一年，为公元前四七九年。

哀公诔之曰：“旻天不吊，不慭遗一老；俾余一人以在位，茕茕余在疚。呜呼哀哉！尼父，无自律。”子贡曰：“君其不没于鲁乎？夫子之言曰：‘礼失则昏，名失则愆；失志为昏，失所为愆。’生不能用，死而诔之，非礼也；称余一人，非名也。”

按：此事亦见《左传》，末多“君两失之”一句。《檀弓》所记，诔文与此异。

孔子葬鲁城北泗上。

按：《孔庭摘要》谓是年六月初九日，葬于泗上，与夫人开官氏合葬。今曲阜县北二里有孔林，即孔子墓。其地背泗面洙，绕以墙垣。《皇览》谓孔子弟子多异国人，各持其地之树木来种，故多异树云。开官氏，宋人，《家语》作上官氏。

弟子皆［服三年］心丧三年［心丧］毕，相诀而去，则哭，各复尽哀；或复留。惟子贡庐于墓上凡六年，然后去。弟子及鲁人往从冢而家者百余室，因名曰孔里。

按：《檀弓》曰："孔子之丧，门人疑所服。子贡曰：'昔者夫子之丧颜渊，若丧子而无服；丧子路，亦然。请丧夫子，若丧父而无服。'"朱子曰："事师者心丧三年，其哀如父母而无服，情之至而义有不得尽者也。"此处衍一"服"字，重"三年"二字，"心丧"二字又误倒，故费解。《孟子·滕文公篇》曰："昔者孔子没，三年之外。门人治任将归，入揖于子贡，相乡而哭，皆失声，然后归。子贡反，筑室于场，独居三年，然后归。"与此略同。孔子弟子，子贡最富。疑孔子之葬，得力于子贡者最多；筑室于场，当亦在初葬时，筑以居同门者。将去入揖，正以子贡为主人也。

伯潜按：孔门师生之谊最笃。私人讲学，孔子为第一人。其设教也，又特重人格之感化。故师生情谊之笃如此。求之后世，岂可复得哉？师生之谊，以分言，则如朋友；以情言，则如父子。此仅孔子与七十子为然耳。今则相视如路人，甚且为仇雠矣。师道之陵夷，责在弟子者小，责在师者大也。

鲁世世相传，以岁时奉祠孔子冢，而诸儒亦讲礼、乡饮、大射于孔子冢。孔子冢大一顷。故所居堂，弟子内，后世因庙，藏孔子衣冠琴车书。至于汉，二百余年不绝。高皇帝过鲁，以太牢祠焉。诸侯卿相至，常先谒，然后从政。

按：此节记后世之崇祀孔子。本篇记孔子事至此，以下附记孔子子孙。

孔子生鲤，字伯鱼。伯鱼年五十，先孔子死。

按：《家语·本姓解》谓孔子年十九，娶于宋之开官氏，一岁而生子，适昭公以鲤赐孔子，因名之曰鲤而字伯鱼。孔子二十时，尚未达；昭公赐鲤云云，不足信。孔子二十岁生鲤，当昭公二十年。鲤年五十而卒，孔子年六十九，哀公十二年也。

伯潜按：《论语·先进篇》曰："颜渊死，颜路请子之车以为之椁。子曰：'才不才，亦各言其子也。鲤也死，有棺而无椁。吾不徒行以为之椁，以吾从大夫之后，不可徒行也。'"据此，则伯鱼卒于颜子之前，明甚。颜子死于哀公二年，孔子年五十九。(许慎谓"鲤也死有棺而无椁"乃假设之辞。子在而预言其死，岂人情乎?)疑"伯鱼年五十"，乃"四十"之误。伯鱼颜子同年卒，而伯鱼较早耳。时孔子正栖迟陈蔡之间，故颜路请货车以为椁，孔子谓不可徒行也。

伯鱼生伋，字子思，年六十二。尝困于宋，作《中庸》。

按：《中庸》在《小戴礼记》中。《汉书·艺文志·诸子略》儒家有《子思子》二十三篇。又相传子思为曾子弟子。

伯潜按：毛奇龄《四书賸言》引王复礼说，谓"年六十二"乃"八十二"之误。子思与鲁穆公同时，见《孟子·万章篇》。哀公在位二十七年，悼公在位三十年，元公在位二十四年。元公卒，穆公嗣立。穆公元年，上距孔子之卒，已六十六年。子思如仅享年六十二，则孔子卒后五年始生。无论伯鱼卒于孔子六十九岁时，或五十九岁时，均不相及也。子思最迟当生于伯鱼卒之年。以哀公二年，孔子年五十九推之。至穆公二年而卒，恰为八十二岁。毛王二氏之说是也。

又按：《中庸》曰："吾学夏礼，杞不足征也；吾学殷礼，有宋存焉；吾学周礼，今用之，吾从周。"此言亦见《论语》。改"宋不足征"为"有宋存焉"，殆以居宋时作，故为宋讳欤？

子思生白，字子上，年四十七。子上生求，字子家，年四十五。子家生箕，字子京，年四十六。子京生穿，字子高，年五十一。子高生子慎，尝为魏相。子慎生鲋，年五十七，为陈王涉博士，死于陈下。鲋弟子襄，年五十七，尝为孝惠皇帝博士，迁为长沙太守，长九尺六寸。子襄生忠，年五十七。忠生武。武生延年及安国。安国为今皇帝博士，至临淮太守，蚤卒。安国生卬。卬生驩。

按：此节记孔子子孙，直至汉武帝时。《家语后序》谓子上之子名傲，后又名永。"求"与"永"形近，未知孰是。子家，《家语后序》作子直，名榼；《汉书·孔光传》作子真。"直"与"真"形近，但与"家"形音均不相近。子慎，《孔光传》作子顺。"慎"与"顺"音近。鲋，《家语后序》云后又名甲，字子鱼；《汉书·儒林传》径作孔甲，颜注云，"名鲋，字甲"。子襄《家语后序》云名腾。《孔光传》曰："鲋弟子襄，襄生忠。"下句云"襄"，不云"子襄"，则似以襄为鲋之侄矣。故以孔光为孔子十四世孙耳。《经典释文》《隋书·经籍志》《史通》，"忠"皆作"惠"；"忠"与"惠"亦形似。《孔光传》又曰："忠生武及安国，武生延年。"则安国为武之弟，延年为安国之侄矣。凡此异同，孰是孰非，已无从考。又《史记探原》谓"卬生驩"句，乃褚少孙所补。盖此云"安国早卒"，则安国当卒于司马迁作此文之前。汉武帝元狩元年，获麟。《史记》仿《春秋》，止于获麟。则安国最迟当卒于获麟前一年之元朔末年。即迟，亦决不出此年后之十年外也。既云“蚤卒”，年必不高。司马迁岂及见其有孙乎？《史记志疑》谓“邛”乃“卬”字之误。

上《孔子世家》，为《史记》中最详赡之一篇。其所记孔子言行，大抵以《论语》为主，而旁搜博采，传说异闻，均成史料。惟《论语》所记亦有未尽可信者，况又采及异闻，驳杂自所难免；而字句之错乱衍脱尤多。兹故采集先贤之说，加以理董，考证既毕，略堪阅读矣。综其家世，则在宋为公族，在鲁为平民。孔子以前，平民中固未尝有此伟大之学者也。综其事业，则有政治教育著述三方面。政治方面，仅在鲁小试，未得大展抱负；教育著述方面，则孔子以前，固未尝有私人讲学，私家著述者也。

伯潜按：《论语·学而篇》记孔子自述之言曰：“吾十有五而志于学，三十而立。”故孔子三十以前，为治学时期。《家语》谓孔子始教于闾里，颜渊之父颜路尝受业焉。《孔子世家》谓孔子适周观书反鲁以后，弟子益众。适周虽未能确定在何年，要去昭公二十四年不远。故三十以后，五十以前，为始教时期。定公九年，孔子为中都宰，由是而为司空，为司寇，与闻鲁政；以定公十二年五十四岁时去鲁。故此四年之间为从政时期。去鲁之后，周游卫、宋、曹、郑、陈、蔡诸国，栖栖皇皇，席不暇暖，畏于匡，厄于桓魋，绝粮于陈蔡，见讥于避世之士；虽其间曾反鲁，而终未得安居，至哀公十二年始归鲁终老焉。故此十四年间，为周游时期。周游之时，弟子从游者颇众，俨如现代之政党领袖，率其党徒，作政治活动者然。但一方面仍随时随地从事于讲学，虽在困厄之中，亦讲诵弦歌不辍。反鲁以后，乃专心于教育及著述，而尤致力于著述方面。编次《尚书》以存古代史料，定《士

> 礼》十七篇以教弟子，正《乐》以正《诗》；此四者，孔子手定之教本也。读《周易》而传《彖》《象》，据鲁史以成《春秋》；此二者，孔子赞修官书以成其名山事业也。孔子虽自云“述而不作”，其实以述为作，其功且胜于作矣。故此四年，为著述时期。

孔子虽尝从政，而终未能实现其政治理想；虽尝著述，终是述而不作，后儒于孔子之纂述六经，歧说疑义亦多，故孔子一生最伟大之事业，实在教育；最伟大之精神，实在“学不厌，教不倦”六字。学，所以立己达己，成己之道也；教，所以立人达人，成物之道也。不厌不倦，忠也；己欲立而立人，己欲达而达人，由学而教，由不厌而不倦，恕也。故曾子曰：“夫子之道，忠恕而已矣。”孔子之所以为大圣在此，弟子之所以心悦诚服亦以此。既悦服矣，故记其言论，行事，与夫态度、生活，纂成《论语》。弟子记纂师说以成专书，此其最早者。故曰诸子以孔子为第一人，诸子之书，以《论语》为第一部也。后人以“儒”名其学派，盖亦因此耳。

> 伯潜按：经今文家谓《六经》为孔子所作；古文家则谓《六经》为周公旧典，乃官书，非孔子所作，故云有歧说疑义。详见拙著《十三经概论》。《论语·学而篇》首章曰：“子曰‘学而时习之，不亦说乎！有朋自远方来，不亦乐乎！人不知而不愠，不亦君子乎’！”学者知新，习者温故，学习而有心得，则内心悦怿，欲罢不能，而不厌矣。《白虎通义》言“师弟子有朋友之道”。故“有朋自远方来”，即《世家》所云“弟子弥众，至自远方，莫不受业”也。朋来之乐，即孟子以得天下英才而教育之为君子三乐之一之意。“人不知而不愠”者，非谓遁世无闷，不患人之不我知也。盖承上文而言，朋自远来，智愚不一，有钝根人不知解者，亦不愠之也。不愠，则不倦矣。此孔子自道其“学不厌、教不倦”，

故弟子纂《论语》时首列之。又《述而篇》曰："子曰：'默而识之，学而不倦，诲人不倦，何有于我哉?'"朱子《集注》曰："'何有于我'言何者能有于我也。三者已非圣人之极致，而犹不敢当，则谦而又谦之辞也。"按朱说非也。"何有于我哉"即"于我何有哉"，以今语译之，即"在我有什么呢"。《子罕篇》曰："子曰：'出则事公卿，入则事父兄，丧事不敢不勉，不为酒困，何有于我哉?'"正与此同。《雍也篇》，季康子问子路、子贡、冉有可使从政否，孔子答曰："由也果，于从政乎何有?""赐也达，于从政乎何有?""求也艺，于从政乎何有?""于从政乎何有"即"何有于从政乎"，与"何有于我哉"句法亦同。《述而篇》又曰："子曰'若圣与仁，则吾岂敢！抑为之不厌，诲人不倦，则可谓云而已矣'。公西华曰：'正唯弟子不能学也。'"《孟子·公孙丑篇》亦曰："子贡曰：'夫子圣矣乎?'孔子曰：'圣，则吾不能；我学不厌而教不倦也。'子贡曰：'学不厌，知也；教不倦，仁也；仁且知，夫子既圣矣！'"是"学不厌教不倦"为孔子所自承，而公西华以为正弟子所不能及，子贡以为此即仁知之圣也。尽己之谓忠，推己之谓恕。尽己以敬其事，忠也；推己以及于人，恕也。"己所不欲，勿施于人"，为消极的恕，《大学》所谓"絜矩之道"是也。"己之所欲，施之于人"，为积极的恕，《中庸》所谓"君子之道四"是也。忠为做事之精神，恕为待人之态度。能忠且恕，则庶足以尽为人之道，即孔子所谓"仁"也。孔子之道，是"人道"，即"仁道"。《中庸》云："忠恕违道不远。"即因此。故曾子曰："夫子之道忠恕而已矣。"

第四章　孔子弟子

孔子开私人讲学之风，聚徒甚多，诲人不倦。其弟子承其遗风，蔚为学派，名曰“儒家”。战国初，为儒家全盛时期。故述战国初期诸子，自不得不及孔子之弟子。孟子屡称“七十子”，似孔子高弟凡七十人。《史记·孔子世家》曰：“孔子以《诗》《书》《礼》《乐》教，弟子盖三千焉。身通六艺者七十有二人；如颜浊邹之徒颇受业者甚众。”则孔门高弟为七十二人矣。其《仲尼弟子列传》又曰：“受业身通者七十有七人。”所谓“身通”，当即“身通六艺”。但省“六艺”二字，绝似缩脚绝后语，岂有脱文耶？检传中所录，确为七十七人，较《世家》又多五人，何耶？岂《世家》所云七十二人，指受业而又身通六艺者；《列传》所云七十七人，但以受业为限，不必尽通六艺欤？抑所增五人，即所谓“颇受业者”欤？而颜浊邹乃不见于传中，抑又何也？《索隐》曰：“《孔子家语》亦有七十七人。惟文翁《家庙图》作七十二人。”似《世家》与《家庙图》合，《列传》与《家语》合。但今本《家语》篇名曰《七十二弟子碑》，篇末又曰“右夫子弟子七十二人，皆升堂入室者”，而所录人数则为七十七人，是《史记》及《家语》均各自相矛盾，抑又何也？《史记探原》曰：“此传不载而见于《论语》者，一人，牢也；见于《世家》者二人，孟懿子，颜浊邹也。”又曰：“孟懿子似非弟子；牢与颜浊邹，究为此传所遗；合之为七十九人。”则又当增二人矣。今按《弟子传》所载，不见于《论语》

者甚多；见于《论语》，确非弟子者有之，在疑似间者亦有之。孔门记录，终以《论语》为较可信。孟子所称“七十子”，或但举成数言之尔。今以《论语》为主，参以《史记》《家语》，作《孔子弟子考》。

《史记·仲尼弟子列传》录孔子弟子七十七人，分为二类；第一类为有年名，受业见于书传者，凡三十三人；第二类为无年，受业不见于书传者，凡四十四人。其实，第一类中亦有八人不见于《论语》，曰公皙哀、商瞿、梁鳣、颜幸、冉孺、曹恤、公孙龙、伯虔。第二类中亦有二人见于《论语》，但姓名歧异耳，曰申党，即《论语》之申枨，曰原亢籍，即《论语》之陈亢。《论语》所记，亦有四人不见于《弟子传》，曰牢、林放、孺悲、孟懿子。今考孔子弟子，既以《论语》为主，故即以见于《论语》之先后为次焉。

（一）有若　《论语》第一篇《学而》，首章记孔子之言，次章即记有子之言。有子，名若。《集解》引郑玄曰：“郑人。”（按郑玄有《孔子弟子目录》，亡。《弟子传》曰：“少孔子十三岁。”《正义》引《家语》曰：“少孔子三十三岁。”今本《家语·弟子解》作“少孔子三十六岁”。《论语》邢昺《疏》《礼记·檀弓》孔颖达《疏》、并云“少孔子四十三岁”。诸说纷歧，未详孰是。《弟子传》曰：“孔子既没，弟子思慕。有若状似孔子，弟子相与共立为师，师之如孔子时也。他日，弟子进问曰：‘昔者夫子当行，使弟子持雨具，已而果雨。弟子问曰：“夫子何以知之?”夫子曰：“《诗》不云乎?‘月离于毕，俾滂沱矣。’昨暮月不宿毕乎?”他日，月宿毕，竟不雨。商瞿年长无子，其母为取室。孔子使之齐，其母请之。孔子曰：“无忧。瞿年四十后，当有五丈夫子。”已而果然。敢问夫子何以知之?’有若默然无以应。弟子起曰：‘有子避之！此非子之席也！’”按弟子所举二事，并见《家语·弟子解》，预知天雨见巫马施条，预知商瞿有五子见陈鳣条，此皆齐东野人之语，为陋儒所艳称传说者耳。《论语》记诸弟子，全书称“子”者，仅有子曾子二人；有若固尝为同门所共尊。

《礼记》尝谓有若之言似孔子。有若为同门所共尊敬，殆以此。《弟子传》乃云，以其状似孔子，故共立为师，则诚所谓“以貌取人”矣。且既共立为师，又叱之避席，此直儿戏矣，孔门弟子岂其有此?《孟子·滕文公篇》记孔子卒后曰：“他日，子夏、子游、子张、以有若似圣人，欲以所事孔子事之。强曾子。曾子曰：‘不可。江汉以濯之，秋阳以暴之，皓皓乎不可尚已!’”盖曾有此议，卒以曾子不可，有子不居而罢。然曾子仅言孔子之不可及，不能更推一人以继之，于有若固未尝有微辞也。《史记·孔子世家》常以多学而识，无所不知称孔子。此亦以孔子能预知天雨，预知商瞿有五子，为有若所不及，所见之陋，正复相类也。

按：有子氏有名若，似无疑问。《路史》谓有氏为有巢氏之后。但有巢氏实上古巢处树上，或发明房屋时代之拟人化，非上古实有此帝王也。即退一步，承认上古真有此有巢氏、则亦当如有熊氏、有娀氏、有扈氏、有苏氏、或有虞、有夏、有殷、有周之类，“有”字但为发语词耳。明初有有日兴其人，太祖赐改姓曰宥。此外，古今殆无氏有之闻人，则“有”殆非氏矣。《家语·弟子解》曰：“有若，鲁人，字子有。”则名若而字有者也。按《说文》：“若，择菜也。”“有”字从又持肉，又即右手。是“若”为择取之义，“有”为持有之义，二义相近，故名若而字有；与冉求之名求字有，正复相类。字有名若而称有若者，字名连称，字居名上，犹孔子之父名纥字叔梁而称叔梁纥也。字有而称有子者，犹《左传》哀公十一年称冉有为有子，《孟子·离娄篇》称匡章为章子也。

又按：《论语》记有若者凡三章：二为《学而篇·其为人也孝弟章》《礼之用章》，均径记有若之言；一为《颜渊篇·哀公问年饥用不足章》，则记有若答哀公之言。此三章均非与孔子问答，其与孔子之关系，并不明显。《孟子·滕文公篇》责陈相背其已死之师陈良而从许行，斥为下乔木而入幽谷，乃引曾子反对子游子夏子张拟共师事有若为比。倘有若果为孔子弟子，则孟子直是拟人不于其伦矣。且有若如果以弟子而似圣人，则其于孔子亦可谓“具体而微”者。《公孙丑篇》称“子夏、子游、子张皆有圣人之一体，冉牛、闵子、颜渊则具体而微”，何以不及有若乎？又引宰我赞孔子曰：“以予观于夫子，贤于尧舜远矣。”子贡赞孔子曰：“自生民以来，未有夫子也。”有若赞孔子曰：“自生民以来，未有盛于孔子也。”宰我子贡均称“夫子”，有若独称“孔子”，亦颇可疑。窃疑有若殆为与孔子同时而年辈较次之一学者，未尝受业于孔子也。至其言所以羼入《论语》者，殆由子夏、子游、子张之门人记之。有若之年，多至四说，且相差竟至三十年，殆亦以其本非孔子弟子，故传闻多异辞欤？

（二）曾参　《论语·学而篇》第四章即记曾参之言，且亦称之曰曾子。参字子舆。《弟子传》及《家语》均云，少孔子四十六岁，南武城人。南武城在今山东省费县西南九十里。《索隐》曰：“武城属鲁。当时更有北武城，故曰‘南’也。”则曾子亦鲁人也。曾子以孝著。《论语·泰伯篇》曰：“曾子有疾，召门弟子曰：‘启予足，启予手。《诗》云：“战战兢兢，如临深渊，如履薄冰。”而今而后，吾知免夫，小子。’”此《孝经》“身体发肤，受之父母，不敢毁伤”之说所由来也。孟子亦言“曾子养曾皙，必有酒肉，将彻，必请所与，问有余，必曰有”，称其与养口体者不同。《家语》曰：“齐尝聘之，欲以为卿，而不就，曰：‘吾父母老。食人之禄，则忧人之事，故吾不忍远亲而为人役。’”诸如此类，皆足以见其孝。《家语》又载其以蒸梨不熟出妻，遂不复取云云，则似出好事者附会矣。《弟子传》《家语》《汉志》、均谓孔子为曾子陈孝道，作《孝经》。按《孝经》

首云："仲尼居，曾子侍。"则此书无论为孔子所作，曾子所记，均无举孔子之字称曾参为曾子之理。盖曾子以孝著，故依托之耳。孟子又谓曾子居武城为师，则亦尝设教矣。曾子在孔子弟子中，年少而又老寿，故大、小戴《礼记》诸篇，关于曾子者甚多。《论语·里仁篇》记孔子语曾子曰："吾道一以贯之。"曾子告门人曰："夫子之道，忠恕而已矣。"朱子因谓曾子独得道统之传；且以《礼记·大学篇》为曾子所述作，定为《四书》之一云。《汉志》儒家有《曾子》十八篇，今亡。

按：《元和姓纂》谓"春秋时莒灭鄫、鄫太子巫仕于鲁，去'邑'为曾氏，见《世本》；巫生阜，阜生皙，曾子父"云云。故曾子为鲁人。《礼记·檀弓》记曾子责子夏哭子丧明，有"退而老于西河之上，使西河之人疑汝于夫子"之言。子夏居魏之西河时，约距孔子卒五十余年，则曾子之年寿亦高矣。

（三）卜商　字子夏。《弟子传》及《家语》均云，"少孔子四十四岁"。《集解》引郑玄曰："温国卜商。"《家语》谓是卫人。《礼记·檀弓》疏作魏人。温故城在今河南省温县西南。温本周畿内邑，后属卫。《疏》作魏人者，殆以子夏居魏之西河久耶?《弟子传》曰："孔子既没，子夏居西河教授，为魏文侯师。"《隋图经志》谓安阴有西河，为子夏所居之地。其地在今汤阴县东三十里，羑水之南。《索隐》以属陕西省之同州当之，《正义》以在山西省汾阳县之西河郡当之，皆非也。《史记·儒林传》谓田子方、段干木、吴起、禽滑釐之属，皆受业于子夏之伦。西河设教之盛，于此可见。《论语·子路篇》言子夏为莒父宰。莒父，鲁邑，是子夏又尝仕于鲁也。《先进篇》曰："文学，子游、子夏。"《子张篇》记其言曰："日知其所亡，月毋忘其所能，可谓好学也已。"盖长于文学，而又能温故知新者也。《家语》记其正"晋师三豕涉河"为"己亥涉河"之误。

此校雠之滥觞也。经学家又谓《六经》多子夏所传，故后儒以子夏为传经之儒，与曾子为传道之儒并列，而汉儒宗子夏，宋儒宗曾子也。至《子夏易传》，则作者又别为一人。

按：洪迈《容斋续笔》曰："子夏既少孔子四十四岁，则孔子卒时亦已二十八岁矣。是年为周敬王四十一年，下距周威烈王二十三年，魏文侯为诸侯，已七十五年。则子夏为魏文侯师，即在文侯始列为诸侯之年，仍当百三岁"云云。按魏文侯斯立于周威烈王元年，立二十二年，始受命为诸侯。子夏为文侯师，度在文侯嗣立之后，受命之前。魏斯卒后，始谥曰"文"。此曰魏文侯，明为事后追记之辞。执之过拘，将谓子夏至魏文侯卒后始死耶？大约文侯嗣立，即聘子夏。故徒居于西河，去孔子之卒，不过五十余年尔。

（四）端木赐 字子贡，卫人。《弟子传》及《家语》均云少孔子三十一岁。《论语·先进篇》曰："言语，宰我、子贡。"盖以言语见长者。《弟子传》又言齐将伐晋，子贡往说吴，纵越伐齐，又往晋，说击吴，故子贡一出，存鲁、乱齐、破吴、强晋、霸越。殆以其长于言语，故有此傅会，其实所记与《吴世家》《齐世家》均不合也。又谓尝相鲁卫，亦不足信。《先进篇》又曰："赐不受命，而货殖焉，亿则屡中。"子贡以货殖累致千金，并见《弟子传》《货殖传》及《家语》。崔述以为"货殖"但谓其留心家人生产，非必经商。按春秋末商业已渐发达，崔氏徒以孔子弟子必不孳孳为利，故为是臆度耳，非有反证也。子贡之富，在同门中似首屈一指，而原宪之贫，则与箪瓢陋巷之颜渊同，故《家语》及《韩诗外传》均记有子贡访原宪之故事。此亦附会之言也。子贡推崇孔子之言论，见于《论》《孟》者已不少。故崔述曰："孔子之遂显于当世，子贡之力居多。"

按：子贡自言“闻一知二”，孔子亦尝以瑚琏比之（并见《公冶长篇》），则亦孔门之高弟矣。又《韩非子·五蠹篇》曰：“齐将攻鲁、鲁使子贡说之。齐人曰：‘子之言非不辩也；吾所欲者土地，非斯言之谓也！’遂举兵伐鲁，去门十里以为界。故子贡知而鲁削。”正与《弟子传》所记相反。韩非亦但以此证空辩之无实用，非真有其事也。

（五）樊须　字子迟。《弟子传》及《家语》均云“少孔子三十六岁”。郑玄谓是齐人，《家语》谓是鲁人。《家语》又谓尝仕于季氏，不知何据。《论语·子路篇》记樊迟请学稼学圃，孔子斥为“小人”。此小人对在位之君子言，犹《孟子》所云“野人”也。

按：《白水碑》云：“樊须字子达，樊缓字子迟。”似樊须樊迟各为一人。按“须”，古鬚字，借用为“盨”，乃须待之义。名须字迟，盖取须待之义耳。荷蓧丈人之讥孔子曰：“四体不勤，五谷不分。”孔子以前，未有以私人讲学，收取弟子之束脩者，亦未有以平民奔走各国，从事政治活动者，故避世之士以此讥之。樊迟之意，殆以惩儒者之“四体不勤，五谷不分”欤？抑愤道之不行，故为此言欤？抑尔时已有为神农之言者，而樊迟为所动欤？

（六）言偃　字子游。《弟子传》曰：“吴人，少孔子四十五岁。”《家语》曰：“鲁人，少孔三十五岁。”按《论语》《礼记》载子游与子夏曾子语较多，其年当相若，《弟子传》所记是也。孔子弟子，鲁人最多，卫人次之，宋人又次之。《孟子》言：“陈良楚产也，悦周公仲尼之道，北学于中国。”（见《滕文公篇》）但亦在孔子卒后。吴去鲁远，孔子未尝至吴，而子游独以吴人不远千里而来受业，《家语》之说是也。子游尝仕鲁，为武城宰。见《论语·阳货篇》。牛刀割鸡之戏，盖惜其大才小用耳。《礼记·礼运篇》记子游闻“大同”“小康”之说。子游与子夏同以文学见称，而又长于《礼》。《礼运》，殆子游之门人所记也。

按：《论语·子张篇》：“子游曰：‘子夏之门人，当洒扫应对，则可矣。抑末也。本之则无，如之何？’子夏闻之，曰：‘噫！言游过矣！君子之道，孰先传焉，孰后倦焉？譬诸草木，区以别矣。君子之道，焉可诬也？有始有卒者，其唯圣人乎？’”二人对于教育主张之不同，于此可见。

（七）颜回 字子渊。《弟子传》及《家语》均云“鲁人”。一箪食，一瓢饮，不改其乐（见《论语·雍也篇》），闻一知十（见《公冶长篇》），且好学，不迁怒，不贰过（并见《雍也篇》），故孔子称之曰：“吾见其进也，未见其止也。”（见《子罕篇》）同门亦多推崇之。（例如子贡自言“赐也何敢望回”，见《先进篇》。）但不幸早死，故孔子哭之至恸，曰“天丧予，天丧予”。其悼痛之情，溢于言表也。盖颜渊为孔子最得意之弟子，故《先进篇》列于德行之首。至于颜渊之年，《弟子传》及《家语》均云“少孔子三十岁”。《弟子传》又曰：“回年二十九，发尽白，蚤死。”《家语》又曰：“颜子二十九而发白，三十二而蚤死。”《列子·力命篇》曰：“颜子之才，不出众人之下，而寿四八。”《三国吴志·孙登传》曰：“孙权立登为太子，年三十三，卒。临修上疏曰：‘周鲁颜回有上知之才，而尚夭折；况臣年过其寿。’”则颜子年寿似为三十二矣。颜子少孔子三十岁，三十二岁而卒，时孔子正六十二岁，哀公五年也。伯鱼卒于哀公十二年，孔子年六十九，较颜子迟八年。但《论语·先进篇》记颜渊死，颜路请子之车以为之椁，孔子答语曾云“鲤也死，有棺而无椁”，似伯鱼卒于颜子之前。许慎《五经异义》以为乃假设之辞，亦不近人情。故《史记探原》谓颜渊之年当作“少孔子四十岁”三十二岁而卒，孔子年七十二，在鲤卒后三年云。

按：《孔子世家》“伯鱼年五十”，乃“年四十”之误，伯鱼与颜子同卒于哀公二年，孔子年五十九，前已言之。今按《弟子传》，“年二十九”为一读，“发尽白蚤死”五字连读，言颜子年二十九时，发尽白而蚤死也。《家语》谓二十九为发白之年，三十二为卒年，盖误读《弟子传》，以“年二十九岁发白”为一读“蚤死”二字为一句耳。孙登为三国时人，《列子》乃东晋晚出伪书，均谓颜子三十二而卒，可见此种传说，盛行于魏晋之时。《家语》出王肃伪造，肃亦三国初人，盖采当时之传说尔。颜子少孔子三十岁，二十九而卒，在孔子五十九岁时，哀公二年事也。故与伯鱼同年，卒，而略在其后。彼时适栖逢陈蔡，在困厄中。乃先丧伯鱼，继丧颜子，故哭之至哀，自以为天丧耳。颜子卒于旅次，旅次无他长物，故颜路请货子之车以为之椁也。伯鱼卒于旅次，且相去不远，故孔子举以为言也。盖以时方周游，时与诸国大夫往还，势不得舍车徒行，故曰：“吾不徒行以为之椁，以吾从大夫之后不可徒行也。”如传说所云，颜子年三十二，卒于哀公五年，孔子年六十二岁，相去不远，说尚可通。如从《史记探原》改作“少孔子四十岁，三十二而卒”，则卒年孔子已七十二，且已反鲁矣。此时颜路即须称贷于孔子以为其子之椁，何以必请其车？孔子已归鲁杜门，又何以不肯徒行而吝惜其车耶？

（八）仲由　字子路，亦曰季路。《弟子传》及《家语》均云“少孔子九岁”。卞人。（“卞”《家语》作“弁”）卞，鲁邑，故城在今山东省泗水县东，则子路亦鲁人也。其为人好勇进取，有闻未之能行，唯恐又闻。（见《论语·公冶长篇》）但不知“临事而惧，好谋而成”，故孔子以“暴虎冯河，死而无悔者，吾不与也”斥之。（见《述而篇》）又尝叹曰：“若由也，不得其死然。”（见《先进篇》）后仕卫，卒死蒯聩逐辄之难。孔子方食，闻子路被醢，遂命覆醢，且哭之曰：“天祝予，天祝予！”（见《弟子传》及《礼记·檀弓》）孔子尝称其“片言可以折狱”（见《颜渊篇》），又称“千乘之国可使治赋”（见《公冶长篇》），故《论语》曰：“政事，冉有季路。”季桓子时，尝为季氏宰。孔子仕鲁，得行乎季孙者，子路之力也。

按：子路仅少孔子九岁，据《弟子传》所载之年考之，孔子弟子，除颜路外，殆以子路为最长矣。（曾点之年不明。）《论语》记孔子赞子路之言凡五见，贬子路之言凡四见（按“不得其死然”，非贬辞），足征其瑕不掩瑜矣。《先进篇》曰：“门人不敬子路。子曰：‘由也升堂矣，未于入室也。’”子路虽未入室，但已升堂，则亦孔门之高弟，较之彼“不得其门而入”者，其相去又奚啻径庭哉？

（九）颛孙师 字子张。《弟子传》及《家语》均云，“少孔子四十八岁，陈人”。《索隐》引郑玄曰：“阳城人。”阳城本属陈。《吕氏春秋·尊师篇》曰：“子张，鲁之鄙家。”则又以为鲁人。按颛孙氏出陈公子颛孙，见《通志·氏族略》。《左传》昭公二十五年，颛孙来奔。昭公二十五年，孔子年三十五，子张未生也。殆子张为颛孙之子欤？颛孙氏以陈公子徙鲁，故子张有鲁人陈人两说也。《论语·先进篇》曰：“子贡问师与商也孰贤？子曰：‘师也过，商也不及。’‘然则师愈欤？’曰：‘过犹不及。’”盖子夏性情笃实，气度未免狭小；子张气度阔大，性情未免浮夸，并有凉薄之嫌也。《论语·子张篇》曰："子夏之门人问交于子张。子张曰：'子夏云何？'对曰：'子夏曰："可者与之，其不可者拒之。"'子张曰：'异乎吾所闻。君子尊贤而容众，嘉善而矜不能。我之大贤与，于人何所不容？我之不贤与，人将拒我，如之何其拒人也？'"此章可以见二子气度之不同。《礼记·檀弓篇》曰："子夏既除丧而见，予之琴，和之而不和，弹之而不成声，曰：'哀未忘也；先王制礼而弗敢逾也。'子张既除丧而见，予之琴，和之而和，弹之而成声，曰：'先王制礼，不敢不至焉。'"此章可以见二子性情之不同。曾子曰："堂堂乎张也！难与并为仁矣。"盖亦以此。

按：据《弟子传》，子夏少孔子四十四岁，子游少孔子四十五岁，曾子少孔子四十六岁，子张少孔子四十八岁。此四子为同门中之少年，年相若，而子张最少。孟子尝言，孔子既没，子夏子游子张以有若似圣人，欲以所事孔子事之，强曾子，曾子不可。（见《滕文公篇》）可见孔子卒时，四子盖为同门之领袖也。《荀子·非十二子篇》抨击子张、子夏、子游三派之"贱儒"犹不及曾子，盖以曾子一派为正统耳。《论语》所记孔子弟子发表己意之言，曾子凡十三见，子夏凡十二见，子张凡二见，子游凡四见。此四子在同门中年齿最少，似为孔子后期弟子中之佼佼者。前期弟子，如颜子之言仅一见，为赞孔子者；子贡之言凡七见，赞孔子者五，发表己意者二，则后期弟子发表己意之言论较多也。子张与曾子之母同时死，见《檀弓》。盖亦早世者，故《论语》记其发表己意之言特少欤？子张尝学干禄矣（见《为政篇》），尝以"在邦必闻"为"达"矣。（见《颜渊篇》）但终未尝从政，未尝有闻者，亦以其早世也。

(十)冉求 字子有，鲁人。《家语》谓为仲弓之宗族。《弟子传》及《家语》均云，“少孔子二十九岁”。孔子称其千室之色，百乘之家，可使为宰（见《论语·公冶长篇》），故与子路同以政事见长。冉有言志，自谓“求也为之，比及三年，可使足民”，盖长于理财者。尝为季氏聚敛，孔子曰：“求，非吾徒也，小子鸣鼓而攻之可也！”盖长于理财，其弊往往流为聚敛也，其个性恰与子路相反。故孔子曰：“求也退，故进之；由也兼人，故退之。”（见《先进篇》）冉有尝曰：“非不欲子之道，力不足也。”子曰：“力不足者，中道而废；今汝画！”自诿为力不足，自画而不求进，此即所谓“退”也。《孔子世家》记季康子先召冉有反鲁，卒以其言迎孔子归老。孔子之得反鲁终者，冉有之力也。

按：子路为季氏宰，在季桓子时，孔子方仕鲁；冉有为季氏宰，在季康子时，孔子已反鲁；前后相去十四五年。然《论语·季氏篇·季氏将伐颛臾章》所记乃似二子同时仕于季氏者，其误显然。《洙泗考信录》辨之甚详。

(十一)宰予 字子我。《家语》及郑玄均云，“鲁人”。与子贡同以言语见称。（《论语·先进篇》）《弟子传》及《家语》均谓宰我仕齐，为临淄大夫，与田常作乱而夷其族。孔子耻之。按《齐太公世家》有阚止，亦字我（《齐世家》作监止，同为此人），为田常所杀。《李斯传》曰：“田常阴取齐国，杀宰予于庭，即弑简公于朝。”误阚我为宰我，与《弟子传》同。惟《弟子传》又误以为田常所杀之人为与田常作乱之人。一误再误，遂使孔门弟子蒙不白之冤耳。《古史》《容斋续笔》《史记考证》，均已辨之。宰我昼寝，孔子斥为“朽木不可雕，粪土之墙不可杇”。（见《公冶长篇》）宰我欲短三年之丧，孔子斥为“不仁”。（见《阳货篇》）又曰：“始吾于人也，听其言而观其行；今吾于人也，听其言而信其行；于予，予改是。”则宰我之被训斥，亦甚多矣。

按：田常即《论语·宪问篇》之陈恒。陈恒弑其君，孔子沐浴而朝，请讨之。则田常弑简公时孔子固尚在也。冉有为季氏聚敛，孔子尚命小子鸣鼓而攻。苟宰我与田常作乱，孔子何以默无一言？子路死卫难，孔子哭之。苟宰我死田常之乱，孔子又何以默无一言？其为误记，显然可知已。

（十二）公冶长 《弟子传》曰：“齐人，字子长。”《索隐》曰：“鲁人，名苌。范宁云：‘字子芝。’”《论语释文》引《家语》，作“字子张”。《邢疏》引《家语》作“字子长”。《释文》引范宁作“名芝字子苌”。《白水碑》又作“字子之”。《论语集解》引孔安国曰：“公冶长，弟子，鲁人。姓公冶，名长。”子长与子张，子苌之与子芝，当由形音俱近而误歧；子苌与子芝，当由同从草而互歧也。《国语注》曰：“季氏族子季冶、字公冶、为季氏属大夫；子孙以公冶为氏。”则公冶长岂季氏之旁支欤？公冶长见《论语》，仅《公冶长篇》之首章。孔子以其子妻之，则长为孔子婿矣。

按：古代名字多仅一字，如孔子本名丘字尼，曰仲尼者，幼名冠字，五十以伯仲，“仲”乃后来所加也。又如颜回本字渊，仲由本字路，宰予本字我，言偃本字游，卜商本字夏……，而各书所记多加一“子”于其上。公冶长如果字子长，则是名曰长，字亦曰长矣。古人尽有仅知其名，不闻其字者，付之阙疑可也。

（十三）宓不齐 字子贱。《家语》及《论语集解》均云“鲁人”。

《弟子传》云，“少孔子四十九岁”。《索隐》引《家语》作“少孔子三十岁”。今本《家语》作“少孔子四十岁”。尝为单父宰，鸣琴不下堂而治。《弟子传》及《吕氏春秋》，《说苑·杂事篇》，均记其为宰时之轶事。孔子称之曰：“君子哉若人！尚德哉若人！”则亦孔门之高弟也。《汉志》儒家有《宓子》十六篇，亡。

按：宓与虑同，音伏。故《正义》引《颜氏家训》谓兖州永城县即旧单父县，东有《子贱碑》，云“济南伏生乃子贱之后”也。

（十四）冉雍　字仲弓。《集解》引郑玄云：“鲁人。”《索隐》引《家语》曰：“伯牛之宗族，少孔子二十九岁。”《论语·雍也篇》：“子谓仲弓曰：‘犁牛之子，骍且角；虽欲弗用，山川其舍诸？’”《家语》曰：“生于不肖之父。”《弟子传》曰：“仲弓之父贱人。”盖皆由《论语》臆度之。《先进篇》亦列于德行。《雍也篇》孔子称其“可使南面”则亦深契之矣。然尝为季氏宰（见《子路篇》），而政绩不见载籍，抑又何也？

按：《雍也篇》“伯牛有疾”，注以为有恶疾。《论衡·自纪篇》论父子不相似曰：“伯牛有疾，仲弓洁全。”则以仲弓为伯牛之子矣。

（十五）漆雕开　字子开。《集解》引《郑玄》曰：“鲁人。”《正义》引《家语》曰：“蔡人，字子若，少孔子十一岁。”《汉志》儒家有《漆雕子》，《自注》曰：“孔子弟子漆雕启后。”《古今人表》亦作漆雕启。《先经大训》云名凭。《白水碑》云字子修。《论语·公冶长篇》曰：“子使漆雕开仕。对曰‘吾斯之未能信’，子悦。”漆雕开见于《论语》，仅此一章。

按：阎若璩《四书释地》谓漆雕子本名启，《史记》避景帝讳，故改“启”为“开”。《论语》亦作开，殆亦汉人所改矣。但名开字开，与公冶长之名长字长，同为不合理之说。名凭，字子若、字子修，传说纷歧，但无实据。盖亦仅传其名未闻其字者也。《韩非·显学篇》谓儒分为八，有漆雕氏之儒。

（十六）公西赤　《弟子传》曰：“字子华，少孔子四十二岁。”《集解》引郑玄曰：“鲁人。”孔子称其“束带立于朝，可使与宾客言”（见《论语·公冶长篇》），华亦自言“宗庙会同，愿为小相”（见《先进篇》），则外交之才也。《论语集解》马融曰：“华有容仪，可为行人。”又《雍也篇》记子华使于齐，冉子为其母请粟，孔子有周急不继富之言。此事当在孔子为司寇，与闻鲁政之时；但以孔子时年五十二计之，则子华仅十岁耳，《弟子传》误。

（十七）原宪　字子思。《集解》引郑玄曰：“鲁人。”《家语》曰：“宋人，少孔子三十六岁。”《论语·雍也篇》曰：“原思为之宰。与之粟九百，辞。”《家语》亦曰：“孔子为鲁司寇，原宪尝为孔子宰。”孔子未闻有采邑，此宰乃家宰，非邑宰也。金鹗《礼说》疑原宪当少孔子二十六岁，《家语》“三”字为“二”字之误；盖如《家语》所说，孔子为司寇时，宪仅十六岁也。原宪之贫，见《家语》及《韩诗外传》。

按：《论语》记弟子，皆举其字，惟记孔子呼弟子方用名。而《宪问篇》首章首句曰：“宪问耻。”用名，且不冠姓，疑此章即原宪所记。

（十八）闵损 字子骞，鲁人。《弟子传》曰："少孔子十五岁。"《家语》作"少孔子五十岁"。孔子弟子，曾子子张最少，"五十"显为"十五"误倒。《论语·雍也篇》记季氏使闵子为费宰，力却之，其清可见。《先进篇》孔子又称其孝，故以德行见称，列于颜子之次。《韩诗外传》《艺文类聚》所载芦衣故事，则由后人附益者也。

（十九）司马耕 字子牛，宋人。《论语集解》孔安国曰："牛，弟子司马犁。"似又名犁。牛为宋司马桓魋之弟。魋专横，宋君讨之。魋败，奔曹，又奔卫。牛致邑而奔齐。魋亦奔齐。牛复去齐适吴。吴人恶之，北归，过鲁，卒于郭门之外。故孔子告以"君子不忧不惧"，而牛又有"人皆有兄弟，我独无"之叹也。（见《论语·颜渊篇》）

> 按："牛"与"犁"，形义俱似，殆"牛"误为"犁"，非有二名。

（二十）冉耕 字伯牛，鲁人。《阙里广志》及《圣门志》均言少孔子七岁。《论语·先进篇》亦列德行。《雍也篇》曰："伯牛有疾。子问之，自牖执其手，曰：'亡之，命矣夫！斯人也，而有斯疾也。'"其悼惜之深，情见乎辞矣。伯牛见于《论语》，仅此二章。

> 按：《论语》仅言"伯牛有疾"。《弟子传》及《家语》均言"伯牛有恶疾"。《淮南子·精神训》曰："伯牛为厉。""厉"借为"疠"。《说文》曰："疠，恶疾也。"按"疠"即"癞"，二字为双声。盖即今大麻风之类。又名天刑病，极难治，极易传染，故名曰恶疾。孔子亲往视疾。伯牛家恐传染，故不令入室，仅于牖问窥之。伯牛适卧牖下；孔子见其垂危，情不自禁，故自牖执其手而按其脉息也。"亡"读作"无"。脉搏已停，故曰

“亡之”耳，此章可以见孔子对弟子情感之真挚。

（二十一）巫马施　《家语》曰：“字子期，陈人，少孔子三十岁。”《论语》亦作巫马期。（见《述而篇》）《弟子传》曰：“字子旗。”《汉书·古今人表》及《吕氏春秋·具备览》亦作巫马旗。“期”“旗”音同，或以致误。

按：《说文》曰：“施旗也。”故名施字旗。齐有栾施，亦字子旗。作“期”者，同音假借也。楚令尹子旗，见《左传》昭公十三年；《国语·楚语》作子期，亦借“期”为“旗”。巫马期，鲁人。《论语》：“陈司败问：‘昭公知礼乎？’孔子曰：‘知礼’子退。揖巫马期而进之曰：‘吾闻君子不党；君子亦党乎？’君取于吴，为同姓，谓之吴孟子。‘君而知礼，孰不知礼’，巫马期以告。子曰：‘丘也幸，苟有过，人必知之。’”《家语》谓是陈人，殆因陈司败而误。

（二十二）颜无繇　字子路，少孔子六岁。以《弟子传》及《家语》考之，孔子弟子，颜路最长矣。《家语》曰：“颜由，字季路，颜渊之父。孔子始教于闾里，尝受学焉。”《先进篇》记颜渊死，颜路请子之车以为之椁云。颜路见于《论语》，仅此一章。以此章观之，颜路究曾受业与否，亦未明言也。

（二十三）高柴　字子羔。《檀弓》作“子皋”。《弟子传》曰：“齐人，少孔子三十岁。”《集解》引郑玄曰：“卫人。”《家语》曰：“少孔子四十岁。”《论语·先进篇》尝谓子路使子羔为费宰。《家语》谓尝为武城宰。又《致思解》又记其为卫士师，尝刖人之足，而蒯聩之乱，被刖者脱之于难云云。

按：子路使子羔为费宰，当在定公十一二年为季氏宰时。如从《家语》，少孔子四十岁，则是时年仅十余耳，于情理殊不合。当从《弟子传》，少孔子三十岁。子羔方二十余岁，子路即欲使为费宰，故孔子曰，“贼夫人之子”也。

（二十四）曾点 字皙。《弟子传》作“曾蒧”。《说文》曰：“黵，虽黑而皙也，从黑，蒧声。”字皙，故名黵，作“蒧”者省字，作“点”者借字也。《论语·先进篇·侍坐章》记子路、冉有、公西华，已各言其志，方问曾皙曰：“点，尔何如?”鼓瑟希，铿尔，舍瑟而作，曰“异乎三子者之撰”。子曰：“亦各言其志也。”曰：“春服既成，冠者五六人，童子六七人，浴乎沂，风乎舞雩，咏而归。”《檀弓》又记其季武子丧，曾皙倚其门而歌云云。故孟子答万章，以与琴张牧皮为孔子所谓“狂士”云。（见《尽心篇》）

按：颜路、颜渊、曾皙、曾子、相传皆父子受业于孔子。颜路是否受业，《论语》无明文。曾皙见于《论语》，亦仅一章，而此章殊可疑。《论语》之例，弟子称孔子均但曰“子”，对他人言孔子，方曰“夫子”。此章曾子问孔子曰：“夫子何哂由也?”则面称孔子曰“夫子”矣。与《论语》之例不合，一也。孔子方命弟子言志，而曾皙自鼓瑟不辍。与情理不合，二也。孟子以曾皙为狂，而此章所记曾皙之言，则是“有所不为”之狷。与《孟子》不合，三也。故崔述疑之。又季武子卒于昭公七年，孔子方十七岁。曾皙之年，当更少于孔子。孔子与飨士，且被斥；曾皙于其丧时倚门而歌，何以得不被斥乎？若云童子无知，歌出儿戏，则有何价值而记之乎？疑曾皙在当时为一颇著名之避世狂士，故传说甚多。至其曾否受业孔门，则殊未可必也。

《论语》所记孔子之弟子，以上列二十四人为最著，此外尚有须加考证者九人，录之如次：

（一）南容　《论语·公冶长篇》曰“子谓南容，邦有道不废，邦无道免于刑戮，以其兄之子妻之”。《先进篇》又曰：“南容三复白圭，孔子以其兄之子妻之。”《论语集解》引王肃曰：“南容，弟子南宫縚，鲁人也。”《释文》曰：“‘縚’，本又作‘韬’。”《家语》曰：“南宫縚字子容，以智自将，世清不废，世浊不污，孔子以其兄之子妻之。”与《论语》合。此一说也。《弟子传》曰：“南宫括，字子容。”《论语·宪问篇》记南宫适羿善射，奡荡舟，禹稷躬稼之问。《集解》引孔安国曰：“适，南宫敬叔。”《汉书·古今人表》颜《注》及崔述《洙泗考信录》亦均以南宫适与南宫敬叔为一人。此又一说也。郑玄《礼记·檀弓》注谓南宫縚即孟僖子之子南宫阅。（亦作说）《世本》亦曰：“仲孙貜生南宫縚。”《左传》及杜《注》以为与孔子适周之南宫敬叔为孟僖子之子。则南宫敬叔又即南宫縚矣。此又一说也。但《汉书·古今人表》则又明以南宫敬叔与南容为二人。故南容南宫适，南宫縚南宫敬叔，仲孙阅之关系究如何，说至纷歧，殊难确定。

按：《檀弓》曰：“南宫縚之妻之姑之丧，孔子教之髽。”南宫縚即南容，其妻即孔子之兄之女，故教之耳。盖名縚字容，谥曰敬叔，非仲孙阅，已详上文《孔子世家》考。南宫适则别为一人，毛奇龄《四书賸言》已详辨之。南宫适见于《论语》，仅此一章。虽曾来问，未必为弟子也。

（二）申枨　《论语·公冶长篇》曰：“子曰：‘吾未见刚者。’或对曰：‘申枨。’子曰：‘枨也欲，焉得刚？’”“枨也欲”与“柴也愚，参也鲁，师也辟，由也喭”（见《先进篇》），语气全同。《集解》包成曰：“申枨，鲁人。"《弟子传》无申枨，有申党，字周。《正义》曰："鲁人。"朱彝尊《弟子考》引文翁《礼殿图》，云有申伥。《汉王政碑》曰："无申堂之欲。"《论语释文》及邢《疏》引《家语》曰："申续，字周。"《史记索隐》引《家语》，又作申缭。《困学纪闻》引《家语》，又作申绩。今本《家语》则作申缋，字子周。申枨固孔子之弟子，而其名纷歧至此，则无从考定矣。

按："枨"、"党"、"伥"、"堂"皆属阳韵，但平仄异耳。此以音近而变者。"缭"、"绩"、"续"、"缋"皆从糸，此以形似而变者。《家语》本无申枨及公伯缭。王肃《家语》加入一申缭，盖以二人并字周，遂误合为"申缭"耳。见臧庸《拜经日记》。申绩、申续、申缋、则又因申缭而致误者也。详见刘宝楠《论语正义》。

（三）陈亢 字子禽。见于《论语》，凡三章，一为《学而篇·子禽问于子贡章》，一为《季氏篇·陈亢问于伯鱼章》，一为《陈子禽谓子贡章》。郑玄注《论语》及《檀弓》，皆云孔子弟子。《弟子解》无陈亢，有原亢籍。《家语》曰："陈亢，陈人，字子元，一字子禽，少孔子四十岁。"又曰："原亢，字子籍。"则陈亢与原亢非一人。《檀弓》谓"陈子车死于卫；其妻与其家大夫谋以殉葬，定而后陈子亢至"。郑玄《注》曰："子车，齐大夫；子亢，子车弟。"则陈亢又为齐人矣。《汉书·古今人表》分陈亢、陈予禽、陈子亢为三人，均不云孔子弟子。

按：《家语》云"字子元"者，"亢"字因形近误为"元"也。但名亢字亢，亦不合。"籍"者，"䧿"之借字，故字子禽，一字子籍也。《春秋》庄公二十七年曰："公子友如陈，葬原仲也。”原氏出于陈氏，故陈亢亦称原亢；曰“原亢籍”者，氏名字连举也。陈氏之在齐，始自陈公子敬仲。故或云陈人，或云齐人耳。子禽谓子贡曰：“子为恭也，仲尼岂贤于子乎？”此非弟子之语也。且与子贡语而曰“仲尼”，亦不似弟子口吻。其他二章，对孔子之闻诸国之政与其教子，均为疑辞，故《汉表》不云为孔子弟子。

（四）牢　《论语·子罕篇》曰：“牢曰：‘子云：吾不试，故艺。’”牢见《论语》，仅此一章。《集解》郑玄曰：“牢，弟子子牢也。”其氏不详。《庄子·则阳篇》曰：“长梧封人问子牢。”《释文》引司马彪曰：“即琴牢，孔子弟子。”《汉书·古今人表》亦有琴牢。王念孙《读书杂志》谓琴牢为琴张之误。因《左传》及《孟子》有琴张，《庄子》有子琴张，无作琴牢者也。琴牢字张，始见于《家语》。后人因据以改《汉书》云。

按：《左传》昭公二十年曰：“琴张闻宗鲁死，将往吊之。”杜《注》曰：“琴张，字子开，孔子弟子，名牢。”孔《疏》曰：“《家语》云：‘孔子弟子琴张与宗鲁友。’《七十子篇》云：‘琴牢，卫人，字子开，一字子张。’则以氏配字为琴张，即‘牢曰子云……’是也。贾逵郑众皆以为子张即颛孙师。服虔云：‘案《七十子传》云：子张少孔子四十余岁。’孔子是时年四十，知未有子张。郑贾之说，不知所出。”

（五）澹台灭明　字子羽，武城人。《弟子传》曰：“少孔子三十九岁。”《家语》曰：“少孔子四十九岁。”《论语·雍也篇》记子游为武城宰，孔子问以得人否，子游举澹台灭明以对。《弟子传》言子羽状貌甚恶，欲事孔子，孔子以为材薄；已受业，身修名立。孔子曰：“吾以言取人，失之宰予；以貌取人，失之子羽。”《家语》则谓其有君子之容，而其才不副，正与《弟子传》相反。

按：澹台灭明见于《论语》，仅一章。详其语意，似为子游宰武城时所访得之地方贤士，非孔子之弟子。“以貌取人，失之子羽”，孔子或曾有此语。但子羽是否果指澹台灭明，亦未可臆断。《史记》《家语》各据此语以敷设故事，乃相反耳。

（六）公伯寮 公伯，复姓，见《广韵》。《弟子传》作公伯缭，字子周。《论语集解》马融曰：“鲁人。”《家语》无此人。按《论语》记公伯寮仅《宪问篇》一章，盖诉子路于季孙也。朱子《论语或问》谓“此事正在堕三都出藏甲之时”，是也。公伯寮之诉子路，意在间孔子耳。其非弟子，显而易见。

按：孔子尝曰：“匡人其各予何?”“桓魋其如予何”？此云“公伯寮其如命何”？语气正同。《论语注》及《弟子传》，乃均以为孔子弟子，诚百思不得其解矣！

（七）林放 《论语·八佾篇》记林放问礼之本，孔子赞为“大哉问”。又记季氏旅泰山，孔子又有“曾谓泰山不如林放乎”之言。注不云为弟子。《弟子传》亦不载。惟文翁《礼殿图》以为弟子云。

（八）孺悲 《论语·阳货篇》记孺悲欲见孔子，孔子辞以疾。将命者出户，取瑟而歌，使之闻之。《礼记·杂记》曰：“恤由之丧，哀公使孺悲学士丧礼于孔子。《士丧礼》于是乎书。”则确为弟子矣。

（九）孟懿子 《论语·为政篇》有《孟懿子问孝章》。《注》但曰

“鲁大夫”，不言为弟子。《弟子传》亦不载。惟《孔子世家》则言受其父僖子遗命，往学礼于孔子云。

上所考凡三十三人，除公伯寮决非弟子外，可疑者亦极多。清人考孔子弟子，竟有滥增至百零九人者，此诚所谓“买菜求益”矣。孟子曾斥陈仲，高诱《淮南·氾论训》注竟以为孟子弟子；尝与告子辩，赵岐《孟子注》即以为孟子弟子；亦此类耳。

第五章 孟 子

孔子之后，儒家大师首推孟子。《史记》有《孟子荀卿列传》，其首段传孟子曰："太史公曰：'余读《孟子》，至梁惠王问何以利吾国，未尝不废书而叹也，曰：嗟乎！利诚乱之始也。夫子罕言利者，防其原也。故曰"放于利而行，多怨"。自天子至于庶人，好利之弊，何以异哉？'孟轲，驺人也，受业子思之门人。道既通，游事齐宣王，宣王不能用；适梁，梁惠王不果所言；则见以为迂远而阔于事情。当是之时，秦用商君，富国强兵；楚魏用吴起，战胜弱敌；齐威王宣王用孙子田忌之徒，而诸侯东面朝齐；天下方务于合纵连横以攻伐为贤。而孟子乃述唐虞三代之德，是以所如者不合。退而与万章公孙丑之徒，述仲尼之意，作《孟子》七篇。"此《史记·孟子传》也，仅二百二三十字；且"太史公曰……何以异哉"，则发议论；"当是之时……以攻伐为贤"，则述当时大势；去此二段，所余更无几矣。先儒考孟子生平者，则有程复心之《孟子年谱》、谭贞默之《孟子编年略》、季本之《孟子事迹图谱》、任启运之《孟子考略》、曹之升之《孟子年谱》、狄子奇之《孟子编年》……，而阎若璩之《孟子生卒年月考》、周广业之《孟子四考》、崔述之《孟子事实考》为尤著；其见于《孟子》本书及赵岐《注》者，则焦循之《孟子正义》亦考之甚详。先君子以《史记》本传过于简略，不复就其原文考释，旁采各家之说，作《孟子略考》。兹迻录如下：

《孟子略考》

孟子，名轲，邹人也。

按：孟子名轲，见《史记》本传，《汉志自注》、赵岐《孟子题辞》。赵岐曰："字则未闻也。"相传谓字子舆，疑出附会。赵岐曰："孟子、鲁公族孟孙之后，故孟子仕于齐，丧母而归葬于鲁也。三桓子孙既以衰微，分适他国。"阎若璩《孟子生卒年月考》曰："孟子盖鲁公族孟孙之后，不知何时分适邹，遂为邹人。犹归葬于鲁者，太公子孙反葬周之义也。然考今《孟母墓碑》，墓在邹县北二十里马鞍山之阳，又非鲁地。疑古为鲁地，犹鲁郰邑今亦在邹县境内。二国密迩，《左传》'鲁击拆闻于邹'是也。"孟衍泰《三迁志》谓孟母墓在今邹县北二十五里，与孟子墓不甚相远，疑孟子故里在邹鲁交界处，而其祖墓则在鲁境云。谭贞默《孟子编年略》以为邹即孔子之郰，则由误信《水经注》之说，有此误解。

伯潜按：《史》《汉》均不言孟子之字。《孔丛子》始云"字子车"。注曰："一作子居；居贫坎轲，故名轲，字子居。亦称字子舆。"《圣证论》曰："子思书、《孔丛子》，有孟子居，即是轲也。"《傅子》亦云"孟子舆"。王应麟《困学纪闻》疑其皆出附会是也。《说文》曰："轲，接轴车也。""轲"有车义，故曰字子车；"车""居"音近，故又曰字子居；"车""舆"同义，故又曰字子舆耳。狄子奇《孟子编年》谓又有云字子与，字子兴者，则又因"舆"字之形似而误者也。魏人为徐幹作《中论序》曰："孟轲荀卿怀亚圣之才，著一家之法，皆以姓名自称，至今厥字不传。原因其故，皆由战国之士乐贤者寡，不早记录耳。”（史鹗《三迁志》引）则直谓孟子之字已早佚矣。

又按：“邹”，《史记》作“驺”，同。邹为春秋时之邾国，鲁穆公时已改称邹。“邾”“邹”二字，仅撮口齐齿之异；疑因语音之变而改字者。汉于其地置驺县。魏晋以后改曰邹县。故城在今山东省邹县东南，非陬邑也。

生于周烈王四年。

按：《史记索隐》曰：“孟子卒于周赧王二十六年壬申，年八十四。”以此逆推，当生于周烈王四年己酉。狄氏《编年》即主此说，并云生于四月初二日。

伯潜按：《索隐》亦以此逆推，乃云生于定王三十一年；《听雨记谈》及《孟氏谱》则谓生于定王三十七年。但定王在位仅二十八年，二说均误。陈士元谓定王三十七年乃“安王”之误。但安王在位又仅二十六年，陈说亦误。《阙里志》谓当作安王二十七年。但安王在位之年无己酉，且与“年八十四”不合，其说亦误。故采狄氏之说。周烈王四年为公元前三七二年。

幼受贤母义方之教。

按：《易》云“蒙以养正”，谚云“教儿婴孩”，盖母教之影响于子女者大矣。相传孟子母仉（音掌）氏教子有义方。《列女传·母仪篇》，《韩诗外传》记其三迁及断机教子之故事，至今传为佳话。《史记》本传未提及孟子父母。赵岐《题辞》但云“夙丧其父”。按《孟子》先丧父，后丧母，见《孟子·梁惠王篇》。

陈镐《阙里志》、薛应旂《四书人物考》，均云“孟子三岁丧父”，不知何据。狄氏《编年》谓孟子母一云李氏，父名激，字公宜。《自注》曰：“一云名彦璞。曹寅谷云：‘孟子五十九代孙彦璞、字朝玺、隆庆元年袭职。’则彦璞非孟子父名。”

伯潜按：孟子丧父之年，已无可考。《梁惠王篇》末章记鲁平公将往见孟子，嬖人臧仓沮之，有云“孟子之后丧逾前丧”。乐正子因有“君所谓逾者，前以士，后以大夫，前以三鼎而后以大夫欤”之问。按《中庸》曰：“父为大夫，子为士，葬以大夫，祭以士；父为士，子为大夫，葬以士，祭以大夫。”是古礼祭从子爵可知。“三鼎”“五鼎”当指祭之丰俭。而曰“前以士，后以大夫”，则丧父时孟子已为士矣。既为士，则非三岁可知。且丧父如在幼年，则丰俭未能自主，且事隔数十年，臧仓何从知其前俭而后丰乎？或谓《中庸》所云，指葬后之祭；《孟子》所云，指葬时之祭。殆以孟子之父为士，而孟子尚幼，故前丧以士礼；丧母时，孟子已为大夫，故后丧以大夫礼。自齐归葬于鲁，而以大夫礼治葬，故鲁人皆知之；而又知孟子幼时之孤贫，故臆度其丧祭之俭，而有此揣度之辞耳。此说颇近情理。但《列女传》记断机时孟母之言曰：“吾织绩而食。中道废而不为，宁能衣其夫子，而长不乏粮食哉？”据此，则是时孟子之父固尚健在也。徒以母贤能教子，其父反被掩而名不彰，后人因误谓早卒耳。

及长，受业子思之门人，卒成大儒。

按：《史记》本作“受业子思之门人”。《索隐》引王劭说，以“人”为衍字，则孟子亲受业于子思矣。《列女传》曰：“孟子旦夕勤学不辍，师事子思，遂成天下之名儒。”《汉志自注》

曰:“名轲，邹人，子思弟子。”《风俗通·穷通篇》曰:“孟子受业于子思。”赵岐《孟子题辞》曰:“长师孔子之孙子思。”均与王劭说同。毛奇龄《四书賸言》曰:“予只以《孟子》本文计之。梁惠王三十年，齐虏太子申。则孟子游梁自当在三十年之后。何则?以本文有‘东败于齐，长子死焉’之语也。然孟子居梁不二三年而惠王已卒，襄王已立。何则?以本文有见梁襄王之语也。乃实计其时，梁惠王即位之年距鲁缪公卒之年亦不过四十零年，然而孟子已老，本文有‘王曰叟’是也。则受业子思或未可尽非欤?”疑当从王劭说，删“人”字，作“受业子思之门”。

伯潜按:毛氏《四书賸言》此节之前，引王草堂之说曰:“王草堂谓《史记·孔子世家》，‘子思年六十二’。孔子卒于周敬王四十一年，伯鱼先孔子卒三年。向使子思生于伯鱼卒之年，亦当卒在周威烈王三四年间。乃孟子实生于烈王四年，其距子思卒时，已有五十年之久。又谓鲁穆公尝尊礼子思。然穆公即位在威烈王十九年。则《史记》所云‘子思年六十二，或是八十二之误。若孟子，则断不能亲受业也。”按《孔子世家》“伯鱼年五十”，乃“年四十”之误。伯鱼生于鲁昭公二十年，孔子年二十时;卒于鲁哀公二年，孔子年五十九时;已见上文。子思最迟当生于伯鱼卒之年;“年六十二”确为“八十二”之误，则当卒于鲁穆公二年;亦见上文。穆公于威烈王十九年即位，则子思卒年为威烈王二十年矣。威烈王在位二十四年，其子安王在位二十六年。则自子思之卒，至孟子之生(烈王四年)，凡三十四年矣。王草堂之说是也。焦循《孟子正义》曰:“按《六国年表》、鲁穆公元年，即威烈王十九年;魏惠王元年，当周烈王六年，相距三十八年。惠王三十五年，孟子来大梁，上溯鲁穆公时，已七十余年。如以亲受业子思言之，则子思年必大耋，而孟子则童年时也。”按孟子至梁之年，考见下文。即如焦氏所说，以大耋老儒为异国童子师，亦无此事。故当仍从《史记》原文，作“受业子思之门人”。

其始而设教，继而周游，终而归老，一生行事极似孔子。其见诸侯，当自邹穆公始。是时孟子盖年四十一云。

按：孟子四十以前设教，四十以后周游，六十以后归老，其传食诸侯不过二十年。狄子奇《孟子编年》谓周显王三十七年，孟子年四十一，始见邹穆公。虽无确据，当亦不远。《孟子·梁惠王篇》记邹与鲁哄，穆公问曰云云，孟子对曰云云，孟子邹人，故首见邹穆公也。孟子自言“乃所愿则学孔子”其生平何亦似孔子耶？

乃由邹之任，又由平陆之齐。威王时，仕于齐。未几，致为臣而归。

按：狄氏《编年》曰：“孟子历聘所至，惟齐宋为两，余各一。”其说是也。初次自邹往齐，故经任及平陆。《告子篇》曰：“孟子处邹。季任为任居守，以币交，受之而不报。居于平陆。储子为相，以币交，受之而不报。他日，由邹之任，见季子；由平陆之齐，不见储子。”即初次适齐时事。《公孙丑篇》记其在平陆与大夫孔距心问答，亦此时事也。平陆故城在今山东省汶上县北。《史记·齐世家》曰：“康公十五年，鲁败齐师于平陆。”邹鲁密迩，故由邹之齐，须经平陆也。此时齐威王在位，孟子尝为卿。故公孙丑有“当略于齐”及“加齐之卿相”之问。（见《公孙丑篇》）其“为卿于齐，出吊于滕”，亦在此时。（见同上）及其致为臣也，威王命时子留之，言欲中国授室，养以万钟，孟子答语有云：“如使予欲富，辞十万而受万，是谓欲富乎?”“辞十万”，正指辞齐卿也。此次适齐仕齐去齐与第二次均不同。读者误以为一次，故常觉其矛盾耳。

伯潜按：《史记》于田齐之君遗漏田悼子及田侯剡二代，又减去齐桓侯在位年数十三年。故威王宣王在位之时期皆移早二十二年。但齐与他国有关之大事，其势不能均随之而移早，只能仍留原处。于是威王之事变成宣王时事，宣王之事变成湣王时事矣。而《孟子》中记威王，又仅曰“王”，不明言“威王”。故误合为一次，并觉其记事先后矛盾耳。

尝游宋，遇滕世子。后世子嗣立，是为文公。文公聘孟子。孟子由邹之滕。

按：《滕文公篇》曰：“滕文公为世子，将之楚，过宋，而见孟子。……世子自楚反，复见孟子。”此孟子第一次适宋时事也。及滕定公薨，文公立，使然友两之邹，问丧礼于孟子。其聘孟子，及孟子自邹之滕，虽不见于《孟子》，但均可推想而知。又本篇《滕文公问为国章》、孟子称文公曰“子”；《齐人将筑薛章》《滕小国也章》、孟子称文公曰“君”。《礼》，故君甫葬，称新君曰子；逾年方称君。是前一章所记，在文公初立之年；后二章所记，则翌年也。本篇《神农章》记许行自楚至滕，曰“闻君行仁政”；又记陈相自宋之滕，曰“闻君行圣人之政”；则文公固尝试行孟子之言矣。

伯潜按：《史记索隐》引《纪年》曰：“梁惠王后元十三年四月，齐威王封田婴于薛。十月，齐城薛。十五年，齐威王薨。”

《国策·齐策》亦载封田婴于薛事。高诱《注》以为在宣王时，与《纪年》异。按《齐策》又曰："数年，威王薨，宣王立。靖郭君之交大不善于宣王，辞而之薛。"则封田婴于薛，明在威王时，高氏误也。《史记》记筑薛于湣王三年，更误。梁惠王后元十三年，为周显王四十六年，孟子年五十。是年孟子在滕。由此上推，孟子至滕，约在显王四十五年。

寻去滕之梁，见梁惠王。

按：梁惠王、魏侯莹也。周显王二十九年，徙都大梁，始改国号曰梁。显王三十四年，莹与诸侯会于徐州，相王也；此后，乃僭称王。《孟子》首篇，孟子面称惠王曰王，则明在显王三十四年之后矣。又本篇记梁惠王告孟子曰："及寡人之身，东败于齐，长子死焉；西丧地于秦七百里；南辱于楚"云云。齐败魏于马陵，虏太子申，在显王二十八年；楚败魏于襄陵，在四十六年；以阴晋与秦，在三十七年；献河西地于秦，在三十九年；秦取魏汾阴皮氏，在四十年；献上郡于秦，在四十一年；秦取魏陕，在四十二年；秦取魏曲沃平周，在四十七年。是孟子见梁惠王，又明在显王四十七年之后矣。显王在位四十八年，故狄氏《编年》谓孟子于慎靓王元年至梁，其说是也。是年为梁惠王后元十六年，孟子年五十三。

伯潜按：《史记》谓魏惠王在位三十六年，卒，子襄王立。襄王元年，与诸侯相王于徐州。孟子至梁，最迟当在惠王末年，则在诸侯相王于徐州之前一年矣。惠王未尝僭称王，其称王乃襄王时之追尊矣。《孟子》称之曰惠王，尚可谓为事后所记；孟子何以面称曰"王"乎？且如《史记》所云，则败于齐楚，丧地于秦，亦皆为襄王时矣。惠王何以预言之，且曰“及寡人之身”乎？《竹书纪年》谓惠王三十七年，与诸侯相王于徐州，僭称王，改是年为元年，又十六年而薨。孟子以惠王后元末年至梁。《史记》误以惠王后元年为襄王元年，故孟子至梁之年，亦上移十六年，在惠王前元三十六年，遂与本书所记矛盾至此耳。

惠王卒，襄王立。孟子去梁，又适齐。

按：《梁惠王篇》记孟子见梁襄王，出、语人曰：“望之不似人君……”云云。见襄王仅此一次，似即去梁矣。《尽心篇》曰：“孟子自范之齐。”范故城在今山东省范县东南二十里，正自梁至齐所必经也。《公孙丑篇》记尹士之言，有曰“千里而见王”，亦指自梁至齐而言。如自邹至齐不过四五百里耳，此孟子第二次适齐也。正当齐宣王初年。中间丧母归葬，终丧反齐。故实际留齐亦不过二三年。

伯潜按：齐宣王立于慎靓王元年。孟子以是年至梁，为梁惠王末年（后元十六年），翌年，襄王嗣立，孟子去梁适齐，最早当在此年。《公孙丑篇》孟子自言：“于崇，吾得见王，退而有去志。……既而有师命，不可以请……”云云。慎靓王四年，即齐宣王四年，齐败魏赵于观泽。所谓“有师命”，殆即指此。孟子至齐，见宣王于崇，当在此年之前。以此推之，则孟子二次至齐，当在齐宣王之二年或三年也。

为宣王宾师。

按：宾师者，但受公养，不受爵禄也。故《公孙丑篇》孟子自言“无官守，无言责”，充虞又有“仕而不受禄”之问也。是时，齐稷下学士方盛，不治而论议，谓之“列大夫”。孟子盖亦在“列大夫”之列也。若误合为一，则为卿何以不受禄乎？

燕王哙让国于其臣子之，国内乱。齐宣王伐燕，取之。燕人叛齐。齐人谓孟子劝王伐燕。孟子乃去齐。

按：燕王哙让国，在慎靓王五年。赧王元年（慎靓王在位六年），燕内乱。宣王乘其乱而伐之，五旬取燕。燕人叛齐。初、沈同（齐大夫）问孟子、燕可伐否。孟子答曰可。齐既克燕，宣王问燕可取否。孟子答以燕民悦则可取，燕民不悦，则不可取。齐既取燕，诸侯谋救燕、孟子劝宣王谋于燕人为置新君。及燕人叛，齐人多咎孟子劝齐伐燕，陈贾等又为宣王文过，孟子乃决心去齐。而淳于髡尹士等又讥讪之，三宿出画，宣王复不之留，故浩然有归志耳。详见《公孙丑篇》。

伯潜按：《史记》误将齐宣王在位之年移早，而与他国有关之大事则仍置原处，已见上文。故《田齐世家》记伐燕与燕叛于湣王十年。司马光《资治通鉴》移湣王前十年之事为宣王，以合孟子，而仍以燕叛之年归之湣王，以合《史记》。阎若璩主独将燕哙让国至燕昭王自立事上移十数年，以合孟子游齐之年。钱大昕又谓孟子实见湣王，本书称见宣王者乃后人为孟子讳追改之。此皆由不明《史记》，所以至误之由而强为弥缝者也。朱子《纲目》均载于赧王元年（即宣王七年），据《竹书纪年》推之，正相合。详见崔述《考信录》中之《孟子事实录》。曹寅谷谓齐破燕后二年，燕人立昭王，始叛齐，事在赧王三年。实则燕人始终未尝服齐，故取燕后燕即叛。惟向齐反攻，则在立昭王时耳。

于是游宋，游薛。会鲁使孟子弟子乐正克为政，孟子乃适鲁。然终为嬖人臧仓所沮，遂反邹终老焉。

按：游宋此为第二次。《公孙丑篇》曰“孟子去齐，居休”。休故城在今山东省滕县西二十五里正由齐至宋所必经也。《公孙丑篇》又记陈臻问“前日于齐，王馈兼金一百而不受；于宋，馈七十镒而受；于薛，馈五十镒而受……”云云。其由齐而宋而薛之行踪，于此可见矣。鲁使乐正子为政，见《告子篇》；鲁平公将往见孟子，为臧仓所沮，见《梁惠王篇》。季本《孟子事迹图谱》谓孟子去鲁后适宋，误。孟子至鲁，约当赧王四年，孟子年六十二，居鲁当亦不久也。

伯潜按：孔子以布衣率弟子周游列国，在春秋末，实为创举。至孟子时，则游说之风已大盛矣。孟子之周游，极似孔子。但孔子周游时，畏于匡，厄于宋，绝粮于陈，常受讥讪。孟子则后车数十乘，从者数百人，传食诸侯，不以泰。（见《万章篇》）此其不同，盖时势然也。孟子之游踪，考之者多矣，但亦有误，且其误显而易见，例如：

（一）孟子之滕明在周显王四十五年。因翌年四月，齐威王封田婴于薛，十月城薛，故滕文公有“齐人将筑薛，吾甚恐”之言也。而金履祥《通鉴前编》，季本《孟子事迹图谱》，均谓赧王元年，孟子去齐之后游滕。

（二）孟子之梁明在梁惠王末年（即惠王后元十六年），即慎靓王元年。而朱子《纲目》从《史记》，谓梁惠王前元三十五年，孟子即至梁。

（三）齐人伐燕取燕及燕人叛齐，孟子去齐，均在赧王元年，见《通鉴》《纲目》。而黄震《日钞》谓齐先后伐燕二次，一在宣王时，一在湣王时，因而有孟子曾事湣王之说。（按此事歧说最多，上文曾详论之。）

（四）孟子之适齐，明有二次。第一次在游梁之前，自邹经任及平陆而往，曾为齐威王卿，但其事甚暂；第二次在游梁之后，自梁经范而往，为宣王宾师，在"列大夫"之中。而考者误合二次为一次，于是《孟子》书中所载，皆纷歧矛盾而不可解矣。

《史记·孟子荀卿列传》，较之《孔子世家》，详简不可以同日语。而孟子游踪行止记载又多歧误。《史记》于齐梁之君在位之年，复误记之。故考孟子之游踪，远较孔子为难也。

周赧王二十六年，卒，年八十四。

按：孟子卒年及年寿，见《史记索隐》。狄氏《编年》谓卒于是年正月十五日。曹之升《年谱》引古碑曰："孟子卒于冬至日。邹人因哭孟子而废贺冬至之礼，遂以成俗。"因疑冬至不在正月，当改作十一月十五日云云。按周正之正月，当夏正前一年之十一月，冬至正在夏正十一月中。但孟子究卒于何年何月何日，终是传说耳。孟子墓在今山东省邹县北三十里，四基山之阳。宋孔道辅守兖州，求得之，为修墓建庙；孙复为作《兖州邹县建孟庙记》。周广业《孟子四考》所云唐口山北有孟子墓，即此。《山东省通志》言孟子故里在邹县，东北三十里之傅村，宅前有孟母池。则墓去故宅盖不相远矣。至今邹县城南道左之孟子庙，则宋徽宗宣和时县令朱缶所建也。

伯潜按：《续文献通考》言孟子妻田氏，子名睾。《三迁志》言孟子之子名仲子。《孟子年谱》言孟仲子名睾。按孟仲子见

《公孙丑篇》。曹寅谷谓孟子之子自名睪，孟仲子则为孟子之从父弟。其说是也。孔子之子孙，《史记·孔子世家》记之甚详。孟子之子孙，则无从详考矣。

孟子既卒，弟子万章公孙丑等，纂述其言，辑为《孟子》七篇云。

按：《汉志》儒家有《孟子》十一篇。赵岐注本仅七篇，与今本同。据《史记》本传及赵岐《题辞》，似七篇为孟子自著；其实为弟子所记述。详见本书下编。自孔子弟子纂辑《论语》而后，墨子弟子亦纂辑其言以成《墨子》，至孟子时，已相习成风矣。

伯潜按：孔子弟子，《史记》有传。孟子弟子无传。按本书所记，或举姓名（如万章，公孙丑），或称子（如乐正子、公都子），或互见（如陈臻又称陈子）。余如曹交则不许其留而受业，高子则称曰高叟，告子则为同时而年辈较长之学者，皆非孟子之弟子也。

第六章　荀　子

孟子之后，荀子为儒家大师，故学者多孟荀并称。《史记》合孟荀为一传，亦以此也。其《荀子传》曰："荀卿，赵人，年五十始来游［学］于齐。……田骈之属皆已死齐襄王时，而荀卿最为老师。齐尚修列大夫之缺，而荀卿三为祭酒焉。齐人或谗荀卿。荀卿乃适楚，而春申君以为兰陵令。春申君死，而荀卿废，因家兰陵。李斯尝为弟子，已而相秦。荀卿嫉浊世之政，亡国乱君相属，不遂大道，而营于巫祝，信禨祥；鄙儒小拘如庄周等又滑稽乱俗；于是推儒墨道德之行事兴坏，序列著数万言而卒。因葬兰陵。"此《史记·荀子传》也。其叙荀子生平亦甚简略，且并名亦不详。

按："游学于齐"句，"学"字衍。考见下文。

西汉末，刘向校定《荀子》，名曰《孙卿新书》。其叙录中记荀子生平曰："孙卿名况，赵人。"方齐［宣王］威王宣王之时，聚天下贤士于稷下，尊宠之。若邹衍、田骈、淳于髡之属甚众，号曰"列大夫"，皆世所称，咸作书刺世。是时，孙卿有秀才，年五十，始来游［学］……至齐襄王时，孙卿最为老师。齐尚修列大夫之缺，而孙卿三为祭酒焉。齐人或谗孙卿。孙卿乃适楚。楚相春申君以为兰陵令。人或谓春申君曰："汤以七十里，文王以百里。孙卿，贤者也。今与之百里地，楚其危乎?”春申君谢之。孙卿去之赵。后客或谓春申君曰：“伊尹去夏入殷，殷王而夏亡；管仲去鲁入齐，鲁弱而齐强，故贤者所在，君尊国安。今孙卿天下贤人，所去之国，其不安乎?”春申君使人聘孙卿。孙卿遗春申君书，刺楚国，因为歌诗以遗春申君。春申君恨之，复固谢孙卿。孙卿乃行，复为兰陵令。春申君死而孙卿废，因家兰陵。李斯尝为弟子，已而相秦。及韩非，号韩子，又浮丘伯，皆受业为名儒。孙卿之应聘诸侯，见秦昭王——昭王方喜战伐，而孙卿以三王之法说之。——及秦相应侯，皆不能用也。至赵，与孙膑议兵赵孝成王前。孙膑为变诈之兵。孙卿以王兵难之，不能对也。卒不能用孙卿。……孙卿卒不用于世，老于兰陵。疾浊世之政，亡国乱君相属，不遂大道，而营乎巫祝，信禨祥；鄙儒小拘如庄周等又滑稽乱俗；于是推儒墨道德之行事兴坏，序列著数万言而卒，葬兰陵。……兰陵人多善为学，盖以孙卿也。长老至今称之曰：“兰陵人喜字为卿，盖以法孙卿也。”所叙似较《史记》本传为详，但有误仍《史记》处，有误读《史记》处。先君子有《荀子略考》，叙荀子生平，不全以《史记》本传、刘向《叙录》为根据。

按：宣王在威王后，当互易。“游学”，仍衍一“学”字。

《荀子略考》

荀子名况，赵人。称荀卿者时人尊之也。亦曰孙卿。荀氏，古郇伯之后，字本作“郇”。其又作“荀”或“孙”者，一音之转尔。

按：《史记索隐》亦曰“名况”。荀子名况赵人，古无异说，字则未闻。《索隐》又曰："'卿'者，时人相尊而号为卿也。"胡元仪谓"卿"乃列大夫之长；荀子三为祭酒，即为列大夫之长，即为卿于齐，故称荀卿。其说实误。其又曰"孙卿"者，《索隐》及《汉志》颜《注》均谓避汉宣帝讳，误。胡元仪谓郇伯为公孙之后，或以"孙"为氏，故荀氏孙氏两称，亦误。谢镛《荀子笺释自序》后记曰："荀卿又称孙卿。自司马贞颜师古以来，相承以为避汉宣帝讳，故改'荀'为'孙'。考汉宣帝名询，汉时尚不讳嫌名，且如后汉李恂与荀淑、荀爽、荀悦、荀彧、俱书本字。讵反于周时人姓名见于载籍者而改之？若然，则《左传》自荀息至荀瑶多矣，何以又不改耶？且如《前汉书》之任敖、公孙敖，俱不避元帝之名骜也。盖'荀'音同'孙'，语遂移易。如荆轲在卫，卫人谓之庆卿；而之燕，燕人谓之荆卿。又如张良为韩信都。《潜夫论》云：'信都者，司徒也。俗音不正，或曰"信都"，或曰"申徒"，或曰"胜屠"，然其本一司徒也。'然则'荀'之为'孙'正如此，以为避宣帝讳，当不其然。"谢氏之说，足以止旧说之误。

伯潜按：胡元仪有《郇卿别传》，并附《郇卿别传考异》。《考异》释荀子称"卿"之故，曰："齐宣王尊宠稷下诸子，号曰'列大夫'，言爵比大夫也。孟子，宣王时，居列大夫之中，而《孟子》书言'为卿于齐'。孟子自言'我无官守，我无言责'，与《史记·齐田完世家》'列大夫不治而论议'者合。然不称'列大夫'而曰'为卿'，盖卿为列大夫之长，所谓'郇卿三为祭酒'是也。然则郇卿亦尝为卿于齐矣。《史记·虞卿传》，'虞卿再见，为赵上卿'故号虞卿。郇卿亦为赵上卿，又从虞卿受《左氏春秋》，郇卿之称卿，盖法虞卿矣。刘向曰：'兰陵人喜字为卿，以法荀卿也。'然则齐人赵人称郇卿，尊之之辞也；兰陵弟子称郇卿，美之之辞也。”胡氏之说，乍观之，似亦持之有故，言之成理。细按之，则歧异矛盾，殊无以自圆。孟子适齐凡二次，初次在威王时，尝为卿；第二次在宣王时则为宾师，居列大夫中；已详上章。胡氏误合二次为一次，故以“为卿”为列大夫之长耳。所引鼃《孟子》，均见《公孙丑篇》。但“孟子为卿于齐”自为一章，“我无官守”二句则见《蚳鼃章》，非一时之事也。其误一。列大夫但为公养之仕。“爵比大夫”，非真官为大夫也。列大夫究有“长”否；即有长，是否为“卿”；载籍无征，不宜臆造。“祭酒”者，大飨时推年高有德者居首席，举酒以祭（古礼，食必先祭，见《论语·乡党篇》），故称之曰“祭酒”耳。西汉中世，吴王濞以年辈最长，为刘氏祭酒。非谓濞已封吴王，又兼祭酒之职也。东汉侍中，魏散骑常侍，亦推功高者一人为祭酒，尚非官名。晋以后之国子祭酒始成为官名。故“荀卿三为祭酒”者，言荀子在彼时最为老师，年高德劭，故大飨时曾屡次被推为祭酒耳。（“三”为虚数）倘如胡氏所臆度，祭酒为官名，为列大夫之长，为卿，则荀子之“三为祭酒”，将亦如柳下惠之为士师，三仕三黜耶？齐非荀子父母之邦，盍为三黜而犹不忍去耶？其误二。“荀子为赵上卿”，见《战国策·楚策》，亦见《后语》。但《后语》“上卿”作“上客”，则荀子亦并未为卿于赵矣。其误三。荀子受《左氏春秋》于虞卿，见《汉书·儒林传》及《经典释文·叙录》。虞卿别有《虞氏春秋》，《史记·十二诸侯年表》以与《吕氏春秋》同举，根本与《春秋》及《左传》无关。虞卿本未尝传《左氏春秋》，荀子何从受之？即退一步说，尝受《左氏春秋》于虞卿，弟子岂必效其师之字“卿”乎？更退一步说，荀子果法虞卿而自字曰“卿”，则又非赵人尊之之辞矣。至其强分齐赵人称荀卿为尊之之辞，兰陵人称荀卿为美之之辞，则不但与荀子法虞卿自字曰卿，自相矛盾，且其说两歧，至为无谓也。其误四。盖称人曰“卿”，为战国时之风尚。虞卿、荀卿、荆卿，同为时人之称，非同字曰“卿”也。楚汉之际，号宋义曰“卿子冠军”。“卿”与“子”，本为官爵之名，后乃变为尊美之称，而此则二字连称者。此战国遗风之尚存者也。故荀子又称荀卿，当从《索隐》之说。

又按：胡氏《郇卿别传》释又作孙卿之故曰：“郇卿名况，赵人也。盖周郇伯之苗裔。郇伯公孙之后，或以‘孙’为氏。《荀子》中‘荀’‘孙’互见，如《议兵篇》皆称‘孙卿子’。《强国篇》前有‘孙卿子说齐相’句，后有‘应侯问孙卿子’句，故又称孙卿焉。”《考异》又加以申说曰：“林宝《元和姓纂》：‘郇，周文王十七子郇侯之后，以国为氏。（原注：“《诗》‘郇伯劳之’。《毛传》云：‘郇伯，郇侯也。’郇本侯国，曾为二伯，《诗》举重者言，故《毛传》云然。”）后去邑为荀。晋有荀林父生寅……裔孙况。案《水经注》：“涑水径猗氏故城北，又西，径郇城，郇伯国也。”其地即今山西蒲州府猗氏县之境。郇国为晋武公所灭，见《竹书纪年》，故郇伯之后仕于晋。……’林宝所云，皆据郇氏家传，信而有征者也。……惟云‘后去邑为荀’，此乃想当然之辞，殊非确论。何也？荀姓乃黄帝之后。《国语》，司空季子言‘黄帝之子二十五宗，得姓者十二，姬、酉、祁、已、滕、箴、任、荀、僖、姞、嬛、依是也’。郇伯之‘郇’，《诗》‘郇伯劳之’，《竹书纪年》‘晋武公灭郇’，《国语》訾祐言‘范文子受以郇栎’，字皆作‘郇’，不作‘荀’也。而《左传》诸荀之在晋者，字皆作‘荀’，不复作‘郇’。此盖传写相承，久而不改。正如许国许姓之‘许’，字本作‘鄦’，凡经典中竟无‘鄦’字，人遂相沿不改，是其证也。并非有故去邑为

‘荀’，明矣。”今按胡氏据《元和姓纂》谓郇氏为郇伯之后，以国为氏是也。又谓“郇”之为“荀”，犹“鄦”之为“许”，非有故去邑为荀，亦是也。但又引《国语》司空季子之言，以为“荀”之得姓，由于黄帝之子；以证古有荀氏，非由“郇”字去邑为“荀”，则大误。果如所说，则“荀”是姓，“郇”是氏，二者绝不相同，非如“鄦之为许”矣。且荀既与姬同时得姓，则较文王之子封于郇，其后以国为氏之郇氏为早，是又上文所称与“郇伯之后以国为氏”之说，自相矛盾矣。我国人考事物原始，往往托始于黄帝，黄帝遂为上古文化创始之集矢之的。此犹世俗称善断狱者必托之包龙图，善戏谑者皆托之徐文长耳。悠谬之言，岂足为据哉？胡氏《考异》又曰：“又称‘孙’者，盖郇伯公孙之后，以‘孙’为氏也。王符《潜夫论》曰：‘王孙氏、公孙氏，国自有之。孙氏者，或王孙氏之班，或公孙氏之班也。’是各公孙之后，皆有孙氏矣。由是言之，郇也、孙也，皆氏也。战国之末，宗法废绝，姓氏混一，故一人有两姓并称者，实皆古之氏也。如陈完奔齐，《史记》称田完；陈恒见《论语》，《史记》作田常；陈仲子见《孟子》，《郇卿书》陈仲田仲互见；田骈见《郇卿书》，《吕览》作陈骈；田陈皆氏，故两称之。推之荆卿之称庆卿，亦是类耳。若以‘俗音不正遂致改易’为言，尚未达其所以然之故也。”胡氏此论，似可驳谢镛之说矣。古有姓有氏，氏皆自姓中分出。如姬为姓，蒋、邢、曹、蔡……皆姬姓之子孙，而各别为氏者也。如荀氏为郇伯之后，以国为氏，而郇伯为文王之子，则亦自姬姓中分出者耳。后世姓与氏之分别不明，《史记》已常曰“姓某氏”矣。今人所谓姓，大多皆氏也。胡氏乃有两姓并称之说，并举“陈”“田”为例，其说实误。古无舌上音，故“陈”字亦读舌头音，其声母与“田”字同。（参阅钱大昕《十驾斋养新录》)“陈”字属真韵，“田”字属先韵，真先二韵旁转。“陈”“田”二字古音声同韵通，音自极近。“荀”音ㄙㄩㄣ，“孙”音ㄙㄨㄣ，发音收音并同，仅撮口呼合口呼之异。“荆”音ㄐㄧㄥ，“庆”音ㄑㄧㄥ，等呼及收音全同，仅有平去之异，发音虽有戛透之别，但同为舌叶声。故“荀”与“孙”，“荆”与“庆”，音俱极近。此皆“一音之转”、“音同字易”者。胡氏不明声韵之学，故不能达其所以然，妄谓“两姓并称”耳。故荀卿又称孙卿，当从谢镛之说。

荀子尝与临武君议兵于赵孝成王之前。其见诸侯，盖自此始。又尝西入秦，见昭王及应侯范雎。是时荀子年未五十也。

按：荀子赵人，其见诸侯，当自赵始。赵与秦邻，赵不能用，故西入秦。游秦不遇，复反赵，又自赵东游于齐耳。议兵赵孝成王前，见《荀子·议兵篇》；与秦昭王及应侯问答，见《儒效》《强国》二篇。《史记》本传不记此二事。刘向《叙录》虽谓荀子适楚之后，中尝一度返赵，但议兵及游秦二事别叙于后，并未明言在何时。汪中《荀子年表》则言荀子于湣王末至齐，襄王十八年之后，去齐游秦，不遇归赵，又自赵至齐，复自齐至楚。胡元仪《郇卿别传》及《考异》言荀子于湣王末至齐，与汪氏同；但又谓去齐后适楚，中间返赵议兵，入秦见昭王应侯，又返赵，自赵返楚。今按秦昭王四十一年，封范雎为应侯，此年为齐襄王十八年。其明年为赵孝成王元年。荀子在赵见孝成王，自在齐襄王十九年之后。荀子游齐，在齐王建初年。(详见下文)故见孝成王及游秦，当在适齐之前。汪胡二氏误以荀子适齐为在湣王之末，而此二事又不能移早，故一以为去齐游秦返赵，后又至齐，一以为居楚返赵，又游秦耳。二事既均在游齐之前，而荀子年五十始至齐，故云此时年未五十也。

伯潜按：汪中《荀子年表》后附说曰："襄王十八年当秦昭王四十一年，秦封范雎为应侯。《儒效》《强国》二篇有昭王应侯问答，则自襄王十八年以后，荀子尝去齐游秦也。其明年，赵孝成王元年。本书荀子与临武君议兵赵孝成王前，则荀子入秦不遇，复归赵也。"齐东秦西，相去极远，必谓自齐适秦，然后返赵，岂其然乎？其入秦见应侯，亦非必在应侯被封之年也。胡氏《考异》曰："齐人或谗郇卿，卿乃适楚。楚相春申君相楚之八年，以卿为兰陵令。客说春申君云云（见上文所引《叙录》中），春申君曰：'善。'乃使人谢郇卿，卿去之赵。赵以为上卿，与临武君孙膑议兵于赵孝成王之前。又不用于赵，遂应聘入秦，见应侯范雎云云（引《强国篇》语），又与秦昭王问答云云。（引《儒效篇》语）然终不能用郇卿也。郇卿在秦，知不见用，无何，由秦返赵。后春申君之客又说春申君云云。（亦见上文引《叙录》）春申君又曰：'善。'于是使人请郇卿于赵。郇卿遗书谢之云云。（引首段'疠怜王'云云）又为歌赋以遗春申君曰云云。（见《赋篇》）春申君得书与歌赋恨之，复固谢郇卿。郇卿不得已，乃行至楚，复为兰陵令。"其叙荀子游踪，似首尾完具。今按客间郇卿于春申君，客劝春申君复迎荀子，均见《战国策·楚策》。但未尝明言因此去楚返赵，又因此由赵返楚也。客间荀子之言，与《史记·孔子世家》所载子西间楚王封孔子之言极相类。楚不过以荀子为兰陵令耳，非以兰陵封之也。仅为一县令，岂可与汤文世袭诸侯者比？其为好事者夸饰之辞，显而易见。胡氏据此，臆度荀子即于此时去楚游秦返赵，直是想当然尔之说，岂可信哉？观《强国篇》所记应侯与荀子问答，皆得志时语。秦昭王五十年，郑安平降赵；五十二年，诛王稽。郑安平为范雎之故交；雎与安平入秦，随王稽也。一降一诛，昭王之疏范雎，自此始矣。故不久即罢相。春申君以荀子为兰陵令，在楚考烈王八年。是年即秦昭王五十二年。如荀子于此年之后游秦，则范雎已疏，甚且已罢相矣。故胡氏所臆度，与事实及本书不符。秦封范雎为应侯，在昭王四十一年。其明年，即赵孝成王元年。荀子议兵游秦，当在赵孝成王元二年间，在游齐之前，不在游齐之后明矣。

又按：《叙录》及胡氏均以临武君为孙膑亦误。孙膑佐齐将田忌，败魏于马陵，杀其将庞涓，在周显王二十八年（公元前三四一），赵孝成王立于周赧王五十年（公元前二六五），相去已八十六年。孙膑决不及见赵孝成王也。详见王先谦《荀子集解》。

年五十，始游齐。当齐王建之初年。时齐修列大夫故事。荀子以齿德俱尊，屡被推为祭酒。尝说齐相，终不见用。

按：《史记》本传曰："荀卿年五十，始来游学于齐。……田骈之属皆已死齐襄王时，而荀卿最为老师。齐尚修列大夫之缺，而荀卿三为祭酒焉。"《史记》于孔孟之游诸侯，不曰"游学"，何独于荀子而异之？故知"学"字为衍文。因此句衍一"学"字，故胡氏谓"年五十"乃"年十五"误倒。不知刘向《叙录》亦作"年五十"，正与《史记》相同。《颜氏家训·勉学篇》曰："荀卿五十，始来游学。"是北齐颜之推所见之《史记》，亦作"年五十"，与今本同。孔子年十五而志于学，荀子乃于童年志学之时，即远游齐国耶？胡氏之说非也。"田骈之属皆已死齐襄王时"，十一字为一句。言齐襄王时，田骈之属皆已前卒也，故又曰“而荀卿最为老师”。是荀子至齐，不在襄王时而在其后明矣。刘汪胡诸人，误读“田骈之属皆已死”七字为一句，而以“齐襄王时”四字属下句读，故以为荀卿在齐最为老师，即为襄王时事，因有荀子于威宣时，于湣王末来齐之说耳。果如此读，则“而荀卿最为老师”句之“而”字赘矣。（宋濂《荀子书后》言荀子于襄王时游齐，其致误之由亦与此同。）襄王在位十九年；范睢封于襄王十八年，赵孝成王立于襄王十九年。故襄王末年，荀子尚在赵。襄王薨，王建嗣立。故荀子游齐，当在王建初年。说齐相，见本书《强国篇》。

伯潜按：荀子游齐，年已五十，故《史记》曰“始来”。始，初也，方也。“始来”云者，不仅言其初至，且有言其迟至五十方来之意。如年仅十五，而曰“始来”，则语气不合矣。《风俗通·穷通篇》曰：“孙卿有秀才，年十五，始来游学。”晁公武《郡斋读书志》同。胡氏谓“五十”为“十五”之倒，盖本此，非其创见。刘向《叙录》曰：“方齐宣王威王之时（按威王在宣王之前。《风俗通》改作‘齐威宣之时’，是也；此误倒），聚贤士大夫于稷下，号曰列大夫……是时孙卿有秀才年五十，始来游学。……至齐襄王时，孙卿最为老师。……”则“是时”明指威王宣王时矣。刘氏盖误以“齐襄王时”四字属下读，故谓荀子于威宣时已来齐，因又于“齐襄王时”之上，加一“至”字耳。此谓荀子于威王宣王之时已来齐也。汪中曰：“荀子……年五十，始来游学于齐，则当湣王之季。故《传》曰‘田骈之属皆已死’也。又云‘及襄王时，而荀卿最为老师’，盖复国之后，康庄旧人，唯卿在也。”汪氏亦误以“齐襄王时”四字属下读，故亦于其上加一“及”字耳。此谓荀子于湣王末已来齐也。胡氏之说，与汪氏同，但改“年五十”为“年十五”耳。宋濂《荀子书后》

则谓荀子于襄王时来齐，又别为一说。——总以上所引，荀子来齐之时，凡有三说。其致误之由，同因误读《史记》本传，以“齐襄王时”四字属下句之故。今按《史记·春申君传》，考烈王元年，春申君为楚相。考烈王在位二十八年，卒。春申君即为李园所杀。春申君相楚之八年，以荀子为兰陵令。是年即考烈王八年。本传曰：“春申君死而荀卿废。”是考烈王二十八年，荀子尚在矣。齐湣王在位四十年，襄王在位十九年。楚考烈王八年，即齐王建十年。由此年逆溯至齐湣王元年，凡六十九年；更下推至楚考烈王二十五年，则有八十六年。倘荀子年五十始游齐，如《叙录》之说，即以为在宣王末年，则其至楚为兰陵令时，已一百十九岁矣；如此高年，安能跋涉至楚，为一县令乎？春申君死之年，荀子已一百三十六岁矣；如此高年，安能仍为县令乎？即以汪氏湣王末至齐之说计之，则去齐适楚时已七十八岁；被废时已九十五矣。年将八十，跋涉远行，又仅得一县令，而一官匏系，直至十七年之久，不闻有何政绩而犹恋栈不去，直至冰山已倒而被废，抑又何也？胡氏知其说之不可通也，乃取《风俗通》之说，改“年五十”为“年十五”。以此推之，则荀子年四十四，适楚为兰陵令，此正所谓强仕之年也；被废时亦仅六十一耳，未及老而致仕之年也；其说似较可通。但《史记》“年五十”并非误倒，已见上。且使荀子以强仕之年，为兰陵令，任职至十七年之久，亦当有所建树，口碑载道矣；何以默默无闻若此？湣王之末，正五国伐齐，燕将乐毅下齐七十余城，齐人退保莒与即墨之时，未几而湣王即被杀矣。孔子曰：“危邦不入，乱邦不居。”故昭公被逐，即去父母之邦，避乱而适齐也。荀子，赵人也，齐非其父母之邦，乃于齐方危乱之时，不远千里而来，岂人情哉？若谓早已至齐，栖迟未去，则又何所为乎？且田单佐襄王复齐时，未闻荀子建一议，画一策也。羁旅之臣，当齐国难危急时，国家复兴时，毫无建白，而独以老儒特被尊崇，战国之末，岂其有此？且襄王之五年，田单始杀燕将骑劫，此后复国当非旦夕所可奏功。全国元气恢复之后，方能修列大夫之缺，以继武先王，最早亦当在襄王七八年矣。荀子此时在齐，既未为列大夫，何以株守濡滞至七八年之久乎？故汪胡二氏荀子于湣王末游齐之说，决不可信。刘向谓威宣之世即已来齐，则荀子在齐栖迟竟至七十年左右矣，更不可信也。汪氏疑荀子在齐，中曾一度去齐返赵游秦，至齐王建十年，又自赵来齐。则荀子游齐，先后有二次矣。实则游齐仅一次，其年最早当在王建初年耳。其说齐相，当亦在此时。故曰："今巨楚悬吾前，大燕遒吾后，劲魏钩吾右。"（见《强国篇》）以燕与楚魏并举而不及宋，明在湣王三十八年宋已灭亡之后，燕昭王复国破齐，齐虽复国，燕势尚张之时，正合齐王建初年之形势也。其留齐，至多亦不过七八年耳。

后去齐，适楚。楚考烈王八年，即齐王建之十年，楚相春申君以荀子为兰陵令。荀子因家于兰陵。考烈王在位二十五年，卒。春申君被杀。是时荀子尚在也。

按：本传谓"齐人或谗荀卿，荀卿乃适楚，而春申君以为兰陵令"。荀子因何去齐，载籍不详，此云被谗，容或有之。但荀子在齐，仅居列大夫之列，无官守，无言责，进退去就固绰然有余裕也。考烈王八年，乃荀子任兰陵令之年。去齐适楚，或在此年之前，因未必一至楚便为令也。故其留齐，不过七八年。"春申君死而荀卿废"者，非谓任兰陵令至十七年之久，迨春申君死而始免也。盖荀子虽已不为令而尚家兰陵，春申君亦尚敬礼之。

及春申君死，荀子在楚，乃不复有见用之望耳。《叙录》及胡氏谓荀子曾为春申君之客所谮，去楚，后又以客言见聘返楚，复为兰陵令；胡氏并谓在赵孝成王前议兵，游秦见昭王应侯，均在此一度去楚之时，其说均误。

荀子既终老兰陵，乃设教著书。其弟子如韩非、李斯、浮丘伯，均著名。《汉志》儒家有《孙卿子》，即《荀子》，今存。

按：韩非李斯尝受业于荀子，见《史记·李斯传》及《韩非传》。浮丘伯尝受《诗》于荀子，见《汉书·楚元王交传》。此三人其弟子中之著者耳。《汉志》作《孙卿子》。唐杨倞作注，始改称《荀子》。据《汉志》，凡三十三篇。刘向《叙录》作三十二篇，与今存本同。

伯潜按：杨士勋《穀梁传疏》，谓孙卿传《穀梁春秋》于申培。《汉书·楚元王交传》谓浮丘伯受《诗》于荀子，传之申培，疑申培为荀子再传弟子，杨《疏》殆脱浮丘伯也。《叙录》言“兰陵人喜字为卿，盖法荀卿”。《汉书·儒林传》有兰陵人孟卿，以《礼》授后仓。孟卿殆亦荀门之后学欤？荀子之门，盖亦尝盛极一时云。

荀子年寿，及生卒之年，已无从确定。其子孙亦无可考矣。

按：荀子以齐王建初年至齐，年已五十。齐王建元年为周赧王五十一年，由此上推五十年为赧王二年（公元前三一三）。但其至齐，未必果在王建元年也。《盐铁论·毁学篇》曰：“李斯之相秦也，始皇任之，人臣无二。然而荀卿为之不食，睹其罹不测之祸也。”是李斯相秦之年，荀子尚存也。汪中谓李斯之相，在秦并天下之后，在春申君死后十八年。春申君死年，当秦始皇九年；此后十八年为秦始皇二十六年（公元前二一九）。果如此说，则荀子寿在九十五岁以上。胡氏以为即始皇三十四年，李斯为丞相。则荀子寿在百岁以外矣。

伯潜按：张苍曹宪之寿，载在史书。荀子如亦寿至期颐，何以独于古籍无征耶？《史记·李斯传》记李斯盛时，置酒宴百官，忽忆荀子“物禁太盛”之言而叹。《盐铁论》所记乃当时在廷辩论之言，论者引用事实，仅就记忆所及，无从检阅原书。或即因李斯之言而误记，亦未可知。若据此而谓荀子至李斯为相时尚存，亦非定论。其年寿既不能确定，则生卒之年，均无从推断矣。

又按：《后汉书·荀淑传》言荀遂为荀子裔孙。但荀子之子及孙，终无从确知。荀子一生，大抵四十以前治学，五十左右周游，六十以后为兰陵令，为令不久即致仕而设教著书，与孔子孟子相类。惟孔孟均归老故乡，荀子则侨寓兰陵以终耳。

第七章　老　子

老子，道家之所宗也，但亦有以老子为诸子之开祖者。近人江瑔《读子卮言》中有《论道家为百家所从出》一篇，即推老子为诸子之开祖。其言曰："上古三代之世，学在官而不在民；草野之民莫由登大雅之堂。惟老子世为史官，得以掌数千年学库之管钥，而司其启闭。故老子一出，遂尽泄天地之秘藏，集古今之大成。学者宗之，天下风靡。道家之学遂普及于民间。……道家之徒既众，遂分途而趋。各得其师之一耑，演而为九家之学，而九流之名以兴焉。"今按古代学在王官，为学者所公认。老子为周守藏室史，掌学库之管钥，亦尚有《史记》可据。谓其"世为史官"，亦尚可以古代世官之制度推想得之。但老子并未如孔子之设教授徒，则"学者宗之，天下风靡"，"道家之学遂普及于民间"，"道家之徒既众……各得其师一耑……"云云，已是臆说。"分途而趋……演而为九家之学"云云，更为想当然尔之谈矣。江氏既云由道家"演为九家之学"，则所谓"九家"自指诸子十家除去道家而言。但《汉志》所谓"九流"，则为十家中除去小说家。江氏既袭用其名，而又与之抵牾，亦所未安。更进一层说，则《史记》所载之老子，究为何如人？所记是否确实可据？亦尚待考也。《史记》老子与庄子、申子、韩子同传。兹录先君子《史记老子传考》。

《老子传考》

伯潜按：《史记·老庄申韩列传》序在列传第三。明监本《史记·伯夷列传》标题下有小注曰："《索隐》本，《伯夷列传》第一，老子、庄子、韩非同传第三。《正义》本，老子、庄子、居列传之首。"《正义》曰："老子、庄子、开元二十三年，奉敕升为列传首居伯夷上。"《索隐》本仍原序者，疑司马贞成书在开元二三年以前。明监本已改从原序。

老子者，

按："老子"之称，解说颇多：（一）旧解据《神仙传》及《玄妙内书》，谓李母怀胎八十一年而生，生而皓首，故曰老子。此说最为悠谬，决不足信。（二）《正义》引张君相曰："'老子'是号非名。老，考也；子，孳也。考教众理，达成众孳，乃孳生万物，善化济物无遗也。"此说最为穿凿。周秦间学者称"子"者多矣，可尽解作"孳"耶？（三）魏源曰："《庄子》称老子居沛。沛者，宋地。而宋国有老氏。然则老子其沛人子姓耶？'子'之转为'李'，犹'姒'之转为'弋'欤？"按"姒"从"以"声，故音转为"弋"；"子""李"叠韵，故相通转。此说似亦可通。但既氏老，又氏李，则何以不闻称之为"李子"乎？（四）以其年老，故曰老子。此亦旧说也。所谓"以其年老"者，非谓老子修道养寿，年寿特长，活至"百六十余岁或二百余岁"也。盖因老子本隐君子，"以自隐无名为务"，故人多不识其姓名。见其为年老之学者，故泛称之曰"老子"也。周秦间学者之称

“子”，盖自孔子始。孔子尝为鲁司寇，故弟子称之曰“子”。后乃沿用为对师长之尊称。故“子”者犹云“先生”也。“老子”云者，犹今人称“老先生”耳。故为泛称而非专名也。

楚苦县厉乡曲仁里人也。

按：《索隐》曰：“苦县本属陈。春秋时，楚灭陈，而苦又属楚，故云‘楚苦县’。”《正义》曰：“厉音赖。晋太康地记云：‘苦县城东有濑乡祠，老子所生地也。’”按苦县故城在今河南省鹿邑县东十里。《水经注》引东汉王阜《老子圣母碑》，谓老子生于曲濄间。《隶释》引东汉边韶《老子铭》，谓老子为相人。《庄子·天运篇》释文引晋司马彪《庄子注》，谓老子为陈国相人。姚鼐《庄子章义序》据《庄子·寓言篇》载杨朱至沛见老子，《天运篇》载孔子南之沛见老子，疑老子为宋之沛人。则老子之里居，异说多矣。

伯潜按：《水经注》阴沟条曰：“东南至沛，为濄水。濄水又东经苦县城南，即春秋之相，王莽更之为濑陵。又东经濑乡城南；又北，经老子庙东，又屈东，经相县故城南。相县虚荒，今属苦县。老子生于曲濄间。”“厉”“濑”双声，厉乡即濑乡。曲仁里殆即在曲濄间欤？《后汉书·郡国志》曰：“苦，春秋时曰相。”相亦本属陈，后属楚。相县故城在今鹿邑县东十五里，是苦相沛三地，相去木不远矣。

姓李氏，名耳，字［伯阳，谥曰］聃。

按：《索隐》曰：“葛玄云：‘李母所生，因母姓也。’又云：

‘生而指李树，因以为姓。’许慎云：‘聃，耳曼也。’故名耳，字聃。今作‘字伯阳’，非也。然老子号伯阳父，此传不称。”姚鼐《老子章义序》曰：“沛为宋地。然则老子其宋人子姓耶？‘子’之为‘李’，语转而然。”此为释老子氏李之又一说。较因母姓，指李树，较近情理。又据《索隐》《史记》原文当无“伯阳谥曰”四字，径作“名耳字聃”。《后汉书·桓帝纪》注、《文选·游天台山赋》注，引《史记》，正如此。梁玉绳《史记志疑》谓先秦古书无称老子为伯阳者。王念孙《读书杂志》据文选反《招隐诗注》引《史记》曰：“老子名耳字聃。”下又引《列仙传》曰：“李耳字伯阳。”因以为“字伯阳谥曰聃”者，乃衍《列仙传》之文，今据以删“伯阳谥曰”四字。但《文心雕龙·诸子篇》曰：“伯阳识礼，而仲尼访问，爰序道德，以冠百氏。”则梁时《史记》，已窜入此四字矣。

伯潜按：单《索隐》本先出“名耳字聃”四字，注曰云云；次出“姓李氏”三字，注曰云云。似《史记》原文，“姓李氏”三字，在“名耳字聃”四字之后。《庄子释文》，《文选·登天台山赋》注正如此。《庄子释文》又曰：“河上公曰：‘字伯阳。’《老子》有河上公注今存。河上公者，相传为仙人，以《老子》授汉文帝，见《神仙传》。则老子字伯阳之说，明出于方士之谰言。且老子在周，仅官守藏室史，似不应有谥，且“聃”亦非谥也。

周守藏室之史也。

按：《庄子·天运篇》作“征藏史”。古者书藏王官，有史掌之。故《吕氏春秋》谓夏末，太史令终古出其图法而泣之，去夏适商；商末，内史辛甲以其图法，去商适周。守藏室史，即掌藏书之史也。《张汤传》又云“老子为柱下史”者，盖朝会时位居柱下，执简记事，犹今世会议中掌记录者尔。

伯潜按：《庄子释文》引司马彪曰：“征藏史即典藏史。”典，即守也。曰“征藏”，则典守之外，尚须征集矣。《北堂书钞》引《汉官仪》曰：“侍御史”，周曰柱下史，老聃为之。与《张汤传》合。朝会时所记，即成档案，由史掌之，传于后世，即为官书矣。又汪中《述学·老子考异》曰：“春秋时惟晋悼公尝仕于周，其他无闻。楚之于周，声教远隔，非晋郑之比。史为世官，岂容羁旅置身其间？本传下云：‘老子，隐君子也。’身为王官，不可谓隐。故疑为周守藏室史之李耳字聃者，并非楚人；老聃为楚人，乃因老莱子而误。”其说亦自言之成理。

孔子适周，将问礼于老子。老子曰：“子所言者，其人与骨皆已朽矣，独其言在耳。且君子得其时，则驾；不得其时，则蓬累而行。吾闻之，良贾深藏若虚，君子盛德容貌若愚。去子之骄气与多欲，态色与淫志。是皆无益于子之身。吾所以告子，如此而已！”孔子去，谓弟子曰：“鸟，吾知其能飞；鱼，吾知其能游；兽，吾知其能走。走者可以为罔，游者可以为纶，飞者可以为矰。至于龙，吾不能知；其乘飞云而上天。吾今日见老子，其犹龙邪？”

按：孔子问礼于老了，并见《孔子世家》，考见上文。《礼记·曾子问》记老子之言行凡四，皆关于礼者，则孔子问礼于老子，宜若可信。《大戴记·曾子制言上》曰：“良贾深藏如虚，君子有盛教如无。”《庄子·外物篇》记老莱子语孔子曰：“丘，去汝躬矜与汝容知，斯为君子矣。”并与此所记老子语大同小异。

《庄子》所记，亦见《孔丛子·抗志篇》，但以孔子为子思。子思自亦可称孔子。岂本为老莱子告子思语，误传以为老子告孔子欤？又《天运篇》曰："孔子见老聃，归，三日不谈。弟子曰：'夫子见老子，亦将何归哉？'（按'归'疑当作'规'。）孔子曰：'吾乃今于是见龙。龙，合而成体，散而成章，乘乎云气而养乎阴阳。予口张而不能嗋。予又何规老子哉？'"《老子传》犹龙之赞，盖采《庄子》。

又按：汪中《老子考异》曰："《文子·精诚篇》引老子曰：'秦楚燕魏之歌异传而皆乐。'按燕，终春秋之世不通会盟。《精诚篇》又称'燕自文侯之后，始与于冠带之国'。（《自注》曰：'《燕世家》有两文公。武公子文公，《索隐》引《世本》作闵公，其事迹不见于《春秋》，不得谓与于冠带之国。此当指桓公子文公。'）文公元年，上距孔子之殁，凡百二十六年。老子以燕与秦楚魏并称，则老子已及见文公之始强矣。又魏之建国，上距孔子之卒，凡七十五年。老子以魏与三国齿，则老子已及见其侯矣。"据此似老子年代远在孔子之后，孔子何由得见而问礼哉？《老子考异》又曰："老子言行，见于《曾子问》者凡四。如助葬遇日食，以见星为嫌，止柩以听变，是谨于礼者。《老子》则曰：'礼者，忠信之薄而乱之首。'下殇之葬，称引周召史佚，是尊信前哲者。《老子》则曰：'圣人不死，大盗不止。'彼此乖违甚矣。故郑《注》谓'老子'为古寿考者之称，黄东发《日钞》亦疑之。"《礼记》所记老子之言与《老子》不合。且老子既以礼为忠信之薄乱之首，则孔子何以往见而问礼乎？故《老子考异》曰："孔子所问礼者聃也；其人为周守藏室史，其言与行则《曾子问》所载是也。"汪氏之说是也。孔子适周，本为观书，其见守藏室史，自是应有之事。古所谓"礼"，所包甚广，凡制度典章仪节，皆礼也。此正史之所掌。其人或即氏李名聃，为一谨于礼之老学者，非道家所崇奉之老子也。以其年老，故以“老子”称之。而道家所崇奉者，亦有“老子”之称，乃混而为一矣。又与楚之避世之士老莱子相混，故本传以为楚人耳。

伯潜按：本传所记为老子初见孔子之言，故曰“将问礼”也。《孔子世家》所记，则老子临别之赠言，故曰“临去而老子送之”也。《庄子·寓言篇》记老子告杨朱曰：“大白若虚，盛德若不足。”老子曰：“大智若愚，大巧若拙。”均与本传老子告孔子语极相似。此皆道家者流传诵之格言，《庄子》以为老子告杨朱，《史记》以为老子告孔子，则传闻之异耳。陈澧曰：“孔子问礼于老聃，必是于问之之中，寓规之之意。老子知之，故言去子之骄气云云也。不然，孔子方虚心请教，何骄之有乎?”陈氏盖以《庄子·天运篇》为据。然孔子初见老子，方将请观藏书，方将问礼，而谓遽欲有以规之，岂人情哉？至于犹龙之赞，则显为道家夸饰之辞，不待辨而自明矣。

老子修道德，其学以自隐无名为务。居周久之，见周之衰，乃遂去。至关，关（令）尹喜曰：“子将隐矣，强为我著书。”于是老子乃著书上下篇，言道德之意五千余言，而去，莫知所终。

按：《索隐》及《正义》，以“关”为函谷关或散关，莫能定。散关远在岐州陈仓，非由周入秦所经之路；函谷关在陕州桃林，正当由周至秦之路；则此关明为函谷矣。函谷关不知置于何年。但孔子之时，二崤固尚属晋也。老子如与孔子同时，固尚无函谷关也。“关尹”守关之吏。“令尹”，楚官。此非楚地，“令”字衍。详本文语气，乃关尹见老子至关而喜。后人乃云关尹名喜，著有《关尹子》一书，谬矣。言道德之意五千余言者，即今存之《老子》。此直以为老子手著。无论其时尚无私人自著一书之风，竹简刀漆，岂匆遽旅行中所能成书乎？且此书体裁与他子书均不相类，极似条录之格言，决非一时一人所作。（详见本书下编）老子既“以自隐无名为务”，且又“将隐”，何以旅途匆匆，乃为关尹著书乎？揆之情理，直无可信者。此云“莫知所终”，故后世方士有“老子西去流沙化胡”之传说，并误以所过之关为玉门关耳。《庄子·养生主篇》记老聃死，秦失吊之云云。《庄子》诚多寓言；但其时尚无“不知所终”之传说，则即此可见矣。至于《集解》《索隐》所引《列异传》《列仙传》中“紫气东来”，“骑青牛过关”等故事，则更显然为方士之流所伪托者也。

伯潜按：《索隐》曰：“李尤《函谷关铭》云：‘尹喜要老子，留著二篇。’而崔浩以为散关令。”散关亦称大散关，在今陕西省宝鸡县西南，为由陕西入四川省之要隘。函谷关在今河南省灵宝县西南，东自崤山，西至潼津，关城在谷中，故名正自东周至秦所必经也。《老子考异》曰：“函谷之置，书无明文。当孔子之世，二崤犹为晋地；桃林之塞，詹瑕实守之。惟贾谊《新书·过秦论》云：‘秦孝公据崤函之固。’则孝公以前，秦已有其地矣。秦自躁、怀以后，数世中衰，至献公而始大。《秦本纪》：献公二十一年，与晋战于石门，斩首六万；二十三年，与晋魏战于少梁，虏其将公孙痤。然则是关之置，实在献公之世矣。”汪氏之说是也。函谷关之置，最早约在献公十年。献公以周考王五年嗣立。则献公十年，上距孔子之卒（周敬王四十一年），已五十二年。孔子寿七十三岁，假定以三十五岁时适周见老子，则下距献公十年已九十年矣。老子见孔子时，至少当已五十岁。则献公十年，老子已一百四十岁矣。老子、楚人。如辞去，当如《庄子》所云“免而归居”。胡为以百四十岁之风烛残年，尚远游于秦耶？故西游过关之老子，决非孔子适周所见之守藏室史也。

或曰：“老莱子亦楚人也。著书十五篇，言道家之用，与孔子同时”云。

按：此引或说，以为老莱子即老子。《汉志》道家有《老莱子》十六篇，《自注》曰：“与孔子同时。”按《孔丛子》以为与老莱子同时之孔子乃子思，已见前。毕沅《道德经序》曰：“《左传》有莱驹，‘莱’当为氏。冠以‘老’字者，殆以其寿考，犹列子之师老商氏也。”《汉志》篇数虽较此多一篇，当是同书。本传上云：“老子者，楚苦县厉乡曲仁里人也。”故此云“亦楚人”。《老子考异》疑本传以老子为楚人，正因老莱子而误，其说甚是。盖传说常混老子与老莱子为一人，故史公又记此或说耳。

伯潜按：《国策·楚策》，客谓黄齐曰：“子不闻老莱子之教孔子事君乎？示之以齿之坚也，六十而尽，相靡也。”《淮南·缪称训》以为商容教老子语；《说苑·敬慎篇》以为常枞教老子语；常枞即商容也。《文子》亦引老子曰：“舌之与齿，孰先敝焉。”其意亦均相同。《庄子·外物篇》所记老莱子告孔子语，与本传老子语极相类，已见上。而《孔丛子》以为老莱子告子思。殆老子与老莱子同为隐士，致误以与子思同时之老莱子为与孔子同时之老子，故有此或说欤？又《大戴礼·卫将军文子篇》，孔子曰：“德恭而言信，终日言，不在尤之内，在尤之外，贫而乐也，盖老莱子之行也。”老莱子之为人如此，则又与《老子》不合矣。

[盖老子百六十有余岁，或言二百余岁，以其修道而养寿也。]

按：此错简，当从单《索隐》本，移置下文“或曰非也”句之下，说详后。

自孔子死之后百二十九年，而《史记》周太史儋见秦献公曰：“始秦与周合而离，离五百岁而复合，合七十岁而霸王者出焉。”或曰：“儋即老子。”或曰：“非也。”盖老子百六十有余岁，或言二百余岁。[以其修道而养寿也。]

按：此记另一说，谓入秦见献公之周太史儋即老子也。《吕氏春秋·不二篇》以老耽与孔子、墨翟、关尹并举。“老耽”明即老子。《说文》曰：“耽，耳大垂也。”又曰：“聸，垂耳也，南方聸耳之国。”是“耽”“聸”与“耼”，义并相同。“聸”从詹声，古为舌头音。凡从詹声之字，今音亦尚有读舌头音者，如“擔”“膽”等皆是。聸耳之国，《淮南·墬形训》作“耽耳”，《山海经》《水经注》，均作“儋耳”。“儋”即擔荷之擔。是“耽”、“聸”、“儋”，并与“耼”字同音。据此，则“耽”“聸”“耼”三字，直是同字而异形者，而“儋”与“聸”则又音同，可以通借者也。李耳字耼，尝为周守藏室史；儋之名与李耳之字同，又曾为周太史，故又误合为一人尔。儋之入秦见献公，见《秦本纪》，在献公十一年；而函谷关之设，又最早在献公十年；则西游过关者，乃周太史儋，非周守藏室史李耳明矣。

伯潜按：儋告秦献公语，并见《周本纪》及《秦本纪》。《周本纪》作“合十七岁”，“七十”二字误倒。《秦本纪》作合“七十七岁”，多一“七”字。此事《周本纪》在烈王二年；《秦本纪》在献公十一年。上距孔子卒，为五十三年。此云“自孔子死之后百二十九年”，误。“史记”云者，言旧史所记如是也。

又按：单《索隐》本先标“始秦与周合五百岁而离”为一条，次标“盖老子百六十有余岁”为一条，其为错简，显然可知。盖史公先引异说二种，然后下此语耳。既云老子寿百六十余岁，复云“或言二百余岁”者，正坐以周太史儋为即老子也。末句，“以其修道而养寿也”句，乃神仙长生之言，疑为后来方士所羼入，当删。

老子，隐君子也。老子之子名宗——宗为魏，将封于段干——宗子注，注子宫，宫玄孙假——假仕于汉文帝——而假子解为胶西王印太傅，因家于齐焉。

按：此云“老子隐君子也”，又叙老子之子孙甚详。盖老子既以自隐无名为务，而又有出关西去莫知所终之传说，故易为方士所依托。时武帝方喜方士神仙之说，故史公以此明老子亦人耳，非神仙，其用意深矣。

伯潜按：《老子考异》据《魏世家》魏安釐王四年，魏将段干子请予秦南阳以和；《国策》，华阳之战，魏不胜秦，明年，使段干崇割地以讲；《六国年表》，秦昭王三十四年，白起破魏华阳下军；“宗”“崇”形音近似；宗又为魏将，封于段干；故谓“老子之了宗”即段干崇，并疑其为周太史儋之子。今按胶西王印自杀，在汉景帝前三年。是年上距安釐王元年凡一百二十三年。而自宗至解已八世，似不相合。但自宫至假，中凡三世，本传不记其名。倘使假即为宫之子，则或可相及耳。汪氏既以魏安釐王初为魏将之段干崇为即老子之宗，则与孔子时之老子，远不相及，故又疑宗为周太史儋之子也。

世之学老子者，则绌儒学；儒学亦绌老子。“道不同，不相为谋”。岂谓是邪？[李耳无为自化，清静自正。]

按：此以儒道二家因道不同而互相绌，为本传作结。“道不同，不相为谋”，用孔子语，见《论语·卫灵公篇》。《太史公自序》曰：“李耳无为自化，清静自正；韩非揣事情，循势理，作《老子韩非列传》第三。”此处末十字与上文不衔接，且亦非结语，疑读《史记》者偶摘《自序》中语附记，因而误入正文者，衍，可删。

伯潜按：《史记·老子传考》至此止。传中所叙凡三人：（一）周守藏室史李耳，孔子尝见之而问礼者；（二）楚之隐士老莱子；（三）入秦见献公之周太史儋。此三人本各为一人，传说误合之。但细按上文所考，此三人似均非道家之老子。盖“老子”本为泛称，非专名，仅以称年老之学者，犹今人之称“老先生”。故李耳、老莱子、太史儋，均可以“老子”称之也。（近人胡適《中国古代哲学史大纲》，以为“聃”字本有“耳漫”及“老貌”二义，见于《说文》；故“老”或为字，李耳盖名聃，字耳一字老。字老而称老子，犹匡章之称章子，冉有之称有子；名聃字老而称老聃，犹孔子父称叔梁纥云。其说甚巧。但章子有子仅偶见，诸子究以冠氏者为多，即冉有亦以称冉子者为常见。老子，则未闻有称之为“李子”者也。）传者不察，误合为一，遂致扑朔迷离，不可分辨耳。至于《庄子·天下篇》所称之老聃，则为“古之博大真人”，为道家传说所艳称者，实为理想的虚构的人物，兰嵎《老子是正序》，崔述《洙泗考信录》，及近人冯友兰《中国哲学史》，均已言之矣。即今存之《老子》，亦为战国时荟萃道家传诵之成语格言而成（详见本书下编），不但非老子过关时为关尹所手著而已。《老子》中掊击仁义之言，不一而足。如果为与孔子并时之老子所著，则以辟邪说，闲圣道自居之孟子，何以无一言辟之距之乎？江瑔乃以为此因孔子尝受教老子，孟子以其渊源所自，不被轻议。墨子不尝学儒者之业，受孔子之术乎？（见《淮南·要略训》）何以抨击儒家孔子，不遗余力耶？且即如本传及《孔子世家》所记为可信，则孔子亦仅于观书时尝见之问礼而已，亦未尝及门受业也；而老孔之说，正相反对，乃强谓“渊源所自”傎矣。《老子》非老子所自著，“老子”为一般年老学者之泛称，道家所宗之老聃又为传说虚构之人物，则奉老子为诸子之开祖，岂合理之论哉？

第八章　庄子及道家者流

汉人言道家辄曰“黄老”，魏晋人言道家则曰“老庄”，庄子之与老子并称，同为道家之宗，盖自魏晋始矣。庄子，《史记》与老子同传。老聃本传说之人物，“老子”本泛指之通称，故《老子传》迷离恍惚如此。庄子则实有其人。但其事迹见于他书者殊少；其本书又寓言十九，外篇、杂篇、更多后人附益，故欲考其年代生平至难详实。兹录先君子《史记庄子传考》。

《庄子传考》

庄子者，蒙人也，名周。尝为蒙漆园吏。

按：庄子名周，见《庄子·齐物论》《外物》《天下》诸篇，学者无异说，字则不见于先秦诸书。成玄英《庄子疏》曰：“字子休。”不知何据。《释文·叙录》自注曰：“太史公云，字子休。”《史记》本传中并无此语。又按《集解》曰：“骃案《地理志》，蒙县属梁国。”《正义》曰：“郭缘生《述徵记》云：‘蒙县、庄周之本邑也。’《括地志》云：‘漆园故城在曹州冤句县北十七里。’此云庄周为漆园吏，即此。按其地古属蒙县。”《释文

·叙录》曰："庄子者，姓庄，名周，梁国蒙人也。六国时，为梁漆园吏。"此皆以庄子为梁人者也。《索隐》曰："刘向《别录》云：'宋之蒙人也。'"《汉志自注》曰："名周，宋人。"《吕氏春秋·必己篇》高诱《注》曰："庄子、名周，宋之蒙人也。"此皆以庄子为宋人者也。梁之蒙，在今山东省菏泽县北。宋之蒙，在今河南省商丘县东北。又今安徽省定远县东三十里，亦有漆园。盖后世好事者每喜引古代名人为其地之人，并缘饰之以成古迹尔。

伯潜按：《寰宇记》曰："漆园城在冤句北五十里，城北有庄子钓鱼台。"即梁国之蒙，在今菏泽县北者也。春秋时，宋有蒙泽，南宫长万弑闵公于此，见《左传》。汉置蒙县于此。此即宋国之蒙，在今商邱县东北者，城中亦有漆园。《淮南·齐俗训》曰："惠子从车百乘，以过孟诸；庄子见之，弃其余鱼。"孟诸泽属宋，正在今商邱县。《庄子·秋水篇》，言庄子钓于濮水。濮水在今菏泽县北之濮县，是二处均为庄子钓游之地也。《一统志》谓庄子墓在今东明县东北之漆园城。东明与菏泽近，则庄子盖老死于梁之蒙矣。意者，生长于宋，后乃侨居于梁乎？

与梁惠王齐宣王同时。

按：庄子与惠施友，而惠施尝相梁惠王，故庄子亦与梁惠王齐宣王同时。然则庄子，亦与孟子同时矣。但《孟子》中未尝提及庄子、《庄子》中亦未尝提及孟子，孟子尝游梁宋，乃未尝与庄子相见相闻，何也？

伯潜按：惠子相梁惠王，庄子至梁，有"鸱得腐鼠"之诮，见《秋水篇》。马师夷初作《庄子年表》，起周烈王七年（公元前三六九），迄赧王二十九年（公元前二八八）。此虽得计，非确指庄子生卒，但正与孟子同时。马师以《庄子·徐无鬼篇》有“庄子送葬，过惠子之墓”之语，知庄子卒于惠子之后；又以《战国策·楚策》，张仪逐惠施于魏，《史记·六国年表》魏襄王（今本《史记》作“哀王”，误）十三年，张仪相魏，知是年惠施未卒，庄子之卒当更在后。今按《史记·魏世家》云：“襄王十三年，张仪相魏。”《史记》误以魏惠王后元年为襄王元年，已见上文。则此襄王十三年，实即惠王后元十三年耳。惠王后元凡十六年，故马师《庄子年表》终讫之年，似亦当提早十六年。

又按：近人冯友兰《中国哲学史》曰：“孟子与庄子同时，二人未相辩驳，似甚可疑。然庄子之学为杨朱之学之更进一步者，则自孟子之观点言之，庄子亦杨朱之徒耳。庄子视孟子，亦一孔子之徒。孟子之距杨墨，乃笼统拒之。庄子之剽剥儒墨，亦笼统剽剥之。故孟子但举杨朱，庄子但举孔子，非孟子庄子必各不相知也。”说亦可通。

其学无所不窥，然其要本归于老子之言。故其著书十余万言，大抵率寓言也。作《渔父》《盗跖》《胠箧》，以诋訿孔子之徒，以明老子之术；畏垒子、亢桑子之属，皆空言无事实。然善属书离辞，指事类情；用剽剥儒墨，虽当世宿学不能自解免也。其言洸洋自恣以适己，故自王公大人不能器之。

按：《汉志》道家有《庄子》，今存。《索隐》曰：“其书十余万言，率皆立主客，使之对语，故云‘偶言’。又音寓。寓，寄也。故《别录》云：‘又作人姓名，使相与语。’是寄其辞于人，故《庄子》有《寓言篇》。”据此，按似《史记》本作“偶言”，《寓言篇》自云“寓言十九”，则作“寓言”者是也。《索隐》又曰：“亢音庚。亢桑子，王劭本作‘庚桑’。按《庄子》有《庚桑楚篇》。”司马彪《注》云：“庚桑楚，人名。”《庚桑楚篇》曰：“庚桑楚者，老子弟子，北居畏垒之山。”亢桑子亦作亢仓子，畏垒虚即畏垒之山，人名地名皆假设。但亦有假托古人者，如《盗跖篇》以盗跖为柳下惠之弟，与孔子辨。其实柳下惠远在僖公时，决不及见孔子，盗跖亦非柳下惠之弟也。洸洋，大貌。即《逍遥游》所谓“犹河汉而无极”者也。

楚威王闻庄周贤，使使厚币迎之，欲以为相。庄周笑谓楚使者曰：“千金，重币也；卿相，尊位也。子独不见郊庙之牺牛乎？养食之数岁，衣以文绣，以入太庙。当是之时，虽欲为孤豚，岂可得乎？子亟去，毋污我！我宁游戏污渎之中以自快，无为有国者所羁，终身不仕，以快吾意焉。”

按：《正义》曰：“威王当显王三十年。”《六国年表》，楚威王元年为周显王三十年。《正义》非谓聘庄子即在威王嗣立之年也。《秋水篇》曰：“庄子钓于濮水。楚王使二大夫往先焉曰：‘愿以境内累矣。’庄子持竿不顾，曰：‘吾闻楚有神龟，死已三千岁矣。王巾笥而藏之庙堂之上。此龟者，宁其死，为留骨而贵乎？宁其生，而曳尾于涂中乎？’二大夫曰：‘宁生而曳尾涂中。’庄子曰：‘往矣！吾将曳尾于涂中。’”与本传所记极相似。殆本传采《庄子》欤？

伯潜按：此即道家“贵己全生”之说。《秋水篇》又曰：“惠子相梁，庄子往见之。或谓惠子曰：‘庄子来，欲代子为相。’于是惠子恐，搜于国中，三日三夜。庄子往见之曰：‘南方有鸟，其名鹓雏，子知之乎？夫鹓雏发于南海而飞于北海，非梧桐不止，非拣实不食，非醴泉不饮，于是鸱得腐鼠，鹓雏过之；仰而视之曰“吓”！今子欲以子之梁国吓我耶？'”此或寓言，记之惠子，但庄子固视相如腐鼠矣。楚威王欲聘为相，庄子岂嗜此腐鼠哉？

按道家者流，除老子庄子外，尚不乏人。兹择尤述之如次。

（一）列子 道家又常以庄列并称。列子，《史记》无传。《汉志》道家有《列子》，《自注》曰：“名圄寇，先庄子，庄子称之。”按《庄子》常称子列子，云名御寇。“圄”、“御”古字通。刘向《列子叙录》曰：“列子者，郑人也，与郑缪公同时。”《庄子·让王篇》，记列子辞郑子阳粟。郑子阳与郑缪公年代相去甚远，故柳宗元《列子辨》以为“郑缪公”乃“鲁缪公”之误。因《史记》郑缪公杀其相子阳，适当鲁缪公十二年也。叶大庆《考古质疑》谓列子郑人，不当以鲁君记年，疑“缪”与“繻”因形似而误，当云“与郑繻公同时”。梁玉绳《汉书古今人表考》据《史记集解》“繻或有作獠”。故《古今人表》径作“獠公”。而“繻”与“獠”，均不见于谥法，疑《叙录》本作“缪公”时，是列子年代，终疑不能定也。

按：马师夷初《列子伪书考》据《吕氏春秋·适威篇》《淮南·氾论训》高诱《注》，并曰：“子阳，郑君也，一曰郑相。”《吕氏春秋·观世篇》高《注》又曰：“子阳，郑相也，一曰郑君。”《释文·叙录》以为郑相。《韩非·说疑篇》以为郑君。日本津田凤子亦谓子阳为郑君，遇弑，故无谥。又按《史记·郑世家》曰：“立幽公弟乙为君，是为郑君。”《集解》引徐广曰：“一本云：‘立幽公弟乙阳为君，是为康公。’”因断谓子阳即郑康公，而康公当繻公之次，故刘向定列子与郑繻公同时，后又误

"繻"为"缪"云。又据《庄子·田子方篇》，列御寇为伯昏瞀人射，《德充符篇》又言郑子产师事伯昏瞀人；《应帝王篇》记列子学于壶子，《列子·天瑞篇》作"壶丘子林"，《吕氏春秋·下贤篇》又记子产见壶丘子林；是列子又与子产同时矣。而子产之卒，在郑康公前百余年。《庄子》及《吕氏春秋》又言列子与关尹同时；《史记·老子传》言关尹与老子同时；是列子又与老子同时矣。故列子年代，实传说纷歧，莫可稽考也。今按《庄子·让王篇》，苏轼已疑其伪。此篇如不可信，则列子辞郑子阳粟一事亦不可信。列子与郑缪公、郑繻公、鲁缪公、或郑康公同时诸说，皆以此事为论据，亦均落空矣。至于伯昏瞀人，壶丘子林……，皆庚桑楚之类，为寓言中虚构的人物，欲据以考列子之时代，亦属无稽也。

《庄子》言列子，如"御风而行"之类，又多荒诞之言。故高似孙《纬略》疑列子为冯濛云将之流，并无其人，虽似疑古太勇，要亦有其可疑者在。太史公不为列子作传，殆亦以此欤?《庄子·应帝王篇》曰："列子三年不出，为其妻爨，食豕如食人。"则列子即实有其人，亦一避世之士，以自隐无名为务者耳。即《列子》书，亦由战国道家者流掇拾荟萃而成，经刘向校定者。今存之本，则又散佚之余，补编而成，更多窜入，非原书之旧矣。

（二）关尹子　《庄子·天下篇》，关尹与老聃并称。《汉志》道家有《关尹子》。《自注》曰："名喜，为关吏；老子过关，喜去吏而从之。"按《史记》无关尹传。《老子传》曰："老子……居周久之，见周之衰，乃遂去。至关，关尹喜曰：'子将隐矣，强为我著书。'于是老子乃著书上下篇，言道德之意，五千余言，而去。"此班固所本。然《史记》仅言老子过关而去，未言关尹去吏从之也，仅言老子为关尹著书，未言关尹自著书也。“关尹喜”者，关尹见老子至而子而喜也，非谓此关尹名喜也。读《史记》者误以“喜”为关尹之名，已是可哂；而张湛《列子注》，《经典释文·叙录》，乃又云“字公度”，则更附会矣。老子所过之关，《史记》未著关名。于是或以为散关，或更以为玉门关，而老子乃更西去流沙，而化胡，而成仙矣。于是随老子西去之关尹，亦成仙矣。此《列仙传》等书所记者，可一望而知其为无稽也。《史记》老子过关著书之事，已不可信；则更由此事一误再误，附会增饰而出之关尹子与其所作之书，宁复可信乎？故《庄子·天下篇》中之关尹，至多亦仅能认为道家传说中虚构之人物焉。

（三）文子 王充《论衡·自然篇》曰：“以孔子为君，颜渊为臣，尚不能谴告，况以老子为君，文子为臣乎？老子、文子，似天子者也。”此以老子文子并举，可见东汉时人之推崇文子。《史记·孟子荀卿列传》注引《别录》曰：“《墨子》书有文子，子夏弟子，问于墨子。”今存《墨子》中无之。《汉志》道家有《文子》，《自注》曰：“老子弟子，与孔子同时，而称周平王问，似依托者也。”按子夏少孔子四十四岁，子夏弟子不能又为老子弟子也。《唐书·艺文志》亦有《文子》，李暹注。晁公武《读书志》引李暹曰：“姓辛，葵丘濮上人，号曰计然。范蠡师事之，本受业于老子。”洪迈《容斋随笔》曰：“其书一切以老子为宗，略无与范蠡谋议之事。”《史记·货殖传集解》曰：“计然姓辛，字文子。”王先谦《汉书补注》谓正因计然字文子，而误合为一人。其说是也。道藏中之《文子》为徐灵府注。徐氏因书中有与平王问答，直云文子是周平王时人。又有杜道坚注。杜氏曰：“楚平王不用文子之言，遂有鞭尸之祸。”是平王乃楚平王，非周平王也。《汉书·古今人表》有计然。颜《注》引孟康曰：“文子，姓计名然，越臣也。”但《唐志》道家有《文子》，农家又有《计然》。《史记》计然入《货殖传》，与道家无涉，则文子与计然非一人矣。近人江瑔《读子卮言》谓文子即文种，初尝仕楚，故与平王问答；后事句践，故孟康以为越臣。江氏徒以文种之氏为“文”，故有此揣度耳。文种不听范蠡之言，与俱去越，卒被迫而自刎，则是昧于“功成身退”，“知足不辱”，“知止不殆”之义，岂足为道家之大师？且如江氏之说，则《文子》当如《管子》《商君书》之类，由后人追辑而成，何以无一语及其政绩耶？

（四）杨朱　《孟子·滕文公篇》曰：“杨朱墨翟之言盈天下。天下之言，不归杨，则归墨。……杨墨之言不息，孔子之道不著。”似孟子之时，杨朱之学足与儒墨三分天下。《庄子》中亦常以杨墨并举。《骈拇篇》谓杨墨乃“骈于辩者”。《胠箧篇》云“钳杨朱之口”。《徐无鬼篇》亦以“儒墨杨秉”平列，秉即公孙龙也。则杨朱又为一辩士也。杨朱虽无著作流传，而在当时学术界则确曾显赫一时矣。日本人久保天随谓“杨朱”与“庄周”音近，杨朱即是庄周。近人蔡元培附和之。此亦臆度之辞。《庄子·应帝王篇》及《外物篇》均有杨子居见老聃，注以子居为杨朱之字。但《列子·杨朱篇》又记杨朱与禽滑釐问答，而禽滑釐明为墨子弟子；又记杨朱见梁王而梁之称王明在惠王后元年；则杨朱岂及上见老聃哉？按《庄》《列》均多寓言且有后人改窜处，不足据以考证。“朱”“居”音近，故化名为字，而字又改易耳。孟荀字尚不传，况杨朱乎？

按：杨朱上及见老聃，下又及见禽滑釐，诚为《庄》《列》之寓言，犹《庄子》中言孔子得见柳下惠，庄子得见鲁哀公也。

杨朱非庄周，近人唐钺《杨子考》辨之甚详，见《东方杂志》第二十卷第五号。唐氏又疑杨朱与杨子居为二人云。杨朱为何国人，歧说亦多。成玄英《庄子疏》，《骈拇篇》曰：“杨者，姓杨，名朱，字子居，宋人也。”《山木篇》则曰：“秦人也。”同书之疏，先后互歧，其不检甚矣。宋人之说，殆以“杨子之宋”一语而来。然仅云“之宋”，岂能定为宋人？

以为秦人，不知何据。

> 按：近人郑宾于据《荀子·王霸篇》“杨朱见衢路而哭之”一语，《注》谓秦俗以歧路为“衢路”，故云杨朱确为秦人。但此乃荀子语，非荀子引杨朱语也。即荀子亦赵人，非秦人，安能以此证杨朱之必为秦人？《吕氏春秋·疑似篇》曰：“故墨子见歧道而哭之。”哭歧道只是文人常用之故事，故或以为杨子，或以为墨子耳。

近人谢无量《中国哲学史》又以杨朱为卫人。殆以《庄子·寓言篇》有“杨子南之沛”之言，卫在沛北，故推知为卫人欤？

> 按：《天运篇》亦云“孔子南之沛”，是鲁亦在沛北，然则亦可推度杨朱为鲁人乎？在沛之北者，不仅一卫，岂能据此断为卫人耶？

故杨朱之时、之字、之地，均无从确定。但能知其略在孟子之前耳。以长于辩说，故曾煊赫一时。但终因无弟子，无著述，故后即寂然欤？

> 按：《汉志》无《杨子》，仅《列子》中有《杨朱篇》，系后人依托。近人冯友兰谓庄子之说，乃杨朱之说之更进一步者。盖杨朱之名不久即为庄子所掩也。

孟子曰：“杨氏为我，是无君也。”《吕氏春秋·不二篇》又云“阳生贵己”。“贵己”即“为我”。所谓“无君”，即“君不得而臣”之意。则杨朱盖亦避世之士，宁曳尾涂中，不肯为人牺牲者矣。

（五）公子牟　《汉志》在道家，《自注》曰："魏之公子也。先庄子，庄子称之。"《荀子·非十二子篇》以魏牟与它嚣并举。魏牟即魏之公子牟也。《战国策·赵策》称为公子魏牟。《庄子·让王篇》曰："魏牟，万乘之公子也；其隐岩穴也，难为于布衣之士。"则魏牟盖以贵公子而隐居者也。孙诒让以为魏牟即《孟子》"子莫执中"之子莫，盖"牟""莫"为一音之转云，但孙氏亦无其他证据。《荀子·非十二子篇》杨《注》曰："《韩诗外传》作'范魏牟'。"梁玉绳王先谦均然其说。但《韩诗外传》实作"范雎魏牟"，不知杨倞何以少一"雎"字也。又《庄子·让王篇》《吕氏春秋·审为篇》《淮南·道应训》《列子·仲尼篇》，均有中山公子牟。司马彪《庄子注》曰："魏之公子，封中山，名牟。"高诱《吕氏春秋注》曰："魏得中山，以邑公子牟，因曰中山公子牟也。"张湛《列子注》曰："公子牟，文侯子。……魏得中山，以邑子牟，因曰中山公子牟也。"是魏牟即中山公子牟矣。《让王篇》载公子牟与詹子问答，《吕氏春秋》及《淮南子》同。但《庄子》于此事之后，径接记魏牟事。同为一人，同在一篇，前后相接，何以其名不同？《史记·魏世家》，魏文侯十七年，伐中山，使子击守之。二十五年，翟璜谓李克曰："欲拔中山，臣进乐羊；中山已拔，无使守之，臣进先生。"则魏得中山以后，使守之者为子击及李克，非以封公子牟也。又魏惠王二十八年，中山君相魏。《索隐》曰："魏文侯灭中山，使子击守之，后寻复国。……其后又为赵所灭。"是中山不久即复国，未尝以封公子牟也。《说苑·敬慎篇》记魏公子牟东行，穰侯送之云云。《战国策·赵策》记建信君贵于赵，公子牟过赵，赵王迎之云云。按《战国策》，建信君于赵孝成王时当国。孝成王元年为秦昭王四十二年，是年秦宣太后死，穰侯出之陶。魏文侯元年为（公元前四一五年），秦昭王四十二年为（公元前二六五年），相去百五十年。如魏牟为文侯之子，曾封于中山，而又下逮赵孝成王及秦昭王，则其年寿当在百五十左右矣。又《庄子·秋水篇》记公孙龙问于魏牟曰："龙少学先生之道，长而明仁义之行，合同异，离坚白，然不然，可不可，困百家之知，穷众辨之口，吾自以为至达矣。”公孙龙学于魏牟，虽未必可信，而魏牟固亦一辩者也。《非十二子篇》斥它嚣魏牟“纵情性、安恣睢、禽兽行”。而《列子·杨朱篇》所载亦为纵欲主义，岂魏牟、杨朱、同为隐者，同以辩说见长，又同主纵欲欤?

按:《汉志自注》言魏牟先庄子，庄子称之。今《庄子》中果记魏牟、《汉志》之言，宜若可信。但《庄子》多后人附益，不能以《庄子》中有魏牟，便谓其先庄子也。

(六) 陈仲子 《孟子》曾记陈仲子为齐之世家，其兄戴，盖禄万钟。仲子以为不义，避兄离母，居于於陵。三日不食，耳无闻，目无见。井上有李，实为螬食，已过半矣，匍匐往，将食之，三咽，然有耳有闻，目有见。其居室食粟，皆身织屦，妻辟纩以易之。(见《滕文公篇》)是其甘心弃富贵而隐居，正似魏牟，而生活勤苦，则尤过之。《荀子·非十二子篇》以与史鳍同讥，斥其“忍情性，綦谿利跂，苟以分异人为高”，亦因此耳。《淮南·氾论训》曰:“陈仲子立节抗行，不入污君之朝，不食乱世之食，遂饿而死。”陈仲子隐居不仕，诚为事实，但径谓饿死，恐出传闻之误。《战国策·赵策》记赵威后问齐使曰:“於陵仲子尚存乎?是其为人也，上不臣于王，下不治其家，中不索交于诸侯。此率民而出于无用者也，何为至今不杀乎?”则仲子亦避世之士矣。仲子有兄，则“仲”为其伯仲之次。不举其名，而但曰“陈仲”、曰“田仲”、曰“陈仲子”。盖亦自隐其名者也。《史记·邹阳传》曰:“於陵子仲辞三公，为人灌园。”“子仲”当由“仲子”误倒。此但言陈仲子辞富贵而自食其力耳。而刘向《列女传》乃有於陵子终之妻，谓楚王使使聘子终为相，其妻劝勿应聘，遂相与逃而为人灌园云云。此显由《邹阳传》语铺张而成。而“终”“仲”音近，遂又变“子仲”为“子终”耳。其曰楚王聘之，则出臆造也。而皇甫谧《高士传》乃谓齐人陈仲子适楚，居於陵，自谓於陵仲子，则以於陵为楚地矣。顾野王《舆地志》曰：“齐有长白山，陈仲子夫妇所隐处。”长白山在今山东省章丘县，正齐境也。於陵齐地，故陈仲子得时归省其母耳。

按：孟子斥陈仲，有“人莫大焉无亲戚君臣上下”之言。仲子避兄离母，故曰“无亲戚”；隐居不仕，故曰“无君臣上下也”。又按赵威后秉政在孝成王初年，卒于孝成王三年，是仲子在赵孝成王初尚存也。而孟子时已为齐人所称道，则仲子亦寿考矣。

（七）许行　许行，见于《孟子·滕文公篇·有为神农之言章》。自楚至滕，孟子又斥为南蛮鴃舌之人，则许行盖楚人也。又曰：“其徒数十人，皆衣褐，捆屦织席以为食”，则亦如陈仲子綦谿利跂，自食其力矣。陈相述其说，主“君民并耕而食”，且以国君有仓廪府库为“厉民自养”，盖欲废绝“治人”之“君子”与“治于人”之“小人”之阶级者也。《汉志》不录许行之书，其人亦不见于他种古籍。殆亦避世之士，以自隐无名为务者耳。

（八）《论语》中之避世之士　避世不仕，自隐无名，殆为道家者流所共持之生活态度。此种避世之士，甚至有不能知其姓名者，《论语》所记，已不少矣。《宪问篇》曰：“子路宿于石门。晨门曰：‘奚自？’子路曰：‘自孔氏。’曰：‘是知其不可而为之者欤？’”又曰：“子击磬于卫。有荷蒉而过孔氏之门者，曰：‘有心哉，击磬乎？’既而曰：‘鄙哉，硁硁乎！莫已知也，斯已而已矣！深则厉，浅则揭。’”《微子篇》曰：“楚狂接舆歌而过孔子曰：‘凤兮，凤兮，何往之衰？往者不可谏，来者犹可追。已而已而，今之从政者殆而！’”又曰：“长沮桀溺耦而耕。孔子过之，使子路问津焉。长沮曰：‘夫执舆者为谁?’子路曰‘为孔丘’。‘是鲁孔丘欤?’曰：‘是也。’曰：‘是知津矣。’问于桀溺。桀溺曰：‘子为谁?’曰：‘为仲由。’曰：‘是鲁孔丘之结欤?’对曰：‘然。’曰：‘滔滔者天下皆是也，而谁以易之？且而与其从避人之士也，岂若从避世之士哉?’耰而不辍。……”又曰：“子路从而后，遇丈人以杖荷蓧。子路问曰：‘子见夫子乎?’曰：‘四体不勤，五谷不分。孰为夫子?’植其杖而芸。……”“滔滔者天下皆是也，而谁以易之！已而已而”，“今之从政者殆而!”可谓慨乎言之。避世之士以为“深则厲，浅则揭”，用舍行藏，当适其时，故“莫已知也，斯已而已矣”。盖知其不可为，即不欲为之；知其无以易，即不欲易之。吾但自食其力而已。“莫已知也，斯已而已矣”者，即诸葛亮所谓“不求闻达”也。更进一步，则为“求不闻达”。求不闻达者，即所谓“以自隐无名为务”也。故避世之士类，皆隐其姓名。如《论语》所记，“晨门”“荷蒉”“楚狂”“长沮”“桀溺”“荷蓧丈人”，皆不知其姓名者也。即《汉志》所录，如老莱子、鹖冠子之属，亦均非其之姓人名也。

按：避世之士，如《论语》所录，仅片言只语而已。盖彼辈既以自隐无名为务，断不愿向任何人发表其所以避世之议论也。至杨朱，乃更进一步，发表其以“贵己”“为我”为宗旨之避世之论，而又能“持之有故，言之成理”，故虽自隐而卒有名。然犹未尝以此教人，以此著书也。至庄周，乃更进一步，而能成其有系统之学说；后人又掇拾补编，以成《庄子》耳。此辈避世之士，对当时之政治现状既极不满，乃憧憬于太古无政治的原始社会，人人自食其力，自乐其生的自然社会，故多高唱废绝人治之主张。《庄子》中此类言论正不少。故许行之主君臣并耕，实即道家之说也。儒家之说，恰与相反。故孟子斥杨朱之“为我无君”，斥陈仲子之“无亲戚君臣上下”，正与子路斥荷蓧丈之“不仕”为“无义”，而讥其废君臣之义为“欲洁其身而乱大伦”，正复相同。避世之士皆欲洁其身，不欲“以身之察察，受物之汶汶”者，故以时君之富贵之为见污也。彼辈视孔子之“知其不可而为之”，知其无以易之而必欲有以易之，为“鄙者硁硁乎”，正因“贵己”而轻天下也。推而极之，则不复肯“拔一毛而利天下”矣。故自《论语》所记之避世之士，进而为杨朱，更进而为庄周，亦势所必至者尔。

第九章　墨子及“墨者”

《汉志》所录诸子十家，惟儒道墨三家卓然有以自立。《史记》于孔子，列之世家，叙之特详；其传孟荀庄子，已简略矣；其传老子，更恍惚矣。而于墨家所宗之墨子，则竟不为立传，仅于《孟子荀卿列传》之末附记数语曰：“盖墨翟，宋之大夫，善守御，为节用。或曰并孔子时，或曰在其后。”仅寥寥二十四字，而冠以“盖”字，终以两“或曰”云云。“盖”与“或曰”，均疑词也。岂其时墨学已绝，太史公已无由知墨子之生平欤？孙诒让有《墨子传略》，远较《史记》为详，先君子尝据之，作《墨子略考》。

伯潜按：《史记·孟子荀卿列传》此二十四字之前曰：“自如孟子至于吁子，世多有其书，故不论其传云。”此三句明为本传总终之语，传文至此已完。其后又加此二十四字，直等赘疣。疑此二十四字，乃后来读《史记》者在简附末记而羼入正文者。盖司马氏父子，谈崇道，迁崇儒，《墨子》虽尚存残帙，太史公并未见之，故不为作传耳。

《墨子略考》

墨子名翟，姓墨氏。

按：墨子名翟，见《汉志自注》，及《吕氏春秋·当染》《慎大》二篇，《淮南·修务训》高诱《注》。墨氏，见《广韵》二十五德。《通志·氏族略》引《元和姓纂》曰："墨氏，孤竹君之后，本墨台氏，后改为墨氏。战国时宋人墨翟，著书号《墨子》。"但亦有异说。《琅嬛记》言墨子姓翟名乌；其母梦日怀而生墨子，故以"乌"为名。孔稚圭《北山移文》即称墨子为翟子焉。近人江瑔据此，谓墨子并非姓墨。"翟"或为姓，或为名。姓"翟"而曰墨翟者，犹"蒙庄"、"盲左"、"东施"、"西施"之类；名"翟"而曰翟子者，犹《孟子》称匡章为章子；名"翟"而曰墨翟者，犹"巫彭"、"巫咸"、"优孟"、"优旃"、"史谈"、"史迁"之类云。见所著《读子卮言》。又有因"墨"之义为黑，"翟"字本与"狄"通，疑墨子为印度人者。今按《琅嬛记》多神仙怪诞之说，本不足据。战国时，印度未通中国，后说更不可信。

伯潜按：后说望文生训，其误显然。江瑔《读子卮言》中，有《墨子非姓墨》一篇，其言似甚辨。江氏所举之证有八：(一)两汉经生始以某姓为某家，如"《易》有施孟梁丘三家"之类。周秦诸子，则如举姓氏，但曰"某子"，不言"某家"，故无"孔家""庄家"等称。"墨"如为姓，不当云"墨家"。(二)诸子十家，皆举其学术要旨以为家名，无以姓氏称之者，"墨家"不当独异。(三)《汉志》所录墨家之书，有周初之尹佚，而墨子又学于史角之后，是墨家之成立远在墨子之前。墨子不当尽废古人，独以己之姓氏名其学。(四)墨台氏自夷齐之后，即无所闻；墨子前后，亦无姓墨者，疑古时并无"墨"氏。(五)《汉志》所录，除尹佚墨子外，尚有我子、随巢子、田俅子、胡非子四家，疑与黔娄子、将巨子、同为别号。孟子于夷之，但称“墨者”，不著其氏。盖墨主兼爱，故去其姓氏以示不别亲疏，与释氏同。墨家学者皆不称氏，不仅墨子为然。（六）古无于姓氏上下各加一“子”字之称谓。此种陋称，起于唐后。墨子或字子墨，本书称“子墨子”，正与子思子同。（七）姓所同，名所独。故古有单举名，不著氏者，未有单举氏，不著名者。而《孟子》《韩非子》多单称“墨”，且每与“儒”并称。（八）《孟子》《庄子》及《史记·自序》，均有“墨者”之称。此与《史记·日者列传》之“日者”，韩念文称“佛者”，“老者”，一般人称“儒者”，均非以姓氏称之。古今未闻有加姓氏于“者”字之上者。江氏之说似颇能持之有故，言之成理矣。但亦有未安处。其一，墨家之有《尹佚》，犹道家之有《黄帝》《鬻熊》，非出依托，便由追述，不得谓周初即有墨家。墨子学于史角之后，见《吕氏春秋·当染篇》。即使可信，亦不得谓史角为墨家。《淮南·要略训》尝言“墨子学儒者之业，受孔子之术”矣。可据此谓孔子为墨家乎？其二，以别号著而不详其姓氏者，道家中甚多。墨家如谢子、唐果姑（见《吕氏春秋·去宥篇》），高何（见《尊师篇》），许犯（见《当染篇》），禽滑釐（见本书及《庄子》，《列子》），曹公子、魏越（见本书《鲁问篇》），管黔滶（见本书《耕柱篇》），皆著其姓氏，非别号也。不得谓墨家皆去于姓氏而用别号。其三，江氏于《列子》称“子列子”，谓此书本由后人搜拾而成。按《庄子·让王篇》《逍遥游篇》及《吕氏春秋·审己篇》均有“子列子”之称，不仅见于《列子》。《荀子·正论篇》亦称“子宗子”，不得谓唐以前无称“子某子”者，列子即晚出，亦在唐以前也。至于子思不称“孔子”而曰“子思子”者，以别于其祖孔子也。如墨子，字子墨而称“子墨子”，将以别于何人乎？

又按：诸子各家之名称，皆由时人或后人称之，非由各家开祖自命为“某家”。“儒家”之名，在各家中成立为最早。但孔子未尝自命为“儒家”也。（《论语·雍也篇》，子谓子夏曰：“女为君子儒，毋为小人儒。”“儒”非学派之名。）孟子时，始称此派学者曰“儒”。（《孟子·尽心篇》曰：“逃墨必归于杨。逃杨必归于儒。”“儒”已为学派名。）而其时“墨”亦已成学派之名，故成单称“墨”，或称“墨者”耳。“儒”“墨”在战国时早为最有势力之学派（《韩非子·显学篇》曰：“今之显学，儒学也”），故先有家名。其余“阴阳”，“道德”，“名”，“法”四家之名，则似至西汉中世始确立。（《史记·自序》引司马谈论《六家要指》，始有此四家之名。）“纵横”、“杂”、“农”、“小说”四家之名，则似直至西汉末始确立也。（刘歆《七略》始增此四家。）《庄子·天下篇》评论诸子，于儒家则曰“邹鲁之士”，于墨、法、名、道四家，则但举代表人物，并无家名。《荀子·非十二子篇》亦然。儒家之后继之而起，势足相埒者，唯杨朱墨翟二人之学说，故孟子即以二子之姓为学派之名。杨朱之学无传人。墨子则徒属遍天下，故继“儒”而特立为一学派，并为后世所称道焉。以《庄》《孟》皆举墨子以代表此学派，而“墨”字又有“墨刑”“瘠墨”“绳墨”诸义，恰合于墨子之为人及其所倡导之宗旨，故自孟子时以迄于汉，遂以“墨”名其学派，相承而不变。“墨”为墨子之氏，又为学派之名，故周秦诸子中，或以指墨子个人，或以指其学派，往往被误认为矛盾也。

伯潜又按：司马谈所论“六家”，《汉志》所录“十家”，除“儒”“墨”二家外，不但家名为汉代人以所定，即家数亦为汉代人所分。故《天下篇》《非十二子篇》所评述，其人之派别均与《汉志》有出入。盖战国时惟“儒”“墨”二家为显学，且惟此二家之开祖可确知为孔丘与墨翟也。孔子一派已有特定之名曰“儒”，墨子一派，初尚无特定之名。古者五刑之一曰“墨”，故墨有刑徒贱役之义。“墨”字之义为黑（《广雅》曰：“墨，黑也。”《孟子·滕文公篇》曰：“面深墨。”黥面曰“墨”，亦黑也），墨子以自苦为极，致面目黎黑，形容枯槁（《贵义篇》记日者谓墨子，有“先生之色黑”云云），故荀子以“瘠墨”称之。（见《礼论篇》）“以自苦为极”，即《天下篇》所谓“以绳墨自矫”也。《吕氏春秋》高诱《注》：言墨子“以墨道闻”。所谓“墨道”，即《孟子》“以薄为其道”，《庄子》“其道大觳”之道也。墨子以生活刻苦为其道，恰与当时儒服儒行之士，“四体不勤”者，截然不同。其生活为规律的恰合“绳墨”之义；其人黎黑枯槁，恰合“瘠墨”之义。时人盖贱视之，而其氏为“墨”，又有刑役贱徒之义，故嘲弄之，戏目为“墨者”尔。而墨子之徒，以其足以显示其学派之特点，故亦乐于自承，于是“墨”字遂为此二派学者之名称矣。（采冯友兰说，见所著《中国哲学史》。）“墨”为墨子之氏，又为学派之名，故周秦诸子中，或以指墨子个人，或以指墨家一派也。《孟子》曰：“杨墨之道不息，孔子之道不著。”杨墨与孔子并举，此指墨子也。其曰：“墨者夷之”，“墨之治丧也”，则指墨家。《吕氏春秋·务大篇》曰：“孔墨欲行大道于世而不成。”“孔、墨、布衣之士也。”《有度篇》曰：“孔墨之弟子徒属满天下。”《韩非·显学篇》曰：“皆自谓真孔墨。”“孔墨不复生。”并以“墨”“孔”对举，此皆指墨子个人。《庄子·齐物论》曰：“故有儒墨之是非。”《吕氏春秋·下贤篇》曰：“若儒墨之议。”《韩非·显学篇》曰：“儒分为八，墨离为二。”则又皆指墨家，为学派之名。“墨”既又为学派之名，故可曰“墨家”，曰“墨者”，并单称“墨”也。“孔”“庄”仅为孔丘庄周之姓氏，故不能称“孔家”“庄家”耳。至于古之姓氏，一二人之外，其后无闻人者亦极多，如“公输”氏除公输班外亦无闻人，不但墨氏而已。故江氏所举八证，殆无一可据者。说虽新奇，未可信也。

鲁人也。

按：墨子为鲁人，见《吕氏春秋·当染篇》高《注》。葛洪《神仙传》《文选·长笛赋》李善《注》引《抱朴子》《荀子·修身篇》杨倞《注》、及《元和姓纂》，则均云“宋人”。孙诒让曰：“此盖因墨子尝为宋大夫而误。以本书考之，似当以鲁人为是。《贵义篇》云：‘墨子自鲁即齐。’《鲁问篇》云：‘越王为公尚过束车十五乘，以迎子墨子于鲁。’《吕氏春秋·爱类篇》云：‘公输般为云梯，欲以攻宋。墨子闻之，自鲁往见荆王曰：“臣，北方之鄙人也。’”《淮南子·修务训》亦云：‘自鲁趋而往，十日十夜至于郢。’并墨子为鲁人之确证。毕沅（有《墨子注序》）武亿（有《墨子跋》）以‘鲁’为‘鲁阳’，则是楚邑。考故书无言墨子为楚人者。《渚宫旧事》，载鲁阳文君说楚惠王曰：‘墨子，北方贤圣人。’则非楚人明矣。毕武之说殊谬。”今从孙氏，定为鲁人。墨子年代略后于孔子，正当孔门全盛之时。故《淮南·要略训》曰：“墨子学儒者之业，受孔子之术，以为其礼烦扰而不悦，厚葬靡财而病民，久服丧生而害事，故背周道而用夏政。”

伯潜按：《墨子·公输篇》曰：“子墨子归过宋。”如为宋人，但云“归宋”可矣。《鲁问篇》曰：“子墨子仕曹公子于宋，三年而反，睹子墨子。”如为宋人，不当云“反”矣。《贵义篇》曰：“子墨子北至齐。”“子墨子南游于卫。”鲁正在齐之南卫之北也。《吕氏春秋·当染篇》谓史角之后在鲁，墨子学焉，亦墨子为鲁人之证。

其见诸侯，盖自鲁君始。

按：墨子鲁人，当首见鲁君。《鲁问篇》记墨子与鲁君问答凡二处。孙诒让疑鲁君为穆公。鲁穆公元年为楚简王二十三年。楚惠王末年为鲁悼公三十六年。悼公穆公之间，尚有元公，在位二十一年。如墨子所见之鲁君为穆公，则当远在见楚惠王之后矣。孙氏亦仅为臆度之说，无他确证，故置见鲁君于首云。

公输般为楚造云梯，将以攻宋。墨子闻之，自鲁往，十日十夜而至楚，见公输般。般见之楚王。墨子言以楚攻宋，犹舍己之文轩，饰绣粱肉，而窃邻之文轝、裋褐、糟糠。于是解带为城，以褋为械。公输般九设攻城之变，墨子九拒之；公输般之攻械尽，而墨子之守圉有余。公输般曰：“吾知所以拒子矣，吾不言。”墨子曰：“吾亦知子之所以拒我，吾不言。”楚王问其故。墨子曰：“公输子之意，不过欲杀臣而攻宋。然臣之弟子禽滑釐等三百余人，已持臣守圉之器，在宋城上而待楚矣。”楚王曰：“请无攻宋。”

按：见《墨子·公输篇》。孙诒让曰：“案墨子止楚攻宋，本书不云在何时。鲍彪《战国策注》谓当在宋景公时，至为疏谬。惟《渚宫旧事》载于惠王时墨子献书之前，至为近之，盖公输子当生于鲁昭定之间。至惠王四十年以后，五十年以前，约六十岁左右。而是时墨子未及三十，正当壮岁，故百舍重茧而不以为劳也。……以情事揆之，无不符合。苏时学谓即声王五年围宋时事。(见《墨子刊误》) 非徒与‘王曰请无攻宋’之言不合，而公输子至声王时殆逾百岁，其必不可通明矣。”

伯潜按：此事亦见《尸子》。(《艺文类聚》及《太平御览》引)《战国策·宋策》《吕氏春秋·爱类篇》《淮南·修务训》及《渚宫旧事》;《吕氏春秋·慎大篇》高《注》亦引之。墨子主非攻，此乃见之实事，善为守御，与空言弭兵者殊矣。又按宋景公卒于鲁哀公二十六年，见《左传》。(《史记·六国年表》，宋景公卒于鲁悼公十七年。) 据《墨子》及《新序》、墨子尝见齐之田和。田和元年，上距宋景公之卒年，已八十三年。宋景公时，即使墨子年仅二十，亦不及见田和。故孙氏以鲍《注》为疏谬也。楚惠王在位五十七年，简王在位二十四年；简王之后，方为声王。惠王元年为鲁哀公七年；故楚声王五年，上距鲁定公元年(定公在位十五年)，已百零八年矣。《礼记·檀弓篇》曰：“季康子之母死，公输般请以机封。”则般此时最少必已近三十。康子卒于鲁哀公二十七年，其母之卒，当更在哀公二十七年之前。故孙氏谓般当生于昭定之间也。假定般生于定公元年，则至楚声王五年，已百零八岁矣。即生于定公末年，亦已九十七岁矣。如此大耋之年，尚能远游楚国乎？故孙氏以为苏氏之说，必不可通也。又按近人刘汝霖《周秦诸子考》谓楚欲攻宋，不仅因公输般为造云梯。既决欲攻宋，亦不能因墨子一言中止。疑此为墨者夸饰之故事，徒因公输般以机巧著名，故托之云。

尝与公输般辩，以为“义之钩拒，贤于舟战之钩拒”。

按：公输般为楚造舟战之钩拒，楚以是亟败越人。般自诩其巧，以语墨子。墨子答之云云，见《鲁问篇》及《渚宫旧事》。

又尝献书惠王。惠王善之而不能用。墨子将辞而归。惠王使穆贺以老辞。穆贺闻墨子之言而大悦，曰："子之言则诚善矣。而君王，天下之大王也。毋乃'贱人之所为'而不用乎？"

按：事见《贵义篇》。《渚宫旧事》记墨子献书事，首句曰"楚惠王五十年"，末又曰"王使穆贺以老辞"。惠王在位凡五十七年。此时已五十年，故曰"以老辞"。此事既在惠王五十年，则止攻宋当亦在此时矣。

鲁阳文君言于王曰："墨子，北方贤圣人。君王不见，又不为礼，毋乃失士。"乃使文君追墨子，以书社五百里封之。不受而去。

按：此事亦见《渚宫旧事》。孙诒让曰："'五里'当作'五百里'。"鲁阳，楚邑也。文君，楚臣也。《耕柱篇》记墨子与鲁阳文君语。《鲁问篇》又载墨子劝鲁阳文君勿攻郑，文君有"郑人三世杀其父"之言。孙诒让曰："'三世杀其父'，当作'二世杀其君'。此指郑人弑哀公，及韩武子杀幽公而言。"盖当在楚简王九年以后郑缟公初年事也。或谓"三世"兼驷子阳弑缟公而言。（孙氏自注曰："苏时学《墨子刊误》，黄式三《周季编年略说》，则当在楚悼王六年以后，与鲁阳文君年代不相及，不足据。"又自注曰："鲁阳文君即司马子期之子公孙宽也。鲁哀公二十六年，已嗣父为司马，事见《左传》。逮郑缟公被弑之岁，积八十四年。即令其为司马时年才及冠，亦已百余岁，其不相及审矣。”）今按《国语·楚语》有鲁阳文子。《淮南子注》及《文选注》，引贾逵《国语注》，均谓即司马子期之子公孙宽。郑繻公被弑于周安王六年，当鲁穆公十四年。哀公在位二十七年。哀穆二公之间，尚有悼公二十七年，元公二十一年。故郑繻公被弑时，上距公孙宽嗣为司马，已八十四年矣。

伯潜按：郑幽公明为韩武子所杀，非郑人弑其君也。孙氏改原书“三世杀其父”为“二世杀其君”，以求合鲁阳文君之年，殊所未安。韦昭《国语注》曰：“文君，平王之孙司马子期子鲁阳公也。”不云名宽，子期或不止一子，文君或为其少子，未必即是宽也。或竟为宽之子，袭封鲁阳公，亦未可知也。又《鲁问篇》记墨子劝勿伐郑事，不云文君因之中止伐郑。《史记·六国年表》，周安王三年，楚取郑榆关（今本《史记》，“取”误作“归”），四年，楚败郑师。围郑；郑人杀子阳。岂子阳亦有弑父事，楚乃借口伐郑，郑人因杀子阳以解欤？如鲁阳文君伐郑即此事，则是年墨子在楚矣。周安王三年，即楚悼王三年；上距楚惠王五十年，已四十一年矣。（惠王在位五十七年，中经简王二十四年，声王六年，方是悼王。）殆墨子尝二度游楚耶？

墨子尝游弟子公尚过于越。越王为公尚过束车五十乘，往迎墨子于鲁，欲以故吴之地，阴江之浦，书社三百里封之。墨子辞弗往。

按：此事见《鲁问篇》及《吕氏春秋·高义篇》。“公尚过”，《高义篇》作“公上过”；“三百里”，《鲁问篇》作“五百里”。此及上节楚王欲封墨子事，均与《孔子世家》齐景公、楚昭王欲封孔子事相类，疑亦墨者之夸辞。孙诒让《墨子年表》曰：“疑为越王翁中晚年事。”

伯潜按：墨子答公尚过，有云："均之粜，亦于中国耳，何必于越哉?"有外越于中国之意。按《纪年》及《吴越春秋》，越王句践尝自越徙都琅邪；王翳三十三年，又迁于吴。琅邪为中国，越与吴则非中国，疑此非越都琅邪时事。句践徙琅邪之前，墨子又尚幼，则此事当在越王翳三十三年徙吴之后矣。王翁在位三十七年，王翳始立。王翳三十三年之后，去王翁末年已三十余年，墨子已前卒矣。岂徙吴者本为王翁，二书误作"王翳"耶?

又尝为宋大夫，而被囚。

按：墨子尝为宋大夫，见《史记·孟荀列传》及《汉志自注》。但不云在何时也。孙诒让考定在宋昭公时，并曰："案墨子仕宋，鲍彪谓当景公时（见《战国策·宋策》注），非也。以墨子前后时事校之，其为宋大夫，当正在昭公时。景公卒于鲁哀公二十六年（自注曰：'见《左传》。而《史记·宋世家》及《六国表》谓景公卒于鲁悼公十七年，殊谬'），下距齐太公田和元年，凡八十三年。墨子晚年反见田和之为诸侯，则必不能仕于景公时审矣。"又曰："《史记·邹阳传》云：'宋信子罕之计而囚墨翟。'《索隐》云：'《汉书》作子冉。不知子冉是何人。文颖云：子冉，子罕也。'《文选》邹阳《狱中上书》自明亦作子冉；注引文颖说，亦同。又云：'冉音任。善云未详。'《新序》三亦作子冉，盖皆子罕之误。"

伯潜按：《韩非子·外储说右》曰："司城子罕杀宋君而夺攻。"《吕氏春秋·召类篇》注曰："春秋，子罕杀昭公。"是子罕曾弑君，被弑者为昭公也。宋有二昭公。在春秋之世者，当鲁文公时，与墨子相去甚远。在春秋后者，当鲁悼公时，正与墨子同时。子罕所弑，当为后一昭公。高诱误合二昭公为一，故曰“春秋”耳。《韩非子·内储说下》曰：“戴驩为宋太宰，皇喜重于君，二人争事而相害也；皇喜遂杀宋君而夺其政。”王引之《春秋名字解诂》谓春秋时名“喜”者多以“罕”为字，故梁玉绳《左通》谓子罕即皇喜。而王应麟以为即《左传》之乐喜，非。盖乐喜为宋贤臣，当无弑君之事，且与墨子亦不相值也。《史记索隐》已辨之矣。《韩非子·说难篇》曰：“司城子罕取宋。”《二炳篇》曰：“子罕劫宋君。”《韩诗外传》七、《史记》李斯《上二世书》《淮南子·道应训》、并谓其劫君。《说苑·君道篇》曰：“司城子罕相宋，逐其君而专政。”《韩诗外传》六并言“昭公被逐而复国”。殆因子罕逐昭公，误传为弑君欤？此事不见于《宋世家》。但宋辟公被弑，见《史记索隐》引《纪年》，而《宋世家》亦不载。盖《史记》于春秋后事，多疏略者，则未可以不见于《宋世家》，即断为无此事也。宋昭公末年，当周威烈王之二十二年。墨子被囚，当在子罕专政之时矣。孙氏《墨子略传》，考此事颇详。或云，墨子尝为宋大夫之说，未必可信，盖因墨子尝止楚攻宋，因有此出自臆度之传说耳。此说亦似有理。但谓墨子未尝为宋大夫，亦终无实证也。

晚年，尝至齐，见太王田和。

按：此事见《鲁问篇》。《北堂书钞》引《新序》，有齐王问墨子语。此齐王盖亦田和也。孙诒让曰：“此皆追称为‘王’。当在命为诸侯之后。”按田和受命为诸侯，在周安王十六年。

伯潜按：胡適《中国哲学史大纲》谓“太王”未必即为田和，即使是田和，亦不可信；并举《庄子》记庄子见鲁哀公为例。梁启超《墨子年代考》则谓“太王”必为田和，殆更无辨难之余地；因姜齐诸君无称王者，若“太王”非田和而为他王之误，则必更在田和之后矣。但孙氏以为当在田和为诸侯之后，则又太拘。田和自齐宣公九年，即周威烈王十五年，已继田庄子执政。墨子见田和，未必不在田和执政之后，为诸侯之前也。“太王”自是后人追述之词。《论语》记孔子见鲁哀公，哀公亦辑《论语》者所追记也云云。其说甚通。

其生卒之年，无从确知。但其时代，当在孔子之后，孟子之前，且亦为寿考人云。

按：墨子年代，异说甚多。《史记·孟荀列传》曰：“或曰并孔子时，或曰在其后。”《索隐》引刘向《别录》曰：“在七十子之后。”《汉志自注》曰：“在孔子后。”《后汉书·张衡传》注引张衡《论图纬虚妄疏》曰：“公输班与墨翟并当子思时，出仲尼后。”说已不一。葛洪《神仙传》言墨子年八十二，入周狄山学道，汉武帝尝使使往聘，不肯出，说更荒诞。汪中《述学·墨子序》据鲍彪《战国策·宋策》注，谓当宋景公之世。孙诒让尝辨其误，已见前。毕沅《墨子注序》据《非攻中篇》曰，“虽北者中山诸国，所以亡于燕代胡貊之间者，亦以攻战也”；因谓墨子及见中山之亡，至周赧王二十年尚存。孙诒让《非攻中篇间诂》曰：“道藏本，‘中山诸国’四字作‘且不一著何’五字。‘一’字衍。‘且’为‘柤’之借字。‘柤’即《国语·晋语》之翟柤，为北方国名。‘不著何’即《周书·王会篇》之不屠何，亦东北夷。中山先灭于魏，后灭于赵，不能谓为‘亡于燕、代、胡、貊之间’。”毕氏所据，仅此孤证，已为孙氏所破矣。孙氏《墨子年表序》曰："以今五十三篇之书推校之，墨子前及与公输般及鲁阳文子相问答，而后及见齐太公田和与齐康公兴乐（见《非乐上篇》。康公卒于周安王二十三年），楚吴起之死（见《亲士篇》。在安王二十一年），上距孔子之卒（敬王四十一年），几及百年，则墨子之后孔子盖信。审核前后，约略计之，墨子当与子思并时，而生年尚在其后（子思生于鲁哀公二年，周敬王二十七年也。下及事鲁穆公，年已八十余，不能至安王也），当生于周定王初年，而卒于安王之季；盖八九十岁，亦寿考矣。"故所定《墨子年表》，起于定王元年，迄于安王二十六年云。

伯潜按：梁启超《墨子学案》后附《墨子年代考》，定墨子生于周定王初年（公元前四六八至四五九），约当孔子卒后十余年；卒于周安王中世（公元前三九〇至三八二），约当孟子生前十余年。梁氏以墨子曾见公输般，般约生于鲁哀公初年；假定墨子少般二十岁，则当生于定王初年矣。此与孙诒让说相同。又以墨子及见郑繻公之被弑（周安王六年），且于三年后与鲁阳文君谈及（《墨子》有"使三年不全，天诛足矣"之言），且及见齐太王田和（田和于周威烈王十五年执政，周安王十六年为诸侯），故当卒于安王中世，此后孙氏所定为早。孙氏据《非乐篇》"齐康公兴乐万"，谓康公卒时（公元前二九二），墨子尚存。但康公时，齐之公室衰微已极，不能如此侈丽，故康公或为他公之误。且兴乐或在康公早年，不能视为墨子卒于康公之后之证云云。今按墨子谓鲁阳文君曰："郑人三世杀其父。"不应以"郑人三世杀其君"当之，已见上文。但其及见田和，则梁氏所考，大致不谬。又《墨子·公孟篇》记墨子与告子语。孙诒让据赵岐《孟子注》，以告子为孟子弟子，年代不相及，疑此告子为另一人。梁氏则谓以孟子所记观之，告子不但非孟子弟子，且为孟子前辈；

则告子弱冠时见墨子，老年时见孟子，并非不可能。且以二书所记之言论观之，亦确非二人也云云。汪中据《非攻下篇》“唐叔吕尚邦齐晋，今与楚越四分天下”之言，推知墨子时三家未分晋，齐未为田氏。梁氏谓此或为墨子早年之言，其时田齐及韩魏赵未受命为诸侯；即周安王初世，田齐及韩魏赵虽已为诸侯，而晋静公、齐康公、犹拥虚号，与《非攻》所言亦不相悖云云。又《吕氏春秋·上德篇》记墨者巨子孟胜为阳城君守阳城；楚悼王薨，群臣以兵攻吴起、阳城君与焉，孟胜死之。吴起之死，在周安王二十一年。孙氏谓此年墨子尚存。胡適谓其时孟胜已为巨子，可见墨子已死，其说甚是。但因此断定墨子生于周威烈王十年以前，去此已四十年，则未免武断。总之，墨子之年，约少于公输般二十岁至三十岁，其卒必在吴起遇难之前；年寿约在八十左右也。

墨子之书为后学所纂，今存五十三篇。

按：《汉志》墨家有《墨子》七十一篇，今本已非完书。《神仙传》作“十篇”，《荀子》杨《注》作“三十五篇”，均误。《兼爱》《非攻》……各有上中下者，记者非一人也。《经》上下、《经说》上下、《大取》《小取》六篇，非墨子之书，书中又杂有儒家之言。详见下编。

《吕氏春秋·有度篇》曰：“孔墨之弟子徒属满天下。”又《尊师篇》曰：“孔墨徒属弥众，弟子弥丰，充满天下。”是墨子弟子之多，足与孔子埒矣。《淮南子》谓“墨子服务者百八十人”。《韩非子》谓“仲尼，为服役者七十人”七十人即指“七十子”，则为墨子服役之百八十人，亦其弟子矣。《公输篇》记墨子对楚王亦谓“臣之弟子禽滑釐等三百人”云云，此并足证墨子弟子之多。孙诒让《墨学传授考》辑本书及先秦诸子所记，得墨子弟子十五人（附存三人），再传弟子三人，三传弟子一人，治墨学而不详传授系次者十三人，杂家四人。兹所谓“杂家”，实亦墨者也。兹摘记其人如下：

（一）墨子弟子十五人，附存三人

（一）禽滑釐　禽滑釐事墨子三年，手足胼胝，面目黎黑，役身给使；墨子遂语以守备之法。墨子往楚止攻宋也，先使禽滑釐等三百人助宋守。相传尝闻先质后文之说于墨子，又尝与杨朱孟孙阳问辨云。《墨子·公输》《耕柱》《备梯》《备城门》诸篇，《吕氏春秋·当染》《尊师》二篇，《列子·杨朱篇》《说苑·反质篇》，均有禽滑釐。《庄子·天下篇》且以与墨子并举云。

按：《史记索隐》及成玄英《庄子疏》均以“滑釐”为字。《吕氏春秋·当染篇》作“禽滑𪋻”，《尊师篇》作“禽滑黎”。《列子·杨朱篇》“禽滑釐”。《列子释文》及《汉书·古今人表》作“禽屈釐”。《汉书·儒林传》作“禽滑氂”。字虽各异，实同为一人。

（二）高石子　尝仕于卫；三朝，必尽言；不见用，去之。墨子称其能背禄而向义。见《耕柱篇》。

（三）高何　齐人。见《吕氏春秋·尊师篇》。

（四）悬子硕　亦齐人。见《耕柱篇》及《尊师篇》。

按："硕"，《尊师篇》作"石"，云字通。

（五）公尚过 墨子使游越，以墨子之说说越王。越王悦，为束车五十乘，迎墨子于鲁。《墨子·贵义篇》《鲁问篇》《吕氏春秋·高义篇》均记之。

按："尚"，《高义篇》作"上"。

（六）耕柱子 墨子尝使之仕于楚。二三子过之，耕柱子待之不厚，而遗十金于墨子。见《耕柱篇》。

（七）魏越 墨子尝使之游越，告以"入国必择务而从事"云云，见《鲁问篇》。

（八）随巢子 《汉志》墨家有《随巢子》。《隋书·经籍志》注曰："巢似墨子弟子。"则似氏随名巢。梁玉绳谓"随巢"当是氏。《史记·自序正义》引韦昭曰："墨子之术尚俭，随巢子传其术。"

（九）胡非子 《汉志》墨家又有《胡非子》。《随子注》曰："非似墨子弟子。"则似氏胡名非。《广韵》曰："胡非，复姓，齐胡公之后有公子非，因以胡非为氏。"

（十）管黔滶 《耕柱篇》曰："墨子使管黔滶游高石子于卫。"

（十一）高孙子 墨子使胜绰事齐将项子牛。项子牛三侵鲁，胜绰三从之。墨子使高孙子请而退之。见《鲁问篇》。

（十二）治徒娱 见《耕柱篇》。

（十三）跌鼻 见《公孟篇》。

（十四）曹公子 墨子尝使之仕于宋。见《鲁问篇》。

按：疑此人为曹之公子，而佚其名。

（十五）胜绰　见《鲁问篇》。

按：曹公子与胜绰，皆尝以有违墨道，为墨子所责。

（十六）彭轻生子　见《鲁问篇》。

（十七）孟山　同上。

（十八）弦唐子　见《贵义篇》。

按：末三人，孙氏以《墨子》中但记其问答，未能确知为弟子，附故列入录。但前十五人中，亦有但记问答者。孙氏何以不加区别，殊不可解。

（二）墨子再传弟子三人

（一）许犯　学于禽滑釐。见《吕氏春秋·当染篇》。

（二）索卢参　亦学于禽滑釐。见《吕氏春秋·尊师篇》。

（三）屈将子　胡非子之弟子。见《太平御览》四百九十二。

按：屈将子带剑往见胡非子曰："将闻先生非斗，而将好勇。"则屈为氏，将为名矣。胡非子为言五勇，乃折服为弟子。

（三）墨子三传弟子一人

田系　学于许犯。见《吕氏春秋·当染篇》。

（四）传授不详者十七人

（一）田俅子 《汉志》墨家有《田俅子》。《吕氏春秋·首时篇》《淮南·道应训》《韩非·问田篇》《外储说左上》，均有田鸠。“俅”、“鸠”音近，故梁玉绳以为同一人。高诱注《吕氏春秋》及《淮南》，以为齐人，尝仕于楚。楚王问墨子言多而不辩之故。田鸠以秦伯嫁女于晋，晋爱其媵而贱：其女，楚人卖珠于郑、郑人买椟而还其珠为喻，明墨子恐人怀其文而忘其用云云。其为墨者，一望而知。

（二）相里氏 《韩非·显学篇》称“有相里氏之墨”。《庄子·天下篇》作“相里勤”。《释文》引司马彪，以为姓相里，名勤。成玄英《疏》以为“南方之墨师”云。

（三）相夫氏 《显学篇》又有“相夫氏之墨”。《元和姓纂》引《韩非》，作“伯夫”。孙诒让以“相”“柏”形似，疑当作“柏”。

（四）邓陵子 《显学篇》又有“邓陵子之墨”。《庄子·天下篇》称之为“南方之墨者”。《元和姓纂》曰：“楚公子食邑于邓陵，因氏焉。”殆邓陵子为楚人，故庄子以为“南方之墨者”欤？

（五）若获

（六）己齿 《天下篇》亦以为“南方之墨者”。《释文》引李欧说，以为是二人姓名。

（七）五侯子 《天下篇》以为“相里勤之弟子”。孙诒让曰：“五侯盖姓五，‘五’与‘伍’同。古书伍子胥之姓多作‘五’，非五人也。”

（八）我子 《汉志》墨家有《我子》。《元和姓纂》有“我氏”。并引《风俗通》，以我子为六国时人。

（九）缠子 《论衡·福虚篇》《意林》引《缠子》，均记缠子与儒者董无心辩论。

（十）孟胜

（十一）田襄子

（十二）徐福　墨者巨子孟胜为阳城君守。吴起之难，阳城君与焉。孟胜命其弟子二人属巨子于宋之田襄子，而与其弟子徐福等八十三人死焉。二人者返，亦死之。见《吕氏春秋·上德篇》。

（十三）腹䵍　腹䵍为墨家巨子，居于秦。其子杀人。秦惠王命吏弗诛。腹䵍以为不可不行墨子之法，卒杀之。见《吕氏春秋·去私篇》。

（十四）夷之　墨者夷之，因徐辟求见孟子。孟子辞之，而因夷之厚葬其亲，为述葬亲之原起。夷之感服。见《孟子·滕文公篇》。

（十五）谢子

（十六）唐姑果　东方墨者谢子将见秦惠王。秦之墨者唐姑果沮之。见《吕氏春秋·去宥篇》《淮南·修务训》。惟《淮南》作“唐姑梁”。“果”“梁”形似，未知孰是。

（十七）翟　郑人翟为墨，其兄缓为儒。兄弟辩论，其父助翟，缓自杀。见《庄子·列御寇篇》。

上孙氏所集墨者凡三十九人。郑人翟，见于《庄子》，不详其氏，仅举其名，而其名又与墨子同，疑为寓言，未必实有其人。墨家曾盛极一时，而墨子之弟子后学，姓名可考者，仅三十八人而已。

按：陶潜《圣贤群辅录》附记“三墨”，不取“相夫氏之墨”，而以宋钘尹文为“三墨”之一。宋钘主非攻寝兵，见侮不辱，且闻秦楚构兵，欲往见秦楚之君，说而罢之（见《孟子·告子篇》），则其学说因近于墨子者。《荀子·非十二子篇》亦与墨翟同讥。俞正燮《癸巳类稿·墨学论》以宋钘为墨徒，不为无见。《汉志》乃列宋子于小说家，《自注》曰：“孙卿道宋子，其言黄老意。”《庄子·逍遥游》亦提及宋荣子。岂宋钘之学，在道墨二家之间欤？诸子之家数，乃后人所归纳分析，苟非笃守师说，且传授分明者，因可入之彼，入之此也。今存《尹文子·大道篇》曰：“大道治者，则名法儒墨自废。”又曰：“是道治者，谓之善人；借儒墨名法治者，谓之不善人。”则尹文明为道家，非墨家矣。

又按：赵岐《孟子注》谓告子兼治儒墨之学。《淮南·人间训》曰：“代君为墨而残许。”注曰：“代君，赵之别国，不详其名及时代，疑是赵武灵王子代君章。”此皆他无质证者也。

又按：《天下篇》曰：“以巨子为圣人，皆愿为之尸，冀得为其后世。”《释文》曰：“‘巨’，向秀崔撰本作‘钜’。向云：‘墨家号其道理成者为钜子，若儒家之硕儒。’”孟胜将死阳城君之难，令弟子二人嘱宋之田襄子为巨子，已见上引。墨子常仕其弟子于他国，有违墨道者可请而退之。墨者又皆可使之赴汤蹈火，死而不辞。则“墨者”似为一组织极密，纪律极严之政治团体，对其领袖须绝对服从者；墨子当然为唯一之领袖；墨子死后，有巨子为其领袖；继任巨子之人，亦须由前任巨子指定之也。故墨家之巨子，不仅如儒家之“硕儒”，为“道理成者”之号而已。

第十章　商鞅、申不害、韩非、李斯

商鞅申不害，为前期之法家，韩非李斯，为后期之法家。《韩非·定法篇》论法家，特举商鞅申不害二人。此二人皆战国时实际之政治家。《史记·商君传》原文甚繁，先君子有《商君略考》，今录之。

《商君略考》

商君者，卫之诸庶孽公可也，名鞅，姓公孙氏；其祖，本姬姓也。鞅少好刑名之学，事魏相公叔痤为其中庶子。公叔痤知其贤，未及进。会痤病。魏惠王亲往问病曰："公叔病如有不可讳，将祭社稷何？"公叔痤曰："痤之中庶子公孙鞅，年虽少，有奇才；愿王举国而听之。"王嘿然。王且去。痤屏人言曰："王即不听用鞅，必杀之，毋令出境！"王许诺而去。公叔痤召鞅谢曰："今者王问可以为相者，我言若。王色不许我。我方先君后臣，因谓王，即弗用鞅，当杀之。王许我。汝可疾去矣，且见禽！"鞅曰："彼，王不能用君之言任臣，又安能用君之言杀臣乎？"卒不去。惠王既去而谓左右曰："公叔病甚，悲乎！欲令寡人以国听公孙鞅也，岂不悖哉！"

按：春秋时诸侯子孙之旁支，多以"公孙"为氏，见《通志

·氏族略》。卫君为周武王弟康叔之后，而鞅为卫之庶公子，故其祖本姓姬。商君乃封号，见下。《汉书·元帝纪》注引刘向《别录》曰："刑名者，以名责实，尊君卑臣。"此即法家之"信赏必罚，综核名实"也。《索隐》曰："中庶子，官名也。魏已置之，非自秦也。《周礼》受官谓之'诸子'，《礼记·文王世子》谓之'庶子'，掌公族也。"按此"中庶子"似为"舍人"之类。鞅为公叔痤之中庶子，犹蔺相如为谬贤之舍人，李斯为吕不韦之舍人耳。魏侯莹此时未称王，曰"惠王"者，追记之词也。

公叔痤既死。鞅闻秦孝公下令国中，求贤者，将修穆公之业，东复侵地，乃遂西入秦，因孝公宠臣景监，求见孝公。四见，然后大悦之。鞅告景监曰："吾初说君以帝道而不开悟，继说君以王道而未能入，又说君以霸道善之而不用，乃说以强国之道，君大悦之。然亦难以比德于殷周矣。"

按：司马迁《报任安书》以景监与宦者雍渠赵同并称，则景监亦宦者矣。本传上文明言"鞅少好刑名之学"，岂能以帝王之道说孝公者？特以揣摩未得，故四见而后能入说耳。

伯潜按：《史记·秦本纪》，孝公元年，下令国中，末云："宾客群臣有能出奇计强秦者，吾且尊官之，与之分土。"下文曰："公孙鞅闻是命下，西入秦，因景监求见孝公。"与本传合。鞅见孝公，在孝公三年，即周显王十年。

孝公欲用鞅变法，恐天下议己，乃集群臣议之。甘龙杜挚皆反对变法。鞅谓"治世不一道，便国不法古，故汤武不循古而王，夏殷不易礼而亡；是反古者未可非，而循礼者未足多也"云云。孝公乃以鞅为左庶长，卒定变法之令："令民为什伍而相收司连坐，不告奸者腰斩，告奸者与斩敌首同赏，匿奸者与降敌同罚。民有二男以上不分异者倍其赋。有军功者，以卒受上爵；为私斗者，各以轻重被刑。大小僇力本业，耕织致粟帛多者，复其身；事末利，及怠而贫者，举收以为奴。宗室非有军功论，不得属籍。明尊卑爵秩等级各以差次，名田宅臣妾衣服各以家次；有功者显荣，无功者虽富无所芬华。”

按：秦爵二十级，“左庶长”为第十级。《汉书·百官公卿表》注曰：“庶长，言为众列之长。”刘昭以为军将，即左右褊稗；其第十八级之大庶长，即大将军云。变法之令，可分为六条：(一) 令民为什伍，犹今之保甲制也；(二) 令民有二男以上即须分异，增户数也；(三) 赏有军功者，刑私斗者，使民勇于公战，怯于私斗也；(四) 奖农桑本业，增生产也；(五) 宗室无军功也不得属籍，抑贵族也；(六) 无功者虽富不得芬华，抑豪富也。先秦诸子皆“托古改制”，惟法家则“变古改制”，观本传及《商君书》宋《注》篇之言论，可见一斑。

伯潜按：《秦本纪》，孝公六年，拜鞅为左庶长。孝公在位凡二十四年。六年至二十四年凡十八年。《战国策·秦策》曰：“孝公行商鞅法八年而死。”《韩非·和氏篇》曰：“孝公行之，主以尊安，图以富强；八年而薨，商鞅车裂于秦。”“八年”上，均脱一“十”字。

令既具，未下。鞅恐民不信己，乃立三丈之木于国都南门，令民有能徙之北门者，予十金。民怪之，莫敢徙。又令曰：“予五十金。”有一人试徙之，立予五十金，以明不欺。卒下令。期年，秦人言令不便者以千计。行之十年，秦大治。初言令不便者又言令便。鞅曰：“此皆乱纪之民也！”尽徙之边。其后秦人莫敢议令。

按：此所谓“徙木立信”也。《秦本纪》曰：“新法初行，百姓苦之；行三年，百姓便之。”此云“行之十年”，与《秦本纪》不同。

于是以鞅为大良造。将兵围魏安邑，降之。

按：秦爵第十六级为大良造，亦曰“大上造”。《秦本纪》，鞅为大良造，在孝公十年。安邑，魏之都也。本传下文言“魏割河西之地献秦，遂去安邑，徙都大梁”。则彼时当都安邑矣。《秦本纪》，昭王二十一年，魏献安邑。若已降于此时，何烦魏献之乎？故顾炎武谓此“安邑”二字必误。

孝公十二年，自雍徙都咸阳。开阡陌，平赋税，定斗桶权衡丈尺。十五年，以鞅为相。于是太子犯法。鞅曰：“法之不行，自上犯之。”以太子为君嗣，不可施刑，乃劓其傅公子虔，黥其师公孙贾。

按：本传不言孝公相鞅之年。惟下文云：“商鞅于秦十年。”自孝公二十四年上推，则鞅之始相秦，当在孝公十五年矣。太子犯法，刑其师傅事，本传叙于上文“秦人言令不便者以千计”句之下，“行之十年”句之上。此处又曰：“行之四年，公子虔复犯约，劓之。”是公子虔被刑二次也。初下变法令时，鞅仅官左庶长，权未重，威未立，且反对者尚纷纷，岂敢即加刑于太子之傅？盖一事误分为二事耳。自十二年至十五年，恰为四年。则刑太子师傅，乃十五年为相后之事也。

伯潜按：本传下文曰：“商君相秦十年，赵良说之曰：‘君相秦，不以百姓为事，而大筑冀阙，非所以为功也；刑黥太子之师傅，残伤民以峻刑，是积恐畜祸也。……公子虔杜门不出，已八年矣。'" 商君相秦，至孝公二十四年恰为十年。上推八年，恰为孝公十七年。则刑太子师傅，在孝公十七年，商君相秦后二年也。

会齐将田忌大败魏师于马陵，孝公用鞅计，乘机命鞅将兵伐魏。鞅诈与魏将公子卬盟，袭而虏之，破其军。魏割河西之地以和，遂去安邑，都大梁。惠王愤曰："悔不听公叔痤之言！"鞅还，孝公封之于商，十五邑，号为商君。

按：本传原文，上记天子致胙于孝公。又曰："其明年，齐败魏马陵。……其明年，卫鞅说孝公。……孝公以为然，使鞅将而伐魏。"天子致胙，在孝公二十年；马陵之战，在孝公三十一年；则鞅之败魏受封，在孝公二十二年矣；《史记集解》曰："弘农商县也"，仅释"商"字。《索隐》曰："於、商二县名，在弘农。"《正义》曰："於商在邓州内乡县东七里，古於邑也。商洛县，东商州东八十九里，本商邑，周之商国。按十五邑近此三邑。"此以"於""商"为二地名，而下云"近此三邑"，"三邑"当为"二邑"之误。三说不同，当从《集解》说。

伯潜按：《正义》所云"在邓州内乡县"者，乃《史记·楚世家》所说之"商於"。（《索隐》曰："有商城在於中，故曰'商於'。"《通典·州郡典》曰："今内乡县有於村，亦曰於中。"）今属河南省淅川县，非"淅於商"也。商洛县，汉曰商县，隋又改名商洛，在今陕西省商县东八十五里，其地正在弘农郡。秦以十五邑封鞅，而以商为主邑，故号曰"商君"也。本传下文曰："商君复入秦，走商邑。"正走入其所封之邑耳。因秦又有“商於”，故以“於”字连下“商”字为於商；或以为二地名，皆误。“封之于商”，“之”为代词，“于”则介词耳。又马陵之战，《史记》以为在孝公二十一年。但《孙子吴起传》《索隐》引《纪年》曰：“梁惠王二十七年十二月，齐田盼败魏马陵。”梁惠王二十七年，当孝公十八年，《战国策·齐策》言成侯邹忌为齐相，与齐将田忌有隙，从公孙闬计说齐王，使田忌与田婴田盼将而伐魏。田忌三战三胜云云。即马陵之役也。又言孙膑说田忌乘胜入清君侧。田忌不听，终于出奔。《史记》载田忌袭齐在周显王二十五年，当孝公十八年；而马陵之战，则叙于周显王二十八年。先后互倒，与《战国策》不合。《史记》言田忌袭齐出奔，故又有齐复召忌之说。盖以田忌为马陵之役中重要人物，其事既误叙于袭齐出奔之后，故不得不臆造其出奔后，又奉召返齐耳。此当从《纪年》，马陵之战在孝公十八年；商鞅受封，则在孝公二十年，《本传》误。

商君相秦十年，宗室贵戚多怨望者。赵良见商君，劝归所封十五邑。不听。居五月，孝公卒。太子驷立，是为惠文王。公子虔之徒告商君欲反。发吏捕之。商君亡之关下，欲舍客舍。主人不知其为商君也，辞之曰：“商君之法，舍人无验者坐之。”商君叹曰：“为法之弊，一至此哉！”去之魏。魏人怨之，且畏秦，遂又纳之秦。商君复入秦，乃走商邑，发邑兵。秦发兵破之，追杀之于郑黾池。车裂以徇，灭其家。

按：此为周宣王封其弟友之故郑，在今陕西省华县西北。盖商邑被破，商君东走，故追至郑之黾池而杀之耳。《盐铁论》曰：“商君困于彭池。”彭池即黾池也。

为商君之学者，追辑其法令，言论，成《商君书》。

按：《汉志》法家有《商君书》二十九篇，今存二十四篇。本传后太史公曰："余读商君《开塞耕战书》。"今本有《农战》及《开塞》二篇，其第一篇首句即举孝公之谥，且记有商君以后之事，显非商君手著。

伯潜按：商君相秦，至十年之久，门下客自不少。《汉志》杂家有《尸子》，《自注》曰："名佼，鲁人。（按王先谦《补注》谓'鲁'字为'晋'字之误。王应麟《汉志考证》同。《孟荀传》云楚有尸子，《集解》亦云晋人。）秦相商君师之。鞅死，佼逃入蜀。"《孟荀传集解》曰："商君之客有尸佼。商君谋事计划，立法理民，未尝不与。及商君被诛，佼恐并戮，逃入蜀。"是尸佼为商君之上客也。杂家文有《尉缭子》，颜《注》曰："尉姓、缭名。刘向《别录》云：'缭为商君学。'"宋濂《诸子辨》曰："尉缭，或曰魏人，或曰齐人，未知孰是。"《隋志》以为梁惠王时人，则与商君并时。《史记·秦始皇本纪》曰："大梁人尉缭来说秦王……。"秦始皇元年，上距孝公二十四年，商君被诛之年，已九十三年。则尉缭又非商君同时之人而为其后学矣。无论为门客，为后学，要皆"为商君之学"者。《商君书》盖此辈所追辑也。

与商鞅并时者有申不害。商君相秦，申子相韩，同握实际之政权。惟秦韩强弱不同，凭借各异，故功业亦殊耳。商君言"法"，申子言"术"，政策虽异，但同为战国前期之法家。韩非则为战国后期之法家，但未握政权，而其学则能集申商之所长。申子、韩子，《史记》与老庄同传。先君子据之作《申韩传考》。

《申韩传考》

申不害，京人也。故郑之贱臣，学“术”以干韩昭侯。昭侯用为相，内修政教，外应诸侯十五年，终申子之身，国治兵强，无侵韩者。申子之学，本于黄老，而主刑名。著书二篇，号曰《申子》。

按：此《申不害传》也，较《商君传》详略悬殊矣。京，郑邑，故城在今山西省平遥县东。则申不害本郑人也。《史记·六国年表》韩昭侯八年，申不害相；二十二年，申不害卒；恰为十五年。韩昭侯八年，为秦孝公十年；后五年，商鞅相秦。韩昭侯二十二年，为秦惠文王元年；前一年，商鞅被诛。《申子》，《汉志》列入法家。

伯潜按：高诱《吕氏春秋·任数篇》注曰：“申不害，郑之京人。”又《审应篇注》曰：“申向、周人，申不害之族。”同注一书，前后不一，何也？《史记正义》引《括地志》曰：“郑之京邑也。”当以作郑人为是。《战国策·韩策》记申不害与昭釐侯执珪而见梁君。此事在韩昭侯二年，是时申子已仕韩矣。《韩策》又曰：“魏之国邯郸也，申不害始合于韩王。”魏围邯郸，在韩昭侯五年。盖至是，申不害始得信任，故至八年而相韩也。《韩非·定注篇》言申不害“托万乘之动韩，十七年不至于霸王”，盖自其始合于韩昭侯之年计之也。韩为四战之国，而又积弱，十五年不被侵，已难能而可贵矣。《索隐》曰：“王劭按《纪年》，韩昭侯之世，兵寇屡交，异乎此书。”岂所谓“兵寇屡交”者，乃申不害未相韩时之情形欤？

韩非者，韩之诸公子也。喜刑名法术之学，而其归本于黄老。非为人口吃，不能道说，而善著书。与李斯俱事荀卿，斯自以为不如非。非见韩之削弱，数以书谏韩王。韩王不能用。于是韩非疾治国不务修明其法制，执势以御其臣下，而以求人任贤，反举浮淫之蠹而加之功实之上；以为儒者用文乱法，侠者以武犯禁；宽则用名誉之人，急则用介胄之士，今则所养非所用，所用非所养；悲廉直不容于邪枉之臣；观往者得失之变，故作《孤愤》《五蠹》内、外《储说》《说林》《说难》，十余万言。……（此处录《说难篇》，今节去。）人或传其书至秦。秦王见《孤愤》《五蠹》之书曰："嗟乎！寡人得见此人，与之游，死不恨矣！"李斯曰："此韩非所著书也。"秦国急攻韩。韩王始不用非，及急，乃遣非使秦。秦王悦之，未信用。李斯姚贾害之，毁之曰："韩非，韩之诸公子也。今王欲并诸侯。非终为韩，不为秦。此人之情也。今王不用，久留而遣之，此自遗患也。不如以过法诛之。"秦王以为然，下吏治非，李斯遣人遗非药，使自杀。韩非欲自陈，不得见。秦王后悔之，使人赦之，非已死矣。

按：此《韩非传》也，较申不害为详。韩王名安。《六国年表》，韩王安九年，为秦所虏，韩亡。"五蠹"者，一曰儒，二曰游士，三曰侠，四曰左右近嬖，五曰不务农桑之工商。"浮淫之蠹"，即五蠹中之儒侠也。详见《五蠹篇》。按本传，则《说难》《孤愤》，皆作于入秦之前。《史记·自序》及《报任安书》乃曰："韩非囚秦，《说难》《孤愤》。"此与"不韦迁蜀，世传《吕览》"，同为错误。《六国年表》，秦王政十四年，"韩使非来，我杀非"。本传《集解》引《战国策》曰："秦王封姚贾千户，以为上卿。韩非短之曰：'贾，梁监门子，盗于梁，臣于赵而逃。取世监门子、梁大盗、赵逃臣，与同社稷之计，非所以励群臣也。'王召贾问之。贾答曰云云，乃诛非也。"《韩非子》有《存韩篇》，劝秦王勿灭韩。不忘祖国，诚为人情。今本又有《初见秦篇》，乃劝秦王伐韩，故《通鉴》斥其欲覆祖国，不知此乃张仪初见秦王之言，见《战国策·秦策》。（王应麟《汉志考证》谓是范雎之书，亦误。）后乃羼入《韩非子》中耳。《韩非子》，《汉志》入法家。

伯潜按：近人刘汝霖《周秦诸子考》谓《史记》载韩非事殊略，而“口吃”一小节独传，疑因《韩非子》有《难言篇》而附会。今按《史记》诚多舛误。但韩非未见用于韩秦，生平事迹可传者本少。至因《难言》一篇之名而误传口吃，史公尚不至如此糊涂也。《秦始皇本纪》曰：“韩非使秦。秦用李斯谋，留非。非死云阳。”云阳，即云阳狱也。《论衡》亦曰：“李斯妒同才，幽杀韩非于秦。”非之被害，殆由斯主谋欤？《集解》所引，与《战国策》原文有出入。监门子、梁大盗，赵逐臣云云，乃始皇詈姚贾语。非毁贾，有“南使荆吴，北使燕代之间，三年，四国之交未必合也”之语。贾答始皇，一则曰“贾不归四国将焉之”，再则曰“四国之王尚焉用贾之身”。刘汝霖以秦威诸侯，荆齐燕代四国最后，谓“荆吴”之“吴”，乃“齐”字之误。但韩亡于四国之前，非更卒于韩亡之前。故谓此非韩姚二人互诘之言。今按荆吴燕代乃举极南极北之国，以代表诸国；即姚贾之言，亦是笼统的答辞。《诗经》屡言“四国”，如《曹风·鸤鸠篇》之“正是四国”，《豳风·破斧篇》之“四国是皇”。岂彼时只有四国耶？《始皇本纪》非之死在秦王政十四年。《韩世家》曰：“王安五年，秦攻韩。韩使韩非入秦。秦留非，杀之。”韩王安五年，即秦王政十年。

又按：李斯与韩非同为荀子弟子，同为法家。但韩非有著作传世，李斯则否；韩非未得大用，李斯则功业赫然。先君子诸子考不及李斯者，盖以其无书耳。今摘《史记·李斯传》，补《李斯考》，附于此。

李斯，楚上蔡人。少为小吏，见吏舍厕中鼠，食不洁，数受人犬之惊；仓中鼠，食积粟，不见人犬。叹曰："人之贤不肖，譬如鼠矣；在所自处耳!"乃从荀卿学帝王之术。既成，度楚王不足事，六国皆将无可为建功者。欲西入秦，辞荀卿曰："斯闻得时无怠。今万乘方争时，游者主事；秦王欲并天下，称帝而治；此布衣驰骛之时而游说者之秋也。处卑贱之位，而计不为者，此禽鹿视肉，人面而强行者耳！故诟莫大于卑贱，而悲莫甚于贫穷。久处卑贱之位，困苦之地，非世而恶利，自托于无为，此非士之情也。故斯将西说秦王矣。"

按:《索隐》引《庄子》及《苏子》曰："人而不学，譬之视肉而食。""禽"，"擒"之本字。言擒鹿而徒视其肉，不得食；以喻不能取富贵而享之者。虽具人面目，能人立而行，仍不足以为人也。斯之志，即此可见。

至秦，求为秦丞相吕不韦之舍人。不韦贤之，以为郎，因得见秦王政，拜为客卿。时秦臣主逐六国人之仕秦者。斯亦在遣中，乃上书谏秦王。王为除逐客之令，复斯之官。乃官至廷尉。秦王政二十六年，统一六国，称始皇帝，乃以斯为丞相。废封建制，夷郡县城，收兵器，铸金人十二，示不复用兵。李斯之策为多。

按：逐客事在秦王政八年；二十六年，李斯尚为廷尉；见《始皇本纪》。

始皇三十四年，置酒咸阳宫。博士仆射周青臣等颂始皇功德。博士淳于越斥青臣面谀之非，且反对废封建制，以为事不师古，不能久长。始皇下其议。李斯上书，言六国时士皆道古以非今，善其所私学，以非上所建立。今陛下并有天下，辨黑白而定一尊。而私学乃心非巷议，各以其私学非法教之制，非主以为名，趣异以为高，率群下以造谤。如此不禁，则主势降乎上，尝与成于下，禁之便。臣请诸有文学《诗》《书》百家语者，蠲除去之。令到满三十日，不去，黥为城旦；所不去者，医药卜筮种树之书。若有欲学者，以吏为师。始皇如其议，焚书。明法度，定律令，皆自始皇起。同文书、律、度量衡，李斯与有力焉。

按：此事亦见《始皇本纪》。所记李斯之议，与本传略有出入，当参阅。焚书办法亦略异。《本纪》记斯言有曰："臣请史官非《秦纪》皆烧之。非博士官所职，天下有藏《诗》《书》百家语者，皆诣守尉杂烧之。有敢偶语《诗》《书》者弃市。以古非今者，族。吏见知不举，与同罪。……"（下同。惟"若欲有学"句末，多"法令"二字。）今按诸子多托古改制，法家则主变古改制，故"以古非今"为法家之大忌。焚书之因，在禁学者以古非今，故罪至族；偶语《诗》《书》者弃市，而令下不烧者罪仅"黥为城旦"也。《本纪集解》引徐广曰："一无'法令'二字。"康有为因言"若有欲学"泛指《诗》《书》百家语，不限于法令，旨在使"私学"复为官学。又谓"吏"即指"博士"。此烧今文家之说也。此事为我国学术史上一大公案。其议实由李斯发之。

斯长子由为三川守，诸子皆尚秦公主，女悉嫁秦诸子。由告归，斯置酒于家。百官长皆前为寿。斯乃叹曰："吾闻之荀卿，'物禁太盛'。斯乃上蔡布衣；当今人臣无吾斯上者，可谓富贵极矣。吾未知所税驾也！”

按：《盐铁论》曰：“李斯相秦，荀卿为之不食，睹其罹不测之祸也。”盖因斯引荀卿之言而附会。李斯为丞相，在始皇三十四年。

始皇三十七年十月，出巡至会稽；遵海而上，北至琅玡。丞相李斯，中车府令兼行符玺令赵高，及始皇少子胡亥从。翌年七月，至沙丘。始皇病甚，命赵高为书，召长子扶苏于上郡蒙恬军次，命与丧会于咸阳。书已封，未付使者，与玺并在赵高所。始皇崩。斯以上崩在外，太子未立，乃置始皇于辒辌车中，而秘之。赵高说胡亥，求立为太子。胡亥从之。乃协斯，诈称受遗诏，立胡亥为太子。别为玺书并剑，命胡亥客奉至上郡，令扶苏自裁，赐蒙恬死，而以兵属裨将王离。扶苏得书，自杀。蒙恬不肯死，收系阳周，卒死狱中。使者还报。至咸阳，始发丧。太子胡亥嗣立，是为二世皇帝。

按：《李斯传》言始皇三十七年十月出巡；其年七月，崩于沙丘。《始皇本纪》亦言三十七年十月，出巡；七月，始皇崩；九月葬始皇。先云“十月”，后云“七月”、“九月”，不合；盖始皇三十八年之七月，九月也。是年即为二世元年，故改“其年七月”为“翌年七月”。李传于蒙恬被系阳周后不详结果。而其下赵高有“蒙恬已死”之言，故知死于狱中。李斯立胡亥，因为赵高所协诱，但亦其贪恋富贵有以致之也。

二世常居禁中。赵高以郎中令，侍中用事。大臣蒙毅等与诸公子、诸公主，及群臣连坐者，被诛甚众。初，始皇筑阿房宫，未成；二世续成之。

戍徭无已；赋税益重。楚戍卒陈涉等创乱，群盗纷起。过三川，李由弗能禁。及章邯破陈涉，使者按三川守相属。斯恐，乃上书请行督责，以阿二世。于是督责益严，税民多者为贤吏，杀人多者为能臣。赵高谮斯，以为丞相权重于皇帝，欲为田常所为；陈涉等皆楚人，过三川，李由不肯击，且常闻其文书往来云云。斯亦上书言赵高之短。二世乃命赵高案丞相斯及子由谋反状。斯被搒掠，从狱中上书自明。赵高命吏弃去，曰："囚安得上书！"卒诬服。狱具，二世曰："微赵君，几为丞相所卖！"二世使者至三川，李由已为项梁所击杀。使者反，赵高又妄为反辞上之。二世二年七月，腰斩斯于咸阳市。临刑，斯顾谓其中子曰："吾欲与汝俱牵黄犬，出上蔡东门，尚可得乎！"遂父子相哭，卒夷三族。

按：《本纪》言右丞相去疾，左丞相斯，将军冯劫，俱以谏二世下狱，去疾与劫自杀。本传以李斯为主，故不及之也。李斯佐始皇定郡县制，同文字，定律度量衡。我国自汉至清，政法制度，多沿秦制。（先师章厥生先生有《秦事通徵》，论此颇详，惜未成书。）是李斯在政治上确有成绩，虽无著述，究为法家杰出之才。惟以贪恋富贵，虽知"物禁太盛"之理，终不能自拔耳。

又按：李斯初至秦，为丞相吕不韦舍人。《汉志》杂家有《吕氏春秋》。《自注》曰："丞相吕不韦辑智略士作。"则非吕不韦自著甚明。但《吕氏春秋》为今存杂家名著，故就《史记》本传，摘叙其生平事略，附志于此。

吕不韦者，阳翟之大贾也。秦昭王太子死，以次子安国君柱为太子。其夫人曰华阳夫人，有宠而无子。夏姬生子楚，质于赵，贫甚。不韦见之曰："此奇货，可居也。"乃往说之，为西使于秦。为市珍奇玩好，献之华阳夫人。夫人言于安国君，愿抚子楚为嫡子。不韦有邯郸姬，已孕，进之子楚，生子曰政。秦昭王薨，柱即位，立华阳夫人为后，子楚为太子。柱立一年而薨，是为孝文王。子楚立，以不韦为相，封文信侯。子楚立三年而薨，是为庄襄王。太子政嗣立。尊不韦为仲父。政年少，太后故为不韦之邯郸姬，仍与通。不韦既贵，乃致智略士，使各著所闻，成《吕氏春秋》；布之咸阳市门，有张增损其一字者，赏千金。及政长，亲政。而太后淫不止。不韦又进大阴人嫪毐，与太后生二子。事发，政杀二子，夷嫪毐三族，免不韦官，命就国河南，后又徙之蜀。不韦惧殊，饮鸩自杀。

按：《战国策·秦策》言吕不韦为濮阳人，所记亦与《史记》大同小异。司马迁《报任安书》曰："不韦迁蜀，世传《吕览》。"《吕览》即《吕氏春秋》。其《自叙篇》有"维秦八年"之语。吕不韦罢相，在秦王政十年。则成书明在迁蜀之前也。《史记·魏公子传》谓诸侯若进兵法者，公子皆名之。盖门下之客所进之兵法，皆由公子署名也，则门客著书，题其主人之名者，不仅《吕氏春秋》矣。

第十一章 惠施、公孙龙与稷下诸子

战国时以辩论著者，后世谓之“名家”。然所谓“名学”，乃各家持论所需之辩论术；非名家所专有也。

按：所谓“名”者，本对“实”而言。事、物、皆实也；所以称此事物之语言文字中所用之“词”，则名也。凡用词造成语句，以举其实，以达其意，成为语句文辞，必有其法式焉；用之辩论，使能立能破，必有其方术焉；此即所谓“名学”也。我国之“名学”，实与欧洲之“逻辑”，印度之“因明”，同为辩论之术。我国名学之兴，当在战国中世以后。孔子虽有“正名”之论，孟子虽好辩，尚无所谓名学。后期墨家乃有《经》与《经说》《大取》与《小取》诸篇；后期儒家，乃有《荀子》之《正名篇》；可见名学为各家所同有之辩论术。所谓名家诸子，特专以辩论著名者耳。

名家诸子以惠施公孙龙为最。兹并撮叙其事，补《惠施公孙龙略考》。

惠施者，宋人也。

按：见《吕氏春秋·淫辞篇》高诱《注》。

尝为田驷说邹君。

按：见《韩非·说林篇》。田驷欺邹君。邹君将使人杀之。田驷恐，告惠子。惠子为见邹君而说之。邹君乃不杀田驷。

与庄子同时，并相友善。

按：《庄子·秋水篇》曰："庄子与惠子游于濠梁之上。庄子曰：'鯈鱼出游从容，是鱼之乐也。'惠子曰：'子非鱼，安知鱼之乐？'庄子曰：'子非我，安知我之不知鱼之乐？'"又《徐无鬼篇》曰："庄子送葬，过惠子之墓。顾谓从者曰：'郢人，垩漫其鼻端，若蝇翼。'使匠石斫之。匠石运斤成风，垩尽而鼻不伤。郢人立不失容。宋元君闻之。召匠石至，曰：'尝试为寡人，斫之。'匠石曰：'臣则尝能斫之。虽然，臣之质死久矣！'自夫子之死也，吾无以为质矣！吾无与之言矣！"惠子与庄子同时友善，先庄子死，即此可见。

尝相魏惠王，居魏颇久。后张仪至魏，惠施走楚。楚王纳之宋。

按：惠子相魏，见《庄子·秋水篇》。鸱鸮得腐鼠而吓鹓雏之诮，或为寓言。《吕氏春秋·不屈篇》称惠子治魏，当惠王之世，五十战而二十败，围邯郸三年而弗能取。是惠王二十一年，魏国赵邯郸时，惠子正为相也。《说苑》记梁相死，惠子欲之梁，曰："梁无相，吾欲往相之。"《战国策·魏策》言魏相公叔痤死，卫鞅入秦。此事亦见《史记·商君传》。鞅以秦孝公三年见孝公，是年为魏惠王十二年。盖公叔痤死，魏不得相，乃相惠子欤？《吕氏春秋·淫辞篇》言惠子为魏惠王为法；《不屈篇》言惠王欲以国让惠子；皆相魏时事也。惠王信惠子，故有欲让国之传说耳。《魏策》又记马陵败后，惠子劝惠王不如朝齐；《吕氏春秋·爱类篇》记惠王后元二年，会于徐州，魏王齐、匡章因此事与惠子问答；《魏策》又记惠王将葬，雪甚，惠子劝太子更择日；襄王七年，张仪欲以韩魏与秦共伐齐，惠子欲以荆齐偃兵，争论于王前；其居魏之久，可以见矣。至其罢相，不知在何年。《史记·魏世家》言惠王二十九年，以中山君为相，适在马陵之败之后。殆惠子罢相，而以中山君继之也。张仪相魏，逐惠子。惠子奔楚，楚王听冯郝之言，纳惠子于宋。见《楚策》。《吕氏春秋》谓其变衣易冠，乘舆而走，几不出乎魏境。则其去魏，亦狼狈矣。

又按：《魏世家》，魏襄王九年，张仪归魏；明年，张仪死。则惠子以周赧王五年，被逐去魏也。《九域志》、滑州有惠子墓，岂卒于滑耶？

《庄子·天下篇》曰："惠施多方，其书五车，其道舛驳，其言也不中。"又列记其说二十一条。《汉志》名家有《惠子》。

公孙龙字子秉，赵人。

按：公孙龙字子秉，见《列子仲尼篇释文》《汉志自注》。《庄子·徐无鬼篇》记庄子曰："儒墨杨秉四，与夫子为五。"秉即公孙龙。《史记·孟子荀卿传》曰："而赵有公孙龙为坚白同异之辨。"《汉志自注》亦云"赵人"。高诱《吕氏春秋注》以为魏人，非也。

尝游魏，及见魏公子牟与惠施。

按：《庄子·秋水篇》记公孙龙问于魏牟曰："龙少学先生之道。"《列子·仲尼篇》谓魏公子牟好与贤人游，而悦赵人公孙龙。乐正子舆谓牟曰："子，龙之徒，焉得不饰其阙？"则公孙龙尝与公子牟游，而非牟之弟子矣。

又按：胡適《中国古代哲学史大纲》谓公孙龙绝不能与惠施辩论，《庄子》中所记公孙龙语，皆后人乱造。《天下篇》明说与惠施相应者乃一般辩者，又明说桓团，公孙龙，乃辩者之徒。则此文之辩者乃公孙龙之前辈。今按《天下篇》原文曰："惠施以此为大观而晓辩者，天下之辩者相与乐之。"此下即列举惠施所说二十一条。又曰："辩者以此与惠施相应，终身无穷。桓团公孙龙辩者之徒。……"是其意明谓桓团公孙龙乃辩者一流人；惠施所晓，与惠施相应者，即公孙龙等也。胡氏误解"辩者之徒"为辩者之弟子或后学耳。

尝为赵平原君客，劝平原君弗受封地。又尝与赵惠文王论偃兵。邹衍过赵，尝绌公孙龙。

按：公孙龙劝平原君弗受封地，见《战国策·赵策》。盖秦国邯郸，平原君请信陵君救赵；围解，虞卿为平原君请益封地也。与惠文王论偃兵，见《吕氏春秋·审应篇》。平原君厚待公孙龙及龙为邹衍所绌，见《史记·平原君传》。

按：赵惠文王元年，封公子胜为平原君。是年为周赧王十七年。邯郸之围，在周赧王五十八年。此年上距赧王五年，惠子去魏时，已五十三年。是龙游魏时，年未三十也。又龙时惠文王论偃兵，有曰："今蔺离石入秦而王缟素布缌，东攻齐得城而王加膳置酒。"《史记·六国年表》："周赧王三十三年，秦拔赵两城；三十四年，秦拔赵石城；三十五年，赵攻齐麦丘，取之。"《战国策·周策》记苏厉谓周君曰："攻赵，取蔺离石祈者皆白起。"则《六国年表》所云"拔赵两城"，当指蔺离与祈矣。以龙之言按之，则其与赵惠文王论偃兵，当在此后不久。假定龙二十五岁游魏，则劝平原君弗受封时，年已七十八，则龙亦寿考人也。

又尝游燕，说偃昭王偃兵。殆中间曾一度离赵也。

按：公孙龙尝游燕，见《淮南·道应训》。说燕昭王，见《吕氏春秋·应言篇》。龙以"破齐"为言。昭王破齐，在赧王三十一年；三十六年，昭王薨。则说昭王，当在此五年中也。

又按：公孙龙与赵惠文王论偃兵，约在周赧王三十五六年，正与说燕昭王偃兵同时。

《公孙龙子》，《汉志》在名家。

按：《史记·孟荀传索隐》曰："龙即仲尼弟子也。此云赵人，《弟子传》作卫人，郑玄云楚人，各不能知其真。又下文云：'并孔子同时，或云在其后'，所以知非别人也。"按《仲尼弟子传》曰："公孙龙，字子石，少孔子五十三岁。"又子贡节曰："齐田常欲伐鲁，子张子石请行，孔子弗许。"公孙龙如少孔子五十三岁，则田常伐鲁时，仅十三四岁耳，岂能往齐？且各为孔子弟子，亦决不能下见平原君也。疑孔子弟子中并无公孙龙；即有之，亦非战国时以辩者著名之公孙龙也。

又按：《汉志》名家首列《邓析》。《自注》曰："郑人，与子产并时。"颜师古曰："《列子》与《孙卿》并言子产杀邓析。据《左传》，鲁昭公二十年，子产卒。定公九年，驷颛杀邓析而用其行刑。则非子产所杀也。"今按子产杀邓析，见《列子·力命篇》《荀子·宥坐篇》《吕氏春秋·离谓篇》《说苑·指武篇》。《荀子注》引刘向曰："邓析好刑名，操两可之说，设无穷之辞。"《淮南·诠言训》曰："邓析巧辩而乱法。"又据《吕氏春秋》所记，邓析教讼乱法，俨似一著名之讼师。故虽同列名家，实为一诡辩者，非惠施公孙龙之俦也。

《史记·孟子荀卿传》中，有一大段，叙稷下诸子。盖孟子荀子均尝居稷下，在所谓"列大夫"中。先君子有《稷下诸子考》，录之于此。

《稷下诸子考》

稷下，在齐都之西门。《孟子荀卿传》曰："自邹衍与齐之稷下先生，如淳于髡、慎到、环渊、接子、田骈、邹奭之徒，各著书以干世主，可胜道哉？……自如淳于髡以下，皆命曰'列大夫'，为开第康庄子衢，高门大屋，以尊宠之。览（同揽）天下诸侯宾客，言齐能致天下贤士也。"《田敬仲世家》曰："宣王喜文学游说之士，自如邹衍、淳于髡、田骈、接子、慎到、环渊之徒，七十六人，皆赐列第，为上大夫，不治而论议，是以齐稷下学士大盛，且数百千人。"可以见稷下诸子之盛矣。兹考其著者如下：

按：世家云"为上大夫"，即列传云"皆命曰列大夫"；世家云“皆赐列第”，即列传云“为开第康庄之衢”也。《列传集解》引《尔雅》云：“四达谓之衢，五达谓之康，六达谓之庄。”如所释，则“康”、“庄”、“衢”、义并相近。疑“康庄”二字为衢名。《世家集解》引刘向《别录》曰：“齐有稷门，城门也。谈说之士期于稷下也。”《索隐》曰：“《齐地记》曰：‘齐城西门侧系水左右，有讲室，遗址往往存焉。’盖因侧系水，故曰侧门。古‘侧’‘稷’音相近尔。又虞喜曰：‘齐有稷山，立馆其下，以待游士。’亦异说也。《春秋传》曰：‘莒子如齐，盟于稷门’，是也。”《列传索隐》又曰：“按稷，齐之城门也。谓齐之学士集于稷门之下也。或云，稷、山名。”按齐都在今山东省临淄县西。临淄县西南十三里有稷山，其西门曰稷门，正以山得名耳。

伯潜按：《孟子·滕文公篇》言楚大夫欲其子之齐语，“引而置之庄岳之间数年，虽日挞而求其楚，亦不可得矣”。“庄”即“康庄之衢”，“岳”指稷山。所谓“庄岳之间”，即康庄之衢与稷山之间。盖此为当时齐都最繁盛之区，“稷下”正指此处。所集学士，亦皆赐第于此，故谓之“稷下学士”尔。

（一）邹衍　（二）邹奭　《史记·田敬仲世家》及《孟荀列传》叙稷下诸子，皆首称邹衍。《孟荀传》曰：“齐有三驺子。其前驺忌（“驺”与“邹”同），以鼓琴干威王，因及国政，封为成侯而受相印，先孟子。其次邹衍，后孟子。”此三驺子，惟驺忌不在稷下诸子之列。又曰：“驺衍睹有国者之淫侈，不能尚德，若大雅整之于身，施及黎庶矣。乃深观阴阳消息而作［迂谈之变］《主运》《终始》《大圣》之篇，十余万言。其语闳大不经，必先验小物，推而大之，至于无垠。……王公大人初见其术，惧（同‘瞿’）。然顾化（同‘讹’），其后不能行之。是以驺子重于齐。适梁，梁［惠］王郊迎，执宾主之礼。适赵，平原君侧行撇席。如燕，燕昭王拥篲先驱，请列弟子之座而受业，筑碣石室，亲往师之。[作《主运》]其游诸侯，见尊礼如此。”

按：驺忌事，见《田敬仲世家》。“作主运”三字，本在“亲往师之”句下，与上下文均不相衔接。“而作迂怪之变”，语亦费解。今删“迂怪之变”四字，移“作主运”三字于其处，使与下文“终始大圣之篇”相接。《索隐》引刘向《别录》曰：“《邹子》书有《主运篇》。”《汉志》阴阳家有《驺子终始》。《主运》《终始》《大圣》、盖皆篇名也。

伯潜按：《史记探原》谓梁惠王与驺衍年代不相当。孟子适梁之次年，惠王即薨；本篇上文明言驺衍后孟子，不当与梁惠王同时。一也。驺衍过赵，绌公孙龙。公孙龙劝平原君弗受益封之地。救邯郸，在赵孝成王九年，上距梁惠王薨，已七十八年矣。二也。梁惠王不与燕昭王同时。三也。此时之梁王，当为昭王，故删“惠”字，仅云“梁王”。

又曰：“驺奭者，齐诸驺子，亦颇采驺衍之说以纪文。”又曰：“驺衍之术，迂大而闳辩；奭也，文具难施。……故齐人颂曰：‘谈天衍，雕龙奭。……’”

按：《汉志》阴阳家有《驺奭子》。《自注》曰：“齐人，号曰雕龙奭。”“雕龙”者，谓语加文饰，如雕镂龙文也。见《史记集解》。

伯潜按：驺衍之说闳大不经，故齐人谓之“谈天衍”耳。《论衡·感虚篇》曰：“传言驺衍无罪，见拘于燕。当夏五月，仰天而叹，天为陨霜。”《列子·汤问篇》注曰：“北方有地，美而寒，不生五谷。邹子吹律煖之，而禾黍生焉。”则竟变为神话，谓其能感天矣。

（三）淳于髡 亦稷下诸子之一。事见《史记·滑稽列传》及《战国策》。髡与孟子同时。为齐之赘婿，长不满七尺，慕晏婴之为人。博学强记而学无所主，滑稽多辩而善为谲谏。常讽谏齐王云。《孟荀传》曰：“淳于髡，久与处，时有得善言。故齐人颂曰：‘……炙毂过髡。’”《汉志》无淳于髡之书，殆未尝有著述欤？

按：《孟子》中有孟子与淳于髡问答，故知其同时。齐威王初即位，喜为隐语，好长夜饮，沉湎不治。左右莫敢谏。淳于髡说之以隐曰：“国中有大鸟，止王之庭，三年，不飞不鸣。王知此鸟何也？”王曰：“此鸟不飞则已，一飞冲天；不鸣则已，一鸣惊人。”于是亲政，齐以大治。其滑稽谲谏，大率类此。“炙毂过髡”四字，颇费解。《集解》曰：“徐广曰：‘一作乱祸。’《别录》曰：‘过字作粿。粿者，车之盛膏器也。炙之，虽尽犹有余流。言淳于髡智不尽，如炙粿也。’《文选》左思《齐都赋注》曰：‘言其多智难尽，过之有润泽也。’”《索隐》曰：“刘氏曰：‘毂，衍字也。’今按文言‘炙毂过’则过是器名。‘过’与‘锅’，字相近，盖即指器也。毂是车毂。过是润毂之物，则‘毂’字非衍明矣。”

伯潜按：上文明言“淳于髡，久与处，时有得善言”。故乘轩过髡者甚多。“炙毂”者，言乘轩过髡者多且勤，足以使车毂炙热耳。《集解》《索隐》、均未得其确解。

（四）田骈 《汉志》道家有《田子》。《自注》曰：“名骈，齐人；游稷下，号天口骈。”《吕氏春秋·不二篇》，《淮南·人间训》作陈骈。《庄子·天下篇》，田骈与彭蒙，慎到同举；《荀子·非十二子篇》，田骈、慎到同举。《天下篇》谓田骈学于彭蒙。按之今存《尹文子·大道篇》，则又似彭蒙学于田骈。

按：王应麟《汉志考证》引《七略》曰："齐田骈好谈论，故齐人为语曰'天口骈'。"田骈或作陈骈者，犹田常又作陈恒也。《尹文子·大道篇》曰："田子读书曰：'尧时太平。'宋子曰：'圣人之治以至此乎?'彭蒙在侧，越次答曰：'圣法之治以至此，非圣人之治也。'因论圣法与圣人之治之异。宋子犹惑，质之田子。田子曰：'蒙之言然。'"则似彭蒙、宋子，皆田骈之弟子。《吕氏春秋·执一篇》记其以道术说齐王，引老聃"无象之象，无状之状"云云。其所说亦道家言也。

田骈为齐之宗室，故虽不仕而养千钟，客百人。后唐子短田骈于齐威王。威王欲杀之。田骈奔薛。孟尝君厚待之。

按：田骈不仕而养千钟，客百人，见《战国策·齐策》。《吕氏春秋·士容篇》载其选择食客，尝论士容云。说齐王，见《吕氏春秋·执一篇》。为唐子所谮奔薛，见《淮南·人间训》。孟尝君之父田婴后威王卒。田婴卒，田文嗣立，已在宣王时矣。田骈奔薛，孟尝君厚待之，不当在威王时也。

伯潜按：《盐铁论·论儒篇》言湣王南举楚淮，北并巨宋，西摧三晋，却强秦，矜功不休，百姓不堪；诸儒谏不从，皆分散，田骈入薛云云。田骈答孟尝君曰："臣之处齐也，粝粱之饭，藜藿之羹，冬则寒冻，夏则暑伤。"按周赧王二十九年，湣王并宋，又二年而燕兵入齐。则湣王末年，黩武荒淫，稷下学士供养匮乏，故诸子分散耳。田骈入薛，当在此时，且未必有唐子短之也。胡適《中国古代哲学史大纲》谓田骈卒于襄王时，见《史记

·孟子荀卿传》。

（五）慎到 《庄子释文》引《慎子》云："又名广。"《孟荀传》曰："赵人，学黄老之术。"《汉志》法家有《慎子》。《自注》曰："名到，先申荀，申韩称之。"《韩子·天论篇》注谓慎子之术，本黄老，归刑名。《韩非·难势篇》尝引其言，以为势位足恃而贤志不足以服众。盖前期之法家分三派，商君言法，申子言术，慎子言势也。《孟子》有"鲁欲使慎子为将军"云云。观下记慎子曰："此则滑釐所不识也。"此慎子名滑釐，鲁人，与孟子同时，别为一人。

按：孟子至鲁，在平公时，约当周赧王四年。《战国策·楚策》记慎子为楚襄王策守东地。楚襄王于周赧王十七年即位。此慎子当即见于《孟子》之慎滑釐。《荀子·解蔽篇》论诸子各有所蔽，亦列慎子于申子之前，与《汉志自注》"先申韩"之说同。申子以周显王十五年受知于韩昭侯。慎子之成名，当在周显王初。明人辑《慎子》，举凡诸书所载慎滑釐事，亦一律录人，误。

（六）接子 亦稷下诸子之一。齐人。《正义》曰："《艺文志》云，《接子》二篇，在道家。"今按《汉志》道家无《接子》，有《捷子》。《自注》曰："齐人，武帝时说。"其事迹不详。

伯潜按：王先谦《汉书补注》引钱大昕曰："《史记·孟荀传》作接子。'接''捷'古字通。"又引王念孙曰："《古今人表》，捷子在尸子之后，邹衍之前。……是捷子乃六国时人，非武帝时人。‘武帝时说’四字，乃涉下条‘武帝时说于齐王’而衍。”按下条为《曹羽》二篇，曹羽正武帝时人。王说是也。

（七）环渊　亦稷下诸子之一。《汉志》道家有《蜎子》。《自注》曰：“名渊、楚人，老子弟子。”蜎渊即环渊，但非老子弟子，其事迹亦不详。

按：“蜎”、“环”、古音近通用。故《论语》之“狂狷”，《孟子》作“狂獧”；《战国策·楚策》之范环，《史记·甘茂传》作范蜎。《淮南·原道训》之蜎环亦即此人，而其名则误也。环渊既为稷下之士，自不能上及老子。殆以其为道家，因有此误耳。

稷下诸子，自以孟子荀子为最著。此七人者，又其次也。《孟荀传》末曰：“而赵亦有公孙龙、为坚白同异之辨，剧子之言；魏有李悝尽地方之教；楚有尸子、长卢；阿之吁子焉。”此六人盖附见者，未必皆尝游稷下也。公孙龙、尸子，已见前，其余四人，附志于此。

伯潜按：尸子附见第十章，公孙龙见本章上文。

（一）剧子　《汉志》法家无《剧子》。有《处子》，颜《注》曰：“《史记》云：赵有处子。”当即指剧子。“处”、“剧”形似，或本作“剧”。战国时有剧辛，汉有剧孟，则古有剧氏矣。名及事迹均不详。

（二）李悝　《汉志》法家有《李子》。《自注》曰：“名悝，相魏文侯，富国强兵。”又《食货志》曰：“李悝为魏文侯作尽地方之教。”《晋书·刑法志》曰：“律文起自李悝。悝撰次诸国法，著《法经》六篇，商君受之以相秦。”则商君似为李悝之弟子矣。语虽无征，而李悝之为前期法家，则彰然可知已。

（三）长卢子 《汉志》列于道家。《自注》曰：“楚人。”按“长卢”似非姓名。其人已无可考。

（四）吁子 《索隐》曰：“吁音芋。《别录》作《芋子》。今吁亦如字。”《正义》曰：“《艺文志》云：‘《芋子》十一篇，名婴，齐人七十子之后。’颜师古云：‘音弭。’按是齐人，阿又属齐，恐颜公误也。”《芋子》，《汉志》在儒家。事迹亦不详。

按：《诗·小雅·斯干》曰：“君子攸芋。”《释文》曰：“‘芋’音香于反，或作‘吁’。”“吁”、“芋”、均从“于”声，故其音同。《史记》作“吁”，《汉志》作“芋”，亦以同音通借。颜氏以为“楚有”二字直贯句末“阿之吁子”，故以吁子为楚人，因误认“芋”字为“芈”字，故云音弭耳。（楚王芈姓，故有此误会。）《孟荀传》于吁子独不言“齐有吁子”，而曰“阿之吁子”者，盖其叙孟荀以下诸子，以稷下学士之盛为全篇线索，以齐为立场，故于赵、魏、楚诸子皆明著其国，于齐人吁子不举其国而独著其为阿人耳。

《田敬仲世家》言自驺衍以下，为上大夫者凡七十六人，今可见者仅驺衍等七人，公孙龙等附见者仅六人，则湮没不彰者多矣。

伯潜按：先君子考稷下诸子，并及《孟荀传》附志六人中之四人。然此四人与公孙龙、尸佼，曾游稷下否，则无征也。《汉志》名家《尹文子》下颜《注》曰：“刘向云：‘与宋钘俱游稷下。’”则稷下诸子中尚有尹文宋钘二人矣。而《田敬仲世家》及《孟荀传》均不之及，何也？今补之于此。

（一）尹文　《汉志》名家有《尹文子》。《自注》曰："说齐宣王，先公孙龙。"《庄子·天下篇》尹文与宋钘并举。《吕氏春秋·正名篇》记尹文与齐湣王论士、论治，并以"见侮而不斗"为言，是与宋钘同宗墨子矣。《说苑·君道篇》记尹文答齐宣王问人君之事，以"无为而能容下"为言，则又近道家矣。《汉志》列其书于名家，不知何故。但即此可见其与齐宣王、湣王王同时，则颜师古谓"尝游稷下"，宜若可信也。《孔丛子》记子思在齐，尹文生子不类，疑妻不贞，以告子思云云。子思卒于鲁穆公初年，距齐宣王即位已九十余年，岂及下见尹文生子乎？《孔丛子》伪书，本不足信。洪迈《容斋续笔》引刘歆语，谓尹文与宋钘、田骈、彭蒙同学于公孙龙。公孙龙客平原君，在赵孝成王时，岂能上为尹文等之师乎？洪氏所引，出今本《尹文子》前《仲长统序》。仲氏之序，出后人伪托，亦不可信也。

（二）宋钘　《庄子·天下篇》《荀子·非十二子篇》均作"宋钘"，《孟子·告子篇》作"宋轻"，《庄子·逍遥游篇》《韩非·显学篇》作"宋荣子"。"钘"与"牸"，古音近；"钘"与"荣"，一音之转。《孟子》赵岐《注》《荀子》杨倞《注》，均云宋人。《孟子》记宋牼闻秦楚构兵，将往说而罢之。是宋牼与孟子同时也。此次秦楚构兵，在孟子去齐后，当周赧王三年。孟子以"先生"称之，其年辈殆长于孟子也。则颜氏尝游稷下之说，似可信矣。《庄子·天下篇》言其旨在"非攻寝兵，见侮不辱"。《荀子·正论篇》《韩非·显学篇》同。故《荀子》以之与墨子同举。《汉志》列之小说家者，殆以其"上说下教"，言近而旨远欤？

第十二章 苏秦张仪与屈原

春秋之世，楚最强大，常北向与齐晋争霸，为南北抗衡之局；战国之世，秦最强大，常东向而侵陵六国，为东西抗衡之局。楚虽已并江汉诸国，其北向争雄，但欲为领导诸侯之盟主，故仅与齐晋二大国争。秦既囊括关中，其东向侵略，实欲兼并六国而统一，故六国对秦均只有抵抗与屈服之二途。当时政客之策略，亦因而分为二种：其一，主六国南北连合以抗秦，谓之“合纵”。其二，主六国西向与秦连合，谓之“连横”。所谓“纵横”，即指此两种不同之外交策略；所谓“纵横家”，即指运用此两种不同之外交策略之政客。故“纵横”非学术，“纵横家”非学者。《汉志》以“纵横家”为诸子十家之一，可谓不伦不类。纵横家以苏秦张仪为最著，《史记》均有传。先君子撮记之，为《苏秦张仪略考》。

《苏秦张仪略考》

苏秦，字季子，东周雒阳人。

按：《索隐》引谯周说，谓苏秦兄弟五人，秦最少，故称季子。

与楚人张仪同事鬼谷先生，学纵横之术。

按：《集解》引徐广曰："颍川阳城有鬼谷，盖是其人所居，因以为号。"《索隐》曰："鬼谷，地名也。扶风池阳、颍川阳城，并有鬼谷墟，盖是其人所居，因以为号。"《鬼谷子》曰："周有豪士居鬼谷，号为鬼谷先生；苏秦张仪往见之，择日而学。"《风俗通》曰："鬼谷先生，六国时纵横家也。"似鬼谷子确有其人，以所居地名为号者。

伯潜按：鬼谷不止一处。(一)《集解》谓在颍川阳城者，即今河南省登封县东南之鬼谷。(二)《索隐》谓扶风池阳亦有鬼谷，即今陕西省三原县西北与耀县交界之清水谷，亦名鬼谷。(三)《隋书·地理志》言韩城东有鬼谷，韩城县今亦属陕西省。(四)今湖南省大庸县境天门山下有鬼谷洞。(五)今湖北省安远县之清溪亦有鬼谷洞。《拾遗记》谓鬼谷又名归谷。是鬼谷不一其处，且不一其名矣。

按：《汉志》兵阴阳家有《鬼容区》。颜《注》曰："即鬼臾区也。"王应麟《考证》曰："《史记·封禅书》有鬼臾区，号大鸿。'容''臾'音近。杨用修以为即鬼谷。"如杨氏说，则鬼谷之"谷"，非山谷之谷，其字作"谷"，音裕、欲、浴、容等，字皆从"谷"声。是鬼谷乃鬼容或鬼臾之音转，非地名矣，不特此也。鬼谷子之姓名年代，亦纷歧而悠谬。据《仙传拾遗》，鬼谷子姓王名利（利一作"诩"），晋平公时人。晋平公在春秋时，去苏张甚远。《宁波府志》谓鬼谷子姓王名诩，西周时人，则去苏张更远矣。《录异记》又谓鬼谷子姓王氏，自轩辕历商周，随老君西游流沙。周末复号，居汉滨电谷，弟子百余人，惟苏张不慕神仙，从学纵横之术云云，更为无稽之谈矣。《汉志》纵横家有《苏子》《张子》，无《鬼谷子》。《隋志》《唐志》始有《鬼谷子》，《唐志》径注曰苏秦撰。乐台（《意林》及王应麟《汉志考证》引，均作“乐壹”。此从新、旧《唐志》及《通志》）注曰：“苏秦欲神秘其说，假名鬼谷。”胡应麟《笔丛》曰：“东汉人荟萃《苏子》《张子》以成此书，而记于鬼谷。”按《汉书·杜周传》注引服虔曰：“《苏秦》书有抵戏之法。”颜师古曰：“鬼谷子有《抵戏篇》。”苏张一生奔走游说，忙于弋取富贵，必无暇著书，无意著书。《苏子》《张子》亦后人所据摭荟萃而成；好事者又托之鬼谷尔。故所谓“鬼谷子”者，实并无其人也。

苏秦学成，说周显王。左右素轻其人，不见用。赵之李兑资之，乃西入秦。

按：苏秦之赵，说李兑，得其资助事，见《战国策·赵策》。其说李兑，有“今君杀主父而族之”之言。主父即赵武灵王。主父薨于周赧王二十年，在苏秦被刺死（慎靓王元年）后三十五年，则此事殊不可信也。

以连横之策说秦惠文王。时秦方诛商鞅，疾各国游士，弗用。乃大困而归。至家，妻不下织，嫂不为炊，父母兄弟皆窃笑之。

按：秦诛商鞅在惠文王元年，即周显王三十二年。《史记·苏秦传》叙苏秦归而大困云云于说秦之前，今从《战国策》。

伯潜按：秦灭蜀，在周慎靓王五年；取汉中，在周赧王五年；取黔中，在周赧王三十五年；取巫郡，在周赧王三十五年。而苏秦之说惠文王，乃曰：“大王之国，西有巴蜀汉中之利……南有巫山黔中之限。”苏秦岂能预知之而预言之？即使其事可信，其言亦由后人伪造，不足信也。

于是发愤读书，欲睡则以锥自刺其股。期年，揣摩成。乃游燕，说燕文侯与赵从亲。燕文侯资以金帛车马，往说赵肃侯，请合韩魏齐楚燕以抗秦。赵益资之，使游说诸侯。

按：《六国年表》，周显王三十五年，燕文公二十八年，有“苏秦说燕”一条，《燕世家》同。

张仪学成，客于楚相。楚相亡其璧，疑仪所窃，重笞之。仪舁归，张口问其妻曰：“吾舌尚存乎？”妻曰：“舌固在也。”仪笑曰：“足矣。”时秦攻魏，取雕阴，且欲东兵。苏秦恐纵约未成而秦兵已至赵，乃使人微语仪：“何不往见苏君？”仪果之赵，求见苏秦。苏秦诫阍者勿为通，又使不得去；数日而后见之，又不礼焉。仪大怒，念惟秦可以困赵，乃西之秦。苏秦发金帛车马，使舍人将之，阴随仪，与共食宿，稍稍近之，因奉以金帛车马而不言其故。仪至秦，以连横之策说惠文王。王以为客卿。苏秦之舍人辞归，仪留之。舍人始言其故。仪叹服，曰：“为我归谢苏君。苏君在，仪不敢言伐赵。”

按：《六国年表》，秦取魏雕阴，在周显王三十二年，反在苏秦说燕之前三年，与此不合。

苏秦于是韩宣王、魏襄王、齐宣王、楚威王、卒定合纵之约，以苏秦为纵约长，并相六国。

按：《六国年表》，周显王三十七年，为韩宣惠王元年，魏襄王三年，齐宣王十一年，楚威王八年，则苏秦历说各国，当在此年。自周显王三十八年至四十三年，凡六年，《六国年表》仅四十年有“魏败楚于陉山”一条。似此六年中，六国间无他战事，为合纵时期。

伯潜按：秦之强，自孝公用商鞅变法始。但周显王四十七年以前（即秦惠文王后元二年以前），秦所侵者惟魏耳。（《年表》周显王三十四年，有“秦取韩宜阳”一条，但不见于《韩世家》。秦拔韩宜阳，《韩世家》叙在赧王八年。）周显王三十九年，魏始献河西地与秦。则以前秦所侵之魏地，皆在黄河以西也。苏秦时，其他五国皆未被侵。楚怀王时，秦尚惧齐楚联合，故使张仪绐楚绝齐；怀王伐秦再败，尚极倔强。威王在怀王之前，且未被侵，何至畏秦？秦欲称帝，尝许齐先称“东帝”。齐宣王时，齐正强盛，又何至畏秦？按《史记·苏秦传》及《战国策》所记苏秦历说诸侯之言，屡谓诸侯皆恐秦兵来伐，欲西面事秦，殊与当时形势不合。

归报赵王。过雒阳，周显王使人郊劳。妻嫂伫候道左，侧目不敢仰视。苏秦笑曰：“嫂何前倨而后恭耶?”嫂匍匐谢曰：“以季子位尊而多金也。”苏秦叹曰：“一人之身，贫穷则父母不子，富贵则亲戚畏惧；人生世上，势位富厚，盖可以忽乎哉?”至赵，赵肃侯封为武安君。由是，秦兵不敢出函谷关者十五年。

按：赵之强，自武灵王始。肃侯时，尚远不如齐魏。而苏秦屡言“山东之国莫如赵强”，“秦所畏亦莫如赵”，均与当时实情不符。此犹可云游说之士夸饰之辞也。但苏秦之得为纵约长终托赵势，赵国何以能领导五国，事终可疑。

伯潜按：苏秦历说诸国在周显王三十七年；纵约之成，当亦在此年。但按《六国年表》，周显王三十九年，秦取魏河西之地；

四十年，取魏之汾阴及焦；四十一年，取魏之上郡：四十七年，取魏之曲沃、平周；慎靓王二年，取韩之鄢；五年。取赵之中都，西阳及魏之安邑。十五年间，秦所蚕食甚多。此云秦兵不敢出函谷关者十五年，直是抹杀事实。

其后，秦欺齐魏，与共伐赵。赵王让苏秦。苏秦请使燕以求报齐。自苏秦去赵而纵约解。

按：《集解》引徐广曰：“自初说燕至此三年。”苏秦说燕在周显王三十五年，见《六国年表》，前已引之。至此三年，则是年为周显王三十七年矣。苏秦历说各国即在此年，已见前。是六国纵约之成，纵约之解，同在一年，殆仅如昙花一现而已。

初，秦惠文王以女为燕太子妇。是岁，文侯卒，太子立，是为易王。

按：“是岁”承上文而言，当指苏秦去赵之年。《六国年表》周显王三十七年，燕易王元年，齐魏伐赵。此即上文所云“秦欺齐魏与共伐赵”也。则纵约之解确在周显王三十七年。是周显王三十八年以后，即有六国合纵之事，已非苏秦所主持矣。又按下文，苏秦至燕后，未尝为赵求报齐。则苏秦之去赵之燕，非使燕明甚。殆因纵约已解，无以答赵王之让，乃遁而之燕耳。

齐宣王因燕丧，伐燕，取十城，易王让苏秦。苏秦请使齐，说齐王归燕十城。燕易王之母与苏秦通，易王知之。人又毁苏秦于易王。苏秦恐诛，乃说易王，佯为得罪而亡走齐。齐宣王以为客卿。及宣王卒，湣王立，齐大夫与苏秦争宠，使人刺之，殊而走。苏秦将死谓湣王曰：“臣死，以徇，曰‘苏秦为燕作乱于齐’。如此，则贼可得矣。”如其言，果得刺客诛之。

按：本传言苏秦被刺时，齐已为湣王，《燕世家》记苏秦死于王哙元年。《六国年表》周慎靓王元年，为燕王哙元年，齐湣王四年，苏秦被刺，正在此年。

伯潜按：《楚世家》怀王十一年，记苏秦合六国之兵以攻秦。《张仪传》记张仪既出，未去，闻苏秦死云云。《索隐》曰“此时秦惠王后元十四年”，此年上距燕王哙元年苏秦卒之年，已八年矣。又按《战国策·齐策》载楚怀王卒，太子质于齐，苏秦谓薛公，何不留楚太子以市。楚怀王客死于秦，在周赧王十九年。此年上距周慎靓王元年（即燕王哙元年）苏秦卒之年，已二十四年矣。《魏策》载苏秦被拘于魏，苏厉为说魏王，有“齐请以宋地封泾阳君”之言。齐灭宋在周赧王二十九年，此年上距周慎靓王元年已三十四年矣。苏秦兄弟有苏代苏厉皆以游说著名。岂苏秦死后，误以代厉之言与事属于苏秦耶？否则，苏秦卒年，亦不能定也。以《史记》及《战国策》所记苏秦之言观之，似为战国末期之情形。盖秦兵已出关而东，六国俱受威胁，方觉非合纵不足以抗情耳。殆苏秦曾有“合纵”之主张，终因尚不为情势所急需，故纵约仅如昙花一样，未成事实。《战国策》所记，乃集合其后以合纵游说者之言论，而属之苏秦，又加以夸饰，而《史记》采之。故疑窦破绽，多至如此尔。

秦惠文王十年，张仪与公子华伐魏，取蒲阳。又与魏和。惠入上郡少梁以谢。张仪由是相秦。惠文王十三年，秦始称王。惠文王后元三年，仪出相魏。居魏四年，襄王卒，哀王立，听仪，背纵约，与秦和。仪又归相秦。是时，齐与楚纵亲。仪使楚，给楚怀王使绝齐，言愿献商於之地六百里。

怀王果绝齐，使使随仪入秦受地。仪仅允割地六里。怀王怒，命屈匄伐秦，大败，屈匄死焉。秦遂取楚丹阳汉中。楚仍增兵攻秦。又败于蓝田。秦请和，言愿以武关外地，易楚之黔中。怀王曰："苟得张仪而甘心焉，愿献黔中。"仪如楚，又因楚佞臣靳尚及宠姬郑袖，说怀王赦仪，且许连横。仪又说韩连横。归报惠文王，封以五邑，号曰武信君。因历齐赵燕，皆许与秦连横。

伯潜按：张仪说齐王，有"秦赵战于河漳，战于番吾"之言，此秦将灭赵时事也。说燕王，有"赵兴兵攻燕，再围燕都"之言，此赵孝成王十七年武襄君攻燕事也。张仪岂能预知之而预言之？但较之苏秦，所叙已详实矣。

仪返秦，未至咸阳，而惠文王卒，武王立。武王为太子时，已不悦张仪；左右又多谗之。仪乃请出相魏。相魏一年而卒。

按：张仪以秦武王元年出相魏，一年而卒，是卒于秦武王二年也，是年为周赧王六年。

《汉志》有言："纵横者流，盖出于行人之官。""及邪人为之，则上诈谖而弃其信。"《汉志》之意，殆以"纵横"指外交；如苏张，乃上诈谖而弃信之邪人耳。《论语·子路篇》记孔子曰："诵《诗》三百……使于四方，不能专对，虽多亦奚以为？"盖春秋时聘问会同，往往赋诗见志，故《汉志》谓"登高能赋，可以为大夫。"言必登坛坫而能赋诗，方可为大夫，奉使专对也，此其一。《诗》多比兴，多铺张。外交辞令，亦往往须寓譬托讽，铺张夸饰。故辞令妙品，修饰之功，多得力于《诗》。此其二。及秦汉一统，游士弭节，乃一变而嬗为长辞赋之文人。如陆贾邹阳之流，皆以纵横家兼辞赋家，是其证。故由《诗》嬗变为辞赋，以纵横家为关键。纵横家虽不足以言学术，而与我国文学之变迁则至有关系。由纵横之术嬗变为辞赋，又以楚之屈原为关键。自来论诸子者均不及屈原，而屈原实我国辞赋家之开祖。且其为人，盖有道家超出尘世之玄想，儒家忠于君国之热忱者。我国文章，由诸子之著述，嬗变为辞赋之散篇，亦以屈原为分水岭焉。兹录先君子《史记屈原传考》，以殿《诸子人物考》。

屈原传考

屈原者，名平，楚之同姓也。

按：王逸《离骚注》曰：“高平曰原，故名‘平’而字‘原’。”《离骚》曰：“皇览揆余初度兮，肇赐余以嘉名。名余曰正则兮，字余曰灵均。”王夫之《楚辞通释》曰：“灵，善也。平者，正之则也。原者，土之均而善者也。隐其名而取其义以属辞，赋体然也。”蒋骥《带山阁楚辞注》曰：“古人有小名，有小字。盖屈原名平，而正则、灵均、则其小名小字也。”《通志·氏族略》曰：“屈氏，楚之公族也。楚武王子瑕，食采于屈，因以为氏；屈原，其后也。”

为怀王左徒。博闻强志，明于治乱，娴于辞令。入则与王图议国事，以出号令；出则接遇宾客，应对诸侯。王甚任之。

按：“左徒”为楚官名，参密勿，掌外交，盖要职也。《正义》曰：“盖今左右拾遗之类。”疑尚非其伦。

上官大夫与之同列，争宠而心害其能。怀王使屈原造为辞宪令。屈平属草稿未定。上官大夫见而欲夺之，屈平不与。因谗之曰："王使屈平为令，众莫不知。每一令出，平伐其功，以为非我莫能为也。"王怒而疏屈平。

按：《正义》引王逸曰："上官大夫，靳尚。"《通志·氏族略》曰："楚庄王少子兰为上官邑大夫，后以为氏，汉有上官桀。"今按"庄王"乃"怀王"之误。但本传下文又曰："令尹子兰大怒，卒使上官大夫短屈原于顷襄王。"则上官大夫非怀王少子子兰明矣。

屈原疾王听之不聪也，谗谄之蔽明也，邪曲之害公也，方正之不容也，故幽愁忧思而作《离骚》。离骚者，犹离忧也。

按：《离骚》为《楚辞》首篇，在辞赋中为空前之创作。古代纯文艺之传于今者，以《诗》三百五篇为最古。但皆短篇诗歌，作者十之九不可考。故我国之文学家首推屈原。汉人于《楚辞》，以《离骚》为"经"，其他作品为"传"，盖特尊之也。但必以经传拟之，则又为经生之陋见。

伯潜按：班固曰："离，犹遭也；骚，忧也；明己遭忧作辞也。"《文选旁证》引王应麟曰："《国语·楚语》，伍举曰：'德义不行，则近者骚离而远者距违。'伍举所谓'骚离'，屈平所谓'离骚'，皆楚言也。"《论语·子路篇》，孔子答叶公问政曰："近者悦，远者来。"骚离为"悦"之反，距违为"来"之反。距与违，二同义字平列；骚与离，亦二同义字平列。故"骚离"可例言"离骚"也。如班氏所释，则"骚离"二字费解矣。《汉书·杨雄传》曰："雄作书，往往摭《离骚》文而反之，曰反

《离骚》。又旁《惜诵》以下《怀沙》一卷，名曰《畔牢愁》。”王先谦《补注》引宋祁曰：“萧谟案‘牢’字旁着‘水’，《晋语》直作‘浶’。韦昭曰：‘浶，骚也。’”又引王念孙曰：“‘牢’当读为‘恻’。《广韵》：‘恻，烈也。’《广雅》：‘烈，忧也。’牢字古读如‘刘’，故与‘恻’通。‘牢’‘愁’叠韵字。畔者，反也。或言‘反离骚’，或曰‘畔牢愁’，其义一而已矣。”今按“离”、“牢”、“恻”、“烈”，皆为双声。“恻”、“忧”、“愁”，皆属“尤”韵；“骚”，“牢”，属“豪”韵；古音“豪”“尤”对转，皆为叠韵。故“离骚”、“牢愁”、为二同义字组成之复词，而音又互相近也。质言之，则“骚离”者，犹今语云“牢骚”耳。班氏以“遭忧”释之，非也。

又按：此下“夫天者人之始也……推此志也，虽与日月争光可也”一大段，为宋公评《离骚》之言，皆空论，今节去。使下段“屈平既绌……”与上文“王怒而疏屈平”句径接，文义较为明白。

屈平既绌。其后秦欲伐齐；齐与楚纵亲，惠王患之。乃命张仪详（同“佯”）去秦，厚币委质事楚。曰：“秦甚憎齐；齐与楚纵亲。楚诚能绝齐，秦愿献商於之地六百里。”楚怀王贪而信张仪，遂绝齐，使使如秦受地。仪诈之曰：“仪与王约六里，不闻六百里。”楚使怒去，归告怀王。怀王怒，大兴兵伐秦。秦发兵击之，大破楚师于丹淅，斩首六万，虏楚将屈匄，遂取楚之汉中地。怀王乃悉起国中兵以深入击秦，战于蓝田。魏闻之，袭楚，至邓。楚兵惧，自秦归。而齐竟怒，不救楚，楚大困。明年，秦请归汉中地以和。楚王曰：“不愿得地，愿得张仪而甘心焉。”张仪闻之，乃曰：“以一仪而得汉中地，臣请如楚。”如楚，又因厚币用事者臣靳尚，而设诡辩于怀王之宠姬郑袖。怀王竟听郑袖之言，复释去张仪。

按：此叙张仪绐楚怀王事，当参阅《张仪传》。本段首言“屈平既绌”，又曰“其后”，明此事在屈原被疏之后也。

是时，屈平既疏，不复在位，使于齐。顾反，谏怀王曰：“何不杀张仪？”怀王悔，追张仪，不及。

按：上段叙张仪事甚长，故此重言以明之曰“是时，屈平既疏，不复在位”也，盖已不复为左徒矣。其使齐，当在张仪首次来楚之前；其反，当在张仪二次来楚之后。屈原不在楚，故张仪得售其奸耳。怀王悔而追之不及，则屈原自齐返楚，当在张仪被释之前不久也。

伯潜按：《离骚序》曰：“屈原与楚同姓，仕于怀王，为三闾大夫。三闾之职，掌王族屈昭景。屈原序其谱属，率其贤良，以厉国士。”则三闾大夫乃如后世之宗正，宗人府，为掌宗室之官，非如左徒之居要津矣。屈原为三闾大夫，不见于本传。以情理度之，当在被疏绌时，盖罢左徒而左迁三闾大夫也，故此时尚奉使至齐耳。

其［时］后，诸侯共击楚，杀其将唐昧。

按：《六国年表》，楚怀王十九年，即秦武王元年（按当在翌年），张仪卒于魏。楚怀王二十九年，即秦昭王六年，秦、齐、韩、魏、败楚于重邱，杀唐昧。是此时在上文所叙张仪绐楚之后，已十余年矣，故改“其时”为“其后”。

时秦昭王与楚婚，欲与怀王会。怀王欲行。屈原曰：“秦，虎狼之国，不

可信，不如无衍。”怀王稚子子兰劝王行：“奈可绝秦欢?”怀王卒行。入武关，秦伏绝其后，因留怀王以求割地。怀王怒，不听，亡走赵。赵不内，复之秦，竟客死于秦而归葬。长子顷襄王立，以其弟子兰为令尹。楚人既咎子兰，以劝怀王入秦而不反也。

按：《六国年表》，楚怀王二十四年，即秦昭王二年，秦来迎妇。楚怀王三十年，入秦。是年，秦取楚八城；翌年，为顷襄王元年，秦取楚十六城。是怀王虽不许，楚已割地予城矣。“既”，尽也；言楚人尽咎子兰也。旧说因上文言“屈平既绌”，“屈平既疏，不复在位”，以为屈平在怀王时已被放逐。并以《楚世家》载昭睢谏怀王入秦，证明屈原此时已被放，本传记其谏入秦为误。按谏怀王入秦，不限于一人；《史记》有互相之法，屈原之谏，已见本传，故《楚世家》仅言昭睢耳。

屈平既嫉之。虽放流，眷怀祖国，系心怀王，不忘欲反；冀幸君之一悟，俗之一改也。其存君兴国而欲反覆之，一篇之中，三致意焉。然终无可奈何，故不可以反；卒以此见怀王之终不悟也。……令尹子兰闻之，大怒，卒使上官大夫短屈平于顷襄王。顷襄王怒而迁之。

按：上文云：“楚人既咎子兰”，则咎子兰乃全国人之公意，不仅屈原一人之私意矣。此言屈原一面已嫉恨子兰，一面又不忘君国。“虽放流……”者，言虽被放流，终不忘君国也。“不忘欲反”，“而欲反覆之”，即是“冀幸君之一悟，俗之一改”耳。“不可以反”者，言君之终不悟，俗之终不改也。“终不悟也”句下，又插入“人君无智愚贤不肖……王之不明，岂足福哉”一大段议论，今亦节去。令尹子兰闻屈原有虽被放流亦不忘君国之言论，故使上官大夫再度进谗，顷襄王遂加以放逐。"迁"即被放逐之意，非怀王时已被放逐，顷襄王又迁之他处也。

伯潜按：屈原被放，仅此一次。如怀王时已被放逐，上文所谓"被绌"、"被疏"、"不复在位"，即指放逐而言，则何以已被放逐之人，又奉使至齐，又谏怀王入秦耶？旧说之误，不言可知。

屈原既至江滨，被发行吟泽畔，形容枯槁。……乃作《怀沙》之赋。……于是怀石自投汨罗而死。

按："形容枯槁"句下，载屈原与渔父问答，其《楚辞》之《渔父》同。刘知幾《史通》谓渔父事本假设，史公误为实事，采入《史记》。其说是也，故删。《怀沙》为《楚辞》中《九章》之一。"乃作《怀沙》之赋"句下，录其全文，今亦节去。汨水、罗水合流，曰汨罗江，下流入湘水。屈原投水处曰屈潭。

伯潜按：屈原生于楚宣王二十七年正月庚寅日。其自沉之年，或谓在顷襄王元年，或谓在顷襄王三年，怀王客死于秦之后。《续齐谐记》谓屈原以五月五日自沉，今俗称为"端午"云。

屈原既死之后，楚有宋玉、唐勒、景差之徒，皆好辞而以赋见称。然皆祖屈原之从容辞令，终莫敢直谏。其后，楚日以削；数十年，竟为秦所灭。

按：屈原以下诸人所作辞赋，见《楚辞》中。大抵楚人称"辞"，汉人称"赋"。《楚辞》如《九歌》，原为民间之歌，但大部分则不可歌。及汉，可歌者采以合乐，则曰"歌诗"，演为"乐府"；其不歌而诵者，则谓之"赋"云。

附录一　西汉诸子

伯潜谨按，上就先君子《诸子人物考》整理补缀，分为十二章。总此十二章所述，诸子十家之代表人物，儒家则有孔子、孟子、荀子，道家则有老子、庄子，墨家则有墨子，法家则有商君、韩非、李斯，名家则有惠施、公孙龙。此其最著者也。阴阳家当推邹衍，纵横家当推苏秦、张仪。此其次焉者也。他如许行之说本出道家，以其托于神农，故亦可目为农家；宋钘之说本近墨家，以其旨远言近，故又目为小说家；《吕氏春秋》本为门客所作，而吕不韦尸其名，以其言杂，故谓之杂家，则又其次矣。以时代论，上自春秋末之老子、孔子、下至秦之李斯。故战国为诸子学之全盛时期。论诸子者，或曰“周秦”，或曰“先秦”，盖以此尔。

班固之《汉书·艺文志》以刘歆之《七略》为蓝本。刘歆为西汉末人，班固为东汉初人，故其《诸子略》所著录，不限于周秦，而不及于西汉。盖周秦诸子之余风，至西汉犹有存焉者矣。今采要撮举其事略，附录于此。

（一）陆贾　楚人，佐汉高祖定天下，常使诸侯。又尝两使南越，说赵佗。吕后时，尝与丞相陈平，太尉周勃，共诛诸吕，则其人盖纵横之士。《汉志·诗赋略》分赋为四种，其三曰陆贾之属。则又为辞赋家矣。又尝为高祖著书十二篇，曰《新语》。《汉志》列之儒家。

（二）贾谊　洛阳人。以吴廷尉言，文帝召为博士。一岁，超迁至大中大夫。周勃灌婴等大臣沮之，出为长沙王太傅。后迁梁王太傅。梁王堕马死。贾谊自伤为傅无状，哭泣岁余，亦死。其《鹏鸟赋》，以“同生死，去轻就”为旨，盖赋家而深有得于道家者。所著五十八篇，名曰《新书》，《汉志》列之儒家。

（三）董仲舒　广川人。景帝时博士。武帝策问贤良文学之士，董仲舒对策第一。尝为江都王、胶西王相。其学实长于《公羊春秋》。《汉志》儒家所录。董仲舒百二十三篇，皆上疏条教及经术者，似后世萃单篇而成别集者然。

（四）桓宽　字次公，汝南人。宣帝时，尝官庐口太守。昭帝诏贤良文学之士，问民间疾苦。皆以盐铁榷酤痛民为言，与桑弘羊等相辩难。桓宽集之为《盐铁论》。《汉志》列之儒家，但此书实非桓宽自著。

（五）刘向　本名更生、汉之宗室。元帝时，累官宗正给事中。后与周堪、萧望之等为宦官弘恭石显所谮，一再下狱。刘向乃著《疾谗》《救危》《摘要》《世颂》八篇。又集上古至汉符瑞灾异之记为《洪范五行传》，采《诗》《书》传记为《列女传》《新序》《说苑》。《汉志》总称“刘向所序”，列之儒家，除所著八篇（已亡）外，大抵皆由集录成书。成帝时，奉诏领校中秘书。此为刘向一生最大之事业。我国校雠目录之学，当以刘向为开祖也。

（六）杨雄　字子云，蜀郡成都人。初为郎，王莽时，擢为大夫。《汉志》儒家有“杨雄所序”，所著《太玄》《法言》并在其中。《太玄》仿《周易》，《法言》仿《论语》。又仿《虞箴》作《州箴》，仿《苍颉篇》作《训纂》，仿《尔雅》作《方言》。至其所为赋，《反离骚》，《畔牢愁》等则仿《离骚》，《解嘲》则仿东方朔之《答客难》，《甘泉》《长扬》《羽猎》诸赋则仿司马相如。杨雄盖善于模仿者也。

按：杨雄之杨，今作“扬”，实误。段玉裁曰：“此传（指《汉书·杨雄传》）录雄《自序》，不增改一字。赞曰‘雄之《自序》云尔’，乃总上一篇之辞。唐初，《自序》已无单行本，故颜师古特就赞首一语明之。刘贡父《汉书注》云：‘杨氏两族，赤泉氏从“木”，子云自叙其受氏从“手”。而杨修书称“修家子云”，又似震族。’贡父所见《自序》，必是唐以后伪作。雄果自叙其受氏从手不从木，《汉书音义》及师古《注》必载其说。何唐以前并无是说，至宋乃有之？且班氏用《自序》为传，但曰：‘其先食采于杨，因氏焉；杨在河汾之间。’考《左传》，霍、杨、韩、魏，皆灭于晋。羊舌肸食采于杨，故亦称杨肸，其子食我亦称杨石。《汉书·地理志》，河东郡杨县即杨侯国。说《左传》《汉书》诸家，未有谓其字从手者。则雄何得变其受氏之始而从手乎？修与雄姓果不同氏，断不曰‘修家子云’，以启临淄侯之讪笑也。作伪《自序》者，但因班氏‘无他杨于蜀’一语。不知师古《注》但云‘蜀诸姓杨者皆非雄族’，不云诸杨者皆从木，与雄姓从手者异也。《广韵》‘扬’字注不言姓。‘杨’字注则云：‘姓，出宏农天水二望，本自周宣王子尚父、幽王邑诸杨，号曰杨侯；后并于晋，因为氏。’然则姓有‘杨’无‘扬’甚明。”王念孙曰：“案段说至确。景祐本、汪本、毛本、‘杨’‘扬’二字杂出于一篇中，而明监本则皆改为‘扬’。其分见各志各传者（《五行》《地理》《艺文》三志，《赵充国》《谷永》《游侠》《匈奴》《元后》五传，及《叙传》，《刘向》《冯唐》《司马相如》《司马迁》《东方朔》五传赞，《赵尹韩张》两王传赞，《王贡两龚鲍传》序），景祐本、汪本、毛本、从木者尚多，而监本则否。余考《汉郎中郑固碑》云：‘君之孟子，有杨乌之才。’乌，即雄之子也，而其字从木，则雄姓之不从手益明矣。”王先谦曰：“‘杨’‘扬’字同。王说是也。《汉书》从木从手之字，类多通作，不能枚举，而各本又互异。‘杨’‘扬’通作，如‘扬州’，景祐本、汪本多作‘杨’，明监本全书皆作

‘扬’。《左传》之‘扬干’，汲古本《人表》作‘杨干’。本书之‘杨恽’，见于《宣帝纪》者作‘杨恽’，与各传同，惟闽本作‘扬恽’。《高帝纪》之‘杨熊’，汲古本《樊哙夏侯婴伍被传》作‘扬熊’。《李寻传》之‘扬光辉’，汲古本作‘杨光辉’。足证此书二字通写，原无一定。今汲古本《杨雄传》作‘扬’，诸志传多作‘杨’，证明雄自叙世系，其本从木，不从手，又何疑乎?”详见《汉书·杨雄传》补注。

（七）晁错 颍川人。学申商刑名于轵之张恢。文帝时，为太常掌故，奉诏往济南，受尚书于伏胜。后为太子家令。太子幸之，号曰“智囊”。景帝立，为内史，权倾九卿。迁御史大夫。力主削诸王封地。吴楚七国反，以讨错为名。景帝听窦婴袁盎言，斩之东市。《汉志》法家有《晁错》，皆奏议条教等单篇。

（八）蒯通 本名彻，避武帝讳，追改曰通。范阳人。秦汉间游士，初说范阳令降武臣，后又说韩信袭齐，劝其背汉自立。及韩信被诛，临刑有“悔不听蒯生”之言，高祖乃捕而欲烹之。以善说得免。后为丞相曹参上客。著有《隽永》，《汉志》列之纵横家。此书系论战国时说士权变，虽并自序其说，但终以序录战国游士之故事为主云。

（九）邹阳 齐人初客吴王濞所，以谏不听，乃去之梁孝王。为羊胜所谮，尝下狱。后复为上客。孝王遣人刺杀袁盎，将得罪。阳入长安，说王美人之兄王长君，言于帝，得不治。长于赋，与枚乘齐名。《汉志》列于纵横家。

（十）刘安 淮南厉王长之子。初封阜陵侯，后袭封淮南王。后以谋反被觉，故自杀。安好文学，喜养士，门客为作《淮南内外书》，外书已亡。《汉志》列入杂家。

以上所录凡十人。墨家名家无西汉人之书，盖已衰歇。道、阴阳、农、小说四家，亦无著名之人物。即上所录儒、法二家诸人，能自抒己见，成一家言者亦寡，不能与孟荀商韩同日语也。西汉学者之巨著，莫如司马迁之《史记》。《史记》为我国史书空前巨著，司马迁为我国第一史学家；但又与诸子性质殊异。盖西汉之世，学者所致力者为经学之训诂章句，文人所致力者为赋，而专书之渐变为单篇，亦始于此时。诸子之学，成一家言之著述，已形衰落。《汉志·诸子略》所录西汉人之著述，仅可谓为周秦诸子之尾声之附庸而已。先君子考诸子人物，所以不及西汉者，盖以此也。

附录二　诸子大事年表

公元前	时王纪年	诸子大事	附　记
五五一	周灵王二十一年	孔子生。（孔子名丘字仲尼。）	是年为鲁襄公二十二年。
五四五	灵王二十七年	颜路生。（颜路字无繇。）	颜回父，少孔子六岁。
五四四	景王元年	冉耕生。（冉耕字伯牛。）	冉耕少孔子七岁。
五四二	景王三年	仲由生。（仲由字子路。）	仲由少孔子九岁。
五四〇	景王五年	漆雕开生。	漆雕开少孔子十一岁。
五三六	景王九年	闵损生。（闵损字子骞。）	闵损少孔子十五岁。
五三二	景王十三年	孔鲤生。（孔鲤字伯鱼。）	孔子子，少孔子十九岁。
五二五	景王二十年	原宪生。（原宪字子思。）	原宪少孔子二十六岁。
五二二	景王二十三年	冉求冉雍生。（冉求字子有，冉雍字仲弓。）	冉求与冉雍均少孔子二十九岁。
五二一	景王二十四年	颜回、高柴、巫马施生。（颜回字子渊，高柴字子羔，巫马施字子期。）	颜回、高柴、巫马施、均少孔子三十岁。
五二〇	景王二十五年	端木赐生。（端木赐字子贡。）	端木赐少孔子三十一岁。
五一八	敬王二年	孔子适周观书，见征藏史李耳。	是年为鲁昭公二十四年。《史记》以李耳为老子。

五一五	敬王五年	樊须生。（樊须字子迟。）	樊须少孔子三十六岁。
五〇七	敬王十三年	卜商生。（卜商字子夏。）	卜商少孔子四十四岁。
五〇六	敬王十四年	言偃生。（言偃字子游。）	言偃少孔子四十五岁。
五〇五	敬王十五年	曾参生。（曾参字子舆。）	曾参少孔子四十六岁。
五〇三	敬王十七年	颛孙师生。（颛孙师字子张。）	颛孙师少孔子四十八岁。
五〇〇	敬王二十年	孔子为鲁司寇，后去鲁。	是年为鲁定公十二年。
四九五	敬王二十五年	孔鲤颜回卒。孔伋生。（孔伋字子思，孔子孙。）	是年为鲁哀公二年。孔鲤颜回同年先后卒。孔伋适生于此年。
四八六	敬王三十六年	孔子返鲁。	是年为鲁哀公十一年，距去鲁凡十四年。
四八〇	敬王四十年	仲由死卫难。	是年为鲁哀公十五年。
四七九	敬王四十一年	孔子卒。	是年为鲁哀公十六年。
四六八	定王元年	墨子生。（墨子名翟。）	梁启超考定墨子生于周定王初年。
四三九	考王二年	墨子游楚，献书楚王。	是年为楚惠王五十年。
四〇六	威烈王二十年	孔伋卒。	是年为鲁穆公二年。
三七四	烈王二年	周太史儋入秦。	是年为秦献公十一年。或曰，儋即老子。
三七二	烈王四年	孟子生。（孟子名轲。）	从狄子奇《孟子编年》。
三六九	烈王七年	庄子生。（庄子名周。）	马师夷初《庄子年表》始此，姑系于此年。
三六一	显王八年	惠施相魏。	是年为魏侯莹十年。
三五九	显王十年	卫鞅入秦，见孝公。	是年为秦孝公三年。
三五一	显王十八年	申不害相韩。	是年为韩昭侯八年。
三四七	显王二十二年	卫鞅相秦。	是年为秦孝公十五年。
三四三	显王二十六年	屈原生。	是年为楚宣王二十七年。

三四一	显王二十八年	秦封卫鞅于商，号商君。	是年为秦孝公二十二年。
三三八	显王三十一年	秦诛卫鞅。	是年秦孝公卒，子惠文王嗣立。
三三七	显王三十二年	申不害卒。	是年为韩昭侯二十二年。
三三四	显王三十七年	苏秦为纵约长。	合纵之约成于此年，旋即解散。
三二八	显王四十一年	张仪相秦。	是年为秦惠文王十年。
三二〇	慎靓王元年	苏秦被刺死于齐。孟子至魏，见惠王。	是年为齐湣王四年，燕王哙元年，魏惠王后元十六年。
三一九	慎靓王二年	孟子去魏适齐。	是年为魏襄王元年，齐宣王二年。
三一〇	赧王五年	张仪出相魏，惠施出奔。	是年为魏襄王九年，秦武王元年。
三〇九	赧王六年	张仪卒于魏。	是年为魏襄王十年。
二八九	赧王二十六年	孟子卒。	从狄子奇《孟子编年》。
二八六	赧王二十九年	庄子卒。	马师夷初《庄子年表》止此，姑系于此年。
二六四	赧王五十一年	荀子游齐。（荀子名况。）	荀子以齐王建初年至齐，姑系于此。
二五七	赧王五十八年	公孙龙说平原君。	邯郸围解，赵孝成王益封赵胜，龙劝其勿受。
二五五		荀子为楚兰陵令。	是年为楚考烈王八年。在周亡后一年。
二四九		吕不韦相秦。	是年为秦庄襄王元年。
二三九		《吕氏春秋》成。	是年为秦王政八年。
二三七		吕不韦罢相，徙蜀，自杀。	是年为秦王政十年。

二三三		韩非入秦，被害。	是年为秦王政十四年。
二二一	秦始皇二十六年	李斯相秦。	是年秦并六国，秦王政称始皇帝。
二一四	始皇三十三年	以李斯为丞相。	
二一三	始皇三十四年	从李斯议，下令焚书。	
二〇八	二世二年	李斯被诛。	明年，秦亡。
二〇三		蒯彻说韩信自立。	是年为汉王四年。翌年，汉灭楚，统一。
三〇〇	汉高帝七年	贾谊生。	
一九六	高帝十一年	陆贾使南越。	说赵佗，封为南越王。
一七九	文帝元年	陆贾再使南越。	说赵佗去帝号。
一六八	文帝十二年	贾谊卒。	
一六四	文帝十六年	封刘安为淮南王。	
一五四	景帝三年	晁错被诛。	
一三四	武帝元光元年	董仲舒对策第一。	
一二二	武王元狩元年	刘安自杀。	
八〇	昭帝元凤二年	刘向生。	刘向字子政，初名更生。
五三	宣帝甘露元年	杨雄生。	杨雄字子云。
二六	成帝河平三年	刘向奉诏领校中秘书。	
八	成帝绥和元年	刘向卒。	刘向子歆奉哀帝命卒父业，成《七略》。

伯潜谨按：本编叙诸子人物，大率以类相从，首儒家，次道家，次墨家，次法家，次名家，次纵横家，而阴阳家、杂家、农家、小说家之人物，则皆散见于各章。诸子之年代，可确知者少，待考证者多，且有无从考证者。兹录周秦至西汉末诸子之大事，总为年表，附于本编之末。读者阅此简表，参检本编各章，庶于诸子年代先后，可知其大概云。

下编　诸子著述考

本编考诸子之著述，大抵以《汉书·艺文志·诸子略》所录者为主。《汉志》所录诸子十家之书，或存或亡，或全或残，或真或伪，其成书之时或先或后，皆有待于考证。重要者并须详其篇目与注本。《汉志》考记疏注，如王应麟、沈钦韩、王先谦诸家，本编亦摘录颇多焉。

本书绪编曾言：孔子为诸子之开祖；私家之著述，始于弟子后学记纂孔子言行之《论语》；与其以《论语》为六艺之附庸，不如以《论语》为诸子之冠冕云云。故本论考诸子之著述，首列《论语》。此则显然轶出《汉志·诸子略》之范围矣。

《论语》为第一部子类之书，固矣。然《汉志》所录，多在《论语》以前者，何也？周秦诸子，皆以改制救世为宗旨。世俗之人多贵古而贱今，故必托之神农黄帝而后能入说。（用《淮南·修务训》语）此即所谓"托古改制"也。是以孔墨俱道尧舜，而取舍各不同焉。（用《韩非·显学篇》语）孔子之祖述尧舜也，老庄之称上古至德之世也，墨子之述夏禹、许行之为神农之言也，皆此类也。故诸子之著述，往往有托之古人而自隐其名者，亦托古之意尔。黄帝神农之书，班固自注已明言其为后人依托矣。即脍炙人口之《老子》，亦由后人掇拾嘉言，荟萃而成；此则托之传说的人物者也。诸如此类，皆为"依托之书"。又如管晏商君之流，曾执国政，陈谟施令，文献足征；后人捃拾、羼缀，因以成编。此则"追述之书"也。《论语》以前之诸子，大率不外此二种。《论语》之后，弟子后学纂述师说，以成专著之风日盛。于是《墨子》《孟子》《庄子》之类，相继踵作。《孟子》，全仿《论语》者也。《墨子》《庄子》，则后人羼附者多矣；要皆非作者所自著也。《荀子》则大部分为荀子所手著。《韩非子》则全为韩非所手著矣。此后学纂述与作者自著之书也。亦有门客合著而署其主人之名者，《吕氏春秋》及《淮南子》是也。本为单篇，后人辑集，有似东汉后之别集者，如晁错董仲舒之书是也。《论语》以后之诸子，大率不外此四种。复有本无此书，出后人伪造者，《关尹子》之类是也。原书亡后，由后人缀集，而附益者多，致成赝品者，今本《列子》之类是也。此则所谓“自《桧》以下”者矣。

《论语》虽亦记孔子之琐事、态度及生活，但终以记言为主。此种记言之体，与所谓记言之史之《尚书》大异。《论语》之记言也，片言只语，不嫌繁碎，直记所闻，不加润色，故有简约质朴之特色，此最古之记言的子书也。《孟子》仿《论语》，全记孟子之言，不及其他。但已有铺排的长篇，假设寓譬，翻腾议论。故其辞宏肆，其气雄浑，风格与《论语》绝异。但《孟子》中尚有记片言只语之短章，《墨子》《庄子》中，则不复有此类短章矣，且铺排更甚，寓譬更多矣。降及《荀子》，《韩非子》，则几均为据题抒论之长篇大章矣。《荀子》中尚有记言体之文章，《韩非子》则尽为长篇议论，罕见记言体之痕迹矣。——此诸子文体之演变也。

《论语》《孟子》之篇题，皆取首句或次句之二三字，皆为无义之题。盖分条记录，本不成篇；后来编纂，方取首句次句之二三字标举篇名也。其撰著时已成长篇者，则所标篇题，皆可总括全篇之旨，为有义之题。《墨子》《庄子》之篇题，或无义，或有义；《荀子》中亦尚有无义之题；《韩非子》则皆有义之题矣。——此诸子篇题之演变也。

第一章　儒家之书——论语

先秦诸子，多弟子后学纂述其师说以成一家之言者。此风实自孔门纂述《论语》开之。故诸子之书，以《论语》为第一部。孟子自言“乃所愿则学孔子”（见《孟子·公孙丑篇》），其书亦由门弟子纂述，全仿《论语》。《汉志》乃录《论语》于《六艺略》中，录《孟子》于《诸子略》中，妄分轩轾，自乱其例，非也。先君子考诸子之书，不及《论语》，盖以《汉志》列入《六艺略》中，后世目录亦皆入“经”类，未有厕于诸子之列者也。兹补撰《论语考》，列之本编之首。

《汉志》曰：“《论语》，古二十一篇（《自注》曰：‘出孔子壁中，两《子张》’），齐二十二篇（《自注》曰：‘多《问王》《知道》’），鲁二十篇。”“古”者，古文《论语》也。“齐”者《齐论》，“鲁”者《鲁论》，皆今文《论语》也。今古文为经学上的问题，姑置弗论。（详见拙著《十三经概论》）

《汉志》又曰：“《论语》者，孔子应答弟子时人，及弟子相与言而接闻于夫子之语也。当时弟子各有所记；夫子既卒，门人辑而论纂，故谓之《论语》。”“论”者，论次编纂也。语经论纂，故曰“论语”。故《论语》不啻后世宋儒之语录。此书以记孔子之言为主。所记孔子之言，或论道德、教学、政治，或发感慨，或答弟子及时人之问，或告弟子，或评骘弟子、时事、时人、古人。但亦兼记弟子之言，旁及孔子之琐事态度，以及衣食起居。其所以旁及孔子之生活者，但直就所见记之。吾人固可于此想像孔子整个的活泼泼的生活，但如谓孔子如此，学孔子者亦应如此，则泥矣。又《论语》记录所闻所见，皆直录也，故章既简短，辞亦质朴。盖虑铺张润色，或致反失其真，记录忠实，理所当然。此最早的记言体也。

《论语》撰人，刘向《别录》、班固《汉志》皆未明言。《论语崇爵谶》（《论语纬》之一种）谓子夏等六十四人共撰，亦尚为笼统之言。而后来则异说纷歧，莫衷一是。《经典释文·叙录》引郑玄说，谓仲弓、子夏等所撰；《论语音义》引郑玄说，谓仲弓、子游、子夏等撰；《傅子》谓仲弓之徒所撰；《象山语录》谓郑玄、王肃均云子游、子夏所编；此属之仲弓、子游、子夏者也。日本人太宰春台，因《论语》记诸弟子，均举其字，或称"某子"；惟《上论·子罕篇》有"牢曰"，《下论·宪问篇》有"宪问耻"，于琴牢原宪二子独去氏称名；故谓《上论》为琴牢所撰，下论为原宪所撰。此属之琴牢原宪者也。柳宗元《论语辨》，因《论语》惟记有子曾子，全书皆称"子"，而有子曾被共推为师；故谓曾子弟子乐正子春、子思之徒为之。朱子《论语序说》引程子，以为成于有子曾子之门人。此属之孔子再传弟子者也。今按《论语》所记，有重见之语（例如"巧言令色鲜矣仁"，重见于《学而篇》及《阳货篇》。"三年无改于父之道，可谓孝矣"，重见于《学而篇》及《里仁篇》，而其辞略异），有传闻异辞，误一为二而重见之事（如畏于匡及厄于桓魋，当为一事，上编《孔子世家考》中已言之），则记者撰者均非一人可知。且《上论》与《下论》文体、称谓、均不相同，羼附增续，痕迹显然。则其论纂不止一次，不在一时，又可知已。曾子少孔子四十六岁；孔子年七十三而卒，则尔时曾子仅二十七耳。而《论语》记曾子临终时告孟敬子之言，且举孟敬子之谥。孟敬子之卒，当又后于曾子矣。故《论语》论纂成书，最早当在孔子卒后五六十年矣。记述非一人，论纂非一次，其撰人实已无从考定。各家所说，多出臆度。《汉志》不实指其人，但曰"弟子各有所记"，"门人辑而论纂”，庶几得之。

然于此又有一疑问焉。据《汉志》之言观之，似“各有所记”者为孔子之“弟子”，“辑而论纂”者为孔子之“门人”。“弟子”与“门人”分别言之，则所指不同矣。朱彝尊《经义考》曰：“欧阳子有言：‘受业者为弟子，受业于弟子者为门人。’试稽之《论语》，所云‘门人’，皆受业于弟子者也。‘颜渊死，门人厚葬之’，此颜子之弟子也。‘子出，门人问’，此曾子之弟也。‘子疾病，子路使门人为臣’，此子路之弟子也。‘子夏之门人问交于子张’，此子夏之弟子也。孟子云，‘门人治任将归，入揖于子贡’，此子贡之弟子也。”朱氏所举例证颇多，似能持之有故，言之成理矣。但细按之，则殊未安。颜渊死于从游之旅次，上编已言之。孔子周游，非如孟子之“后车数十乘，从者数百人”，岂能挈其弟子之弟子以从游？颜子早卒，恐亦未必已有弟子也。厚葬颜子之门人，正指从孔子周游之弟子，为颜子同门而非其弟子。孔子卒时，曾子年仅二十七；而此章所记，又未必即在孔子卒年；故彼时曾子亦未有弟子。此门人亦是孔子之弟子，因见曾子闻“吾道一以贯之”之言，直应曰“唯”，而不解其意，故俟孔子出而问之。同学切磋，本是常事，岂能断谓必非孔子之弟子乎？孔子弟子中，除颜路外，子路年最长，彼时或已有弟子。但此事疑亦在周游途次，故孔子有“予死于道路乎”之言。周游时，子路未必率其弟子以从也。子路年既最长，则孔子病于途中，子路使同学为臣，为孔子服役，亦何不可之有？“子夏之门人”，诚为孔子弟子之弟子矣。但“门人”之称，如果止限于再传弟子，则子夏之弟子当云“孔子之门人”，不当云“子夏之门人”矣。此以“子夏之门人”指子夏之弟子，正是朱氏之说之反证耳。入揖于子贡之门人，正指子贡之同门。孔子之弟子，因孔子卒后，三年心丧已毕，故“治任将归”耳。如为子贡之弟子，则孔子虽卒，子贡尚存，何以皆辞子贡而归乎？故朱氏所举例证，无一可成立者。然则“弟子”“门人”并无区别乎？是又不然。“弟子”指亲受业者而言，“门人”

则范围较泛，凡“颇受业者”（用《孔子世家》语），受业于弟子者，亦可谓之“门人”。故《汉志》分别言之尔。

《论语》共二十篇，每篇各取首章首二句之二三字以为题。列举之如下：

（一）《学而》（“学而时习之”）
（二）《为政》（“为政以德”）
（三）《八佾》（“孔子谓季氏八佾舞于庭”）
（四）《里仁》（“里仁为美”）
（五）《公冶长》（“子谓公冶长”）
（六）《雍也》（“雍也可使南面”）
（七）《述而》（“述而不作”）
（八）《泰伯》（“泰伯其可谓至德也已矣”）
（九）《子罕》（“子罕言利与命与仁”）
（十）《乡党》（“孔子于乡党”）
（十一）《先进》（“先进于礼乐”）
（十二）《颜渊》（“颜渊问仁”）
（十三）《子路》（“子路问政”）
（十四）《宪问》（“宪问耻”）
（十五）《卫灵公》（“卫灵公问陈于孔子”）
（十六）《季氏》（“季氏将伐颛臾”）
（十七）《阳货》（“阳货欲见孔子”）
（十八）《微子》（“微子去之”）
（十九）《子张》（“子张曰”）
（二十）《尧曰》（“尧曰”）

上二十篇，前十篇为《上论》，九篇以记孔子之言为主，第十篇《乡党》则记孔子之日常生活及态度琐事。后十篇为《下论》，八篇亦以记孔子之言为主，第九篇《子张》，所记皆孔子弟子之言；第十篇《尧曰》，仅三章，并皆可疑。（首章《尧曰章》，非孔子之言，且与孔子及孔子弟子全无关系。末章《知命章》，郑玄谓“《鲁论》无此章”。见《经典释文》。第二章《子张问从政章》，文体亦与《论语》其他各章不类。孔子答语，先仅举“五美”，“四恶”；及子张问“何谓五美”，始答以“惠而不费……”五句；及子张问“何谓惠而不费”，始并下四句一一释之。《论语》中孔子答弟子之问，从无如此曲折腾挪者。）窃疑《上论》十篇为第一次论纂者，故以《乡党篇》殿之。《下论》九篇为第二次论纂者，故以《子张篇》殿之。《尧曰篇》则为后来读《论语》者所附记，后乃成为《论语》之一篇耳。杨时极推崇《尧曰篇》之首章，以为所记乃尧舜汤武之言事，足以见道统之传。（见《论语集注》引）此宋儒侈谈道统之言，未足信也。

《上论》《下论》分二次论纂，纂《下论》时，去孔子更远，故《上论》纯粹，《下论》驳杂。宋赵普有“以半部《论语》治天下”之言。治天下以《论语》，而曰“半部”者盖指《上论》言耳。《下论》驳杂之处不一，兹就其大者言之，约有三端：

（一）记事舛讹 《下论》所记之事，有荒谬者，如《阳货篇》之《公山弗扰章》《佛肸章》；有可疑者，如《微子篇》之《齐景公待孔子章》《齐人归女乐章》；上编《孔子世家考》中已辨之。又如《季氏篇》首章言季氏将伐颛臾，孔子痛责冉有云云，亦非实录。按《春秋》经传无伐颛臾事，亦无颛臾为鲁附庸之说。且子路为季氏宰在定公时，其时孔子方仕鲁；冉有为季氏宰在哀公时，其时孔子已返鲁。以孔子独责冉求推之，似伐颛臾当在冉求为宰时，则子路尚留仕卫，安得与冉求同见孔子？且子路如未预闻，冉求何以如此惫懒，强扳子路？如使子路亦预闻其事，孔子又何以独责冉求耶？揆以情理，按之事实，固无一可通者也。又如

《先进篇·侍坐章》，亦极可疑。按首句，曾皙次在子路之后。孔子于哂子路之后，即越次先问冉有公西华，最后方及曾皙。曾皙经孔子呼名而问，而犹夷然鼓瑟，希而未止；对师之礼，岂宜若此？且其所答，纯为避世之士之言；热心救世之孔子，乃有“吾与点也”之赞，抑又何也？孔子此问，正与《公冶长篇·颜渊季路侍章》“盍各言尔志”同。本章子路、冉有、公西华所言之志，又与《公冶长篇·孟武伯章》孔子答语相同。窃疑本章系合《公冶长篇》之二章所记，而传闻异辞又附加一曾皙者。子路率尔之对，孔子之哂，殆亦传说记纂者所煊染也。诸如此类，不一而足。《上论》十篇中，可疑之事，仅《子见南子》一章而已。

（二）称谓歧异　《论语》以记孔子为主，单称曰“子”，不加“孔”字，亦可知为孔子。故记孔子之言，但称“子曰”，不称“孔子曰”。此《上论》十篇，《下论》前五篇之例也。《季氏》《微子》诸篇，则称“孔子曰”矣。记孔子答人问之言，亦皆但称“子曰”，不称“孔子对曰”。此《上论》十篇之例也。惟记答鲁定公哀公之问，则称“孔子对曰”。朱子以为由于尊君，“所以辨上下，别君臣”，其说甚是。《下论》则记孔子答大夫，亦称“孔子对曰”矣。其记问于孔子也，不论问者为国君、为大夫、为时人、为弟子，均但称“问”或“问曰”，不称“问于孔子”。此《上论》十篇、《下论》首二篇（《先进》《子路》）之例也。《颜渊篇》记季康子及齐景公之问，《卫灵公篇》记卫灵公之问，于时人之问，皆称“问于孔子”矣。《宪问篇》记南宫适之问，《阳货篇》记子张问仁，《尧曰篇》记子张问从政，于弟子之问，亦称“问于孔子”矣。“子”者弟子对师之称。“夫”为指词，加“夫”于“子”，所以指其人。古云“夫子”，犹今言“这位先生”耳。故弟子面称孔子，皆曰“子”，不曰“夫子”，对人言及孔子乃曰“夫子”。此《上论》十篇之例也。当面称“夫子”，战国时始有此习惯。《下论·先进篇·侍坐章》，曾皙面问孔子曰：“夫子何哂由也？”《阳货篇·武城章》，子游面答孔子曰：“昔者偃也闻诸夫子曰。”则皆面称“夫子”矣。《子张篇》记子贡答卫公孙朝之问，则不称孔子为“夫子”而称“仲尼”矣。盖《上论》所据，为孔子及门弟之子记录，论纂时去孔子未远，故于所用之称谓，定例谨严周密如此。《下论》则论纂时去孔子已远，所据多再传弟子之记录，或且捃摭传闻以益之，而又狃于时习，称谓遂多歧异耳。

（三）附缀羼入　《下论》末篇首章《尧曰章》，所记与孔子及弟子毫无关系，显为读《论语》者偶尔摘记书末，因而羼入者，上已言之。此种情形，《下论》中甚多。如《季氏篇·邦君章》曰：“邦君之妻，君称之，曰夫人；夫人自称，曰小童；邦人称之，曰君夫人；称诸异邦，曰寡小君；异邦人称之，亦曰君夫人。”此非孔子或其弟子之言，且性质亦与全书所记大异者也。其为附缀羼入，显而易见。《微子篇》末，亦有三章。《太师挚章》曰：“太师挚适齐，亚饭干适楚，三饭缭适蔡，四饭缺适秦，鼓方叔入于河，播鼗武入于汉，少师阳，击磬襄入于海。”太师挚等皆鲁之乐官。《集解》孔安国曰：“鲁哀公时，礼崩乐坏，乐人皆去。”《史记·礼书》有云：“仲尼卒后，受业之徒，沉沦而不举，或适齐楚，或入河海。”或谓孔子尝语鲁太师乐，见于《论语》；太师即挚也。故挚及其属官皆曾闻乐于孔子，皆孔子之弟子，故《礼书》如此云云，《论语》亦载其事。不知《史记·礼书》并未明言适齐楚入河海者为乐人；《仲尼弟子列传》中亦无一乐人也。或说显出臆度牵附。《周公章》曰：“周公谓鲁公曰：君子不施其亲，不使大臣怨乎不以，故旧无大故则不弃也，无求备于一人。”此章所记，当为伯禽就封时，周公告诫之言。记入《论语》，亦与全书不合。如云追录嘉言，则古训之可记者多矣，何以仅记此数语乎？《八士章》曰：“周有八士，伯达、伯适、仲突、仲忽、叔夜、叔夏、季随、季騧。”仅记八士之名，更无纂入《论语》之理由与价值。崔述《洙泗考信录》谓系“杂采他书，录于篇末，因而羼入”者，其说甚通。《上论》惟《乡党篇》末《山梁雌雉章》，或疑亦系附缀羼入，而又有讹夺者。其实，此章记孔子子路师生郊游事，与《康子馈药章》《厩焚章》同为记孔子琐事者，非前引数章，附缀羼入者之比，且亦并无讹脱也。

按：《山梁雌雉章》曰："色斯举矣，翔而后集。子曰：'山梁雌雉，时哉！时哉！'子路拱之，三嗅而作。""色斯"双声，状飞举之速。《元宾碑》云："翻翥色斯。"《费凤碑》云："色斯轻翔。"《费凤别碑》云："色斯高举。"均同。（王引之说，见《经传释词》）"色斯"与"迅速"亦为双声，义同。"色斯举矣"，言其飞举之速；翔而后集，言其栖集之慎；此写雌雉之飞集，为写景记事之语，但省去主词"雌雉"耳。孔子见之，有所感触，乃叹曰："山梁雌雉，时哉！时哉！"言外颇有"可以人而不如鸟乎"之意。拱，执也。见《尔雅·释诂》。《集注》引刘聘君曰："'嗅'当作'臭'，古闃反，张两翅也。见《尔雅》。"按"臭"字音义并与"戛"字相近。"三臭而作"，"三"为虚数，言雌雉见有人拱执之，乃张翅戛扑，又色斯高举也。叹者自叹，拱者自拱，此郊游时之事实也。解者乃谓子路闻孔子"时哉"之叹而欲拱执之，又以"所得者小，不欲夭物，而复释文"（《吕氏春秋·审己篇》亦记此事，高诱《注》如此云云），雉乃得张翅飞去。或又谓"子路疑孔子赞其为时物，故供以佐馔，孔子以非己意，故不食，三嗅之而作"。（见《集解》）皆谬说也。此章记孔子师生郊游，仅二十五字，而极简洁，极生动。解者误会，乃成谬说。遂致"烧烤雌鸡"，传为笑柄。不知此等注解，本身即为"烧烤雉鸡"也。

《上论》纯粹，《下论》驳杂，《洙泗考信录》言之甚详，兹不更赘。大抵《下论》十篇中，《宪问》《子张》二篇，最为可靠；《先进》《子路》二篇次之；《颜渊》《卫灵公》二篇又次之；《微子篇》又次之；《季氏》《阳货》二篇最为驳杂；《尧曰篇》则全篇可疑矣。《论语》一书，较之其他古籍，本最可信，而纯杂参错若此，则读古书岂易易哉？读此书时、当先重加编次。其一，各篇中可疑诸章，当抽出，作为附录或杂篇。其二，各篇中记孔子生活、态度、琐事诸章，当抽出，与《乡党篇》合并。其三，各篇中记弟子之言诸章，当抽出，与《子张篇》合并。以上二类，作为外篇。其四，各篇中记孔子之言诸章，当按其内容，分别归类，如教学，政治，道德，评论人物时事，褒贬弟子……。其五，各篇中重见各章，言事类似各章，编排时当列在一处，以资比较。经此整理，而后《论语》始可读，而孔子之为人及其学说，孔子弟子之言论个性，始可见也。

西汉经生注释《论语》之书，如《汉志·六艺略》所录之《传》《齐说》《鲁夏侯说》（夏侯胜受诏撰《论语说》，见《汉书》本传）《鲁安昌侯说》（张禹撰《论语说》、亦见本传）《鲁王骏说》《燕传说》等，均已亡佚。东汉郑玄之《论语注》亦亡，敦煌石室中曾发现残简。故现存之《论语》注本，当以魏何晏等所撰之《论语集解》为最古。

《论语集解》《隋书·经籍志》《唐书·艺文志》，均属之何晏一人。《经典释文》录此书曰《集解》，自注云："一本作何晏《集解》。"裴松之《三国志·曹真传》注亦云"何晏《集解》"。则单称何晏一人不始于《隋志》《唐志》矣。《论语集解》末附有《论语序》，序末署"臣孙邕、郑冲、曹义、荀顗、何晏等上"。似即以上《论语集解》之表为序。古时臣下上书，连署时尊者居末。何晏官尚书，又尚主，故列于末。以此专属之，亦因此耳。（刘毓崧说，见《通义堂笔记》）《晋书》称郑冲与孙邕、何晏、曹义、荀顗等，共集《论语》诸家训诂之善者，义有未安，辄改易之云云。则《集解》非何晏一人所作明矣。今按所集有孔安国、马融、包咸、王肃诸家，两汉经师之说，尚可见其一斑。而魏晋玄言，亦时有羼入。《十三经注疏》中之《论语注》，即用此本。

其次，为梁皇侃之《论语义疏》。此疏所采各家之说甚多。除江熙所集之卫瓘、缪播、栾肇、郭象、蔡谟、袁宏、江淳（一作“江厚”）、蔡系（一作“蔡溪”）、李充、孙绰、周瓌（一作“周怀”）、范宁、王珉十三家外，尚有郑玄、王朗、王弼、庾冀、殷仲堪、张凭、颜延之、释慧琳、沈骥士、顾欢、太史叔明、褚仲都、沈峭、熊理诸家。（马国翰曾辑之）故宋之《国史·艺文志》称之曰：“博极群书，补诸书之未至，为后学所宗。”《四库全书提要》亦曰：“汉晋经学一线，自此书而存。”但陈振孙《直斋书录解题》已不录此书，似亡于南宋时。故朱彝尊《经义考》虽录其书，注曰“未见”。汪鹏字翼沧，至日本，见此书，始购以归。时在清高宗乾隆三十六年顷，故《四库全书》及鲍廷博之《知不足斋丛书》，均已收之。孙志祖《读书脞录》、陈澧《东塾读书记》、简朝亮《读书堂答问》，均疑有日本人改窜。但此幸存海外之古注，终可珍已。

《十三经注疏》中之《论语疏》，为宋邢昺之《论语正义》。邢昺于真宗咸平二年，奉诏改定旧疏。《中兴书目》谓其详于章句训诂名物之际，而微言未造精微。《四库全书提要》曰：“今观其书，大抵剪皇氏之枝蔓，而稍傅以义理。汉学、宋学，此其转关。”实则随注敷衍之处多，特见精义之处少；唐人正义，已多如此矣。

清刘宝楠之《论语正义》，远胜邢《疏》。此本正文注文均从邢《疏》。而汉唐石经本、皇侃《义疏》本、陆德明《释文》本，苟有异文，并采入疏；且采翟灏《四书考异》、冯登府《论语异文疏》、及汉唐人说经史、注文集时所引《论语》之不同者，以资考校。郑玄《论语注》逸文，亦举惠栋、陈鳣、臧庸、宋翔凤诸人所辑而录之。清儒之说，采录亦多。博赡精核，可谓能集自汉至清经学家《论语》注释之大成焉。

朱熹之《论语集注》，足与《论语集解》抗颜而行。义理方面，阐发尤精；理学家之注经，固有异于经学家也。但亦有承前贤之误，未曾补正者，有因求之过深，反涉理障者。但简明体贴，远胜旧注者，正不少也。注中所录，有程颢、程颐、张载、范祖禹、吕希哲、吕大临、谢良佐、游酢、杨时、侯仲良、尹焞、周孚先、胡寅、洪兴祖诸人之说，故曰“集注”。朱熹初集诸家说《论语》之言为《论语精义》，尝自为序，刻于豫章。后改名《论语要义》，集中有《书论语孟子要义序后》一文。后又改名《论语集义》，见《朱子年谱》。《语录》有曰：“读《论语》，须将《精义》看。”即指此书。又有《论语或问》，则就异同疑似，当剖析者，设为问答以明之。但其说间有与《集注》歧异者。朱熹《与潘端叔书》曰：“《论语或问》，久无工夫修得；只《集注》屡更不定，却与《或问》不相应。”则《或问》为无暇修正之初稿，《集注》则屡经改定也。宋儒注《论语》，尚有郑汝谐之《论语意原》、张栻之《癸巳论语解》、戴溪之《石鼓论语问答》、蔡节之《论语集说》、金履祥之《论语集注考证》……。但均不及朱熹之《论语集注》。清代以《四书》文试士时，规定须遵用朱《注》。于是《论语集注》，遂成家弦户诵之书焉。

赵顺孙之《论语纂疏》，乃为《论语集注》作疏者。所纂有黄榦、辅庆、陈淳、陈孔硕、蔡渊、蔡沈、叶味道、胡泳、陈埴、潘炳、黄士毅、真德秀、蔡模……诸人之说，皆朱熹之后学也。可谓能集理学家《论语》说之大成焉。

总之，《论语》注本，以何晏等之《论语集解》为最古，朱熹之《论语集注》为最精，刘宝楠之《论语正义》为最博。汉宋二派学者之解《论语》，各有所长。吾人既视《论语》为诸子之一，不当再拘于汉宋门户之见，当就朱《注》刘《疏》，参以《集解》《纂疏》，比较参酌，各采其长，以求其融会贯通。旁及清季至现代，学者关于《论语》之著述，及笔记论文之类，泛览约取，以资参考。则书中症结，庶可尽解矣。《论语》中最精采之一部分，在今日尚有价值者，即为做人之道。此非可仅于文字间求之，仅于解释诵读中得之者。熟读深思之后，随时随地，就身心人事，下一番省察体验工夫，方能得其实益。否则，如朱熹《论语序说》所云“未读《论语》时是此等人，读了《论语》原是此等人”，则亦口耳之学而已。

第二章 儒家之书二——孟子、荀子

儒家人物，孔子之外，首推孟子、荀子；儒家著述《论语》之外，亦首推《孟子》《荀子》。此三人与三书足以代表春秋至战国末之儒家，故次《孟子》《荀子》于《论语》之后。《论语》，自《汉志》迄今，均列“经部”；《荀子》，自《汉志》迄今，均列“子部”；《孟子》，则《汉志》列入“子部”，五代以后列入“经部”，今与《论语》俱在《十三经》中。从前目录学者有一种传统观念，以为“经”“子”之别，不在性质之殊异，而为地位之高低。《汉志》附《论语》于六艺，旨在抬高其地位，后世将《孟子》由“子部”改列“经部”，旨亦在抬高其地位。此则书籍分类标准之大错误也。今既以《论语》为诸子之冠冕，则《孟子》之是“子”非“经”，更不待论矣。先君子考诸子著述，不及《论语》，而有《孟子考》，盖犹以《汉志》为根据也。兹录《孟子考》《荀子考》于此。

（一）《孟子考》

《汉志·诸子略》儒家有《孟子》十一篇。汉文帝时，《孟子》曾与《论语》《孝经》《尔雅》、并置博士。（见赵岐《孟子题辞》）未几，即罢。（焦循《孟子正义》谓当在武帝建武五年罢）五代时，蜀主孟昶石刻《十一经》中，已有《孟子》。（无《孝经》及《尔雅》）此《孟子》列入

“经部”之始。南宋时，朱子取《孟子》与《论语》，及采自《礼记》之《大学》《中庸》二篇，为《四子书》。明清科举，以“八股文”试士，限以《四子书》文句为题，于是《孟子》乃成家弦户诵之经书。

伯潜按：《汉志·兵书略》兵阴阳家又有《孟子》一篇，非孟轲之书。沈钦韩《汉志疏证》曰：“下《数术略》五行家有《猛子闾昭》。疑此是《孟子》。”

《史记·孟荀列传》言孟子著书七篇。《汉志》作十一篇，较《史记》多四篇。赵岐《孟子题辞》曰：“退而论集所与高弟弟子公孙丑万章之徒疑难问答，又自撰其法度之言，著书七篇。又有外书四篇，《性善辨》《文说》《孝经》《为政》，其文不能宏深，不与内篇相似，似非孟子本真，后世依放而托也。”是《孟子》有内篇七，外书四，赵岐以外书四篇为伪，故仅注七篇耳。《史记》云“七篇”，仅举内篇；《汉志》云“十一篇”，乃并外书计之也。今本凡七篇，篇数与《史记》同。外书四篇，亡佚久矣。

伯潜按：《风俗通·穷通篇》亦言“孟子作书，中外十一篇”。是《孟子》外书四篇，东汉末尚存，赵岐应劭均尚见之也。《史记》仅言“作《孟子》七篇”，殆司马迁未尝见此四篇耶？赵岐明斥其伪，删去不注，以后遂亡佚耳。

赵岐虽举此四篇之名，未加区分，殊难辨别。宋孙奕《示儿编》曰：“尝闻前辈言，亲见馆阁中有《孟子》外书四篇，曰《性善辨》，曰《文说》，曰《孝经》，曰《为政》。”始将四篇篇题分别举之。刘昌诗《芦浦笔记》曰：“予乡新喻谢氏多藏古书，有《性善辨》一帙。”可与孙奕之说互相印证。但孙奕仅得之传闻，又不明言此前辈为何人。而当时在馆阁诸公未有自言曾见此书者，宋之《馆阁书目》中亦不录此书，何也？观刘昌诗所记，于新喻谢氏所藏之《性善辨》，究系目睹，抑亦得之传闻，亦未明言，恐仍不足据。王充《论衡·本性篇》曰："孟子作'性善'之篇。"《孟子》七篇中虽多论性善之言，但均散见，并无以"性善"为篇名者，则所谓"性善之篇"，似即指外书中之《性善辨》。如指此篇，则其篇名似仅为"性善"二字。果尔，则"辨"字当属下篇矣。"辨"字如果属下，则第二篇之篇名，当为"辨文"，或"辨文说"矣。第二篇如名"辨文"，则第三篇为"说孝经"，似为解说《孝经》而作矣。第二篇如名"辨文说"，则第三篇如"孝经"，恰与现列《十三经》中之《孝经》相同，且"辨文说"三字亦不似一篇名也。第四篇名"为政"，又恰与《论语》之《为政篇》相同。是外书四篇之篇名，已大可疑。自赵岐不注外书，且明言其伪，此四篇久已湮没，何以至南宋而复出？窃疑当时并无此书，孙奕刘昌诗所记，特当时好事者之谩言耳。至于明姚士磷所传，熙时子注之《孟子外书》，则丁杰已明言其为伪中之伪，更不足齿矣。

伯潜按：《隋书·经籍志》有梁綦毋邃注《孟子》九卷。原书已亡。或疑《孟子》仅七篇，而此注有九卷，其中当有外书二篇。但綦毋邃之《孟子注》，李善《文选注》尚引之，则其书唐时尚存。唐人文集笔记中，并无言及《孟子》外书尚存二篇者，何也？熙时子，相传即宋之刘攽。宋人亦无言刘攽曾作此注者。姚士磷所传之本，系吴骞刊行，前有马廷鸾序。丁杰之言，见《小西山房集》。

又按《孟子》七篇之题亦皆无义。列举如下：

（一）《梁惠王》（"孟子见梁惠王"），（二）《公孙丑》（"公孙丑问曰"），（三）《滕文公》（"滕文公为世子"），（四）《离娄》（“离娄之明”），（五）《万章》（“万章问曰”），（六）《告子》（“告子曰”），（七）《尽心》（“尽其心者知其性也”）。

外书四篇之题，虽疑问尚多，但均有义。即此一端，亦与内书不同。

然则《孟子》七篇果为何人所作耶？《史记·孟荀列传》曰：“孟子乃述唐虞三代之德，是以所如者不合，退而与万章之徒，序《诗》《书》，述仲尼之意，作《孟子》七篇。”是以《孟子》为孟轲自著也。赵岐《孟子题辞》曰：“此书，孟子之所作也。”与《史记》同。阎若璩《孟子生卒年月考》曰：“《论语》成于孔子门人之手，故记圣人容貌甚悉。七篇成于己手，故但记言语或出处耳。”亦以为孟子自著。但以此书为孟子自作，亦有可疑。其一，孔子以后，弟子称师曰“子”，已成风尚。诸子之书，多由弟子记纂而成。记其师言，故称“某子曰”尔。后世文人动辄自称“某子曰”，周秦间尚无此种风习。《孟子》如系自著，决无全书自称“孟子”之理。其二，本书于孟子所见时君，如梁惠王、襄王、齐宣王、滕文公、邹穆公、鲁平公等，皆举其谥。孟子如果自著，决无所见时君皆先孟子而卒之理。其三，本书记孟子弟子，如乐正子、公都子、屋庐子、孟仲子、全书皆称“子”；如陈臻、徐辟、间亦称陈子、徐子。此与《论语》有子、曾子、全书称“子”，闵子、冉子间亦称“子”，正复相同。《孟子》如果自著，决无称其弟子曰“子”之理。故《孟子》七篇，必非孟子自著。惟《论语》非一人一时所记纂，故《上论》《下论》，截然不同。《孟子》则由万章、公孙丑等亲炙弟子一次纂成，故全书一致耳。

《隋书·经籍志》有郑玄《孟子注》。但不见于《后汉书·郑玄传》。今其书亦不存。故《孟子》注本，今存者以赵岐之《孟子注》为最早。《四库书目提要》曰：“汉儒注经，多明训诂名物。惟此注笺释文句，乃似后世之口义，与古学稍殊。然孔安国、马融、郑玄之注《论语》，今载于何晏《集解》中者，体亦如是。盖《易》《书》文皆最古，非通其训诂则不明；《诗》《礼》语皆征实，非明其名物亦不解；《论语》《孟子》、词旨显明，惟阐其义理而止；所谓语各有当也。”按李善《文选注》曰：“孟子曰：‘墨子兼爱，磨顶致于踵。’赵岐曰：‘致，至也。’”（见胡爌《拾遗录》）今本《孟子》正文及注，“致”均作“放”。则今本赵岐《孟子注》，与唐本之文字不尽同也。

《十三经》中之《孟子注疏》，用赵岐《注》，孙奭《正义》。《宋史·邢昺传》，称孙奭与邢昺等，于咸平三年，受诏校定《周礼》《仪礼》《公羊》《穀梁》《春秋传》《孝经》《论语》《尔雅》，不云有《孟子》。《涑水记闻》载奭所定著者，有《论语正义》《孝经正义》《尔雅正义》、亦不言有《孟子正义》。朱子曾言《孟子正义》非奭所著，乃邵武人士伪托，蔡季通识其人。并谓其“全不似疏体，不曾解出名物制度，只缠绕赵岐之说”。又赵岐《注》好用古事为比，疏多不能得其根据。如朱子所摘“单豹养其内而虎食其外”，事出《庄子》，亦不能举；如朱彝尊《经义考》所摘“欲见西施、人输金钱一文”，诡称出于《史记》；如《四库书目提要》所摘“妄称尾生（事出《庄子》）陈不瞻（事出《说苑》，‘瞻’作‘占’）皆出于《史记》”。足见其浅陋矣。清焦循之《孟子正义》，亦为赵岐《注》作疏，远在伪孙奭疏之上。清儒于诸经所作新疏，均较旧疏为佳。《孟子》之有焦循《正义》，犹《论语》之有刘宝楠《正义》也。

朱子之《孟子集注》，简明精核，长于义理，亦与《论语集注》同。且亦有《孟子精义》《孟子或问》。赵顺孙亦有《孟子纂疏》。但朱子之《孟子集注》，亦仍不免有理障焉。

按：《孟子·尽心篇》末章，于尧、舜、汤、文云有见而知之者，有闻而知之者。盖尧舜汤文皆以圣人之德居天子之位，理想可见之行事，成为典章，文献具存，故同时者可见而知之，后世之人亦可闻而知之也。孔子则有其德而无其位，理想不能见之事实，传为文献，故不能见而知之。孟子虽去圣人之居，圣人之世不远，尚可私淑诸人，闻而知之。而其时杨朱墨翟之言盈天下，邪说横行，圣人道息。后世之人恐并不得闻而知之矣。此为孟子志慨之语，本可一望而知。朱子乃谓此孟子以尧舜汤文孔子相传之道统自任，且引程颐序其兄颢墓记之言，以为孟子之后，惟二程能继其道统。此理学家之门面语耳，岂孟子之真意哉？

其不拘拘于字句之笺释，而以阐发《孟子》大义为主者，则有清戴震之《孟子字义疏证》。戴氏就《孟子》中提出重要之字，如“理”、“性”、“才”、“道”、“仁”、“诚”、“权”综，为其义而发挥之，字各为篇，为之疏证。尝谓“理”即情欲之不爽者，故“理”即寓于“欲”之中；宋儒为“天理”与“人欲”不并存，乃以意见为“理”，以顺逆为是非，其祸直足以杀人云云。故梁启超言戴氏直欲自创一种情感哲学，以代宋儒之理学，诚为至当。戴氏所以为理学诸儒集矢之的者在此，戴氏所以能成一卓然自立之学者而不仅为一章句训诂之经生者亦在此。虽然，《孟子字义疏证》，实已成为戴氏一家之言，只能谓为依托孟子之著作，不能即视为孟子之精义矣。

康有为之《孟子微》，解散七篇，另归纳为若干类，每类一篇，先录本文，再加发挥，以为足以发孟子之微言。研究《孟子》，分类探讨，确是一法。但康氏主观极强，往往强《孟子》以就己意，与其所作《中庸注》《礼运注》同。则所谓《孟子微》者，非尽为孟子微言，乃康氏之理论耳。

吾乡先辈夏震武先生之《孟子讲义》，亦为分类之探讨，亦以阐发孟子之微言大义为主；就作注而论，与《孟子微》相同。夏先生笃守程朱，故其旨在采集朱《注》而综合之，发扬之。故与《孟子微》大异，与

《孟子字义疏证》恰立于相反之地位焉。

（二）《荀子考》

《汉志·诸子略》儒家有《孙卿子》三十三篇，今本为三十二篇。刘向《叙录》曰："校雠中《孙卿书》凡三百二十二篇，以相校，除复重二百九十篇，定著三十二篇。"是刘向校定之本，本只三十二篇。《汉志》作"三十三篇"者，字之误也。《隋志》《旧唐志》均作《孙卿子》。《新唐志》《宋志》均作《荀卿子》，又有杨倞《荀子注》。（《宋志》作杨保，误。）盖唐杨倞作《注》，始改名《荀子》也。

伯潜按："孙"之为"荀"，音同字易；荀子称"卿"，战国时之尊称；并见上编。但"卿"字既为尊称，则与"子"同为称人之词矣。今曰孙卿子，则复而赘矣。盖以仅称"孙子"，易与兵家之《孙子》相混耳。

《荀子》各篇，原来次序如何，已不可考。刘向所定之次，与杨倞所改定者，实大同而小异。或谓《荀子》首篇曰《劝学》，末篇曰《尧问》，乃仿《论语》以《学而》始，以《尧曰》终。不知《尧问》列于末篇，为杨倞所改定；刘向所叙，《尧问篇》后，尚有《君子篇》及《赋篇》也。篇题有义者多，无义者少；且大多数为长篇之议论文；均与《论语》不同。盖《论语》为战国初期之书，《荀子》为战国末期之书也。

伯潜按：《荀子》三十二篇之篇题如下，左注刘向所定之次序，右注杨倞改定之次序。

（一）《劝学》（一）　　（二）《修身》（二）

（三）《不苟》（三）	（四）《荣辱》（四）
（五）《非相》（五）	（六）《非十二子》（六）
（七）《仲尼》（七）	（八）《成相》（二十五）
（九）《儒效》（八）	（十）《王制》（九）
（十一）《富国》（十）	（十二）《王霸》（十一）
（十三）《君道》（十二）	（十四）《臣道》（十三）
（十五）《致仕》（十四）	（十六）《议兵》（十五）
（十七）《强国》（十六）	（十八）《天论》（十七）
（十九）《正论》（十八）	（二十）《乐论》（二十）
（二十一）《解蔽》（二十一）	（二十二）《正名》（二十二）
（二十三）《礼论》（十九）	（二十四）《宥坐》（二十八）
（二十五）《子道》（二十九）	（二十六）《性恶》（二十三）
（二十七）《法行》（三十）	（二十八）《哀公》（三十一）
（二十九）《大略》（二十七）	（三十）《尧问》（三十二）
（三十一）《君子》（二十四）	（三十二）《赋篇》（二十六）

杨倞所改定者，移《成相》于《赋篇》之前，移《礼论》于《乐论》之前，移《性恶》《君子》于《正名》之后，移《大略》于《赋篇》之后，移《宥坐》《子道》《法行》于《大略》之后，而终以《哀公》《尧问》耳。

又按：《荀子》中无义的篇题，为《仲尼》（“仲尼之门人”）《哀公》（“哀公问于孔子”）《尧问》（“尧问于舜”）三篇。此外《宥坐》亦为无义之题。此题非取首句中二字为题。因首节记孔子观于鲁桓公之庙，见欹器，曰宥坐之器，故以“宥坐”名篇。但全篇杂记孔子言行，非“宥坐”二字所能包举，故亦为无义之题。《大略篇》首标“大略”二字，《儒效篇》首标“大儒之效”四字，各与下句不属。此非全篇首句，疑即原来标题。《大略篇》

> 盖弟子录荀子之言而举其要略，《儒效篇》全篇言儒者之效，则非无义之题矣。此外各篇，不但题均有义，且多据题发挥之长篇议论，与《论语》《孟子》均不相同。

《成相》与《赋篇》为荀子之赋，故其文体特殊。《汉志·诗赋略》有《孙卿赋》十篇。今《赋篇》中有《礼》《知》《云》《蚕》《箴》五赋，又有《佹诗》，共六篇。《诗赋略》杂赋类又有《成相杂辞》十一篇。则“成相”原亦为赋矣。《汉志》所录《孙卿子》三十二篇中既有《赋篇》及《成相》，而《诗赋略》又有《孙卿赋》十一篇者，此别裁互见之法也。(参阅章学诚《校雠通义》)《成相篇》与《赋篇》既与其余三十篇绝异，编次时实当置之全书之末，作为附录也。

> 伯潜按：胡元仪《郇卿别传考异》曰：“《成相篇》自‘请成相、世之殃’、至‘不由者乱何疑为’，是第一篇；自‘凡成相、辨法方’、至‘宗其贤良辨孽殃’，是第二篇；自‘请成相、道圣王’、至‘道古圣贤基必张’，是第三篇；自‘请成相、愿陈辞’、至‘托于成相以寓意’，是第四篇；自‘请成相、言治方’、至‘后世法之成治贯’，是第五篇。末段为第六篇，合之《赋篇》五篇，实有十一篇。今《汉志》云‘《孙卿赋》十篇’者，脱‘一’字，亦当为十一篇也。”
>
> 又按：《成相》篇名，杨倞以“成功在相”释之，又谓“以初发语名篇”。二义同出杨氏，而意不同。卢文弨曰：“‘成相’之义，非谓‘成功在相’也。篇内但以国君愚暗为戒耳。《礼记》，‘治乱以相’。‘相’乃乐器，所谓‘舂牍’。又古者瞽必有相。审此篇音节，即后世弹词之祖。篇首即称‘如瞽无相何伥伥’，义已明矣。首句‘请成相’，言请奏此曲也。《汉书·艺文

志》《成相杂辞》十一篇，惜不传；大约托于瞽蒙讽诵之辞，亦古诗之流也。《逸周书·周祝解》亦此体。”今按“成功在相”之说，乃望文生训之言，卢文弨以为非“成相”之义甚是。王引之曰：“相者，治也。成相者，成此治也。请成相者，请成此治也。”其望文生训，与杨倞同。卢氏以“相”即“舂牍”，乃乐器；《成相》为后世弹词之祖。盖谓歌此调时，以“相”——即“舂牍”——为乐器，故名“成相”耳。其说已近是。但又以“相”为“瞽相”之相，则又自生歧义，莫衷一是矣。俞樾曰：“此相字，即‘舂不相’之相。《礼记·曲礼篇》：‘邻有丧，舂不相。’郑玄《注》曰：‘相，谓送杵声。’盖古人于劳力之事，必为讴歌以相劝勉，亦‘举大木者呼邪许’之比。其乐曲即谓之‘相’。‘请成相’者，请奏此曲也。《汉志》有《成相杂辞》，足证古有此体。”俞说庶几得之。总之，“成相”为里巷讴歌之一种曲调。其源本起于劳动者之“邪许”，由邪许之声渐变为简单之徒歌；其后流行既广，渐成为特具一种曲调之民歌，而以所谓“舂牍”按其节拍。因其起源于邪许之“相”，故仍名其曲曰“成相”，名其按节拍之乐器曰“相”耳。文人仿其歌调，写成歌辞，于是遂成诗歌之一体。《荀子》中之《成相篇》，《汉志·诗赋略》所录之《成相杂辞》，皆此种诗歌也。初为民歌，后由文人模仿，成为流行一时之诗歌，诗歌文学之兴起大都如此。《诗经》之《诗》，《楚辞》中之《九歌》，东汉之五言诗，六朝以后之绝句，中唐以后之词，元代之曲，莫不皆然也。又《艺文类聚》十九引《成相》曰：“庄子贵支离、悲木槿。”注曰：“《成相》出《淮南子》。”则《淮南子》中亦有《成相》矣。是《成相》为一种诗歌，西汉犹有人作之也。《汉志·诗赋略》所录之《成相杂辞》十一篇，殆亦西汉时人之作品欤？

唐杨倞之《荀子注》，为现存《荀子》注本之最古者。颇详洽，但亦有缺点。郝懿行讥其喜加“或曰”，乃持择未精之故；且不明古书假借之义，致动多疐碍，非苛论也。

按：杨倞生平，已无可考。《新唐书·艺文志》以杨倞为杨汝士之子。而《宰相世系表》载杨汝士三子，曰知温、知远、知至，无名倞者。《志》《表》同出欧阳修，何以两歧？岂倞尝改名，如温庭筠之一名岐乎？汪中据《古刻丛钞》载《唐光禄大夫行蔚州刺史兼御史中丞马公墓志铭》，题“会昌四年，守汾州刺史杨倞撰”，定杨倞为武宗时人。郝懿行《与李璋煜书》谓《新唐志》于杨倞《荀子注》，止题“大理评事”，疑与此杨倞为二人云。

清王先谦之《荀子集解》，可谓能集各家校释之大成。所集有明虞九章、王震亨、清卢文弨、顾广圻、王念孙诸家之校订，清刘台拱、汪中、陈奂、王念孙、王引之、郝懿行、谢镛、俞樾诸家之笺释，而又能断以己意，详赡精确，足以使读者涣然冰释焉。首附考证二篇，搜集关于荀子及其书之材料尤多云。

第三章　儒家之书三——子思子

附中庸

儒家之开祖为孔子；孔子之后，孟子为儒家之大师。子思名伋，孔子之孙。而孟子则受业于子思之门人。故孔子孟子之间，子思在儒家中实占重要之地位，其著述亦有考证之必要焉。先君子有《子思子考》，录之如次。

《子思子考》

《汉志·诸子略》儒家有《子思子》二十三篇。《自注》曰："名伋，孔子孙，为鲁缪公师。"《隋志》《唐志》均有《子思子》七卷。唐马总《意林》录自庾仲容《子钞》之《子思子》亦为七卷。宋晁公武《郡斋读书志》亦有《子思子》七卷。是六朝至宋所传之《子思子》均为七卷本也。王应麟《汉志考证》曰："今一卷本，是由《孔丛子》捃摭子思之言行者，而非《子思子》之原本。"则南宋时，七卷本已亡矣。《隋书·音乐志》引沈约曰："《中庸》《表记》《坊记》《缁衣》，皆取《子思子》。"邵晋涵《与朱笥河书》曰："欲从《礼记》中摘出此四篇，合《大戴礼记》中之《曾子》十篇，及《论语》《孟子》、名曰《四书》，而为之注。"（此书在《南江文钞》中）邵氏之意，亦认此四篇为《子思子》也。然

《经典释文·叙录》引刘瓛说，谓《缁衣》是公孙尼子作。则沈约之言，又似未可尽信。按黄以周考证，《意林》所录《子思子》，有合于《表记》者一条；合于《缁衣》者一条；《太平御览》所引《子思子》，有合于《表记》者一条；《文选注》所引《子思子》，有合于《缁衣》者二条。沈约之言，固信而有征矣。故《子思子》本书虽亡，尚有《中庸》《表记》《坊记》《缁衣》四篇，存于《礼记》之中。《子思子》之辑本有二种；其一为南宋人汪晫所辑；其一为清人黄以周所辑。黄辑本较汪辑本为佳。但此为后儒辑录之本，不但非《汉志》所录之二十三篇本，且亦非六朝至宋流传之七卷本也。

伯潜按：汪晫，字处微，南宋宁宗时，安徽绩溪人。所辑《子思子》，其孙梦年于度宗咸淳十年表进之。篇目如次：

内篇三篇——（一）《天命》（即朱子《中庸章句》之第一章至第十一章），（二）《鸢鱼》（即《中庸章句》之第十二章至第二十章），（三）《自诚明》（即《中庸章句》之第二十一章至终）。

外篇六篇——（一）《无忧》（共十一章），（二）《胡毋豹》（共十七章），（三）《丧服》（共十章），（四）《缪公》（共十一章），（五）《任贤》（共十章），（六）《过齐》（共十九章）。

内篇即《礼记》之《中庸》，依朱熹分章，而又妄分为三篇，各立篇题；且将《中庸》之“子曰”，一律改为“子思曰”，庸妄极矣。外篇多采《孔丛子》，不知其为伪书，且于原文多所改窜。于所引古书，又多不注明出处。故虽收入《四库全书》，而《提要》已斥其陋，实不足观也。

又按：黄辑本远胜汪辑初，黄以周校《意林》，辑《意林逸子》四十四种，《子思子》即其一种。许增（字益斋，浙江仁和人）见之，自言愿为刊印。后以久未付梓，向之索还，乃云已经散失。及黄以周主南菁书院，乃命顾鸿阁、曹元忠、胡玉缙、蒋元、庆达、李林之、李琪诸生，重辑《子思子》。以《中庸》《累德》《表记》《坊记》《缁衣》之有篇名者为内篇；散见各书者，如见《檀弓》者七条，见《孟子》者三条，见汉魏唐宋儒书者若干条，为外篇；见于《孔丛子》者五十二条，则为附录，凡内篇五卷，外篇附录各一卷，为《子思子》七卷。今按黄氏以《礼记》中之《中庸》《表记》《坊记》《缁衣》四篇为内篇，盖亦取沈约之说。《累德篇》则系增辑者。《后汉书·王良传》论曰："语曰：同言而信，则信在言前；同令而行，则诚在令外。圣人在上，民迁如化。"注曰："此皆《子思子·累德篇》之言。"《意林》所录《子思子》，亦有此条；而此条前后，又有三条，不知篇名，皆列于见《表记》者之前。故黄氏辑《累德篇》，列之《表记篇》之前。黄氏辑《子思子》凡二次，今存者为后一次所辑，较之汪晫辑本，慎密多矣。

《孔丛子》曰："子思曰：'文王困于羑里，作《周易》；祖君困于陈蔡，作《春秋》。吾困于宋，可无作乎？'于是撰《中庸》四十九篇。"按《史记·孔子世家》曰："子思困于宋，作《中庸》"与《孔丛子》合。但孔子作《春秋》，在归鲁之后，不在困于陈蔡时。子思于其祖不应漫言。又《中庸》在《礼记》中，仅一篇，而此云四十九篇，多寡亦悬殊。翟灏谓此四十九篇即《子思子》，谓之《中庸》者，盖以首篇之名为全书之名。犹邹衍所作有四十九篇，而《史记·孟荀列传》仅言作《主运》；屈原赋尚有《九歌》等，而《史记·屈贾列传》仅言作《离骚》也。其说甚是。今《孔丛子》为王肃所伪造；则所称《中庸》四十九篇，殆即汉魏间通行之《子思子》欤？李翱《复性书》曰："子思、仲尼之孙，得其祖之道，述《中庸》四十七篇。”晁说之《中庸传》曰：“是书本四十七篇。”郑樵《六经奥论》亦曰：“《中庸》四十七篇。”疑“四十九篇”之“九”字乃“七”字之讹。余所揣度果不谬，殆《汉志》所录之《子思子》二十三篇，各分上下二篇，又加序录一篇，故为四十七篇欤?

伯潜按：《孔丛子》，旧题孔鲋撰。鲋，孔子八世孙也。是书辑孔子及子思、子上、子高、子顺之言，并记鲋事，又附孔臧之赋与书，故名《孔丛子》。但不见于《汉志》，《隋志》始录之；故朱熹已疑其不类西汉初文字矣。清代学者考定为王肃伪造，故与《伪孔子家语》相合。

又按：《礼记正义》引郑玄《目录》曰：“中庸者……孔子之孙子思伋作之，以昭圣祖之德。”则《中庸》为子思所作，两汉学者均有此说也。《论语·八佾篇》记孔子曰：“夏礼，吾能言之，杞不足征也；殷礼，吾能言之，宋不足征也。”《中庸》亦记孔子之言曰：“吾学夏礼，杞不足征也；吾学殷礼，有宋存焉。”二书所记，当同为一时之言；而《中庸》所记于宋不曰“不足征”，而曰“有宋存焉”者，殆以时正居宋，为宋讳耳。则子思作《中庸》，在居宋时，宜若可信矣。

《中庸》为《礼记》中之一篇，其地位本与《表记》《坊记》《缁衣》相等。但《汉志·六艺略》礼类已有《中庸说》二篇，则西汉经师已有提出《中庸》，加以训说者矣。《隋志》又有戴颙之《中庸传》，梁武帝之《中庸讲义》，则《中庸》之别出单行，为学者所重视，特加研究，亦已久矣。宋儒喜谈心性，故二程曾特别提倡，以为“此篇乃孔门传授心法，子思恐其久而差也，故笔之于书，以授孟子”。朱子乃取《中庸》与《大学》，合以《论语》《孟子》，定为《四子书》。于是《中庸》《大学》之地位，乃上跻于《论》《孟》，为儒家重要著述之一矣。兹特补加考证如次。

欧阳修《进士策问》尝曰："孔子自言十五志学，三十而立，四十而不惑云云。（按见《论语·为政篇》）是孔子志学十五年而始立，又须十年而一进，盖学而后至，久而后成者。而《中庸》曰：'自诚明，谓之性；自诚明，谓之教。''自诚明'者，谓生而知之者也。孔子且自谓'非生而知之者'。（按《论语·述而篇》，子曰：'我非生而知之者，好古敏以求之者也。'）则'自诚明'者，谁足以当之？尧用四凶，不能无过；舜察迩言，善与人同；禹闻善言则拜；汤有过必改；孔子亦自云有过。（按《论语·述而篇》记孔子曰：'丘也幸，苟有过，人必知之。'）尧、舜、禹、汤、孔子尚如此。而《中庸》则言'不勉而中，不思而得，从容中道，圣人也'。此又谁足以当之？《中庸》之言，所谓虚言高论，令人怠而中止者也。"因疑其所传之谬。（见《欧阳文忠集》）陈善曰："'修其宗庙，陈其宗器'以下一段，疑是汉儒杂记。"（见《扪虱新话》）王柏《中庸跋》曰："第二十一章以下之'诚明书'，其说甚有理；第十六章论鬼神，第二十四章论祯祥妖孽处，似非孔子之言。"（见翟灏《四书考异》引）袁枚《与人书》亦言："《论》《孟》言山皆举泰山，以其在邹鲁也。《中庸》独曰，'载华岳而不重'。子思足迹未尝入秦；疑此是西京人语。"（按见《小仓山房尺牍》。又按《尔雅·释山》曰："河南，华；河西，岳。"郭朴《注》曰："华阴山、吴岳。"《周礼·职方氏》曰："河南日豫州，其山镇曰华山；正西曰雍州，其山镇曰岳山。"郑《注》曰："华山在华阴，岳，吴岳也。"是华山与吴岳，战国时均在秦之境内也。）——则自来学者疑《中庸》者，固已多矣。但所举均在《中庸》后半篇耳。《中庸》可疑之处甚多，今分五端言之：

（一）本编序说中曾以《论语》《孟子》《墨子》《庄子》《荀子》《韩非子》为例，说明战国诸子文体之演进，从短章记言体，渐变为长篇之议论文。陈澧《东塾读书记》亦曾专从儒书，分别其记言之体为三种；第一种为《论语》体，乃弟子记亲闻于孔子之言，所记非一时之言，记之者亦非一人，乃汇集异时异人之所记者；第二种如《坊记》《表记》《缁衣》等，乃举传闻所得之孔子之言而记之。所记虽非一时之言，而记之者则为一人，乃引孔子之言而加以伸说者；第三种如《仲尼燕居》《孔子闲居》《儒行》《哀公问》之类，亦记传闻所得之孔子之言，且所记为一人一时之言，经敷衍润色而成者。此三种记言体，由简而繁，由质而文，时代先后，即可由此推知其说甚是。今按《论语》所记，《上论》为亲闻于孔子之言，《下论》已多传闻所得之孔子之言，见本编第一章。但终为直录所闻，最简最质，记者非一人，所记之言非一时，当时各有所记，后虽加以论纂，不过汇录所记各条，编成若干篇而已。《坊记》《表记》《缁衣》等，其记传闻所得之孔子之言，原与《下论》同；但因曾加伸说，故其辞已较《论语》为繁为文矣。至《仲尼燕居》《哀公问》等，则所纪实仅等于《论语》之一章，而敷衍润色以成一篇，故其辞更繁而文更华。是陈氏所分三种记言体之区别，全在繁简质文之间也。持此以衡《中庸》，则全篇文体并不一致。自《中庸章句》之第二章至第十一章，尚与《论语》相似，属于第一种记言体；自第十二章至第十九章，则与《坊记》《表记》《缁衣》等相似，属于第二种记言体；第二十章之“哀公问政……”，与《哀公问》《仲尼燕居》《孔子闲居》《儒行》等相似，属于第三种记言体。其第一章及第二十一章以后，则已非记言体而为议论体矣。故以文体衡之，《中庸》殆非一人所撰，且各段成书之先后，至不一律也。

（二）孟子，受业于子思之门人者也。《中庸》为子思所作，则其成书，自当在《孟子》之前。《孟子》全仿《论语》，尚有简约质朴记言之短章，极似《论语》者。其长篇各章，虽多铺排寓譬，但仍为记言体，而非纯粹之议论体。《中庸》则不复有简质记言之短章，其第一章及第二十一章以下各章，且纯为议论文矣。又《孟子·离娄篇》曰：“居下位而不获于上，民不可得而治也；获于上有道，弗信于朋友，弗获于上矣；信于朋友有道，事亲弗悦，弗信于朋友矣；悦亲有道，反身不诚，不悦于亲矣；诚身有道，不明乎善，不诚其身矣。”《中庸》第二十章，除多“不勉而中，不思而得，从容中道，圣人也；诚之者，择善而固执之者也”数句外，全与《孟子》此段相同。孟子既为子思再传之弟子，如果引用子思所作《中庸》之语，当明言“子思曰”或“《中庸》曰”，何以居然掠美耶？疑《中庸》此章乃取孟子语而推演之。即此二点推之，则《中庸》之完成，似当在《孟子》成书以后也。

（三）《中庸》第二十八章有曰：“今天下，车同轨，书同文，行同伦。”此全国统一之盛事也。许慎《说文解字序》述战国时之情形曰：“分为七国，田畴异晦，车涂异轨，律令异法，衣冠异制，言语异声，文字异形。”以情理度之，当为实录。子思为战国时人，而《中庸》所云“车同轨，书同文，行同伦”乃适与《说文解字序》相反，何也？如以为此乃理想，非指实事，则何以明言“今天下”乎？《说文解字序》旨在说明战国时“文字异形，秦皇初兼天下，丞相李斯乃奏同之”。即此可见“书同文”为秦始皇统一以后之事矣。《史记·秦始皇本纪》曰：“一法度、衡石、丈尺、车同轨，书同文字。”《琅邪刻石》亦曰：“器械一量，同书文字。”又曰：“将维皇帝，匡饬异俗。”是秦始皇统一之后，度量衡始划一，车始同轨，书始同文，行始同伦，明矣。《中庸》所云，正指此耳。又第三十章曰：“是以声名洋溢乎中国，施及蛮貊，舟车所至，人力所通，天之所覆，地之所载，日月所照，霜露所坠，凡有血气者，莫不尊亲。”按《琅邪刻石》曰：“日月所照，舟舆所载，皆终其命，莫不得意。”文虽繁简不同，其意则一。此尚可诿为《琅邪刻石》袭《中庸》之意。但此种天下一统之盛况，秦始皇以前，固未尝有也。秦以前之古书，即述最高理想之郅治之隆者，亦未尝作此等语也。故疑《中庸》末段，直当成于秦始皇统一六国之后。

（四）《中庸》第一章曰："喜怒哀乐之未发，谓之中；发而皆中节，谓之和。中也者，天下之大本也；和也者，天下之达道也；致中和，天地位焉，万物育焉。"以"中"与"和"对举，《周礼》亦常以"中""和"并举。《大司徒》曰："以五礼防万民，而教之中；以六乐防万民，而教之和。"《大司乐》曰："中和只庸孝友。"郑《注》曰："中，犹忠也。"惠栋《九经古义》曰："'中'与'忠'，古字通。汉《吕君碑》云：'以中勇显君。'义作'忠'。《后汉书》，'王常为忠将军'。《冯异传》作'中将军'。《古文孝经》引《诗》云：'忠心藏之。'今《毛诗》作'中'。"与"和"对举之"中"，即通借作"忠"者也。喜怒哀乐未发之"中"，乃忠诚之"忠"。此已为下半篇论"诚"诸章张本矣。第二十二章曰："唯天下至诚，为能尽其性；能尽其性，则能尽人之性；能尽人之性，则能尽物之性；能尽物之性，则可以赞天地之化育；可以赞天地之化育，则可以与天地参矣。""至诚"即能"致中和"者也；"致中和，天地位焉，万物育焉"，故至诚可以赞天地之化育，与天地参也。故《中庸》首章与《中庸》后半论诚诸章，关系特切。但第二章以下诸章之说"中"字，则又指两端之"中"，无过无不及之"中"。故道之不明不行，在乎知者过之、愚者不及，贤者过之、不肖者不反；（见第四章）舜之大知，在能执其两端，用其中于民也。（见第六章）此其义，又与首章论中和之"中"两歧矣。又《中庸》后半论诚诸章，与《荀子·不苟篇》"君子养心莫善于诚"一节极相似。但《不苟篇》仅言"诚"为养心之要；《中庸》则直谓"诚"可以参天地，赞化育，其陈义更高，其文辞更繁。则似《中庸》后半，乃取《荀子·不苟篇》之说而更推演之者。

（五）《中庸》第二章记孔子之言，称"仲尼曰"。以下各章记孔子之言，但称"子曰"。此正与《礼记》之《仲尼燕居》《孔子闲居》《大戴礼记》之《王言》相同。又自第二章至第十一章，为记言体，尚似《论语》。而第十二章、第十三章、第十五章、第十六章、第十七章，每章必引《诗》，乃极似《荀子》与《韩诗外传》。又第十四章言君子素位而行，正己而不求人，故无怨尤；其志正与第十一章“遁世不见知而不悔”相衔接。第十二章言君子之道造端夫妇，第十三章言道不远人，第十五章言行远自迩，登高自卑，第十七、十八、十九三章均论孝，盖言当从家庭推而至于国家天下，故一切道德从庸德之行庸言之谨做起，其意亦相衔接。中间惟第十六章，论鬼神之为德，视之弗见，听之弗闻，而体物不遗，无乎不在，置之此处，与上下章俱不联贯。故曰本人三宅石庵之《中庸错简说》谓此第十六章为错简，当移置第二十章之后，盖承“至诚如神”之言，故以鬼神喻“诚”之不可揜也。但即移置此章，《中庸》全篇，以文体论，则仍是前后互歧；以文意论，则仍非一气呵成。其非由一人所撰，一时所成，固显而易见也。

综上所说观之，《中庸》决非全篇皆为子思所作。就《中庸》全篇加以辨析，当分为五大段：

第一大段——以记孔子之言为主；其记言简质，颇似《论语》。故成书之时期当最早。（此大段为《中庸章句》之第二、第三、第四、第五、第六、第七、第八、第九、第十、第十一诸章。）

第二大段——此段论道不远人，造端夫妇，素位正己，在乎忠恕，继志述事，以成达孝。虽亦为记言体，但已加以伸说矣。故与《缁衣》《坊记》《表记》等相似。（此大段为《中庸章句》之第十二、第十三、第十四、第十五、第十七、第十八、第十九诸章。）

第三大段——此段论为政当以修身为本。开端“哀公问政……”，尚为记言体，但已为多藻饰，多排比的长篇议论，故与《哀公问》《儒行》《仲尼燕居》《孔子闲居》等相似。（此大段为《中庸章句》第二十章之前半，自“哀公问政”至“不明乎善，不诚乎身矣”。）

第四大段——此段以论“诚”为主，已为纯粹之议论文，而非记事体。（此大段为《中庸章句》之第一章，及第二十章之最后一节，“诚者天之道也”以下，及第二十一、第二十二、第二十三、第二十四、第十六、第二十五、第二十六诸章。）

第五大段——此段全为赞扬之辞，旨愈玄而文愈华，其撰作时期当最晚。（此大段为《中庸章句》第二十七、第二十八、第二十九、第三十、第三十一、第三十二、第三十三诸章。）

此五大段之前二段，或即子思所作之《中庸》；后三段则为子思后学说《中庸》者所附加，而其撰述，亦非出于一人，成于一时。其最迟者，或在秦始皇统一之后也。

《子思子》惟《中庸》与《坊记》《表记》《缁衣》四篇，尚存《礼记》之中。《十三经注疏》之《礼记》，用郑玄《注》，孔颖达等《正义》。《四库书目提要》评孔颖达《礼记正义》曰：“采摭旧文，词当理博，说礼之家，钻研莫尽。”此其所长也。又曰：“惟以务申郑说，未免有附会处。”此其所短也。郑《注》自是最古，郑玄又长于《礼》者，故学者多推崇之。虽然，郑玄之所长者，笺释名物，制度耳。《中庸》在《礼记》中，属于《别录》所谓“通论”之属。由今言之，则儒家之人生哲学也，论义理之文也。按宋儒注经，训诂名物，不逮汉儒；而阐发义理，则具特长，非汉代经生所能及。故朱子之《中庸章句》，较郑《注》胜处殊多。至于《中庸或问》，则朱子授黄甾时，已自云“有未满意处”矣。真德秀之《四书集编》，惟《大学》《中庸》之注，为其所定于《中庸章句》《中庸或问》，及文集语录中散见之论《大学》《中庸》之语，有异同处，皆博采以资发明；间附己见，以资折中焉。赵顺孙《四书纂疏》中亦有《中庸纂疏》。真赵二书，皆朱《注》之功臣也。至康有为之《中庸注》，则主观太深强，致变古人之书为康氏一家之言；其弊正与《孟子微》同。又《中庸》别出单行已久，研究者多，故注本亦不少。至《坊记》《表记》《缁衣》三篇，除亦在《礼记》中，有郑玄《礼记注》、孔颖达等《礼记正义》之外，可参考之注本不多。仅黄道周有《表记集传》，《坊记集传》，《缁衣集传》为少著耳。

第四章 儒家之书四——曾子

附孝经、大学

《论语·里仁篇》记孔子曰："参乎，吾道一以贯之。"宋儒因谓曾子独闻一贯之道，得孔子薪火之传。按曾子在孔子弟子中，年最少，而又老寿，其于孔子学说之传，关系自大；但所谓"道统"，则究为宋儒之言，孔门固无此说也。先君子有《曾子考》，录之于此。

曾 子 考

《汉志·诸子略》儒家有《曾子》十八篇。自注曰："名参，孔子弟子。"世称子思为曾子弟子，而《汉志》乃列《曾子》于《子思子》之后，何也？岂以子思为孔子孙，故其书不复以时代先后为次欤？

伯潜按：子思为曾子弟子之说，不见于先秦古籍中。近人钱基博《古籍举要》曰："窃按《汉志》部录诸子，必谨师承。如儒家，《曾子》十八篇，《宓子》十六篇之系曰'孔子弟子'，《李克》七篇之系曰'子夏弟子'，《孟子》十一篇之系曰'子思弟子'，皆其例也。独世称子思为曾子弟子，而《子思子》二十三篇，系之曰‘孔子孙’，不称‘曾子弟子’，且以次《曾子》十八篇之前。细籀二子所著书，子思称《诗》《书》而道性情，肇启孟子，传道统；曾子善言礼而隆威仪，毗于荀卿，为儒宗。其工夫一虚一实，其文章一华一朴，故不同也。近儒章炳麟为《徵信论》曰：‘宋人远迹子思之学，上逮曾参。寻《制言》《天圆》诸篇，与子思所论殊矣。《檀弓》记曾子呼伋。古者言朴，长老呼后生则斥其名。微生亩亦呼孔子曰丘，非师弟子之征也。《檀弓》复记子思所述。郑君曰：“为曾子言难继，以礼抑之。”足明其非弟子也。近世阮元为《子思子章句》，亦曰“师曾迪孟”。孟轲之受业，则太史公著其事矣。师曾者，何征而道是耶？’知言哉！”按章钱二氏之说是也。朱熹特以《大学》言心，《中庸》言性，足为心性之说之根据，故以《大学》为曾子之书，子思为曾子之弟子，而孔曾思孟，儒家道统一脉相传耳。曾子子思固非师生，但以年辈论，曾子究长于子思。《汉志》录诸子，既以时代先后为次，则其录《子思子》于《曾子》之前，终是一误，但出于不经意耳。

《曾子》，《汉志》作十八篇。《七录》及《隋志》作二卷，目一卷。新、旧《唐志》但作二卷。《崇文总目》《通志》《文献通考》《山堂考索》《宋志》、均作二卷。晁公武所见之本亦二卷，共十篇，与《大戴记》中之十篇同。杨简本卷篇亦同，有卢辩注。高似孙王应麟所见本，卷篇亦同，但第一篇曰《修身》，不曰《曾子立事》。周遏之《曾子音训》，亦为十篇。似《曾子》传本有二种：一种为十八篇本，一种为二卷十篇本也。但此二种均已亡佚，无从考其真矣。《大戴记》中有十篇，明题“曾子”；晁公武所见二卷本之十篇即与之同。是《曾子》原书虽亡，而十篇尚存矣。阮元径采此十篇而注之，名曰《曾子》。序曰：“百世学者皆取法于孔子。

去孔子之时渐远者，其言亦渐异。子思孟子之言虽近于孔子，犹非亲受业于孔子者也。七十子之亲受于孔子，其言又近于孔子者，惟此《曾子》十篇。”其推崇可谓至矣。十篇者，一、《曾子立事》，二、《曾子本孝》，三、《曾子立孝》，四、《曾子大孝》，五、《曾子事父母》，六、《曾子制言》上，七、《曾子制言》中，八、《曾子制言》下，九、《曾子疾病》，十、《曾子天圆》也。按《曾子大孝》篇有曾子弟子乐正子春与其门弟子问答，其为曾子弟子及再传弟子所记明矣。南宋汪晫，清王定安又各有辑本。

伯潜按：汪晫所辑之《曾子》，篇目如下：

内篇二篇——（一）《仲尼闲居》（即《孝经》《孝经》首句曰“仲尼居”，故改题此名。非《礼记》之《仲尼燕居》或《孔子闲居》也。用朱子《孝经刊误》本），（二）《明明德》（即《大学》，《大学》首言“大学之道在明明德”，故改题此名。用朱子改订之《大学章句》本）。

外篇十篇——（一）《养老》，（二）《周礼》（非本称《周官经》之《周礼》），（三）《有子问》，（四）《丧服》（非《礼记》之《丧服》。此篇及上《周礼》，节取《大戴记》之《曾子问》），（五）（六）阙，（七）《晋楚》（采《大戴记》之《曾子疾病》，并采《说苑》），（八）《守业》（全录《大戴记》之《曾子立事》，且为之分章，每章加“曾子曰”），（九）《三省》（首章取《论语·学而篇》“曾子曰吾日三省吾身……”一章，故名），（十）《忠恕》（首章取《论语·里仁篇》“子曰参乎吾道一以贯之……”一章，故名。余采《孔丛子》，并以《荀子·解蔽篇》所引曾子之言附之）。

其选择不慎，割裂古书，不著所自，妄立篇名，与所辑《子思子》同。

又王定安辑本，原名《曾子集语》，后又改称《曾子家语》，为曾国荃所审定，凡十八篇，其目如下：

卷一——（一）《大孝》（合《大戴记》之《曾子大孝》《曾子事父母》《曾子本孝》《曾子立孝》为一篇，用卢辩注），（二）《至德要道》（即《孝经》。《孝经》称孝为“至德要道”，故改题此名。用唐玄宗注）。

卷二——（三）《养老》，（四）《慎终》（采自经、史、子，经用古注），（五）《大学》（用郑玄注，并附《朱子章句》）。

卷三——（六）《三省》（采经、子，经用古注），（七）《立事》（即《大戴记》之《曾子立事》，用卢辩注）。

卷四——（八）《制言》（即《大戴记》之《曾子制言》，合三篇为一篇，用卢辩注），（九）《全节》，（十）《兴仁》（并采经、子，经用古注），（十一）《王言》（即《大戴记》之《王言》，用卢辩注），（十二）《闻见》（采子史）。

卷五——（十三）《吊丧》（采经、史、子，经用古注），（十四）《礼问》（即《礼记》之《曾子问》，用郑玄注）。

卷六——（十五）《天圆》（即《大戴记》之《曾子天圆》，用卢辩注），（十六）《吾友》，（十七）《有疾》（并采经子，经用古注），（十八）《杂记》（采子史及纬书）。

王氏所采之古书，共九十七种。于唐以后之书，除类书所引古书之逸文外，皆不取。凡所引，必注明出处。原书有异本者，不臆改；采用善本，必注明所以取此本之故。同一条并见于二种以上之古书者，以较古之书为本文，较晚之书为附录。其搜辑之广，采录之慎，远在汪晫之上。又此书虽亦为十八篇，但非《汉志》所录之《曾子》十八篇。

又按：魏徵《群书治要》中之《曾子》，见引于马总《意林》者，均与《大戴记》合。似《大戴记》之十篇原在《曾子》十八篇中。自唐至宋之二卷十篇本，亦皆与《大戴记》之十篇同。殆《汉志》所录之十八篇，亡其八篇，仅存十篇，而此十篇即为大戴录入记中者也。王定安辑本，采自《吕氏春秋》者共五条，其中三条亦与《大戴记》合。其余二条，或即在今已亡佚之八篇中欤？则阮元采此十篇，径名曰《曾子》，亦未可厚非矣。

《曾子》十篇在《大戴记》中。《大戴记注》，以卢辩《注》为最古。辩字景宣，官至尚书右仆射，见《北周书》。其兄景裕尝曰："昔侍中尝注《小戴》；今尔注《大戴》，庶缵前修矣。"（亦见《北周书》）此注所引，有郑玄、谯周、孙炎、宋均、王翁、范宁、郭象诸家之说。东汉魏晋间人之遗说，得以保存。惟本文注文舛乱颇多，几不可读耳。阮元亦注此十篇，虽未精博，已胜卢《注》矣。

汪晫，王定安辑《曾子》，均录《孝经》及《大学》。《孝经》《汉志》与《论语》同附《六艺略》中，今为《十三经》之一。《大学》本为《礼记》之一篇。《礼记》《汉志》列之《六艺略》之礼类，今亦为《十三经》之一。则《孝经》《大学》，似皆是"经"而非"子"。但相传以为均是曾子之著述，自不得不补加考证焉。

《汉志自注》曰："《孝经》者，孔子为曾子陈孝道也。"是《孝经》为孔子所作，旨在为曾子述孝道矣。《孝经纬·钩命诀》记孔子之言曰："吾志在《春秋》，行在《孝经》。"又曰："《春秋》属商，《孝经》属参。"是《孝经》之地位与《春秋》等矣。《孝经》第一章，《开宗明义章》曰："仲尼居，曾子侍。子曰：'先王有至德要道，足以顺天下；民相和睦，上下无怨。汝知之乎？'曾子避席曰：'参不敏，何足以知之？'子曰：'夫孝，德之本也，孝之所由生也。复坐，吾语汝。'……"《汉志》

谓系孔子为弟子陈孝道，殆以此也。此殆谓孔子闲居，曾子侍坐，孔子为陈孝道，故作《孝经》也。邢昺《孝经疏》引刘炫之《孝经述义》曰："炫谓孔子自作《孝经》，非曾子请业而对也。……因弟子有请业之道，师儒有教诲之谊，故假弟子之言，以为对扬之体，非曾子实有此问也。"傅注《孝经序》曰："盖曾子在七十弟子中，孝所最著，孔子乃假立曾子为请业问答之人，以广明孝道；既说之后，乃属之曾子。"吕维祺《孝经或问》曰："《孝经》论孝，大抵在立身行道，德教治化上说，非徒为曾子言也。"俞樾《古书疑义举例》亦谓"孔子与曾子之问答，系假设之以明孝道及孝治之义"。此皆以问答为假设，不信《汉志》"为曾子陈孝道"之说者也。但于《孝经》是否为孔子所作，则未明言。今按《孝经》首言"仲尼居，曾子侍"。仲尼为孔子之字；曾子为尊称曾参之词。无论此书为孔子所作，为曾子所记，或为答曾子问孝道，或为孔子自作而假设问答，均无举孔子之字而称曾参曰"曾子"之理也。或谓《论语》于曾参，皆称"曾子"；《孝经》称"曾子"，正与同例。但《论语》称孔子，或曰"子"，或曰"孔子"，无径称"仲尼"者；且《论语》明为弟子门人所记纂，亦非孔子所自作也。又《五经》初但以"《易》《书》《诗》《礼》《春秋》"为书名，其称为"经"，乃后人名之，非孔子名此五书曰"经"也。即退一步说，孔子尝称之曰"经"（据《庄子·天道篇》孔子语老聃曰，"丘治《诗》《书》《礼》《乐》《易》《春秋》六经以为文"）；此五书原非孔子自著也。《孝经》则直以"经"为书名矣。不论其为孔子自作，为曾子所记，亦决无名之曰"经"之理也。故南宋时，胡宏之《论语指南》已因《孝经》引《诗》，非经本文，认为可疑矣；汪应辰更直斥其多出后人依托矣。（见《黄氏日钞》、朱子《孝经刊误自记》引《与程迥之答论孝经书》。）其非孔门之书，显然可知。

《四库书目提要》曰："《孝经》之文，去《二戴》所录为近（指《大戴礼记》《小戴礼记》），要为七十子之徒之遗言。"陈澧《东塾读书记》

曰：“《孝经》为七十子之遗书，与《礼记》为近。开首‘仲尼居，曾子侍’，与《礼记》之‘孔子闲居，子夏侍’，‘仲尼燕居，子张子夏言游侍’，文法正同。”此已侪《孝经》于《礼记》诸篇矣。但《孔子闲居》未尝称“卜子侍”，《仲尼燕居》未尝称“颛孙子卜子言子侍”也。窃疑《孝经》之作，又在此二篇之后；作者去孔子日远，而又以轻心掉之，故着此痕迹；然正因着此痕迹，方得据以推知非孔子所作，曾子所记，且未得与《仲尼燕居》《孔子闲居》二篇比耳。

胡適曾言：孔子论道德，以“仁”总括诸德目；孔门后学，则以“孝”总括诸德目。（见《中国哲学史大纲》）其说甚是。《论语·学而篇》，有子曰：“孝弟也者，其为仁之本欤？”是有子尚以仁括孝也。《孟子·告子篇》曰：“亲亲仁也。”《离娄篇》曰：“仁之实，事亲是也。”是孟子尚以仁括孝也。《中庸》亦曰：“仁者，人也；亲亲为大。”是《中庸》后半之作者尚以仁括孝也。而《孝经》则径以“孝”为“德之本”，径以“孝”括诸德目矣。则《孝经》撰作之时，当迟于《孟子》及《中庸》后半篇矣。

《孝经》每章皆引《诗》语作结，极似《韩诗外传》。《韩诗外传》为西汉初之韩婴所作。《孝经》之撰作，最早与《韩诗外传》同时。因此种引《诗》作结之文体，约起于战国之末（《荀子》中类此者亦多），盛于西汉初年也。又西汉诸帝，自惠帝之后，皆于其谥上加一“孝”字。而征辟之科，除“贤良文学”之外，尚有“孝弟力田”，“孝弟方正”。西汉诸帝之特崇孝道，以政治力量提倡之，于此可见。又《汉书·高帝纪》载上太上皇尊号诏，以“父有天下，传归于子；子有天下，尊归于父”为“人道之大极”。此与《中庸》后笔称“舜之大学，武王周公之达孝”，及《孝经》“尊亲莫大于严父，严父莫大于配天”之“天子之孝”，正相吻合。又司马迁叙孔子，于《六艺》《论语》，均尝述及，《春秋》尤为侧重。而于郑玄称为《六经》总汇，以与《春秋》地位相并之《孝经》，则无一语及之。《太史公自序》引其父谈临卒之言曰："且夫孝，始于事亲，中于事君，终于立身，扬名于后世以显父母，此孝之大者。"此与《孝经》首章之言，完全相同。但司马谈未尝明言其为引《孝经》之言或孔子之言也。又《春秋繁露》曰："父授之，子受之，天之道也。故曰：'夫孝者，天之经也。'此之谓也。"又曰："孝子之行取诸土。……此谓'孝者，地之义'也。"此直似《孝经》"夫孝天之经也，地之义也"句之注释。但董仲舒亦未尝明言"孝为天经地义"之言，见于《孝经》也。盖此时孝之提倡已盛，此类言论已多，故司马谈董仲舒云然。作《孝经》者，乃采集之，非《史记》及《春秋繁露》引《孝经》也。则《孝经》之作，当在汉武帝之后矣。

《朱子语录》有云："'以顺则逆，民无则焉'，是季文子对鲁宣公之辞；'言斯可道，行斯可乐'，是北宫文子论令尹威仪之言。在《左传》中，自有首尾；载入《孝经》，都不接续，全无意思。"姚际恒《古今伪书考》曰："《孝经·三才章》，'夫孝，天之经也，地之义也，民之行也；天地之经而民是则之，则天之明，因地之利'云云。袭《左传》郑子太叔对晋赵简子引子产之言，惟易'礼'字为'孝'字。"又曰："《事君章》'进思尽忠'二语，袭《左传》士贞子谏晋景公之言。"又曰："《左传》，自张禹传之之后，始渐行于世。则《孝经》者，盖其时之人所为。"据此，则《孝经》之作，直在西汉末世矣。

于此，有二反证焉。《吕氏春秋·察微篇》曰："《孝经》曰：'高而不危，所以长守贵也；满而不溢，所以长守富也。富贵不离身，然后能保其社稷而和其人民。'"此《诸侯章》语也。《吕氏春秋》为战国末年之书，已引《孝经》，则《孝经》当然作于其前。此其一。魏文侯曾作《孝经传》。魏文侯为战国初年人，且曾为子夏弟子，已为《孝经》作传，则《孝经》当然作于其前。此其二。此二反证，似颇有力者。今按高诱《吕氏春秋注》不释《孝经》为何书。疑"孝经曰"三字，乃读者旁注，后乃误入正文者。盖读《吕氏春秋》之人，见此数语与《孝经·诸侯章》同，故旁注此三字耳。《吕氏春秋·孝行篇》曰："故爱其亲，不敢恶于人；敬其亲，不敢慢于人。爱敬尽于事亲，光耀加于百姓，究于四海，此天子之孝也。"与《孝经·天子章》同，但无"孝经曰"三字。同是一书，同引《孝经》，何以一明言，一不明言乎？故此二节，乃作《孝经》者袭《吕氏春秋》，非《吕氏春秋》引《孝经》也。又按朱彝尊《经义考》曰："贾氏《齐民要术》引魏文侯之言曰：'民，春以力耕，夏以镪耘，秋以收敛。'当是《孝经》'用天之道，分地之利'二句之传。"《齐民要术》所引，又见《淮南子·人间训》。文侯之言，因解扁上计，收入三倍，有司请赏之而发。"秋以收敛"句下曰："冬闲无事，以伐木而积之，负轭而浮之河，是用民不得休息也；民已敝矣，虽有三倍之入，将焉用之？此有功而可罪也！"则明非《孝经传》中注释《孝经》之语矣。《后汉书·祭祀志》，"灵台未用事"句，梁刘昭《注》，引蔡邕《明堂论》曰："魏文侯《孝经传》曰：'太学者，中央明堂之位也。'"说者谓此句乃《孝经》"宗祀文王于明堂"一句之注。但按其语气，谓为释"太学"则可，谓为释"明堂"则不可。蔡邕究曾见《孝经传》否，究有何依据否，已无可考。但即令曾亲见《孝经传》，安知其非出后人依托？盖蔡邕为东汉末人，其时《孝经》已久行，已久被尊崇，或好事者为之作传而远托于魏文侯也。魏文侯作《孝经传》，其事不见于《史记·魏世家》，其书不见于《汉志》《隋志》《唐志》，本不足信也。故此二反证，均不能成立。

试更就《孝经》之内容考之。《孝经》曰："身体发肤，受之父母，不敢毁伤。"按《论语·泰伯篇》曰："曾子有疾，召门弟子曰：'启予足，启予手。《诗》云："战战兢兢，如临深渊，如履薄冰。"而今而后，吾知免夫，小子。'"《孝经》盖取此章之义而引申之者。此章所记，乃曾子临终前事。然尚可曰曾子受孔子之教，故有此举也。《论语·子张篇》

记曾子曰："吾闻诸夫子，孟庄子之孝也，其他可能也，其不改父之政与父之臣，是难能也。"此与《为政篇》孔子称"三年无改于父之道，可谓孝矣"之旨正合。而《孝经》论卿大夫之孝，语不及此。《论语·子张篇》又记曾子曰："吾闻诸夫子，人未有自致者也，必也亲丧乎？"此与孟子对然友，"亲丧固所自尽也"之言正合。孟子又引曾子曰："生，事之以礼；死，葬之以礼，祭之以礼。"此与《论语·为政篇》孔子告樊迟之语相同。而《孝经·丧亲章》独不及之。《孟子》记曾子养曾皙，赞其能"养志"。《孝经》托于曾子，而独遗此最重要之"养志"。此皆与《论》《孟》不合者也。又《论语·里仁篇》，子曰："事父母，幾谏。"《大戴记·曾子本孝篇》曰："微谏不倦。"《曾子大孝篇》曰，"谏而不逆"。《曾子事父母篇》曰："孝子之谏，达善而不敢争辩。"其义并同。而《孝经·谏诤章》则云"子不可不争于父"，且以"争子"与"争臣""争友"相提并论。是直与《论语》孔子之言及《大戴记》曾子之言相矛盾矣。内容如此，岂孔子曾子之书哉？

西汉诸帝特别提倡孝道，欲以孝治天下。上有好者，下必甚焉。于是乃有孝为诸德目之总绾之说，"孝"遂取"仁"而代之。孔子弟子中，曾子以孝闻。于是当时流行之孝论，乃均托之曾子。初则纂集之以成《大戴记》中之十篇，犹以为未足，更辑之以为《孝经》，名之曰"经"，托之于孔子，无非欲张大其说而已。而此书之被尊崇至附之于六艺，侪之于《春秋》，则西汉末世事也。《孝经纬·钩命诀》所托孔子之言，上文已引之。《孝经纬》《孝经中契》亦托孔子之言曰："丘作《孝经》，文成法立。……题号曰《孝经》。"《孝经纬·援神契》又记孔子作《春秋》，制《孝经》，既成，告备于天；乃有赤虹化为黄玉，上有文，为刘季受命之符云云。是以《孝经》比《春秋》之说，出于纬书也。《后汉书·方术传》曰："自武帝好方术，王莽矫符命，光武信谶言，而学者向风。……自是集为'内学'，奇文异数，不乏于时。"所谓"内学"，殆即指依附诸经之纬书。是谶纬之学，萌芽于武帝之世，兴盛于哀平王莽之时，至东汉初年，盖方士与儒家之经术相糅合，而纬书以兴也。《孝经》以“经”为书名，妄；以《孝经》与《春秋》并尊，而又饰以神话，诞；托之孔子、曾子，而与《论语》《大戴记》之言孝不合，甚至矛盾，且《开宗明义》第一章首，云“仲尼居，曾子侍”，更陋。而时至今日，尚有学者笃信推崇，仍认为“孔子为曾子陈孝道”而作，不亦惑乎？

《孝经》之注，相传有二种：一为郑玄注，今文本；一为孔安国传，古文本。郑玄曾注《孝经》之说，传自荀昶，但不见于《郑志》。孔安国《孝经传》，为刘炫伪托。故自唐玄宗《御注》出，而郑孔二注废矣。其疏，唐元行冲奉诏撰。今《十三经注疏》本用唐玄宗《注》，邢昺《疏》。邢《疏》即剪裁元《疏》而成。邢《疏》行，元《疏》亦废矣。朱子之《孝经刊误》，用古文本，分之为经一章，传十四章。元吴澄之《孝经定本》，用今文本，分之为经一章，传十二章。清阮福之《孝经义疏补》除全载玄宗《注》、邢昺《疏》外，并辑郑《注》佚文，《大戴记》“曾子十篇”之可与《孝经》参证者亦辑入。《孝经》之注，此为最佳已。

汪晫王定安辑《曾子》，又均录《大学》。《大学》者，《礼记》之一篇也。其作者为何人，于古无征。宋之程子以为“孔氏之遗书”，“可见古人为学次第”。但亦未明言为何人所作。朱子自《礼记》中取此篇与《中庸》，合以《论语》《孟子》，定为《四子书》。其《大学章句》分之为经一章，“乃孔子之言而曾子述之”；传十章，“则曾子之意，而门人记之”。于是《大学》乃与曾子发生关系。汪晫王定安之辑《大学》入《曾子》，盖据朱子之说也。戴震儿时读《大学章句》，问塾师曰：“孔子曾子为周时人，朱子为南宋时人，周宋相去极远，然则朱子何以知其然？”师不能答。盖朱子以《大学》尝引曾子之言，且以其言及“心”，与《中庸》言“性”，足为“心性说”之根据，故臆度《大学》出于曾子；《论语》《大学》《中庸》《孟子》恰可代表孔曾思孟之学说，且系师生相传，一脉相承，足为“道统说”之根据，故定为《四子书》尔。又明丰坊言家藏魏三字石经《大学》榻本，有虞松《校刻石经表》，引贾逵曰：“孔伋居于宋，惧先圣之学不明，而帝王之道坠，故作《大学》以经之，《中庸》以纬之。”是又以《大学》为子思所作矣。丰坊之说，朱彝尊《经义考》，翟灏《四书考异》已辨其讹。子思作《大学》，古籍中亦未有言及之者。故《大学》作者，至今未能考定也。

如朱子所度为不谬，《大学》为曾子所述，曾子门人所记，则其成书之年代，当与子思作《中庸》相先后（此指《中庸章句》所分第二章至第十一章，成书最早之一部分），而早于《孟子》。但以《论语》之后，战国诸子文体之演进衡之，则殊不然。《大学》首举三纲领（“明明德”、“亲民”、“止至善”），八条目（“格物”、“致知”、“诚意”、“正心”、“修身”、“齐家”、“治国”、“平天下”），而后加以申论，为一篇纲举目张，首尾完具，组织严密之议论文，不但与《论语》《孟子》完全为记言体者不同，且与《中庸》全篇之半为记言体，半为议论体者殊异。战国初年，不能有此种作品也。以本篇内容按之，则其所列之八条目，乃杂取《中庸》《孟子》而加以组织者。如《孟子》曰：“诚身有道，不明乎善，不诚乎身矣。”“明善”即“致知”，“诚身”即“修身”也。《孟子》曰：“人有恒言，皆曰‘天下国家’；天下之本在国，国之本在家，家之本在身。”（见《离娄篇》）此即“身修而后家齐，家齐而后国治，国治而后天下平”也。《中庸》后半，特提一“诚”字而大加发挥，而于“恐惧乎其所不睹，戒慎乎其所不闻”，“相在尔室，尚不愧于屋漏”之“慎独”工夫，尤注意焉。此即《大学》“十目所视，十手所指”，“君子必慎其独”之“诚意”也。《孟子》又曰：“惟大人为能格君心之非。”（见《离娄篇》）董仲舒所云“正君以正朝廷”，即本乎此。撰《大学》者乃又立“正心”一目，置之“诚意”与“修身”之间。八目既完成，乃逐条加以发挥，成此有系统组织之德治论，为儒家政治哲学之名著焉。《论语》《孟子》记孔孟论政之言，东一鳞，西一爪，均为断片之记载，岂能望《大学》之项背哉？由此视之，《大学》决非战国初期之作品矣。

《大学》为《礼记》中之一篇，故考《大学》成书之年代，可就二《戴记》中有关各篇比较之。

（一）《大学》与《礼记》中之《学记》。《温公书仪》曰："《学记》《大学》《中庸》《乐记》为《礼记》之精要。"（见《东塾读书记》引）置《学记》于《大学》之前。按《大学》首云"大学之道"，《学记》亦曰："此大学之道也。"二篇俱论"大学之道"，故其言有极相似者。如《学记》之"知类通达"，即《大学》之"格物致知"。《学记》之"强立而不反"，即《大学》之意诚，心正而身修。《学记》之"化民成俗"，"近者悦而远者来"，即《大学》之家齐而国治天下平也。（用陈澧说，亦见《东塾读书记》。）盖《学记》所言为大学教育之制度方法，《大学》所言为大学教育之原理目的，二篇并为儒家论教育之言，其关系甚密切也。《续礼记集说》引清人陆奎勋论《学记》年代之言，以为《王制》略言建学之法，《学记》言之更详，似继《王制》而作。《王制》为汉文帝时博士所作，《学记》似当更出其后。《学记》引《说命》者凡三。《说命》为伪《古文尚书》之一篇，西汉初年学者未尝见古文经，则《学记》之成书当在武帝设庠序兴学校之后云。今按《大学》与《学记》关系极切，且亦尝引《古文尚书》之《太甲篇》，则其成书年代，当与《学记》相同矣。

（二）《大学》与《大戴记》中之《王言》。——《大学》以"明明德"，"亲民"，"止至善"为三纲领。《王言》曰："下之人信之如暑热寒冻，远若迩；非道迩也，及其明德也。"（按"及"当为"艮"，古服字。）此言上能明明德，则下之人，服而信之。《王言》又曰："上之亲下也如腹心，则下之亲上也如保子之见慈母也。"此即"亲民"之义。（按读"亲"为"新"，以"亲民"为"新民"，乃程朱之说。）《王言》又以"至礼"、"至赏"、"至乐"为"三至"，亦与《大学》之"至善"相类似，故此二篇亦有关系。《王言》中“参，汝以明王为劳乎……”一条，亦见《尚书大传》。《王言》之文，与《孔子闲居》，《仲尼燕居》及《韩诗外传》相类。学者多以《王言》为汉代之作品。《大学》成书之年代，当亦与《王言》相去不远也。

就上举二篇比较之，则《大学》亦汉代之书。俞正燮《癸巳类稿》谓“《大学》本汉时诗书博士杂集”，说虽未详，庶几得之。

《大学》与《中庸》，初则同为《礼记》中之一篇，后则同为《四子书》中之一部，故其注本，亦有郑玄《礼记注》中之《大学注》，孔颖达《礼记正义》中之《大学正义》；亦有朱子之《大学章句》及《或问》，赵顺孙《四书纂疏》中之《大学纂疏》。此外，真德秀之《大学衍义》亦颇著。乡先辈夏震武先生有《大学衍义讲授》，分篇阐发大义，惜未及成书而卒。朱子之《大学章句》，为家弦户诵之书。但以为有错简而移之，有缺简而补之，且妄分为经一章，传十章，则以己意改易古书，未免有失学者之态度。宋代学者多喜以主观说经，已成为一代之学风，故虽大贤亦未能免也。

第五章　儒家之书五——晏子及其他

附礼运

《汉志·诸子略》所录儒家之书，除上述之《孟子》《荀子》《子思子》《曾子》外，今存者尚有《晏子春秋》，《陆贾新语》《贾谊新书》、桓宽《盐铁论》，及刘向杨雄所序。先君子均有考，兹分别录之于此。

（一）晏子考

《汉志·诸子略》儒家首列《晏子》八篇。《自注》曰："名婴，谥平仲，相齐景公。孔子称善与人交。有列传。"《四库全书》入史部传记类。按其体裁，仍为子书，非史书，所以列之史部者，岂以其名《晏子春秋》欤？

伯潜按：《史记·管晏列传索隐》谓"平"是谥，"仲"是字，与《汉志自注》异。孔子曰："晏平仲善与人交，久而敬之。"见《论语·公冶长篇》。陈振孙《直斋书录解题》谓隋、唐《志》始称《晏子春秋》。按《史记》本传赞曰："吾读……《晏子春秋》。"则名曰"春秋"，不始于隋、唐《志》矣。

刘向《叙录》曰："臣向所校中书《晏子》十一篇……太史书五篇，臣向书一篇，参书十三篇，凡中外书三十篇，为八百三十八章。除复重二十二篇，六百二十三章，定著八篇，二百十五章。其书，六篇皆合《六经》之义；又有复重，文辞颇异，不复遗失，复列以为一篇；又有颇不合经术，似非晏子言，疑后世辩士所为者，亦不敢失，复以为一篇；凡八篇。"是《汉志》所录，即刘向校定本也。今存本亦八篇。《隋志》《唐志》均作七卷，《崇文总目》作十四卷者，孙星衍《晏子春秋序》谓"后人以篇为卷，又合《杂》上下二篇为一卷，则为七卷"，是也。七卷各分上下，故又为十四卷耳。《史记》本传赞《正义》曰："《七略》云，《晏子春秋》七篇在儒家。"按《汉志》以《七略》为蓝本，苟有出入，必加《自注》以说明之。如《晏子》卷篇之数与《七略》不同，《自注》中何以并不提及？疑《正义》所引乃《七录》，字误作"七略"者。则孙氏所云"合《杂》上下二篇为一卷"，殆始于阮孝绪乎？宋濂《诸子辨》言《晏子》十二卷。此"十二"当为"十四"之误。

伯潜按：今本《晏子春秋》之篇目如下：

内篇六篇（即刘向所云"合于《六经》之义"者）——（一）《谏上》（二十五章），（二）《谏下》（二十五章），（三）《问上》（三十章），（四）《问下》（三十章），（五）《杂上》（三十章），（六）《杂下》（三十章）。

外篇二篇——（七）（即刘向所云"文辞颇异"者。二十七章。）（八）（即刘向所云"似非晏子之言者"。十八章。）

共计八篇，二百十五章。刘向言其内篇合于《六经》之义，故《七略》列之儒家，而《汉志》因之也。《玉海》谓"或以为后人采婴行事为书，故卷帙颇多于前志"。盖以《崇文总目》有十四卷，远较《汉志》之八篇，隋、唐《志》之七卷为多也。篇卷多寡之故，由于分合，《玉海》之说误。

孙星衍又曰："《晏子》名《春秋》，见于史迁（按指《史记》）。《孔丛子·顺说篇》及《风俗通》疑其出于齐之《春秋》，即《墨子·明鬼篇》所引。婴死，其宾客哀之，集其行事成书，虽无年月，尚存旧名。虞卿陆贾等袭之。书成在战国之世。凡称子书，多非自著，无足怪者。"按此书非晏子自著，乃后人采其行事，记其言论，纂辑而成；其成书实在战国之世。《汉志》以其署名晏子，而晏子与孔子同时，故列之儒家之首尔。

伯潜按："春秋"为古代编年史之通名，错举四季之二以为名，盖以示编年之意，故各国皆有"春秋"，不但鲁而已。此皆史书也。及战国末期，乃以"春秋"为记个人言行之书之名称，如《李氏春秋》，《吕氏春秋》，《虞氏春秋》皆是。《晏子春秋》非编年史，为子书，其性质与《李氏春秋》……同。故其成书亦当在战国中世之后。此其一。本书外篇第七曰："景公游于菑，闻晏子死……。"又曰："晏子死，景公操玉加于晏子……。"又曰："晏子没十有七年，景公饮诸大夫酒……。"是此书成于晏子卒后，且成于晏子卒十七年之后也。景公后晏子卒，而本书皆称其谥。是此书成于景公卒后也。《孟子·尽心》曰："盆成括仕于齐。孟子曰：'死矣，盆成括！'盆成括见杀。公孙丑曰：'夫子何以知其将见杀？'孟子曰：'其为人也小有材，未闻君子之大道也，则足以杀其躯而已矣！'"是齐之盆成括与孟子同时也。本书外篇《路寝章》记盆成括事，是其成书直在孟子之时矣。此其二。书中所记之事，自相歧异者有之，与他书大同小异者有之。例如《谏上》记景公游于公阜，曰："夫子一日而三责我。"《杂下》又记景公曰："昔吾与夫子游于公邑之上，一日而三不听寡人。”公阜即公邑也。又如讥晏子“三心”者，一则以为梁丘据，一则以为高子，一则以为孔子。路寝之葬，一则以为逢于何，一则以为盆成括。此皆一事重见于本书，而自相歧异者也。《问下》记景公问晏子转附朝舞云云，亦见于《孟子》《管子》，此书与《孟子》俱作景公问晏子，《管子》则作桓公问管子。又记昭公问“莫三人而迷”云云，亦见于《韩非子》，而昭公作哀公。《谏上》记景公游于麦邱事，亦见于《韩诗外传》及《新序》，而景公俱作桓公。《问上》记晏子答景公“治国患社鼠”云云，亦见于《韩诗外传》及《说苑》，而俱作管仲答桓公。《问下》记柏常骞问晏子云云，亦见于《孔子家语》，而作问于孔子。此皆一事并见于他书而大同小异者也。由此可知《晏子》乃由后人缀集传闻而成，而传闻又多互异矣。此其三。本书篇名，曰“谏”、曰“问”，晁公武以为乃唐人魏徵《谏录》、李绛《论事集》之类。盖由后人据摭传闻所得晏子谏君及答问之辞而成也。孟子答公孙丑曰：“子诚齐人也，知管仲晏子而已矣。”盖管仲以其君霸，晏子以其君显，为齐名臣。其言行自为齐人所称道。好事者乃掇拾之以成书，而托之管子晏子也。此其四。晏子书中有非厚葬之言，且云“墨子闻其道而称之”。其实则因晏子尚俭，故撰集《晏子》者，摭墨子非厚葬之言以附之，并非墨子闻而称之也。故柳宗元《晏子辨》以为墨子之徒有齐人者为之也。则其成书已在墨子之后矣。此其五。综上所述五端观之，则《晏子》之成书，确在战国之世矣。晏子时，私人著述之风未开，晏子当路于齐，亦无暇从事于著述也。

晏子校注本，有孙星衍之《晏子音义》，卢文弨之《晏子春秋校正》（在《群书拾补》中），黄以周之《晏子春秋校勘》。

（二）陆贾新语考

《汉志·诸子略》儒家有《陆贾》二十三篇。《陆贾传赞》曰："凡著书十二篇，号曰《新语》。"《史记·陆贾传》同。"新语"之名，亦见于班固《答宾戏》，王充《论衡·书解篇》。《史记》本传《正义》引《七录》曰："《新语》二卷，陆贾撰。"《隋志》《唐志》均作二卷。《玉海》曰："今存《道基》《杂事》《辅政》《无为》《资质》《至德》《怀虑》七篇。"朱一新曰："今存二卷，十二篇。"《四库书目提要》曰："案《汉书·陆贾传》称著《新语》十二篇。《汉书·艺文志》儒家《陆贾》二十三篇，盖兼他所论述记之。《隋志》作《新语》二卷。此本卷数与《隋志》合，篇数与本传合，似为旧本。然《汉书·司马迁传》称迁取《战国策》，《楚汉春秋》，《陆贾新语》作《史记》。惟是书之文，悉不见于《史记》。王充《论衡·本性篇》引陆贾曰：'天地之生人也以礼义之性……。'今本亦无其文。又《穀梁传》至汉武帝末始出，而《道基篇》末乃引'《穀梁传》曰……'，时代尤相抵牾。其殆后人依托，非贾原本欤？李善《文选注》，司马彪《赠山涛诗》，王粲《从军诗》，陆机《日出东南隅诗》《古诗》第一首，张载《杂诗》第七首之注，均引《新语》；以今本校核，虽文句有详略异同，而大致悉相应。似其伪尚在唐前。惟《玉海》称'《陆贾新语》今存于世者……才七篇'。此本有十二篇，反多于宋本，为不可解。或后人因不完之本，补缀五篇，以合本传旧目也。"其然，岂其然乎？

伯潜按：严可均曰："此书盖宋时佚而复出，出而不全。至明弘治间，蒲阳李廷梧，字仲阳，得十二篇足本刻之。《群书治要》载有八篇，其《辨惑》《本行》《明诫》《思务》四篇，皆王伯厚所未见，而与明本大致相合。《文选注》，张载《杂诗》《古诗·行行重行行》之注所引，今在《辨惑篇》；王粲《从军行》之注所引，今在《本行篇》；《意林》所载‘众口毁誉，浮石沉水，群邪相抑，以直为曲’，今在《辨惑篇》；‘玉斗酌酒，金碗刻镂，所以夸小人，非厚己也’，今在《本行篇》。是知多出五篇，是隋唐原本。至《论衡·本性篇》，‘陆贾曰，天之生人以礼义之性’，今十二篇无此文。《论衡》但云陆贾，不云《新语》，或当在《汉志》二十三篇中。又《道基篇》引《穀梁传》曰：‘仁者以治亲，义者以利尊’，乃《穀梁》旧传，故今本《穀梁传》无此文。因知瑕丘江公所受于鲁申公者，其本曾经更定，非穀梁赤之旧也。”（见戊申年《国粹学报》所载《藏书志》。）严氏所说，足以解《四库书目提要》之惑。

又按：《汉书·司马迁传》称迁取陆贾《新语》作《史记》。果如此说，则《新语》当与《战国策》《楚汉春秋》等同为记事之书；即退一步，亦当如《说苑》之类。而今本《新语》皆空论，不记实事；《史记》中亦并无《新语》之文；其故何也？又《史记》本传称高祖谓贾曰：“试为我著秦所以失天下，吾所以得之者何。”贾乃粗述存亡之理，凡著十二篇，高祖未尝不称善云云。今本《新语》均系泛论，并未举秦所以亡，汉所以兴之征，抑又何也？岂司马迁所采，及所谓著秦汉兴亡之征者，乃指《楚汉春秋》，误以为《新语》欤？抑《汉志》所录有二十三篇，而本传所称及今存本均仅十二篇，司马迁所取及述秦亡汉兴之故者，皆在已亡佚之十一篇中欤？抑二十三篇除十二篇外，即是《楚汉春秋》欤？“贾乃粗述秦汉亡兴之征”与“凡著十二篇”二句之间，有阙文欤？此则只能付之阙疑矣。

（三）贾谊新书考

《汉志·诸子略》儒家有《贾谊》五十八篇。本传亦曰："凡所著述，五十八篇。"《崇文总目》曰："本七十二篇。刘向删定为五十八篇。隋、唐《志》皆九卷。别本或为十卷。"按今隋、唐《志》皆作十卷。盖校刊隋、唐《志》者见今本与《崇文总目》所云"别本"同为十卷，因改"九"为"十"耳。今本仅五十六篇，其中《问孝》一篇有目无书，实际仅五十五篇。《贾谊新书》之名，始见于《新唐志》。章学诚《校雠通义》曰："《贾谊》五十八篇收于儒家，然与法家当互见。"按本传，贾谊为吴廷尉所赏荐。吴廷尉尝学于同邑李斯。贾谊之被征为博士，乃由通诸子百家。故章学诚谓当互见于法家也。其《鹏鸟赋》，同生死，轻去就，则又深有得于道家矣。近人章炳麟《春秋左传读叙录》曰："贾谊书引用《春秋内外传》甚多，而其《道术篇》《六术篇》《道德说篇》，正是训诂之学，盖有得于正名为政者也。"是贾谊又长于经术矣。贾谊所兼长，不但经术，尚有辞赋。盖西汉学者本不专主一家，如陆贾，亦以儒而兼纵横者也。

伯潜按：陈振孙《直斋书录解题》称贾谊书首载《过秦论》，末为《吊湘赋》，且略节本传于第十一卷中。今本仅十卷，无十一卷，首篇曰《过秦》，末无《吊湘赋》。是今本与南宋本不同也。陈氏曰："其非《汉书》所有者，辄浅驳不足观，决非谊本书。"《朱子语录》曰："《贾谊新书》除了《汉书》中所载，余亦难得粹者。看来只是贾谊一杂记稿耳。中间事事有些个。"《四库书目提要》亦曰："其书多取谊本传所载之文，割裂其章段，颠倒其次序，而加以标题，殊瞀乱无条理。"又曰："疑谊之

《过秦论》《治安策》等，本皆为五十八篇之一。后原本散佚，好事者因取本传所有诸篇，离析其文，各为标目，以足五十八篇之数，故饾饤至此。其书不全真，亦不全伪。”今按贾谊早卒，疑其书为后人钦佩谊者，取其论著奏议辞赋杂集编缀而成，故朱子谓似杂记稿，《四库书目提要》讥其饾订。《新书》已非诸子专门著述之性质，而为东汉以后别集之滥觞。虽然，刘歆《移让太常博士书》有曰：“在汉朝之儒，惟贾生而已。”如贾谊者，终不愧为西汉一大儒也。

（四）盐铁论考

《汉志·诸子略》儒家有桓宽《盐铁论》六十篇。王应麟所见本分十卷，今本分十二卷，但均为六十篇。宽字次公，其事略及著《盐铁论》，见《汉书·公孙贺刘屈氂传赞》中。昭帝始元六年，诏郡国举贤良文学之士。问以民所疾苦，皆请罢盐铁榷酤。乃与御史大夫桑弘羊等相诘难，反复问答。宽集其所论，凡六十篇。后榷酤罢而盐铁仍旧。故名《盐铁论》。是此书与他子书之自抒已见者殊，乃系集录他人之言论而成者也。至其内容，则为对于国家财政办法之辩论。黄虞稷之《千顷堂书目》改隶史部之食货类中，不为无见。章炳麟《国故论衡·论式篇》曰：“汉论著者，《盐铁驳议》。御史大夫丞相言此，而文学贤良言彼，不相剀切。有时牵引小事，攻劫无已，则论已离其宗。其文虽博丽哉，以持论则不中矣。”此特就辩论文章，评其优劣而已。

伯潜按：《汉志》曰：“杂家者流，盖出于议官。”《盐铁论》非桓宽一人之言，乃集录贤良文学之士与丞相御史大夫集议罢盐铁榷酤之辩论，是真出于议官者，则当列之杂家矣。

《盐铁论》，明张之象有《注》，卢文弨、孙星衍、王先谦、各有校本。

（五）刘向所序考

《汉志·诸子略》儒家有《刘向所序》六十七篇。《自注》曰：“《新序》《说苑》《世说》《列女传》《颂》《图》也。”是所谓“刘向所序”乃总括刘向之著述而言也。《隋志》则《新序》《说苑》仍列儒家，《列女传》改入史部杂传类。《四库全书》，《列女传》亦在史部传记类中。刘向，《汉书》附见《楚元王传》中。言向“采取《诗》《书》所载贤妃贞妇兴国显家可法则，及孽嬖乱亡者，序次为《列女传》，凡八篇，以戒天子。又采传记行事，著《新序》《说苑》，凡五十篇”。又称向“著《疾谗》《摘要》《救危》及《世颂》，凡八篇，依兴古事，悼己及同类”。《隋志》“《新序》三十卷，《说苑》二十卷”。正合五十篇之数，盖以篇为卷也。加《世说》八篇，《列女传》八篇，《列女传图》一篇，恰为六十七篇。《疾谗》《摘要》《救危》《世颂》，殆即《世说》之篇名，每篇各分上下，故有八篇也。

《新序》，今存者为《杂事》五卷，《刺奢》一卷，《节士》二卷，《善谋》二卷，共十卷。是较《隋志》所录之三十卷本，已亡其三之二矣。是书记春秋战国时事，多与《左传》《国语》《战国策》《史记》有出入。

伯潜按：宋曾巩校《新序》序文已曰：“今可见者十篇。”是曾巩所见本与今本同。《新唐志》出欧阳修，与曾巩同时，而篇卷数多寡悬殊者，殆据《隋志》录之，所指当时之存本而言也。

叶大庆《考古质疑》尝摘其舛误者。例如记楚昭奚恤对秦使者一条，所称司马子反在昭奚恤前约二百二十年，叶公子高，令尹子西，在昭奚恤前一百三十年；又记孟子论好色好勇一条，误以为对梁惠王。则本书中亦有讹误矣。

《说苑》、今存本二十卷，与《隋志》《唐志》同。《崇文总目》所录仅五卷。曾巩得十五卷于士大夫家，而后二十卷始复完。但今本篇目，与晁公武《郡斋读书志》所记，微有不同。晁《志》，《修文》分上下二篇，今合为一篇，其后多一《反质篇》；《晁志》有《法戒篇》，今本有《慎行篇》。是书与《新序》同辑自春秋至汉之古事，何以须分为二书，殊不可解。所录古事，亦有舛误。

伯潜按：晁公武所记篇目，与今本不同者，一、《法诫》《敬慎》、篇名不同；二、《修文》分上下篇，少一《反质篇》，篇数亦异。陆游《渭南集》记李德刍之言，谓“得高丽所进本，补成完书”。殆即《反质篇》也。因多一篇，故又合《修文》上下二篇为一篇耳。叶大庆《考古质疑》亦摘此书舛误。如赵襄子赏晋阳之功，孔子称之；诸御已谏楚庄王筑台，引伍子胥；晏子使吴，见夫差；晋太史屠余与周桓王论晋平公；晋胜智氏后，阖闾袭郢；楚左史倚相论越破吴；晏子送曾子（按此事亦见《晏子》）；晋昭公时，与楚战于邲；孔子对赵襄子；此皆年代舛错，可一望而知者也。黄朝英《缃素杂记》称固桑对晋平公论养士，《新序》作舟人古乘对赵简子；楚文王爵管饶，《新序》作楚共王爵管苏。二书同为刘向所作，而互相歧异。刘向称博极群书，何以记事舛错如此。意者古有此二书，刘向但加以序次，犹编次《战国策》耳。谓为刘向手著，当不其然。

《列女传》，《汉志》及本传均云八篇。《初学记》引《别录》曰："臣向与黄门侍郎歆所校《列女传》，以类相从，为七篇。"是一、《列女传》为向歆父子所校，非向自著；二、传仅七篇，合《颂义》一篇而为八篇也。《隋志》有《列女传》十五卷，曹大家注。曾巩谓"七篇各分上下，并《颂义》为十五篇"是也。《颜氏家训》称"刘向作《列女传》，其子歆又作《颂》"。所记列女，有汉末陈婴母，及在东汉者十六人。曾巩疑即曹大家所续。今本别为《续列女传》。晁公武谓续传乃项原作。按项原所作曰《列女后传》，凡十卷，明见《隋志》，为别一书，晁说非也。今本《颂义》，《大序》列于目录前，《小序》七篇，散列目录中；《颂》则分附各人传后。传各有图，为晋顾恺之所画。是原图已亡矣。

伯潜按：宋王回《列女传序》曰："此书有《母仪》《贤明》《仁智》《贞顺》《节义》《辨通》《孽嬖》七篇，而各颂其义，图其状，总为卒篇。"是《颂义》与《图》合为一篇也。又曰："'传'如《太史公记》；'颂'为《诗》之四言；'图'为屏风；通题刘向撰，而题其'颂'为向子歆撰，盖据《颜氏家训》之说。"但观《汉志自注》，则《列女传》《颂》《图》均属刘向；观《初学记》，则《列女传》又为向歆父子所校矣。

总刘向所序，《世说》已亡，《新序》《说苑》《列女传》尚存。《新序》《说苑》、"采传记行事"，《列女传》，"采《诗》《书》所载"，《世说》，"依兴古事"，则皆为记事之书，与"以立意为宗"之诸子殊科矣。《隋志》以后，《列女传》已改隶史部，甚是；《新序》《说苑》、虽仍在子部，然严格论之，终非诸子之伦。

伯潜按：《新序》《说苑》《列女传》三书列诸子儒家，章学

> 诚亦不以为然。《校雠通义》曰：“《说苑》《新序》杂举春秋时事，当互见《春秋》之篇。《世说》今不详；本传所谓，‘《疾谗》《摘要》《救危》及《世颂》诸篇，依兴古事，悼己及同类也’，似亦可以互见《春秋》矣。惟《列女传》本采《诗》《书》，所采妇德可垂法戒之事，以之讽谏宫闱，则是史家传记之书；而《汉志》未有传记专门，亦当附次《春秋》之后可矣。至其引《风》缀《雅》，托兴六义，又与《韩诗外传》相为出入，则附注于《诗经》，部次庶几相合。总之，非诸子儒家也。”盖诸子之书，不论其为记言体，为议论体，皆以自抒己见为主，决非缀集古事而成。《世说》已亡，但亦“依兴古事”而作。刘义庆之书，亦名“世说”，或即仿刘向。果尔，亦不能列之“诸子”；即退一步，亦只能列之小说家，不能列之儒家也。

卢文弨有《新序校补》《说苑校补》（均在《群书拾补》中）。《列女传》，除曹大家《注》外，郝懿行妻王圆照，汪远孙妻梁端各有《列女传注》。

（六）杨雄所序考

《汉志·诸子略》儒家有《杨雄所序》三十八篇。此书列于儒家诸书之殿。其后总计曰：“右儒五十三家。”《自注》曰：“入杨雄一家三十八篇。”盖刘歆《七略》不及收杨雄之书，为班固所增入也。三十八篇者，《自注》曰：“《太玄》十九，《法言》十三，《乐》四，《箴》二。”《太玄》《法言》，今存。王应麟曰：“《乐》四，未详。雄有《琴清英》。”是《乐》四篇已亡佚矣。《后汉书·胡广传》曰：“初，杨雄依《虞箴》作十二《州箴》，二十五《官箴》，其九箴已亡缺。”则尚有二十八篇箴矣。故沈钦韩疑《汉书自注》“二”字下有脱字也。但依《自注》“《太玄》十

九、《法言》十三、《乐》四、《箴》二”计之，恰为“三十八篇”。如《箴》有二十八篇，则总计有六十四篇，与“三十八篇”之数相差太多。《陈遵传》言“成帝令雄作《酒箴》”。《史记·游侠传索隐》引此，“《酒箴》”作“《酒赋》”。既又称“赋”，疑在《诗赋略》之《杨雄赋》十二篇中。陶曾宪谓此“箴二”当指《州箴》《官箴》二种（《汉书补注》引），其说是也。

《杨雄传》曰：“《太玄》、三方、九州、二十七部、八十一家、二百四十三表、七百二十九赞，分为三卷，与《太初历》相应。”又曰：“有《首》《冲》《错》《测》《摛》《莹》《数》《文》《挩》《图》《告》十一篇，皆以解剥玄体，离散其文；章句尚不存焉。”则又与《汉志》所云“十九篇”者不合。桓谭《新论》称“《太玄》，经三篇，传十二篇”。合计十五篇。则本传所云“十一篇”，即使仅指“传”言，亦尚少一篇也。岂“十二”为“十一”之误欤？抑以“经”为一篇，合“传”十一篇，为十二篇欤？又《七录》称“雄自作《章句》”。《隋志》亦有杨雄《太玄经章句》九卷。如《章句》九篇，合“传”十一篇计之，当为二十篇；合传十二篇计之，当为二十一篇；篇数均不合，抑又何也？今《章句》已亡。《太玄》存者共十篇，篇名与本传所载同。此书系仿《易》而作。

伯潜按：《太玄》仿《易》，且参以“卦气”之说。如以“家”准“卦”，以“首”准“彖”，以“赞”准“爻”，以“测”准“象”，以“文”准《文言》，以“摛”，“莹”，“挩”，“图”，“告”，准《系辞》，以“数”准《说卦》，以“错”准《杂卦》，且仿古《周易》分“经”“传”。（见《四库书目提要》）惟易之数，自一而二、而四、而八、而六十四、而三百八十四，皆偶数；《太玄》之数，则一而三、而九、而二十七、而八十一、而二百四十三、而七百三十九，皆奇数；则少异耳。故曰《太玄》仿《易》而作也。又、太玄以“首”准卦，始于“中”，《中孚》也。终于“养”，颐也。而二十四气、七十二候、二十八宿，错居于其间。所谓“首名”以节气起止，“赞义”以五行胜克，七百二十九赞分主昼夜，以应三百六十六日。此则孟喜“卦气”之说也。《汉书·京房传》曰：“分六十卦，直日用事，以风雨寒温为候。”《注》引孟康曰：“分卦直日之法，一爻主一日，六十卦为三百六十日；其余震、离、兑、坎四卦为方伯监司之官，是：‘二至’‘二分’用事之日”；《易纬·稽览图》《是类谋》，亦有“卦气起中孚，以一卦主六日七分”等语。故曰《太玄》参用卦气之说也。杨雄以作《太玄》自诩，而目早年之赋为雕虫小技。论者亦多以《太玄》《法言》二书推崇杨雄。韩愈且以杨雄与荀子相提并称，谓为“大醇而小疵”。似西汉诸儒，当以杨雄为巨擘矣。按《朱子语录》曰：“杨雄为人思沉，其学本似老氏；如‘清静渊默’等语，皆是老氏意思。”近人钱基博《古籍举要》曰：“《易》刚柔无常，兼权进退；杨雄为《太玄》，则偏主柔退，其指一本老氏。”则《太玄》岂儒家之言哉？《四库全书》录《太玄》于术数类，甚是。《汉志》列之诸子儒家，非也。

《法言》十三篇，本传亦曾列举其篇名：一、《学行》，二、《吾子》，三、《修身》，四、《问道》，五、《问神》，六、《问明》，七、《寡见》，八、《五百》，九、《先知》，十、《重黎》，十一、《渊骞》，十二、《君子》，十三、《孝至》。今存本分为十卷。此书系仿《论语》而作。

伯潜按：《法言》仿《论语》，更显而易见。程子讥其“曼衍而无断，优柔而不决”。苏轼亦讥其“以艰深之词，文浅易之说”。盖亦不足观。如杨雄者，直为一善于摹仿之文人而已，岂足与荀子相提并论哉？

晋范望《太玄注》，于宋衷陆绩二家旧注，多所采录。司马光《法言集注》，所集有李轨、柳宗元、宋咸、吴秘四家旧注。

《汉志》所录儒家之书，至今犹有存本者，略如上述。《曾子》十篇，在《大戴礼记》中；《大学》《中庸》、在《小戴礼记》中。《大戴记》为戴德所辑，《小戴记》为戴圣所辑，大部分采自《汉志·六艺略》礼类之《记》百三十一篇中。《自注》曰：“七十子后学所记。”所谓“七十子后学”，其范围直可下及西汉诸儒也。则二《戴记》，盖儒家著述之丛书矣。如《诸侯迁庙》《衅庙》等篇，当采自古代官书；《文王官人》与《逸周书》略同，《月令》与《吕氏春秋》及《淮南子》略同，当采自同一古书，如《曾子大孝》等十篇，采自《曾子》；《中庸》《坊记》《表记》《缁衣》，采自《子思子》；《乐记》采自《公孙尼子》；《乐记》及《三年问》《礼三本》《乡饮酒义》，《劝学》之一部或全部，采自《荀子》；《保傅》及《礼察》之一部，采自《贾谊新书》。《夏小正》虽未必果为夏代遗文，要为最古之作品。《王制》《礼察》《保傅》诸篇，皆西汉作品。《公冠》载有《孝昭冠辞》，明为元凤四年以后所作。故战国至西汉中世之儒家思想，于二《戴记》中，可以见其一斑焉。

《小戴记》中于《别录》属“通论”诸篇，最有价值，如《大学》《中庸》《学记》《乐记》皆是。而《礼运篇》所记，则为儒家之最高的政治理想。自“大道之行也……”至“……是谓大同”一段，述“大同”；自“大道既隐……”至“……是谓小康”，述“小康”。指三代之英，则“大同”之治，当然更超于三代矣。篇首以子游与孔子问答发端，说者固谓是子游记孔子之言。《公羊》家有三世之说，即“据乱世”、“升平世”、“太平世”也。“小康”指“升平世”之治，“大同”指“太平世”之治。

据《礼运》所言，“大同”之治，“天下为公，选贤与能”；“不独亲其亲，子其子”；“货，恶其弃于地也，不必藏于己；力，恶其不出于身也，不必为己”；直与现代之民主思想，社会思想相似。故孙中山先生极喜道之。然宋陈澔曰：“篇首大同小康，非夫子之言。”黄震曰：“篇首意匠，微似老子。”清王恕亦曰：“以五帝之世为大同，禹、汤、文、武、周公之世为小康，有老氏之意。”陆奎勋亦曰：“缘汉初崇尚黄老，故戴氏撮其大旨，附会为圣言也。”姚际恒乃直断为“老庄之徒所撰”。近人吴虞有《儒家大同之说出于老子》一文（见《新青年杂志》），不过捃摭前人之说而张之耳，非创见也。今按前人对大同说所以怀疑者，正因首段述“大同”之后，即接以述“小康”一段，“小康”指“三代之英”，则“大同”似指三代以前之上古，颇似《老子》《庄子》中所憧憬之“上古至德之世”，故以为似老氏之言，甚而斥为老庄之徒所撰耳。但细按原文，“大同”一段，并未明言指“五帝之世”，指“上古之世”也。如果以“大同”指上古之五帝，以“小康”指三代之英之禹、汤、文、武、周公，则首段显有今不如古之意矣。但下文说“礼”之起原一段，又谓古时未有宫室、衣服、饮食，有圣人起，然后文物备而礼乐兴，则是言今胜于古也。同在一篇之中，何以前后自相矛盾至此耶？故知“大同”者，但为一种最高的理想之政治，并非指上古五帝之世。必如此解，乃不至与下文矛盾，亦不至如老子庄子之以上古为至德之世，为已过去之黄金时代，而直为憧憬中之乌托邦。吾人虽不能据篇首数语，遽断为孔子之言，而子游述之；但亦不能武断，谓儒家必不能有此理想也。此篇在儒家学术思想史中之价值，不在《大学》《中庸》之下，故附志于此。《礼运》为《礼记》之一篇，故亦有郑玄《注》，孔颖达《疏》。康有为亦有《礼运注》。康氏有《大同书》，述其理想之大同世界。康氏注书，主观太强，往往强古书以就己意。其《孟子微》《中庸注》皆然。故其《礼运注》，实不啻为其《大同书》作注脚而已。

第六章　儒家之书六——亡佚之书

《汉志》所录儒家之书，凡五十三家；今已亡佚者，四十二家，占总数四分之一以上，可谓多矣。先君子考诸子著述不及亡书。兹补录之于此。

（一）《漆雕子》十二篇。《自注》曰："孔子弟子漆雕启后。"《史记·仲尼弟子列传》有漆雕开。漆雕子本名启。《史记》避景帝讳，改作"开"。见本书上编。此书篇数，汪本官本作"十三篇"，汲古阁本及王应麟《考证》均作"十二篇"。按《韩非·显学篇》有"漆雕氏之儒"，是漆雕启在孔子弟子中，盖亦能自成一派者矣。但漆雕启之后，殊无闻人。《说苑》有漆雕马人，《家语》有漆雕凭，叶德辉疑是一人。然《说苑》明云"孔子问漆雕马人"，则马人与启同时，非启之后明矣。《汉志》录诸子，以作者之先后为次序。《漆雕子》在《曾子》与《宓子》之间，疑即漆雕启所作；《自注》中之"后"字乃衍字。即使属之漆雕启，此书仍由其后学纂辑而成，非启所手著也。马国翰《玉函山房辑佚书》中有辑本。

（二）《宓子》十六篇。《自注》曰："名不齐，字子贱，孔子弟子。"颜《注》曰："'宓'读与'伏'字同。"故《战国策·赵策》作"服子"。"宓"之为"服"，犹"荀"之为"孙"耳。《论衡·本性篇》曰："宓子贱、漆雕启、公孙尼子之徒，亦论性情，与世子相出入。"《韩非子》《吕氏春秋》《淮南子》《贾谊新书》《韩诗外传》《说苑》《论衡》诸书，载宓子贱治单衣事，当出此书。马国翰有辑本。

（三）《景子》三篇。《自注》曰：“说宓子语，似其弟子。”孟子称景丑氏为景子。岂即其人欤？但以年代先后衡之，似又不合。马国翰有辑本。又《汉志·兵书略》兵形势家有《景子》十三篇，非同书也。

（四）《世子》二十一篇。《自注》曰：“名硕，陈人也，七十子之弟子。”浑言七十子之弟子，仅能知为孔子之再传弟子，不能确指为何人之弟子也。《春秋繁露·俞序篇》引世子曰：“功及子孙，光辉百世；圣人之德，莫先于此。”当出此书。《论衡·本性篇》曰：“周人世硕以为人性有善有恶。举人之善性养而致之，则善长；举人之恶性养而致之，则恶长。如此，则性各有阴阳善恶，在所养焉。故世子作《养书》一篇。”“养书”，殆即《世子》中一篇名也。《汉志自注》云“陈人”者，指地而言；《论衡》云“周人”者，指时代而言也。马国翰有辑本。

（五）《魏文侯》有六篇。《史记》言魏文侯尝受业于子夏，则亦孔子之再传弟子也。叶德辉曰：“《乐记》引魏文侯问子贡乐；《魏策》载魏文侯辞韩索兵，疑乐羊烹子，命西门豹治邺，与虞人期猎；《吕览·期贤篇》引魏文侯式段干木之闾，《乐成篇》引魏文侯与田子方论收养孤，《自知篇》引魏文侯问任痤君德；《淮南·人间训》引魏文侯不赏解扁索封上计；《韩诗外传》引魏文侯问狐卷子；《说苑·君道篇》引魏文侯赋鼓琴，《复恩篇》引乐羊攻中山，《尊贤篇》引魏文侯下车趋田子方及觞大夫于曲阳，《善说篇》引魏文侯与大夫饮酒，使公乘不仁为觞政，《反质篇》引御廪灾，魏文侯素服辟正殿；《新序·杂事》二引魏文侯出游，见路人负刍，《杂事》四引魏文侯与公季成议田子方，《刺奢篇》引魏文侯见箕季，问墙毁；其言皆近理，当在此六篇中。”（王先谦《汉书补注》引）马国翰有辑本。

（六）《李克》七篇。《自注》曰：“子夏弟子，为魏文侯相。”《经典释文·叙录》曰：“子夏传《诗》于曾申，申传魏人李克。”则李克乃子夏之再传弟子矣，与《汉志自注》不合。《韩诗外传》及《说苑·反质篇》载魏文侯问李克，《文选·魏都赋》注引李克书，似当在此七篇中。马国翰有辑本。又法家有《李子》三十二篇，《兵书略》兵权谋家又有《李子》一篇，盖各为一书。

（七）《公孙尼子》二十八篇。《自注》曰："七十子之弟子。"《隋志》《唐志》亦均有《公孙尼子》，但均作"一卷"，与《汉志》篇数，相差殊多。又云："似孔子弟子。"亦与《汉志》不同。按《史记·仲尼弟子列传》中并无公孙尼子，似非孔子之弟子。沈约曰："《乐记》取公孙尼子。"刘瓛曰："《缁衣》，公孙尼子所作也。"（见《经典释文》引）《初学记》及《意林》所引公孙尼子语，今并见《乐记》中，则沈约之说是也。《缁衣》，则明在《子思子》中矣。《北堂书钞》及《文选·沈休文三月三日诗》注并引《公孙尼子》，当亦在此书中。马国翰有辑本。又杂家有《公孙尼》一篇，盖非同书。

（八）《芈子》十八篇。《自注》曰："名婴、齐人，七十子之后。"颜《注》曰："芈音弭。"按此芈子，即《史记·孟子荀卿列传》末之"阿之吁子"，考见上编。颜以"芈"为"芈"，且云音弭，大误。"七十子之后"者，言芈子为七十子之后学也。近人顾实《汉志讲疏》乃曰："七十子无姓芈者，不知为谁之后。"亦误。

（九）《内业》十五篇。《自注》曰："不知作书者。"《汉书补注》引王应麟曰："《管子》有《内业篇》，此书恐亦其类。"今按《管子》本由后人掇拾而成，则其《内业篇》，或即取自此书欤？

（十）《周史六弢》六篇。《自注》曰："惠襄之间，或曰显王时，或曰孔子问焉。"颜《注》曰："即今之《六韬》也。盖言取天下及军旅之事。'弢'字与'韬'同也。"《汉书补注》引沈涛曰："案今《六韬》，乃文王武王问太公兵战之事；而此书列于儒家，则非今之《六韬》也。'六'乃'大'字之误。《人表》有《周史大弢》。古字书无'弢'字，

《篇韵》始有之。当为‘弢’字之误。《庄子·则阳篇》曰：‘仲尼问于太史大弢’，盖即其人。此乃其所著书。故班氏有‘孔子问焉’之说。颜以为《太公六韬》，误矣。今之《六韬》，当在《太公》二百三十七篇之内。”今按太公并非周史。果如颜氏所说，此即《太公六韬》，则其上不当加“周史”二字矣。且《自注》此书年代，共举三说，但均与太公之年代不相及，亦一反证也。颜说之误，显然可知已。

（十一）《周政》六篇。《自注》曰：“周时法度政教。”

（十二）《周法》九篇。《自注》曰：“法天地立官。”

上二书似内记周代之政法及官制者。本名《周官》之《周礼》，记官制，亦分六篇：曰《天官冢宰》，《地官司徒》，《春官宗伯》，《夏官司马》，《秋官司寇》，《冬官司空》。缺《冬官》一篇。其六官，以天地四时分；殆即此所谓“法天地立官”者欤?《周礼》与上二书，度皆战国才士所撰，乃以记其理想的政法制度者，恐非真正之周代典章也。如二书亦记周代已实行之政治制度，则当附之《六艺略》之礼类，不当列为儒家之子书矣。

（十三）《河间周制》十八篇。《自注》曰：“似河间献王所述也。”《补注》引沈钦韩曰：“《说苑·君道》《建本》二篇，有‘河间献王曰’四章。”河间献王名德，景帝之子，被服儒术，修学好古；儒者多从之游。

（十四）《谰言》十一篇。《自注》曰：“不知作者；陈人君法度。”颜《注》曰：“说者引《孔子家语》云，‘孔穿所造’，非也。”《家语》出王肃伪造，不足据。马国翰辑本即从《孔丛子》录出三篇，亦不足信，因《孔丛子》亦伪书也。

（十五）《功议》四篇。《自注》曰：“不知作者；论功德事。”

（十六）《宁越》一篇。《自注》曰：“中牟人，为周威王师。”《吕氏春秋》谓中牟之鄙夫宁越方学十五年，而周威公师之。《说苑·尊贤篇》引周威公问于宁子。“威王”均作“威公”。马国翰有辑本。

（十七）《王孙子》一篇。《自注》曰："一曰《巧心》。"严可均曰："王孙是姓，不知其名。'巧心'当即此书之名也。"王应麟曰："《隋志》谓梁有《王孙子》一卷，而《意林》引之。"今本《意林》但有目录，其文已烂脱。《文选·舞赋》注《史记·李斯传集解》及《太平御览》《艺文类聚》均引之。严可均尝从《北堂书钞》等书录出二十四事，去其重复，仅得五事。马国翰亦有辑本。又《兵书略》兵形势家有《王孙》十六篇，当非同书。

（十八）《公孙固》一篇。《自注》曰："十八章。齐闵王失国，问之，固因为陈古今成败也。"《补注》引沈钦韩曰："《十二诸侯年表论》曰：'公孙固韩非之徒，各往往捃摭《春秋》之文以著书。'"

（十九）《李氏春秋》二篇。《补注》引叶德辉曰："按公孙固，齐闵王时人；羊子、秦博士；《志》叙此书于二子间，则李氏当是战国时人。"《吕氏春秋·勿躬篇》引李子日云云，疑即此书。此书名曰"春秋"，实与《春秋》无关，当与《吕氏春秋》，《虞氏春秋》为一类。战国末期诸子之书以"春秋"名者，似不少也。

（二十）《羊子》四篇。《自注》曰："百章；故秦博士。"

（二十一）《董子》一篇。《自注》曰："名无心，难墨子。"《隋志》亦有《董子》一卷。《论衡·福虚篇》言"儒家之徒董无心，墨家之徒缠子相见讲道"云云。则董无心所难者，乃墨者缠子，非难墨子也。钱大昕曰："无心，盖六国时人，《风俗通》亦引其语。"马国翰有辑本。

（二十二）《俟子》一篇。《注》引李奇曰："或作侔子。"王先谦曰："官本'俟'作'侯'。《广韵》六止'俟'字下云：'又姓。'《风俗通》曰：'有俟子，古贤人（《通志·氏族略》作"六国贤人"），著书。'应仲远尝为《汉书音义》，则所见本必作'俟'矣。沈钦韩谓《说苑·反质篇》言'秦始皇后得侯生，侯生仰台而言'云云，其文八百余言，疑即此。"

（二十三）《徐子》四十二篇。《自注》曰："宋外黄人。"《史记·魏世家》记惠王命太子申与庞涓将兵，过外黄。外黄徐子曰："臣有百战百胜之术"云云，即此。外黄时属宋国。马国翰有辑本。

（二十四）《鲁仲连子》十四篇。《自注》曰："有列传。"此书《隋志》作五卷，目录一卷。《战国策·齐策》《赵策》《春秋正义》《史记正义》《水经注》《文选注》，《御览》所引，当均在此书。马国翰有辑本。

（二十五）《平原君》七篇。《自注》曰："朱建也。"官本"君"作"老"。高似孙《子略》亦作"平原老"。作"君"者误也。但《汉志》录书以作者先后为序，则此书当列下《高祖传》之后。马国翰有辑本。

（二十六）《虞氏春秋》十五篇。《自注》曰："虞卿也。"虞卿作《虞氏春秋》，见《史记》本传及《十二诸侯年表序》，但仅八篇，与此篇数不同。马国翰有辑本。

（二十七）《高祖传》十三篇。《自注》曰："高祖与大臣述古语，及诏策也。"《补注》引王应麟曰："《魏相传》，'奏《明堂月令》，曰高皇帝所述书，天子所服，第八'。《隋志》，'梁有《汉高祖手诏》一卷'。"

（二十八）《刘敬》三篇。敬本姓娄，赐姓刘。本传记敬说高帝，凡三事：一、都关中，二、与匈奴和亲，三、徙民实关中。殆即此三篇欤？马国翰有辑本。

（二十九）《孝文传》十一篇。《自注》曰："文帝所称及诏策。"文帝诸诏，见《史记·文帝本纪》。

（三十）《贾山》八篇。《补注》引叶德辉曰："本传惟载《至言》一篇。其谏文帝除铸钱，讼淮南无大罪，言柴唐子为不善，皆无其文，当在此八篇中。"

（三十一）《太常蓼侯孔臧》十篇。自注曰："父聚，高祖时以功臣封，臧嗣爵。"按孔臧辞御史大夫，乞为太常，武帝用之。蓼侯，则其所袭父之爵也。《隋志》言梁有《汉太常孔臧集》二卷。《文选·两都赋序》

注亦引《孔臧集》。《汉志·诗赋略》又有《孔臧赋》二十篇。《补注》引王应麟曰："《孔丛子》云，臧尝为赋二十四篇，四篇别不在集。"殆《孔臧集》以此十篇为一卷，赋二十篇又为一卷欤？梁代已径称之曰"集"，则此十篇本亦缀单篇而成一书，与东汉后之"别集"相同；但尚无"集"称而已。专书之著述衰，而单篇之文章盛，于是学者少而文人多。故"子"与"集"之递嬗，为学述史文章史上一大转变。此种转变，盖自西汉始也。晁公武曰："臧以所著书与赋，谓之《连丛》，附《孔丛子》后。"按《孔丛子·连丛》上有《谏格虎赋》《杨柳赋》《鸮赋》《蓼虫赋》四篇，殆即所谓不在集之四篇欤？但《孔丛子》出西汉末，伪书耳。

（三十二）《河间献王对上下三雍宫》三篇。"三雍"者，明堂、辟雍、灵台也。事见本传。《后汉书·张纯传》言"纯案《河间古辟雍记》，欲具奏之"，或即指此。

（三十三）《董仲舒》百二十三篇。《隋志》《唐志》有董仲舒《春秋繁露》十七卷，但非此书。本传曰："仲舒所著皆明经术之意，及上疏条教，凡百二十三篇；而说《春秋》事得失，《闻举》《玉杯》《蕃露》《清明》《竹林》之属，复数十篇，十余万言。"则此百二十三篇明系杂集仲舒明经术之文及上疏条教而成，与《春秋繁露》各为一书矣。但本传所载《贤良》三策，当在此百二十三篇之中。

（三十四）《兒宽》九篇。本传记对封禅一事，《律历志》载议改正朔一事，当均在此九篇之中。

（三十五）《公孙弘》十篇。本传载《对策》及《上武帝书》，《艺文类聚》引《答东方朔书》语，《御览》亦尝引之，当并在此十篇之中。

（三十六）《终军》八篇。本传尝引其言，严可均《全上古三代秦汉三国六朝文》亦有所辑选，当在此八篇之中。

（三十七）《吾丘寿王》六篇。《隋志》谓梁有《吾丘寿王集》二卷。此入诸子，后名曰"集"，与上孔臧正同。本传有《驳公孙弘禁民挟弓弩》

《说汾阴宝鼎》二篇、《艺文类聚》引《骠骑论功论》一篇，当并在此六篇中。马国翰有辑本。

（三十八）《虞丘说》一篇。《自注》曰："难荀卿也。"王先谦曰："'虞'、'吾'、字同。虞丘，即吾丘也。此寿王所著杂说。"王说是也。吾丘，复姓，亦作虞丘。春秋时楚有虞丘子，尝相楚庄王，后荐孙叔敖以自代；战国时，中山有虞丘鸠，以勇闻。

（三十九）《庄助》四篇。本传作严助，避东汉明帝讳。此仍《七略》之旧，故尚作庄助。

（四十）《臣彰》四篇。未详。

（四十一）《钩盾冗从李步昌》八篇。《自注》曰："宣帝时数言事。"《补注》引沈钦韩曰："《续百官志注》，汉官曰钩盾令，从官四十人。"是"钩盾冗从"为官名也。

（四十二）《儒家言》十八篇。《自注》曰："不知作者。"疑此书系杂缀儒家之散篇而成。

上四十二种，为《汉志》所录儒家之书已亡佚者。其他九家之书，亡者更多，存者更少矣。西汉时，儒家之书，已多集单篇而成，如孔臧吾丘寿王之书，后且径改称"集"矣。别集兴而诸子衰，西汉已见其端，故曰子学衰歇于西汉之世也。

第七章　道家之书——老子

道家之书，自以《老子》为最著。《老子》者，老子去周入秦，过关时为关尹所著之五千言也。老子氏李，名耳，字聃，为周守藏室史。孔子适周观书，尝问礼焉。老子尝规孔子，孔子尝赞老子。《史记·老子传》及《孔子世家》均记之。据此，则《老子》似为老子所手著。老子与孔子并时，而其齿德俱尊于孔子。是《老子》之成书远在《论语》以前矣。则开私家著述之风者，乃老子，非孔子；为诸子之开祖者，亦老子非孔子也。不知“老子”为通称，非专名；道家所宗仰传诵之老子，为传说的人物，不但非老莱子，非周太史儋，且亦非李耳也。（详见本书上编）至于《老子》，亦非老子自著，乃战国时人摭拾道家传诵之言，并杂采他书，荟萃而成；其成书年代，远在《论语》之后。先君子有《老子考》，录之于次：

老　子　考

《汉志·诸子略》道家所录《老子》凡四种：一曰《老子邻氏经传》四篇。《自注》曰：“姓李名耳，邻氏传其学。”二曰《老子傅氏经说》三十七篇。《自注》曰：“述老子学。”三曰《老子徐氏经说》六篇。《自注》曰：“字少季，临淮人，传《老子》。”四曰刘向《说老子》四篇。此四种皆《老子》之注本，而曰“经传”，曰“经说”。盖西汉之初，崇尚黄老，推尊《老子》，上拟《六经》，故称其本书曰“经”，而传述其学者，又为之“传”，为之“说”耳。刘向之书，所以不曰“《老子说》”，而曰“《说老子》”者，向本儒生，偶说《老子》，终与邻、傅、徐三氏之传述《老子》者殊也。今存《老子》共八十一章，分上下二篇。上篇三十七章，又称《道经》；下篇四十四章，又称《德经》；合称《道德经》。道藏本《老子》有宋董思靖《道德注集解序说》，引《七略》曰：“刘向定著二篇，八十一章，上经三十四章，下经三十七章。”是刘向校定时已分上下经矣。但上下经之章数，与今本不同。又有宋谢守灏之《混元圣纪》亦引《七略》曰：“刘向雠校中《老子》书二篇，太史书一篇，臣向书二篇，凡中外书五篇，一百四十三章。除复重三篇，六十二章，定著二篇，八十一章。《上经》第一，三十七章；《下经》第二，四十四章。”上下经章数与今本同。

伯潜按：董谢同为宋人，同引《七略》，篇数同为二篇，章数总计同为八十一章，惟上下经之章数不同。盖董氏所引“《上经》三十四章，《下经》四十七章。”“四”“七”二字误易耳。又中秘书及向所藏各为二篇，则《老子》在刘向校定以前，已分上下经矣。《史记》本传曰：“乃著书上下篇，言道德之意，五千余言。”则司马迁时，已分上下二篇矣。东汉牟融《理惑论》曰：“吾览佛经之要，有三十七品；老氏《道经》亦三十七章。”则东汉时《老子》上篇确为三十七章，且已有“道经”之称矣。《邻氏经传》及刘向《说老子》各为四篇者，盖本书与“传”“说”分别，各为二篇也。《徐氏经说》有六篇，殆“经”二篇，而“说”有四篇欤？《傅氏经说》多至三十七篇，相差殊远。岂仅说《上经》三十七章，章各一篇欤？抑“篇”字为“章”字之误欤？牟融以老氏《道经》三十七章比佛经三十七品，亦仅及上篇。则傅氏仅说《上经》，亦自有故。赵岐《孟子注》亦仅注内书七篇，不及外书也。

《老子》上篇首句曰："道可道，非常道。"下篇首句曰："上德不德，是以有德。"《道经》，《德经》，似各取首句之首字以名篇，为无义之题。上下篇分题"道""德"，故合称"道德经"也。按《史记》本传言老子"著书上下篇，言道德之意"。是其书所以又名"道德经"，乃因全书之旨是"言道德之意"。非因上篇名"道经"，下篇名"德经"，合称"道德经"也。《隋志》有王弼注《道德经》二卷。晁以道《王弼本老子跋》曰："王弼《老子道德经》二卷。弼题是书曰'道德经'，不析乎道德而上下之，犹近乎古。"（见陆游《放翁题跋》引）是"道德经"为王弼所题矣。但王弼犹未分题上下经为"道经"、"德经"也。《经典释文》之《老子释文》，陆氏自称依王弼本。而上卷首题"《老子道经音义》"，下卷首题"《老子德经音义》"。又似陆氏所据之王弼本，已分题"道经""德经"。但上卷《音义》，首出"道德"二字，释之。如本已分题，则《音义》上卷当首释"道"字矣。由此推之，则王弼虽题全书曰"道德经"，实未尝分题上下篇曰"道经"曰"德经"也。总之，此书所以又名"道德经"者，因其"言道德之意"也。"道德"为此学派之要旨。故此派亦名"道德家"。而此书恰有上下二篇，故好事者分题之曰"道经""德经"耳。非先有分题，然后合称"道德经"也。

伯潜按：唐玄宗以老子亦姓李，故特崇之。又以当时之道教，奉老子为教祖，因并提倡道家，且尊崇道家之书。故诏称《庄子》为《南华经》，《列子》为《冲虚经》，《文子》为《通玄经》，《亢仓子》为《洞灵经》。（此事，《新唐志》谓在天宝元年，姚范《援鹑堂笔记》谓在开元二十五年。）说者因此，谓《老子》又名《道德经》，分上下篇为《道经》，《德经》，亦出玄宗，非也。《道德经》，王弼注《老子》时，已题此名，远在晋世，不始玄宗。《老子》称“经”，西汉已然矣。玄宗下诏改题《庄子》《列子》《文子》《亢仓子》为某之经，正援《老子》称“道德经”之例也。又按颜师古《汉书注》已分引《老子》上下篇，谓之“道经”、“德经”。（例如《魏酺传注》曰：“《老子道德经》曰：国家昏乱有忠臣。”《田横传注》曰：“《老子德经》曰：贵以贱为本，高以下为基。”）贾公彦《周礼正义》亦已引《老子道经》。（例如《师氏疏》曰：“《老子道经》曰：道可道，非常道。”）李贤《后汉书注》亦已引《老子道经》。（例如《翟酺传注》曰：“《老子道经》曰：鱼不可脱于渊。”）颜师古，太宗时秘书监；贾公彦，高宗初太学博士；李贤，高宗之太子；皆在玄宗之前。是玄宗以前，《老子》已分题“道经”“德经”矣。且牟融《理惑论》已言“《老氏道经》亦三十七章”。更远在东汉之世。如“道德经”之名确始于王弼，则诚先有分题，后有总名矣。但《老子》上拟《六经》，西汉初世已然；疑“道德经”之名，亦远起于西汉初世特崇黄老之时也。

诸子之书，其始多非本人自著。《老子》之为战国时人掇拾荟萃而成，其证有六。《论语》为孔子弟子后学所记纂。其“各有所记”也，在春秋之末；其“辑而论纂”也，在战国之初；文最简朴，章不相连。《老子》文亦简朴，各条亦不相属，颇似《论语》，但《论语》为记言体，故每章均记发言之人。《老子》则但条记格言，非记言体，与《论语》截然不同。其证一。

伯潜按：《论语》记孔子自发之言，必冠以“子曰”；记弟子及时人之言，必冠以“某某曰”。且记问答，记感叹，间亦记事实，记孔子之态度及日常生活，为最早之纯粹的记言体。《老子》但条记传诵一时之格言，不加“老子曰”；且无问答，无感喟，更无记事实态度或日常生活之文。

《论语》中未尝提及老子。果如《史记》所载，孔子于老子，尝问礼受教，钦佩备至，何以平时不一谈及之乎？《墨子》《孟子》中，亦无抨击老子之言。《老子》中对儒墨二家之说，却多表示反对。是《老子》成书显在《论语》《墨子》《孟子》之后矣。其证二。

伯潜按：《论语·述而篇》：“子曰：述而不作，信而好古，窃比我于老彭。”注家或谓“老”即老子。除此章外，《论语》绝无可以常附老子之语；而此章亦尚在疑似之间。《墨子》之非儒，《孟子》之辟杨墨，不胜枚举。但均无一语及老子者。而《老子》则反对儒墨之崇仁义（如曰“大道废，有仁义”：“绝仁弃义，民利百倍”），尊贤尚贤（如曰“不尚贤，使民不争”），旗帜鲜明，昌言无忌。故疑《老子》成书，在儒墨已成“显学”之时也。

《论语》非一人所记录，非一次所纂成，故间有重出之语。《老子》中重见叠出之语更多，其非老子自著，非过关时所著成，自显而易见。其证三。

伯潜按：《老子》中重出之语，不胜枚举。例如“挫其锐，解其纷，和其光，同其尘”，见第四章及第五十六章（五十六章“纷”作“忿”）；“生而不有，为而不恃，长而不宰，是为玄德”，见第十章及第五十一章；“物壮则老，谓之不道，不道早已”，见第十三章及第五十五章；“塞其兑，闭其门”，见第五十二章及第五十六章；此文字完全相同者也。又如第二章“万物作焉而不为始，生而不有，为而不恃，功成而弗居”；第三十四章“万物恃之而生而不辞，功成不名有”，均与上引第十章及第五十章之语，文异而意同。又如第二十二章“不自见故明，不自是故彰，不自伐故有功，不自矜故长”，第二十四章“自见者不明，自是者不彰，自伐者无功，自矜者不长”，措辞虽似相反，意亦相同。此意同而文字略异者也。《老子》全书仅五千字，如果老子自著，成于一时，何至前后重复如此？

《论语》全书皆无韵。《孟子》虽间有韵语，亦极少。《老子》韵语特多，与《论》《孟》绝异。《尚书》之《洪范》，《易》之《文言》《系辞》，韵语亦多。此种散文中夹杂韵语之议论文，体亦非古。《老子》晚出，迹更显然。其证四。

伯潜按：《论语》中，惟末篇《尧曰》之首章，“尧曰：咨，尔舜，天之历数在尔躬，允执其中，四海困穷，天禄永终”，“躬”、“中”、“穷”、“终”为韵。他无韵语。此章之可疑，前已言之。且系引尧命舜之言，为十口相传之古语，非记《论语》者所撰也。《孟子》中韵语，如《梁惠王篇》引夏谚曰：“吾王不游，吾何以休？吾王不豫，吾何以助？一游一豫，为诸侯度。”“游”“休”为韵，“豫”、“助”、“度”为韵。明引夏谚，为口耳相传之古谚，故叶韵耳。此下云：“今也不然，师行而粮食，饥者弗食，劳者弗息，睊睊胥谗，民乃作慝。方命虐民，饮食若流，流连荒亡，为诸侯忧。”“食”、“息”、“慝”为韵，“流”

“忧”为韵。此段疑仍是夏谚。盖前半段赞夏之前王，“今也不然”以下，斥夏之后王也。“为诸侯度”，“为诸侯忧”，相对成文。其下文曰：“从流下而忘反谓之流。从流上而忘反谓之连，从兽无厌谓之荒，乐酒无厌谓之亡。”方是晏子之言。因上引夏谚，故加解释也。且齐景公明是诸侯；如“今也不然”以下，为晏子对景公语，意在讽景公，何以云“为诸侯忧”乎?《洪范篇》中，“无偏无党，王道荡荡；无党无偏，王道平平（读若‘便’平声）；无反无侧，王道正直；无有作好，遵王之道；无有作恶（去声），遵王之路”；一大段皆每二句一韵。《文言》中，韵语凡三十五；《系辞》中，韵语凡一百十；见阮福《文笔对》。近人刘节《洪范疏证》言《洪范》为战国五行说盛行后之作品（“五行”为战国阴阳家邹衍等之言。刘氏原文见《东方杂志》），其说甚是。《文言》《系辞》之晚出，则已有定论矣。此种散文韵语夹杂之议论文，盖起于战国时，游说之辞，多如此者。此种文体，至西汉以后，尚是盛行。如司马谈之《论六家要指》，吾丘寿王之《骠骑论功论》，以至王粲之《三辅论》、应玚之《文质论》，皆尚如此。故曰其体非古也。《老子》中之韵语，几乎俯拾即是。如上节所引，“挫其锐……”四句，“纷”“尘”为韵，“物壮则老……”二句、“老”“道”为韵，“不自见……”四句、“自见者……”四句、均以“明”（古音读若“茫”）“彰”“长”为韵。又第二章曰：“万物作焉而不为始，生而不有，为而不恃，功成而弗居。”以“始”“恃”“居”为韵，是“居”字当音“ㄑㄧ”。但其下又曰：“夫唯不居，是以不去。”以“居”“去”为韵，则“居”字又当音“ㄑㄩ”矣。同一“居”字，同在一章，而其音读前后不同，则后二句为后来所加入明矣。

《老子》第三十八章曰："故失道而后德，失德而后仁，失仁而后义，失义而后礼。夫礼者，忠信之薄而乱之首。前识者，道之华而愚之始也。"恰与战国时，自老子而孔子、而孟子、而荀子，道德论之演变，若合符节。老子为春秋末人，何以能预知之？其证五。

伯潜按：老子言道德，孔子言仁，孟子言仁必及义，荀子崇礼。除老子外，战国儒家之道德论确有此三期。孟荀远在老子之后，岂能预知其学说？《庄子·知北游》引黄帝曰："故曰失道而后德，失德而后仁，失仁而后义，失义而后礼，礼者道之华而乱之道也。"与《老子》同。说者疑《庄子》袭《老子》，实则此为战国末世道家之言，托之黄帝、托之老子，编《老子》《庄子》者，同采之尔。疑《老子》成书，最早当与《庄子》同时，或且在其后也。（《庄子》亦非庄周自著，详下章。）

《老子》语，多并见于《庄子》，且杂有法家兵家纵横家之言，明系杂集而成。其证六。

伯潜按：《老子》《庄子》、非老庄自著，但均为道家要籍。《老子》由杂集而成，《庄子》后来加入者亦不少。故二书互见及类似之语甚多也。例如上节引《老子》第三十八章语，与《庄子·知北游》中语同。又《老子》第五十六章，"知者不言，言者不知"一语，亦见《庄子·知北游》；第二章，"行不言之教"句，第四十八章，"为道日损，损之又损，以至于无为，无为而无不为也"四句，亦见《庄子·知北游》；第三十六章，"鱼不可脱于渊，国之利器不可以示人"，第四十五章、"大巧若拙"，第十九章、"绝圣弃知"，第五十一章，"为而不恃，长而不有"，并见《庄子·胠箧》；第八十一章，“既以与人己愈多”，亦见《庄子·田子方》；此皆互见之例也。又如《庄子·在宥》曰：“故贵以身为天下，则可以托天下；爱以身为天下，则可以寄天下。”与《老子》第十三章相似。《知北游》曰：“视之而不见，听之而不闻，搏之而不得也。”与《老子》第十四章相似。《胠箧》曰：“民结绳而用之，甘其食，美其服，安其居，乐其俗，邻国相望，鸡狗之音相闻，民至老死而不相往来。”与《老子》第八十章相似。此皆类似之例也。盖纂《老子》《庄子》者，同采道家传诵之语耳。

又按：《老子》第三章曰：“常使民无知无欲。”第十九章曰：“绝圣弃知，民利百倍。”第六十五章曰：“古之善为道者，非以明民，将以愚之。民之难治，以其知多。”此法家愚民之说也。第十八章曰：“六亲不和有孝慈，国家昏乱有忠臣。”《意林》引《慎子》曰：“孝子不生慈父之家，忠臣不生圣君之下，六亲不知有孝慈，国家昏乱有忠臣。”正复相同。故曰《老子》中有法家言。《老子》各章，意本不相属。惟自第六十七章“我有三宝”句以下至第六十九章末，全为论兵而发，故吴澄、魏源、姚鼐皆合之为一章。如曰：“慈故能勇”，“慈以战则胜，以守则固”（第六十七章），“善为士者不武，善战者不怒，善胜敌者不与”（第六十八章），“用兵有言，吾不敢为主而为客，不敢进寸而退尺”，“祸莫大于轻敌”，“抗兵相加，哀者胜矣”（第六十九章），皆兵家之言也。又第三十六章曰：“将欲翕之，必姑张之；将欲弱之，必姑强之；将欲废之，必姑与之；将欲夺之，必姑与之。”第四十七章曰：“不出户，知天下；不窥牖，见天道。”恰与今存之《鬼谷子》同。《史记·自序》记司马谈《论六家要指》，其论道家有曰：“故曰圣人不朽，时变是守。要者，道之常也；因者，君之纲也。”《索隐》曰：“此出《鬼谷子》。”鬼谷子者，相传为苏秦张仪之师，虽未必果有其人，果作此书，而其书则为纵横家言。今《老子》之言恰与之同，司马谈且采其言以示道家之旨。盖《老子》中所谓“权术”，即纵横家之术也。《史记》合老庄申韩于一传，屡言申韩本归于黄老。盖法家原自道家演变而来，而慎到又为道法二家递嬗之转捩，则由杂缀而成之《老子》，杂有法家之言，自不足怪。《史记·苏秦传》，记苏秦发愤读书，得《周书阴符》伏而读之云云。此事亦见《战国策·秦策》，“《周书阴符》”作“《太公阴符》之谋”。《汉志》道家有《太公》二百三十七篇，分《谋》八十一篇，《言》七十一篇，《兵》八十五篇。“言”者，道家之言也；“谋”与“兵”，则纵横家兵家之言也。此书杂采三家之言，纂辑而成，而托之太公。《老子》亦由杂纂而成，故亦杂有纵横家兵家之言耳。

据此六证，可以断定《老子》决非出于一人，作于一时，而为战国时人条录道家传诵之格言（《老子》中韵语，当为口耳相传之格言），采自他书之精语，荟萃成书，托之老子。汉初，帝后大臣笃好其书，于是尊之曰“经”，而学者废然向风，为之“传”，为之“说”，乃遂一跃而为诸子之冠耳。

伯潜按：春秋之末，避世之士皆“以自隐无名为务”，未尝有言论传世也。及杨朱出，而“全生归己”之说，乃渐成有统系的言论。庄周出，而其说愈张，后学并辑录之以成《庄子》。好事者乃杂采传说及他书，条录之，汇风集之，以成此书，而托之于传说中的博大真人老聃也。汉初、文帝、窦后、曹参，均笃好之。于是《老子》乃风行一时，即《庄子》亦为其所掩矣。

《老子》注本，今存者以河上公《老子注》为最古。《隋志》：“《老子道德经》二卷，汉文帝时河上公注。”又曰：“梁有战国时河上丈人注《老子经》二卷，亡。”似河上丈人与河上公各为一人。《史记·乐毅传赞》曰：“乐臣公学黄帝老子，其本师号曰河上丈人，不知其所出。河上丈人教安期生，安期生教毛翕公，毛翕公教乐瑕公，乐瑕公教乐臣公，乐臣公教盖生，盖公教于高密西，为曹相国师。”曹相国，即曹参也。似河上丈人至曹参，传授分明。七传而至汉初，则河上丈人为战国时人矣。《经典释文·叙录》曰：“河上公为《章句》四卷。文帝征之，不至。自至河上责之。河上公乃踊身空中。文帝改容谢之。于是授文帝以《老子章句》四卷。”《释文》之说本于《老子序诀》，《老子序诀》载于道藏本《道德真经四家集注》之首，相传为葛玄或葛洪所撰，故所载河上公之神话，与葛洪《神仙传》合。其人既为神仙，自可长生，则战国时之河上丈人，即汉文帝时之河上公。《隋志》所云之《老子注》，实仅一种，即今存本是也。但河上公如果以其《老子注》授文帝，自当藏之秘府，何以刘向校书未之见，《七略》《汉志》未尝收录乎？而其人其事，又至为恍惚，此方士之妄谈耳。故刘知幾曾言《老子》无河上公注，欲废之而立王弼《注》；《释文·叙录》虽记河上公故事，而其《老子释文》仍据王弼《注》也。

《老子》注本，终当首推魏王弼之《老子注》。王弼长于玄言，又精《易》理，故能扫方士妄诞之言，无经生饾饤之病，妙得《老子》之真谛。《旧唐志》有《玄言新纪道德》二卷，实即王弼注本。《新唐志》以为此乃王肃所撰，王弼之《老子注》别名《新纪玄言道德》，非也。明焦竑有《老子翼》，集韩非《解老》《喻老》以下释《老子》者，凡六十四家。颇博赡，而去取亦精。且仿李鼎祚《周易集解》之例，凡所采录，必标姓名，示不掠美。所附焦竑《笔乘》，亦有理致。此外，以涵泳理致见长者，有清初张尔岐之《老子说略》；其以训诂考证见长者，有马夷初之《老子核诂》。其他注本甚多，不胜枚举。

第八章　道家之书二——庄子

汉代言道家，曰“黄老”，不曰“老庄”。《汉志》于《老子》、称之曰“经”，录其“传”与“说”，有四种之多；《庄子》则未有“经”名，并不录其注本。是其时《庄子》尚不为学者所重视也。《庄子》之为学者所重，自魏晋始。且与《易》及《老子》，并称“三玄”。于是始有所谓“老庄”。而其所诏“老庄”。而其被尊为“经”，则在唐玄宗时焉。《新唐志》曰：“天宝元年，诏号《庄子》为《南华真经》。”姚范《援鹑堂笔记》曰：“‘南华’之名，未详所出。《隋志》有梁旷《南华论》《南华论音》。其号庄子为南华真人，名其书为《南华真经》，在唐开元二十五年。”则“南华”之名，唐以前已有之矣。唐玄宗之尊《庄子》，其原因固陋妄可笑，然《庄子》则诚道家之要籍，其价值且在《老子》之上也。录先君子之《庄子考》如下：

庄　子　考

《汉志·诸子略》道家有《庄子》五十二篇。今本《庄子》三十三篇，较《汉志》所录少十九篇。则今存者盖残本也。

伯潜按：今存《庄子》三十三篇之目如下：

内篇七——（一）《逍遥游》，（二）《齐物论》，（三）《养生主》，（四）《人间世》，（五）《德充符》，（六）《大宗师》，（七）《应帝王》。

外篇十五——（八）《骈拇》，（九）《马蹄》，（十）《胠箧》，（十一）《在宥》，（十二）《天地》，（十三）《天道》，（十四）《天运》，（十五）《刻意》，（十六）《缮性》，（十七）《秋水》，（十八）《至乐》，（十九）《达生》，（二十）《山木》，（二十一）《田子方》，（二十二）《知北游》。

杂篇十一——（二十三）《庚桑楚》，（二十四）《徐无鬼》，（二十五）《则阳》，（二十六）《外物》，（二十七）《寓言》，（二十八）《让王》，（二十九）《盗跖》，（三十）《说剑》，（三十一）《渔父》，（三十二）《列御寇》，（三十三）《天下》。

内篇皆有义之题，外篇杂篇则几全为无义之题。（取首句二三字以名篇者，如《骈拇》——“骈拇枝指出乎性哉”；《马蹄》——“马，蹄可以践霜雪”；《胠箧》——“将为胠箧探囊之盗而为守备”；《在宥》——“闻在宥天下”；《天地》——“天地虽大”；《天道》——“天道运而无所积”；《天运》——“天其运乎”；《刻意》——“刻意尚行”；《缮性》——“缮性于俗”；《秋水》——“秋水时至”；《至乐》——“天下有至乐”；《达生》——“达生之情者”；《田子方》——“田子方侍坐于魏文侯”；《知北游》——“知北游于元水之上”；《庚桑楚》——“老聃之役有庚桑楚者”；《徐无鬼》——“徐无鬼因女商见魏武侯”；《则阳》——“则阳游于楚”；《外物》——“外物不可必”；《寓言》——“寓言十九”；《列御寇》——“列御寇之齐”；《天下》——“天下之治方物者多矣”皆是。《山木》，取首节庄子行山中，见大木云云为题；《让王》所述，如子华子、颜阖、子列子、屠羊说、原宪、曾子、颜回、中山公子牟，孔子穷于陈蔡诸节，均不得谓为“让王”；《盗跖》，亦仅首节记盗跖事；则亦非包举全篇之题。其为有义之题，可以包举全篇者，仅《说剑》《渔父》而已。)

此十九篇，不知何时亡佚，据《经典释文·叙录》所载，晋人注本五家，其篇数亦多寡不一。(一) 司马彪注本，二十一卷、五十二篇，计内篇七、外篇二十八、杂篇十四、解说三，今亡。

伯潜按；《隋志》有司马彪《庄子注》十六卷。注曰：“本二十一卷，今阙。”新、旧《唐志》仍作二十一卷。殆唐初阙五卷，后又得足本欤?《日本现在书目录》作二十卷，少一卷。《释文》分计篇数，云“解说三卷”，似司马彪之注别为三卷，则五十二篇中，《庄子》本文仅四十九篇也。原书已亡，无从考定。

(二) 孟氏注本，十八卷，五十二篇。分内、外、杂篇否，《释文》未详。今亡。

伯潜按：孟氏之名亦佚。《隋志》引《梁志》，作十八卷，录一卷。《隋志》以后，不见于著录，其亡久矣。

(三) 崔撰注本，十卷，二十七篇。计内篇七，外篇二十。今亡。

伯潜按：此本较《汉志》少二十五篇，较今本少六篇。《隋志》无之，又见于新、旧《唐志》，殆《隋志》失录欤? 抑佚于唐而又复出欤?《唐志》以后，不见于著录。

(四) 向秀注本，二十卷，二十六篇。(一作二十七篇，一作二十八篇。) 亦无杂篇。有音三卷。今亡。

伯潜按：《世说新语·文学篇》曰："秀……都无注述，唯好《庄子》，聊因崔撰所注，以备遗忘。"又曰："向秀于旧注外，为解义，妙析奇理，大畅玄风。唯《秋水》《至乐》二篇未竟，而秀卒。"是向秀注本根据崔撰注本也。疑作二十八篇者是足本，作二十七篇者，或是除叙目一篇，作二十六篇者或是除未竟之《秋水》《至乐》二篇也。崔本之亡，殆因向注行而崔注废欤？

(五) 郭象注本，三十三卷，三十三篇。计内篇七，外篇十五，杂篇十一，音一。今存。惟今本改作十卷。

伯潜按：此本《隋志》作三十卷，目一卷；两《唐志》作十卷；《日本现在书目录》仍作三十三卷。今存《庄子》即此本。但检其注，《让王篇》《盗跖篇》、仅各三条，《渔父篇》仅一条，《说剑篇》完全无注。此七条之注，亦与他篇注例不同。岂此四篇之郭象原注已亡，此七条乃后人所补欤？

又按：此五人，司马彪、崔撰、向秀、郭象、确皆西晋人。孟氏列于四人之间，度亦晋人。

以上五家之本，司马、孟氏二本，篇数同《汉志》；崔、向、郭三本，篇数不及《汉志》之三分之二。同在晋代，何至骤然散佚三分之一以上乎？崔向二本已亡。但就今存之郭本细按之，则今本《庄子》所以仅存三十三篇，乃由晋代注家有所删合之故。《释文·叙录》曰："庄子宏才命世，辞趣华深，正言若反，故莫能畅其宏致。后人增足，渐失其真。故郭子玄云：‘一曲之士妄窜奇说，若《阏奕》《意脩》之首，《危言》《游凫》《子胥》之篇，凡诸巧杂，十分之三。’《汉书·艺文志》《庄子》五十二篇，即司马彪孟氏所注是也。言多诡诞，或似《山海经》，或似《占梦书》，故注者以意去取。其内篇众家所同，自余或有外而无杂。唯子玄所注，特会庄生之旨，故为众所贵。”子玄、郭象之字。占全书十分之三者，郭氏疑为一曲之士所增足，所妄窜，奇说巧杂，失《庄子》之真，故删去不注耳。此与赵岐注《孟子》，以外书四篇非《孟子》本真，删去不注，遂致亡佚，正复相同也。此其一。

伯潜按：日本人高山寺本《庄子》残卷《天下篇》末载有一文，疑即郭象之《目录序》中有一节，大意与《释文·叙录》同。其言曰“然庄子宏才命世，诚多英文伟词，正言若反。故一曲之士，不能畅其宏旨，而妄窜奇说。若《阏弈》《意循》之首，《尾言》《游易》《子胥》之篇，凡诸巧杂，若此之类，十分有三。或牵之令近，或迂之令诞，或似《山海经》，或似《梦书》，或出《淮南》，或辨形名，而参之高韵，龙蛇并御。且辞气鄙背，竟无深奥（原文作‘澳’），而徒难知以困（原文作‘因’）众，令沉滞失乎流，岂所以求庄子之意哉？故略而不存。今（原文作‘令’）唯裁（原文作‘哉’）取其长达，致存乎大体者，为三十三篇（原文衍一‘者’字）”。据此，则今存之三十三篇，确为郭氏所裁取；所少之十九篇，殆郭氏认为一曲之士所妄窜者也。

又按：《困学纪闻》记《庄子》佚文，有“阏弈之隶……”一条（出《文选注》颜延年《车笃幸京口侍游蒜山诗》注），有“游凫问雄黄……”一条。（出《太平御览》）则“阏弈”与“游凫”盖皆取首句二字以名篇。故“阏亦”“游易”二佚篇，当从《释文》作“阏弈”，“游凫”。“意循”与“意脩”二字均形似，未知孰是；“竟”字似当作“意”，“循”“脩”二字古书常互见。“尾言”，“危言”，皆为“卮言”之误，“卮言”见《庄子·寓言篇》。此四篇皆被删去之佚篇也。

又按：据《史记·老庄申韩传》，《庄子》尚有《畏累虚篇》。《南史·马捶传》曰：“何子朗作《败家赋》而拟《庄子·马捶》。”则又有《马捶篇》。《文选注》江文通《杂体诗》、谢灵运《入华子岗诗》、陶渊明《归去来辞》、任彦昇《齐晋陵文宣王行状》四篇之注，并引《淮南子·略要》曰：“江海之士，山谷之人，轻天下万物而独往者也。”司马彪曰：“独往，任自然，不复顾世。”“略要”《玉海》作“要略”。今《淮南子》有《要略训》，但无所引之语。俞正燮《癸巳存稿》以为其下并引司马彪《注》，当是《庄子》佚篇之文，此佚篇司马彪注本中尚有之者。如俞氏所说，则《略要》亦为《庄子》佚篇名。

《北齐书·杜弼传》言弼曾注《庄子·惠施篇》。疑今本《庄子》后半“惠施多方”以下，本别为一篇，而注家合并之者。此其二。

伯潜按：《释文》于《天下篇》“惠施多方”句以下，绝不引崔向二氏之注及音。此下之文，与《列子·仲尼篇》后半相似。张湛《列子注》，凡与《庄子》相同或相似处，常引向秀《庄子注》，《仲尼篇》后半绝未引及。是崔向二氏未尝有注及音也。如本为一篇，何以独留此一段不注？可疑一。《天下篇》于所评述之诸子，每段皆曰“……古之道术有在于是者……闻其风而悦之”。惠施一段独否。可疑二。《天下篇》极似《庄子》之序，以前历举各派，皆各有所短，各有所长，惟于道家所传诵之关尹老聃，则但言其长，不訾其短，庄周则独成一段，列于最后，尤倍加赞扬。盖纂《庄子》者所为之序也。后又缀以惠施一段，殊为不伦。可疑三。盖本别为一篇，注者以为与《天下篇》同属评述当时学者之文，而合并之也。

《庄子》佚文，又有存于《列子》《淮南子》中者，虽未能一一考其本为何篇，要亦为注家所删者也。

伯潜按：高似孙《子略》谓取《庄子》《列子》对照，二书互见者凡十七章。《世说新语·言语篇》曰："《庄子》曰：'海上之人有好鸥者，每旦之海上，从鸥游；鸥之至者，数百而不止。其父曰："吾闻鸥鸟从汝游，取来玩之。"明日，之海上，鸥舞而不下。'"今《庄子》中无此文，而见于《列子》之《黄帝篇》。晋人崇老庄，好玄言，《庄子》一书为文人所熟习；宋承东晋之后，刘义庆当不至误引《列子》为《庄子》。此《列子》中有《庄子》佚文之证。盖伪造《列子》者，多摭《庄子》之文也。《列子·汤问篇》《周穆王篇》中，颇多类似《占梦书》《山海经》者，殆亦《庄子》之佚文欤？又《文选注·魏都赋注》曰："《庄子》曰：'尹需学御，三年而无所得；夜梦受秋驾于其师。明日，往朝其师。其师望而谓之曰：吾非独爱道也，恐子之未可与也。'"今《庄子》中无此文，而见于《淮南子·道应训》。所谓"或出《淮南》"，殆指此类。此《淮南子》中有《庄子》佚文之证。

《庄子》内篇，各家之本同为七篇，则注家所删自以外篇杂篇为多。但内篇之文，亦有所删节移易。故今存《庄子》，不但篇数较少，文句亦往往与旧本有出入焉。

伯潜按：唐僧荆溪之《止观辅行口诀》，解释《摩诃止观》（唐初僧灌顶笔录其师智顗语而成），中引周弘正释“三玄”一段（《隋志》有周弘正《庄子内篇讲疏》），曾有《庄子》内篇三条：一曰“雨为云乎？云为雨乎？孰降施是”。今本《庄子》在外篇《天运》中。二曰“有信无情，有为无形”。今本《庄子》在内篇《大宗师》中。三曰“夫无形故无不形，无物故无不物；不物者能物物，不形者能形形。故形形物物者，非形非物也。夫非形非物者，求之于形物，不亦惑乎？”今本《庄子》中无此文。是除第二条今本仍在内篇外，第一条为移内篇之文入外篇之例，第三条为删内篇之文之例也。又《逍遥游音义》出“四子”二字，注曰：“司马彪、李云、王倪、啮缺、被衣、许由。”今本《庄子·逍遥游篇》正文中但有许由，无其余三子。三子之事，见今本《庄子·齐物论》之末，《应帝王》之首。按《逍遥游》之要旨，为“至人无己，神人无功，圣人无名”三语。“尧让天下于许由……”一节，说明“圣人无名”；“肩吾问于连叔……”一节，说明“神人无功”；王倪、啮缺、被衣三子之事，正说明“至人无己”，当亦在《逍遥游篇》中明甚。此移内篇甲之文以入内篇乙之例也。又《齐物论音义》出“夫道未始有封”六字，注曰：“《齐物》七章，此连上章，而班固说在外篇。”自此句以下，至“故曰辩者有不见也”句为止，凡一百十五字，《音义》不引司马彪《注》。似此汉代本在外篇。此移外篇之文以入内篇之例也。此外，删节之痕迹尚有可寻者，例如：（一）《在宥篇》“世俗之人皆喜人之同乎己”句以下有二章，《释文》不引司马、崔、向之注及音；（二）《秋水篇》前半辞意皆连贯，自“夔怜蚿……”以下有六条，辞意皆不连属，《释文》亦不引崔向之音；（三）《至乐篇》自“庄子梦之见空髑髅……”以下，《释文》亦不引崔向之音，此篇末段同《列子·天瑞篇》，张湛《注》亦不引向秀《庄子注》。诸如此类，疑注家各有所删节不加注者。又《庚桑楚篇》前半辞意连贯，“宇泰者发乎天光……”以下，各条独立；《释文》于此下仍引崔音，不引向音。疑此句以下，崔本有之，向本删之，而郭本又加入之也。

又按：《释文·叙录》谓崔向二本皆无杂篇，而《释文》所引崔注向音，则并及杂篇。总计《释文》引崔向注音者，外篇凡二十，恰与崔本外篇二十篇之数符合。但按其篇名，如《庚桑楚》《徐无鬼》《则阳》《外物》《寓言》《盗跖》《列御寇》八篇，今本《庄子》皆在杂篇中。而今本外篇之《天道》《刻意》《田子方》三篇，反不在内。今本杂篇，《释文》不引崔向注音者，仅《让王》《说剑》《渔父》三篇而已。据此，则所谓崔向注本无杂篇者，非谓二本中无今本《庄子》所列之杂篇，乃谓二本不分外篇与杂篇耳。然则《庄子》之分外篇杂篇，乃由注家以意为之，非本有此区别矣。

由此可以推知，五十二篇本之《庄子》，其内容盖极庞杂。因此书本非庄子自著，亦由庄子之后学记纂而成，且纂辑亦非一次，羼附者固不少也。今仅存三十三篇之本，容亦有所亡佚，但大部乃经崔撰向秀郭象诸注家删移增损而成。今晋人所注五本，仅存郭注一本，则《庄子》之本来面目如何，已不可复睹矣。

伯潜按：《庄子》五十二篇本之内容，固极庞杂；今本虽经删节，但系注家各以己意去取，亦不能谓为已洗炼尽净。大抵内篇七篇，系第一次纂辑而成，其时去庄子未远，较为可靠。故司马彪、崔撰及今存郭象本，同为七篇。外篇杂篇，则是以后分次纂辑，遂渐增附，故有祖述内篇者，亦有与内篇相矛盾者，有仅为短章杂缀集成一篇者，至多仅能谓为庄子后学之说而已。

又按：王树枏曰：“其书内篇即‘内圣’之道，外篇即‘外王’之道（‘内圣’‘外王’，见《天下篇》），所谓‘静而圣，动而王’也。（见《天道篇》）杂篇者，杂述‘内圣’‘外王’之事，篇各为意，犹今人之杂记也。”以内圣外王分别内外篇，似颇恰当。但内篇中之《应帝王篇》正论“外王”之道。外篇中论“内圣”之道者更多。且诸子之书，分内篇外篇者，不仅《庄子》，岂能皆以“内圣外王”为分内外之标准乎？王说非是。

《庄子》注本，今存者以郭象之《庄子注》为最古。郭象之《庄子注》，相传系窃向秀之《庄子注》。此公案起于《世说新语》之《文学篇》。《文学篇》记向秀注庄子，惟《秋水》《至乐》二篇未竟而卒，其下曰：“秀子幼，其义零落；然颇有别本迁流。郭象为人薄行，有隽才，见秀《义》（按即向秀之《庄子解义》），不传于世，遂窃为己注。乃自注《秋水》《至乐》二篇，又易《马蹄》一篇，其余众篇，或点定文句而已。后秀《义》别本出，故今有向郭二《庄》，其义一也。”《晋书》采入《郭象传》。钱曾《读书敏求记》曰：“予览陆氏《释文》，引向《注》者非一处，是秀尚有别本行世。时代辽远，传闻异辞，《晋书》云云，恐未必然也。”此为郭象鸣冤者。《四库书目提要》曰：“案向秀之《注》。陈振孙称宋代已不传，但时见于陆氏《释文》。今以《释文》所载校之。如《逍遥游》‘有蓬之心’句，《释文》郭向并行，绝不相同；《胠箧》‘圣人不死大盗不止’句，《释文》引向《注》二十八字，又‘为之斗斛以量之’句，《释文》引向《注》十六字，郭本皆无。然其余皆互相出入。又张湛《列子注》中，凡文与《庄子》相同者，亦并引向郭二注。所载《达生篇》‘痀偻丈人承蜩’一条，向《注》与郭一字不异；《应帝王篇》‘神巫季成’一章‘皆弃而走’句，亦向郭相同；‘列子见而心醉’句，向注曰，‘迷惑其道也’，‘而又奚卵焉’句，向注六十二字，郭注皆无之；‘故使人得而相汝’句，郭注多七字；‘示之以地文’句，向注‘块然如土也’，郭注无之；‘是殆见吾杜德机’句，‘乡吾示之以天壤’句，‘名实不入’句，向郭并同；‘是殆见吾善者机也’句，向注多九字；‘子之先生坐不斋’句；向注二十二字，郭注无之；‘乡吾示之以太冲英胜’句，郭改其末句；‘渊有九名，此处三焉’句，郭增其首十六字，尾五十一字；‘乡吾示之以未始出吾宗’句，‘故逃也’句，‘食豨如食人’句，向郭并同；‘于事无与亲’句，以下，则并大同小异。是所谓窃据向书，点定文句者，并非无证。又《秋水篇》曰‘与道大蹇’句，《释文》云，‘蹇，向纪辇反’，则此篇向亦有注。并《世说》所云象自注《秋水》《至乐》二篇者，尚未必实录矣。钱曾乃曲为之解，何哉?”今按《提要》所引《庄子·达生篇》一条，《应帝王篇》各条，均见《列子·黄帝篇》。《黄帝篇》中，尚有“颜渊问仲尼”章百五十五字，“子列子问关尹”章二百四十四字，亦皆《达生篇》文；“女不知夫养虎者乎”章一百六字，即《庄子·人间世篇》文；张湛《注》亦引向秀《庄子注》，皆与今存郭象注文大同小异。盖郭象窃向秀之《注》，而点定之，稍加修改耳。但《提要》以郭象自注《秋水》《至乐》二篇为可疑，则非。《秋水篇释文》尚有一条，“累，力罪反，向同”。此与《提要》所引“蹇，向纪辇反”一条，因为向秀之音，而非其义。《释文·叙录》称向秀《注》二十卷之外，固尚有音三卷也。则此二条当出向秀之《庄子音》三卷中明甚。《世说新语》明言向秀注《秋水》《至乐》二篇，未竟而卒，则已有所注，但未竟耳。即云此二条是注，亦不能推翻郭象自注此二篇之说，因此二篇之注，不仅此二条也。

焦竑又有《庄子翼》，所采前人之注，郭象以下，凡二十二家；旁引他书，支遁（有《逍遥游义》，散见《世说新语》注中）以下，凡十六家；章句音义，郭象以下，凡十家；可称博赡。末附《庄子阙误》，录自宋人陆景元之《南华经解》。余如《史记》之《庄子传》，阮籍、王安石之《庄子论》，苏轼之《庄子祠堂记》，潘佑之《赠别王雩字说》，李士表之《庄子九论》，前贤关于庄子之文章，附录亦颇多云。清人之《庄子》注本，郭庆藩有《庄子集释》以详赡胜；王先谦有《庄子集解》，以简要胜。马夷初有《庄子义证》，博而得要，颇能兼擅二书之胜焉。

第九章　道家之书三
——管子及太公、鬻子

道家之书，今存者亦尚不少。惟可读者，除《老子》《庄子》外，当推《管子》。余如《太公》《鬻子》，非周秦之书不足观。先君子考道家诸子，仅及《老子》《庄子》《管子》三书，盖亦以此。《老子》《庄子》、已见前二章，兹录《管子考》于此。

管 子 考

《汉志·诸子略》道家有《管子》八十六篇。《自注》曰："名夷吾，相桓公，九合诸侯，不以兵车也。有列传。"今本《管子》前有刘向《叙录》曰："所校中《管子》书三百八十九篇，大中大夫卜圭书二十七篇，臣富参书四十一篇，射声校尉立书十一篇，太史书九十六篇，凡中外书五百六十四篇。以校，除复重四百八十四篇，定著八十六篇。是刘向校定者本为八十六篇也。然《史记·管晏列传赞正义》曰："《管子》十八篇在法家。"篇数与《叙录》及《汉志》相去悬殊，家别亦异《汉志》，何也？晁公武《郡斋读书志》曾言《管子》今亡十篇；十篇者，《谋失》《正言》《封禅》《言昭》《修身》《问霸》《牧民解》《问乘马》《轻重》丙《轻重》庚也。严可均《铁桥漫稿》言梁隋时已亡十篇，宋时又亡《王言篇》。故今本《管子》，此十一篇亦均有目无书。

伯潜按：《四库全书》中有《管子》二十四卷、八十六篇，在法家类，即今存之《管子》。其目如下：

第一卷——（一）《牧民》，（二）《形势》，（三）《权修》，（四）《立政》，（五）《乘马》；

第二卷——（六）《七法》，（七）《版法》；

第三卷——（八）《幼官》，（九）《幼官图》，（十）《五辅》；

第四卷——（十一）《宙合》，（十二）《枢言》；

第五卷——（十三）《八观》，（十四）《法禁》，（十五）《重令》；

第六卷——（十六）《法法》，（十七）《兵法》；

第七卷——（十八）《大匡》；

第八卷——（十九）《中匡》，（二十）《小匡》，（二十一）《王言》；

第九卷——（二十二）《霸形》，（二十三）《霸言》，（二十四）《问》，（二十五）《谋失》；

第十卷——（二十六）《戒》，（二十七）《地图》，（二十八）《参患》，（二十九）《制分》，（三十）《君臣》上；

第十一卷——（三十一）《君臣》下，（三十二）《小称》，（三十三）《四称》，（三十四）《正言》；

第十二卷——（三十五）《侈靡》；

第十三卷——（三十六）《心术》上，（三十七）《心术》下，（三十八）《白心》；

第十四卷——（三十九）《水地》，（四十）《四时》，（四十一）《五行》；

第十五卷——（四十二）《势》，（四十三）《正》，（四十四）《九变》，（四十五）《任法》，（四十六）《明法》，（四十七）《正世》，（四十八）《治国》；

第十六卷——（四十九）《内业》，（五十）《封禅》，（五十一）《小问》；

第十七卷——（五十二）《七臣七主》，（五十三）《禁藏》；

第十八卷——（五十四）《入国》，（五十五）《九守》，（五十六）《桓公问》，（五十七）《度地》；

第十九卷——（五十八）《地员》，（五十九）《弟子职》，（六十）《言昭》，（六十一）《修身》，（六十二）《问霸》，（六十三）《牧民解》；

第二十卷——（六十四）《形势解》；

第二十一卷——（六十五）《立政九败解》，（六十六）《版法解》，（六十七）《明法解》，（六十八）《臣乘马》，（六十九）《乘马数》，（七十）《问乘马》；

第二十二卷——（七十一）《事语》，（七十二）《海王》，（七十三）《国蓄》，（七十四）《山国轨》，（七十五）《山权数》，（七十六）《山至数》；

第二十三卷——（七十七）《地数》，（七十八）《揆度》，（七十九）《国准》，（八十）《轻重》甲；

第二十四卷——（八十一）《轻重》乙，（八十二）《轻重》丙，（八十三）《轻重》丁，（八十四）《轻重》戊，（八十五）《轻重》己，（八十六）《轻重》庚。

以上共八十六篇。除有目无书之亡篇十一，尚存七十五篇。

《文选》注陆机《猛虎行注》曰:“江邃《文释》引《管子》曰:‘夫士怀耿介之心,不荫恶木之枝。恶木尚能耻之,况与恶人同处?’今检《管子》,近亡数篇;恐是亡篇之内,而邃见之”,此初唐时《管子》已有亡佚之证。

又按:宋濂《诸子辨》曰:“自《牧民》至《幼官图》九篇为‘经言’,《五辅》至《兵法》为‘外言’,《大匡》至《戒》九篇为‘内言’,《地图》至《九变》十八篇为‘短语’,《任法》至《内业》五篇为‘区言’,《封禅》至《问霸》十三篇为‘杂言’,《牧民解》至《明法解》五篇为‘《管子》解’,《臣乘马》至《轻重》庚为‘《管子》轻重’。”周秦诸子往往分内篇,外篇,或又有杂篇。《管子》多至八十六篇,独无所区分,故宋氏以己意为之分类尔。《管子》既有《牧民》《形势》《立政》《版法》《明法》五篇,又有《牧民解》《形势解》《立政九败解》《版法解》《明法解》五篇,则其确为“《管子》解”,而非《管子》原书固甚明也。

管仲相桓公、霸诸侯,其功业之彪炳,更盛于晏婴,自为齐人所称道而弗衰。故其书亦与晏子同,由后人摭拾纂集而成;其成书,亦远在战国之世也。管仲卒于桓公之前,而书中记桓公,皆举其谥。《小问篇》称秦穆公相百里奚,亦远在桓公之后。《小称篇》称毛嫱西施为天下美人,更为春秋末人。《轻重》甲篇称“梁赵”,戊篇称“赵代”,则不仅为三家分晋后之语,且在魏徙大梁,赵有代王之后矣。盖其书本由后人摭拾,而又时有所附益也。故其内容,亦极为庞杂。如《心术》《白心》诸篇,道家之言也;《七法》《法法》《明法》《任法》诸篇,法家之言也;《兵法》,兵家之言也;《轻重》,理财之言也;“仓廪实,知礼节;衣食足,知荣辱”。“礼义廉耻,国之四维,四维不张,国乃灭亡”,儒家之言也;《戒》《问》

之类，奏对之言也。其非管子手著，由杂集而成，且集者非一人，集录非一时，固可一望而知者也。

伯潜按：《管子》由杂集而成，前贤论者甚多。刘恕《通鉴外纪》引傅玄曰："《管子》半为后之好事者所加，《轻重篇》尤鄙俗。"孔颖达曰："《轻重篇》或是后人所加。"晁公武曰："其书载管仲将没对桓公之语，疑后人续之。"叶適曰："《管子》非一人之笔，亦非一时之书，莫知谁所为。以其言毛嫱、西施、吴王好剑推之，当在春秋末年。又'持满定倾，不为人客'等语，亦种蠡所遵用也。"又曰："《管子》书独盐策为后人所遵，言其利者无不祖管子，使之蒙垢万世，甚可恨也。《左传》载晏子言'海之盐蜃，祈望守之'，以为衰微之苛敛。……然则仲所得，齐以之霸，晏子安得非之？……故《管子》之尤谬妄者，无甚于《轻重》诸篇。"《周氏涉笔》曰："管子一书，杂说所丛。"黄震《东发日钞》曰："《管子》书不知谁所集，乃庞杂重复，似不出一人之手。……《心术》《内业》诸篇，皆影附道家以为高；《侈靡》《宙合》诸篇，皆刻斫隐语以为怪。管子质实之政，安有虚浮之语？"宋濂《诸子辨》曰："是书非仲自著也。其中有绝似《曲礼》者，有近似《老》《庄》者，有论霸术而极精微者，或小智自私而其言至卑污者。疑战国时人采掇仲之言行，附以他书成之。不然，毛嫱、西施、吴王好剑，威公之死，五公子之乱，事皆出仲后，不应豫为之也。朱熹谓仲任齐国之政，且有'三归'之溺（按孔子言管仲有三归，见《论语》。朱熹谓'三归'乃有家及私室三处），奚暇著书，其说是矣。"姚际恒《古今伪书考》曰："《管子·大匡》《小匡》诸篇，'一匡天下'本《论语》，'兵车之会六，乘车之会三'本《国语》；又言'《春秋》

所以记成败’，管仲不及见《春秋》也。大抵战国末人，如稷下游士及韩非李斯辈，袭商君之法，借管氏以张其说者也。”今按管仲为春秋初人，而《管子》皆为长篇的据题抒意之议论文，与论孟记言之体殊，而与荀韩造论之体近；以诸子文体之演变衡之，不但非春秋初年之书，且亦非战国初年之所作也。若以其依托管仲，即信为其真是管仲所作，误矣。

《管子》注本旧有唐房玄龄《注》。晁公武以为尹知章所托。按《新唐志》无房玄龄《管子注》，有尹知章《管子注》。故《四库书目提要》疑后人因尹知章人微而改题房氏，借以衡世。其注浅陋，多舛误。殊不足观。明刘绩《管子补注》，稍胜。清洪颐煊《管子义证》，戴望《管子校正》，均以考订见长。

高似孙《子略》谓“子书起于鬻熊”。宋濂《诸子辨》亦言“《鬻子》盖子书之始”。今按《汉志》所录道家之书，《管子》之前，有《伊尹》《辛甲》《太公》《鬻然》、高宋二氏之说，非也。《伊尹》《辛甲》之书已亡，《太公》《鬻然》之书，至今尚有存者。太公与鬻熊同时，而年齿似差长。补《太公鬻子考》。

（一）太公考

《汉志》道家有《太公》二百三十七篇，《谋》八十一篇，《言》七十一篇，《兵》八十五篇。《自注》曰：“吕望为周师尚父，本有道者；或有近世又以为太公术者所增加也。”钱大昭曰：“《谋》《言》《兵》，就二百三十七篇而析言之，《太公》其总名也。”沈钦韩曰：“志言‘谋’者，即太公之《阴谋》；‘言’者，即太公之《金匮》，善言著诸金版（《群书治要》引《武韬》，‘太公曰’云云，‘文王曰，善，请登之金版’。《文选注》引《太公金匮》曰，‘诎一人之下，伸万人之上，武王曰，请著金版’)，《大戴记》《武王践阼》《吕览》《淮南》《说苑》所称皆是；‘兵’者，即《太公兵法》，《说苑·指武篇》引《太公兵法》。”按《汉志·兵书略》兵权谋家总计条下《自注》曰：“省《太公》。”盖二百三十七篇中之“兵”，《七略》本互见于《兵书略》之兵权谋家，而班固省之也。《战国策·秦策》曰：“苏秦夜发书，得太公《阴符》之谋。”《群书治要》“六韬”之后，载太公阴谋三事。即《太公》二百三十七篇中之“谋”也。《史记·齐世家》曰：“文王与吕尚阴谋修德，以倾商政，其事多兵权与奇计。……后世之言兵及周之阴权，皆宗太公为本谋。”盖周自太王，实始翦商。太公佐文王，武王，完成伐纣代商之功业。其所陈嘉谟，即所谓“言”也；其所设策略，即所谓“谋”也；伐纣时部署行军，即所谓“兵”也。善言录于金版，法令录于史官，倘当时即已纂录成篇，即为官书；即仅存档案，亦是史料。太公在周，勋业彪炳，自为后世所乐于称道。战国之士，好托古改制，于是好事者自断简残论、口耳传说中，辑采太公之遗言旧闻，又取苏张权谋、孙吴兵法之类以增益之，乃成此二百三十七篇之书尔。故《太公》者，后世依托之书，非周初之著述，更非太公所自著也。

《隋志》有《太公阴谋》一卷（注曰，“梁六卷”)，《太公阴符钤录》一卷，《太公伏符阴阳》一卷；《旧唐志》有《太公阴谋》三卷，《太公阴谋三十六用》一卷；即此所谓“谋”之类也。《隋志》有《太公金匮》二卷，《旧唐志》作三卷，即此所谓“言”也。《隋志》又有《太公兵法》二卷（注曰，“梁有《太公杂兵书》六卷”)，即此所谓“兵”也。是唐及宋初，其书犹有流传者矣。《通考》则仅录《六韬》。《四库全书》中亦有此篇，在兵家。今存“六韬”者，《文韬》《武韬》《虎韬》《豹韬》《龙韬》《犬韬》也。今本《龙韬》列于《虎韬》之前。似为《太公》二百三十七篇中《兵》八十五篇之一部分。按《庄子·徐无鬼篇》有所谓“金版六韬”，《淮南子·精神训》有所谓“金縢豹韬”，岂即指此欤？至《通考》所录又有《改正六韬》四卷，则是宋元丰间删定之本。又按今存《六韬》中有“避正殿”云云。此秦汉以后故事，太公时尚无此语也。《六韬·阴符篇》曰：“主与将有阴符，凡八等；克敌之符长一尺，破军之符长九寸，失利之符长三寸而止。”是直误以“阴符”为符节之符，浅陋可笑，宜为胡元瑞《四部正讹》所斥。《周氏涉笔》谓“其书并缘吴起，渔猎其词，而缀辑以近代军政之浮谈，浅驳无所施用”。《胡氏笔丛》亦谓“其《文代》《阴书》等篇，为孙吴尉缭所不屑道”。（并见《四库书目提要》引）《六韬》内容浅驳，辞亦鄙俗，明为伪书，不但非太公所著，且非秦汉前依托太公之作。而近人言兵者，犹喜引之，以自诩博古，多见其不学而已！

（二）鬻子考

《汉志》道家又有《鬻子》二十二篇。《自注》曰：“名熊，为周师，自文王以下问焉；周封为楚祖。”鬻熊勋业，虽不逮太公，要亦周初之名臣。则其书当亦战国时好事者所掇拾增附而成，与《太公》同。至于今存之本，则又非《汉志》所录之旧矣。约而言之，其证凡四：（一）《鬻子序》称熊见文王年已九十。按《史记·楚世家》曰：“熊通曰：‘吾先鬻熊，文王师也，蚤终。’”如见文王年已九十，则为耄耋之人，安得云“蚤终”乎？书中载三监及曲阜事，并曰“昔者鲁周公”云云，“昔者鲁周公使康叔往守于殷”云云。此皆成王时事，而曰“昔者”。贾谊《新书》又引鬻熊与成王问答五事。如熊于年九十时见文王，而至成王时尚存，则其年寿直逾百岁矣，安得云“蚤终”乎？但《楚世家》亦曰：“鬻熊子事文王，早卒，其子曰熊丽，熊丽生熊狂，熊狂生熊绎。成王时，举文武勤劳之后嗣，而绎受封于楚。”绎为熊之曾孙，受封于成王之时，则熊之早卒，又宜若可信。熊之早卒可信，则其书言成王时事为不可信矣。其所谓“九十见文王”者，殆因太公八十遇文王，而有此影射傅会之谈耳。姚际恒《古今伪书考》评《鬻子》曰：“其人之事已悠谬莫考，而况其书?”诚哉是言也。(二)《四八目》一书，见于北齐杨休之《叙录》。此书出六朝人伪造，已有定论。其中于古帝王之辅佐，掇记甚详备。《鬻子》所记禹有七大夫（皋陶之外，尚有六人，曰杜子业既子施子黯季子宁然子堪轻子玉。此六人之姓名，孰为二字，孰为三字，已无从知之)，汤有七大夫(庆辅、伊尹、湟里居、东门虚、南门蠕、西门疵、北门例。伊尹之外，六大夫均不见他书，后五人之姓名均极怪)，俱不见于《四八目》中。则六朝时尚无今本《鬻子》明矣。（此王世贞说，见《四库书目提要》引）(三）贾谊《新书·大政篇》所引六条，均不见于今本《鬻子》中。《四库书目提要》谓其“有心相避，巧匿其文，使读者互相检验，生其信心”。按《列子·天瑞》《力命》《杨朱》三篇所引，亦不见于今本《鬻子》中。作伪者读书不多，或竟未及收罗，亦未可知也。(四)《四库书目提要》又曰：“其篇名冗赘，古无此体；又每篇寥寥数言，词旨肤浅，决非三代旧文。”则以其篇名文章按之，亦非周秦之书矣。总之，今存《鬻子》，盖出六朝以后人所伪造，非《汉志》所录之原书，故叶德辉尝另辑《鬻子》云。

第十章 道家之书四
——文子、关尹子、列子、鹖冠子

（三）文子考

《汉志》道家所录，《老子》之后，有《文子》九篇。《自注》曰："老子弟子，与孔子并时，而称周平王问，似依托者也。"（按《文子》但称平王，无"周"字，或以为楚平王。）《隋志》有《文子》十二卷。注曰："《七略》有九篇，梁《七录》十卷，亡。"据此，似《文子》亡后复出；但卷篇反多于前，何也？今存本亦十二卷。其中《道原》《十守》《道德》《上仁》《上礼》五篇，颇多亡缺。其余七篇，则首尾完具。

文子之人，考见上编。其书当亦战国时好事者所编造。至于今存之本，则文原书亡后，六朝人伪撰，故更驳杂不足观耳。柳宗元《辨文子》曰："其旨意皆本《老子》。然考其书，盖驳书也。其浑而类者少，其窃他书以合之者多。凡《孟子》等数家，皆见剽窃，峣然而出其类；其意绪文辞，又互相抵牾而不合。不知人之增益之欤？或者众为聚敛以成其书欤？"是柳宗元所见之本已驳杂矣。宋濂《诸子辨》曰："予尝考其书，壹祖老聃。大概《道德经》之义疏尔……盖《老子》之言宏而博，故是书杂以黄老名法儒墨之言明之，无怪其驳杂也。……黄氏屡发其伪；以为唐徐灵府作，亦不然也。其殆文姓之人，祖老聃而托之者欤?”胡元瑞《四部正讹》曰:“柳宗元以为驳书，而黄东发直以为注者唐人徐灵府所撰。余以为柳谓驳书是也；黄谓徐灵府撰，则失于深考。……惟中有汉后字面，而篇数屡增，则或李暹辈润益于散乱之后欤?”章炳麟《菿汉微言》曰：“今之《文子》，半袭《淮南》，所引《老子》，亦多怪异，其为依托甚明。《文选·奏弹曹景宗文》注引《文子》曰：‘起师十万，日费千金。’张湛曰：‘日有千金之费。’又《天监三年策秀才文注》引《文子》曰：‘群臣辐辏。’张湛曰：‘如众辐之集于毂也。’则张湛曾注此书。今本疑即张湛伪造，与《列子》同出一手也。其书盖亦附辑旧文，为《伪古文尚书》之为者。故‘不为福始，不为祸先’，曹子建《求通亲亲表》已引之。子建所见，当是《七略》旧本，而张湛掇拾其文，杂以伪语耳。”故今存之《文子》，虽未能考定其伪造之人为谁，其为伪造书已无可疑。江瑔乃以为文种所著，且推崇之以比《老子》，误矣。

今存《文子》，为唐人徐灵府注，南宋道士杜道坚《缵义》徐注多佚。杜于自为说者，标曰“缵义”；其裒集众解者，则曰“旧说”。故其书称为《文子缵义》。所录本文，颇足以正他本之误。注亦明畅；虽鲜胜义，足征旧说。故书虽伪，注殊佳也。

（四）关尹子考

《汉志》又有《关尹子》九篇。《自注》曰：“名喜，为关吏。老子过关，喜去吏而从之。”此据《史记·老子传》为说。但《史记》不言喜去吏而从之也。且按《史记》原文，“喜”亦非人名，而老子过关事亦不足信，辨见上编。则所谓“关尹喜”者，直是亡是公乌有先生之类耳。其书之伪，不言可知已。而《庄子·达生篇》，《吕氏春秋·审己篇》均言列子问于关尹子,《庄子·天下篇》且以关尹与老聃并举。则战国时，关尹子已成传说的人物矣。其书不见于《隋志》《唐志》及宋之《国史·艺文志》，则亡佚已久。南宋时，有徐葳字子礼者，始得之永嘉孙定家。前有刘向《叙录》，后有葛洪《序》，书仍九篇，即今存本也。

柳宗元《辨文子》曰：“此书前有刘向《序》，称盖公授曹参；参薨，书葬。孝武时，有方士来上淮南王安，秘而不出。向父德治淮南王事，得之。文既与向不类，事亦无据，疑即定之所为也。间读其书，多法释氏及神仙方技家，而借吾儒言以文之。如‘变识为智’，‘一息得道’，‘婴儿蕊女’，‘金楼绛宫’，‘青蛟白虎’，‘宝鼎红炉’，‘诵咒木偶’之类，聃之时无是言，其为伪托，殆无可疑者。或妄谓二家之说实祖于此，过矣。”胡元瑞《四部正讹》辨之更详。其言曰：“葳定二子，尚非如阮逸宋咸辈实有其人，或俱子虚乌有，亦未可知也。篇首刘向《序》称‘浑质涯戾，汪洋大肆’。然有‘式则使人泠泠轻轻，不使人狂’等语，盖晚唐人学昌黎声口，无论西京，即东汉至开元亦无有也。至篇中字句体法，全仿释典成文，如‘若有人起生死心，厌生死心’等语，无论《庄》《列》，即《鹖冠》至《亢仓》亦无有也。且《隋志》既不载，新、旧《唐志》亦无闻，而特显于宋，又颇与《齐丘化书》相似。故吾尝疑五代间方士掇拾柱下之余文，傅合天竺之章旨，以成此书。虽中有绝倒之谈，似非浅近所办；第云关尹，则万无斯理。”胡氏并每篇举一例，以证其文辞全仿佛书。文繁不录。《四库书目提要》亦谓《墨庄漫录》载黄庭坚诗“寻师访道鱼千里”，已称用《关尹子》。则其书未必孙定所伪造，或唐五代间方士解文章者所为云云。正与胡氏之说相合。——总之，《史记·老子传》所载老子过关，为关尹著书之故事，当出于战国时《老子》已成书，且已流行之后。关尹名喜，去吏从老子西游之故事，则由老子过关而增益变化以成；关尹自著《关尹子》之传说，则又由老子为关尹著书而增益变化以成；故《汉志》所录之《关尹子》，已是秦汉间方士所撰之伪书。伪刘向《叙录》

谓此书由方士上淮南王安。言虽无征不信，已露蛛丝马迹矣。是书不见录于《隋志》，盖以本无足观，早已亡佚欤？至于今存之本，则确为唐五代间方士之所撰，更为伪中之伪矣。

（五）列子考

《汉志》道家有《列子》八篇。《自注》曰："名圄寇、先庄子，庄子称之。"《隋志》及新、旧《唐志》篇数与《汉志》同。今存本亦八篇。前有刘向《叙录》曰："中外书凡二十二篇；除复重十二篇，定著八篇。"则今存《列子》，似即为刘向所定，《汉志》所录者矣。八篇之目如下：

(1)《天瑞》，(2)《黄帝》，(3)《周穆王》，(4)《仲尼》，(5)《汤问》，(6)《力命》，(7)《杨朱》，(8)《说符》。

今人言道家之书，不曰："《老》《庄》"，即曰"《庄》《列》"。《列子》与《老》《庄》同为道家名著，而实伪书，不足道。柳宗元《辨列子》谓"其书亦多增窜，非其实，其言魏牟孔穿，皆出《列子》后，不可信"云云，盖已疑之矣。高似孙《子略》且疑列子为鸿蒙云将之流，并无其人，上编已引之。高氏又曰："太史公不传列子，庄周末篇列叙诸子，不及列子而是书与《庄子》同者十七章，其间尤有浅近迂怪者，故以为出于后人荟萃而成也。"

今按《汉志》所录之《列子》，盖高氏所谓"后人荟萃而成"者。至今存之《列子》，则更非《汉志》所录之本矣。姚际恒《古今伪书考》曰："战国时或有其书，为庄子之徒所依托，但自无多；其余尽后人所附益。至其言西方圣人，则直指佛氏，殆属东汉明帝后人所附益无疑。刘向博极群书，不应有郑缪公之误，则序亦非向作。中有《庄子》，实《列子》袭《庄子》，非《庄子》用《列子》。《庄子》之书，洸洋自恣，独有千古；其为文，舒徐曼衍中仍寓拗折，奇变不可方物。《列子》则明媚近人，气脉降矣。又《庄子》叙事，回环郁勃，故为真古文。《列子》叙事，简净有法，直是名作家耳。”今存《列子》，确如姚氏所言。章炳麟《菿汉微言》曾谓“《文子》亦出张湛伪造，与《列子》同出一手”。按今存《列子》为晋张湛注本。章氏盖疑《列子》即出张湛所伪造也。

《列子》之伪，其最显明之证据，为袭佛说。宋濂《诸子辨》于此点曾详论之。其言曰：“间尝熟读其书，又与浮屠言合。所谓‘内外进矣，覆眼如耳，耳如鼻，鼻如口，无弗用也；心凝形释，骨肉都融，不觉形之所倚，足之所履’，非大乘圆心说乎？‘鲵旋之潘为渊，止水之潘为渊，流水之潘为渊，滥水之潘为渊，沃水之潘为渊，雍水之潘为渊，汧水之潘为渊，肥水之潘为渊。’非修习教观说乎？‘有生之气，有形之状，尽幻也。造化之所始，阴阳之所变者，谓之生，谓之死。穷数达变，因形移易者，谓之化，谓之幻。造物者，其巧妙，其工深，固难家难修。因形者，其巧显，其功浅，故随起随灭。知幻化之不异生死也，始可以学幻。’非幻化生灭说乎？‘厥昭生乎湿，醯鸡生乎酒，羊奚比乎不笋，久竹生青宁，青宁生程，程生马，马生人。人久入于机，万物皆出于机。’非轮回不息说乎？‘人胥知生之乐，未知生之苦；胥知死之恶，未知死之息。’非寂灭为乐说乎？‘精神入其门，骨骸反其根，我尚何存？’非圆觉四大说乎？”《列子》者，盖袭《庄子》之说，又取佛说而杂糅之者也。论者乃谓华梵译师窃取《列子》以文天竺之俚言，不知适为伪撰《列子》者之所欺也。

马师夷初《列子伪书考》曰：“刘向《叙录》亦依托。盖《列子》书早亡，故不甚见称于作者。魏晋以来，聚敛《管子》《晏子》《论语》《山海经》《墨子》《尸佼》《韩非》《吕氏春秋》《韩诗外传》《淮南》《说苑》《新序》《新论》之言。附益晚说，成此八篇。又假为向叙以见重。汪继培谓其荟萃补缀之迹，诸书具在，可覆按也，知言哉！辅嗣为《易注》，多取《老》《庄》。而此书亦出于王氏，岂弼之徒所为欤？”马师此文，篇幅甚长，不能迻录。约举之凡十六证：

（一）张湛《列子序》称此书系其祖录自外家王氏舅始周云云。始周为正宗辅嗣从弟。当晋代玄言大盛之时，而《列子》惟存于王氏乃与王氏有关系之家，何也？可疑一。

（二）《天瑞篇》“太易太始太素”一条，全与《易纬·乾凿度》同。《易纬》晚出。可疑二。

（三）《周穆王篇》记周穆王驾八骏西游，登昆仑，见西王母，与《穆天子传》同。《穆天子传》，晋太康中始出汲冢。可疑三。

（四）《周穆王篇》说“六梦”，与《周礼》占梦合。《周礼》西汉末始显。可疑四。

（五）《周穆王篇》又有“儒生”之语。先秦诸书中无“儒生”之称。可疑五。

（六）《仲尼篇》所说“西方圣人”，指佛言。佛教自东汉明帝以后，始正式传入。可疑六。

（七）《汤问篇》多同《山海经》。《山海经》亦晚出。可疑七。

（八）《汤问篇》有“方壶、蓬莱、瀛洲”，此秦以后方士之言。可疑八。

（九）《汤问篇》曰：“渤海之东有大壑，实惟无底之谷。”《山海经·大荒东经》曰：“东海之外有大壑。”郭璞《山海经注》引《诗纬·含神雾》曰：“东注无底之谷。”《汤问篇》实合此二语以成文。如早见于《列子》，郭《注》又何以不引《列子》而引《诗纬》乎？可疑九。

（十）《力命篇》曰：“颜子之寿四八。”与《史记·仲尼弟子传》异。颜子寿四八之说，始见于东汉高诱之《淮南子注》。可疑十。（按“四八”，谓“三十二”。）

（十一）《汤问篇》言“王子不信有火浣布”。不信有火浣布之王子，明即曹丕。可疑十一。

（十二）《汤问篇》又述钟子期伯牙知音故事。二人当战国末楚怀王及顷襄王时，远在列子之后。可疑十二。

（十三）《黄帝篇》列举“九渊”。《庄子·应帝王篇》仅言“三渊”，《尔雅》始有“九渊”。《尔雅》为西汉之书。可疑十三。

（十四）《力命篇》记子产杀邓析事，与《左传》不合。此由《吕氏春秋》所载邓析难子产云云增附而成。（邓析事见《吕氏春秋·离谓篇》）《吕氏春秋》为战国末之书。可疑十四。

（十五）《汤问篇》记小儿辩日远近故事。此故事亦见桓谭《新论》，云出于里巷之言，不云见于《列子》。可疑十五。

（十六）《仲尼篇》曰：“荡荡乎，民无能名焉。”与《论语》同。张湛《注》引何晏《无名论》及夏侯玄说。此种援儒入老庄之说，是魏晋人习气。可疑十六。

据此，则今存《列子》为魏晋人所造之赝品，殆无可疑。又按《淮南子·氾论训》曰：“兼爱、尚贤、右鬼、非命，墨子之所立也，而杨子非之；全性保真，不以物累形，杨子之所立也，而孟子非之。”是杨朱之“贵己”、“为我”，旨在“全性保真，不以物累形”明矣。今本《列子》之《杨朱篇》，述杨朱之说，乃纯以恣情纵欲为旨，且仰企桀纣若不及，此岂“全性保真”之道哉？直是魏晋间颓废思想之结晶耳！且列子为春秋末、战国初人，其书即由后学记纂而成，其成书时代当在《论语》《孟子》之间。何以全书文体，与《论》《孟》记言者大异耶？即此二端按之，亦可以见今存《列子》之伪矣。盖战国时本荟萃而成，依托于庄子辈所称道之。列御寇之《列子》，其书当与《老子》性质相类，即《汉志》所录是也。此本亡佚之后，魏晋间人好玄言者，又掇《庄子》及其他诸书，而附益之当时之思想言论，乃成今存之《列子》也。其文明媚生动，故文人多喜之，乃得与《庄子》并驾耳。如以学术史的眼光评之，则其书直当与今存之《鬻子》《文子》《关尹子》等同量齐观，非但不及《庄子》，且不及《管子》《老子》也。

（六）鹖冠子考

《汉志》道家又有《鹖冠子》一篇。《自注》曰："楚人，居深山，以鹖为冠。"其人盖避世之士，莫知其姓名，见其鹖羽为冠，因号以"鹖冠子"尔。《隋志》《唐志》均作三卷。晁公武《郡斋读书志》谓韩愈《读鹖冠子》云"十六篇"。按《昌黎先生集》作"十九篇"。陆佃《校鹖冠子序》亦云"十九篇"。宋《四库书目》竟多至三十六篇。此书卷篇，后增于前，相去悬殊，其为伪书，皎然可知。今存本即陆佃校注，凡三卷，十九篇云。

《汉志·兵书略》兵权谋家总计家数条下《自注》曰："省《鹖冠子》。"是《七略》本互见于《兵书略》也。《后汉书·续舆服志》曰："鹖者勇雉，以为武冠。"其人鹖冠，故其书论兵。今本《兵政篇》载庞煖问鹖冠子用兵之法云云。是其中尚有兵家言矣。或谓"鹖"乃"鹬"之误。《五行志》引《周书》曰："知天文者鹬冠，礼家谓之术士冠。"按今本《鹖冠子》有《天则》《天权》《能天》诸篇，似为谈天之言。但所谈者乃无形之天，非天文，或说误。

柳宗元《辨鹖冠子》曰："学者谓贾谊《鹏鸟赋》尽出《鹖冠子》。（按见《世兵篇》）余读其书，尽浅陋之言。吾意好事者伪为其书，用《鹏赋》以文之。《史记·伯夷列传》引《贾子》'贪夫殉财，烈士殉名，夸者死权'，不称《鹖冠子》。假令当时有其言，迁岂不见耶?"今按其书文晦意涩，又出《列子》之下，决非周秦之书也。

总上所述，《汉志》所著录道家之书，今存者九：曰《庄子》，后学所纂述也；曰《老子》、曰《管子》、战国时人所荟萃也；曰《太公》、曰《鬻子》、战国时人所掇拾所依托也；曰《文子》、曰《关尹子》、曰《列子》、曰《鹖冠子》，则其原书与所依托之人已可疑，而今本又出后世伪造者也。故曰：道家可读之书，惟《庄子》与《老子》《管子》而已。

第十一章　道家之书五——亡佚之书

《汉志》所录道家之书，凡三十七种。至今尚有存本者，有上述九书；其中《老子》一书独有四种。此外二十五种，均已亡佚；兹分别补述之如下：

（一）《伊尹》五十一篇。《自注》曰："汤相。"王应麟曰："《说苑·臣术篇》《吕览》、皆引伊尹对汤问；《周书·王会篇》有'伊尹朝商献书'。案《孟子》称伊尹之言。伊尹所谓'道'，岂老氏所谓'道'乎？《志》于兵权谋家省《伊尹》《太公》、而入之道家。盖战国权谋之士著书，而托之伊尹也。"叶德辉曰："《尸子》引伊尹对汤问寿，《殷本纪》引伊尹从汤，言素王九主之事，《韩诗外传》引伊尹对汤问庭穀大拱，《齐民要术》引氾胜之述伊尹区田法，皆王氏所未及。"（均见《汉书补注》引）按王氏言《伊尹》乃战国权谋之士所依托，其说甚是。伊尹相汤，勋业为人所传道，而年代久远，传说尤多。好事者著书依托，自必杂采传说及古籍中关于伊尹者以为材料也。马国翰有辑本。

（二）《辛甲》二十九篇。《自注》曰："纣臣，七十五谏而去，周封之。"王应麟曰："刘向《别录》曰：'辛甲去至周；召公与语，贤之，告文王。文王亲自迎之，以为公卿，封长子。'《左传》：'辛甲为太史，命百官箴王阙。'"沈钦韩曰："韩非《说林》作辛公甲。"（见《汉书补注》引）是辛甲为周初名臣，故《汉志》列其书于《太公》《鬻子》之间也。

但亦为战国时人所依托耳。马国翰有辑本。

（三）《蜎子》十三篇。《自注》曰："名渊，楚人，老子弟子。"颜师古《注》曰："蜎，姓也，音一元反。"王应麟曰："《史记》'环渊、楚人，学黄老道德之术。著上下篇'。《索隐》《正义》皆无注。今案《文选》枚乘《七发》，'便蜎詹何之伦'。注云：'《淮南子》："虽有钩针芳饵，加以詹何蜎蠉之数，犹不能与罔罟争得也。宋玉登徒子偕受钓于玄渊。'"《七略》，'蜎子名渊'。三文虽殊，其人一也。"（见《汉书补注》引）今按"蜎渊"，即《史记·田敬仲世家》及《孟荀列传》居稷下之环渊。本书上编已考之。至《七发注》所引《淮南子》所云"詹何蜎蠉之数"句中之"蜎蠉"，则并非人名。"詹何"即"擔荷"通借字，"蜎蠉"钩时用以为饵之小虫也。此言钓者虽有钩针之具，大量之虫饵，而得鱼之多，尚不能与用罔罟者比耳。《文选》曹植《七启》注，引《淮南》高诱《注》，作"蜎蠉"。按今本《淮南·原道训》作"娟嬛"。高诱注，作"蜎環"。高诱注曰："娟嬛，白公时人。"则与为稷下之士之环渊，年代先后不相及。至其书，《史记》为二篇，此云十三篇，亦不应后多于前，且多寡悬殊也。

（四）《考成子》十八篇。沈钦韩曰："《列子·周穆王篇》：'老成子学幻于尹文先生。'殷敬顺《释文》作'考成子'。"（见《汉书补注》引）今按"老"与"考"，本转注字，形音义均近，古通。

（五）《长卢子》九篇。钱大昭曰："'九篇'下，南雍本、闽本、有《自注》云，'楚人'。今本脱。"沈钦韩曰："《邓析子》云：'长卢之士。'《列子·天瑞篇》引其语，盖并时人也。《史记·孟荀列传》：'楚有长卢。'《御览》三十七引《吕氏春秋》：'长卢子曰：山岳河海水金石火木，此积形成乎地也。'"（均见《汉书补注》引）

（六）《王狄子》一篇。钱大昭曰："闽本作'《正狄子》'。"（见《汉书补注》引）按"王""正"形似，未知孰是。

（七）《公子牟》四篇。《自注》曰："魏之公子也，先庄子、庄子称之。"按、魏公子牟，详本书上编。《吕氏春秋》高诱《注》《列子》张湛《注》，均云著书四篇，与此同。马国翰有辑本。

（八）《田子》二十五篇。《自注》曰："名骈，齐人，游稷下，号天口骈。"按田骈亦详本书上编。马国翰有辑本。

（九）《老莱子》十六篇。《自注》曰："楚人，与孔子同时。"叶德辉曰："《尸子》引《老莱子》曰，'人生天地之间，寄也；寄者同归也。古者谓死人为归人。其生也存，其死也亡'。皇甫谧《高士传》：'老莱子曰，鸟兽之毛可织而衣，其遗粒足食也。'"（见《汉书补注》引）按老莱子亦详本书上编。《战国策·魏策》，客渭黄齐，亦引老莱子语；《孔丛子·抗志篇》引老莱子告子思语；并见本书上编。《史记·老子传》曰："或曰：老莱子亦楚人也，著书十五篇，言道德之用。"较此所录少一篇。马国翰有辑本。

（十）《黔娄子》四篇。《自注》曰："齐隐士，守道不黜，威王下之。"沈钦韩曰："《列女传》：'鲁黔娄先生死，曾子与门人往吊。'先曾子死，亦不当在威王时。盖别一人。"周寿昌曰："《广韵》去声十九候，'娄'字注，引《汉志》，作'赣娄子'。"叶德辉曰："宋邵思《姓解》引《汉志》云：'齐有隐士赣娄子，著书五篇。'与《广韵》同。是宋人所见《汉志》不作'黔'。云'五篇'，亦与志不合。"（均见《汉书补注》引）今按"黔""赣"未知孰是。"黔娄"当是别号，非姓名也。但究为何时人，究为齐人或鲁人；其书究有四篇或五篇；亦无可考矣。马国翰有辑本。

（十一）《宫孙子》二篇。颜师古注曰："宫孙，姓也，不知名。"今按古多"公孙氏"，未闻"宫孙氏"。宫孙子，他书亦未见。

（十二）《周训》十四篇。颜师古曰："刘向《别录》云：'人间小书，其言俗薄。'"今按此亦儒家《周政》《周法》《周制》之类，但彼论政制，此录古训耳。

（十三）《黄帝四经》四篇。沈钦韩曰："《列子·天瑞篇》，《黄帝书》曰：'谷神不死，是谓玄牝；玄牝之门，是谓天地之根。绵绵若存，用之不勤。'又曰：'形动不生，形而生影；声动不生，声而生响。'又曰：'精神入其门，骨骸反其根，我尚何存？'《吕览·去私篇》，黄帝言曰：'声禁重，色禁重，衣禁重，香禁重，味禁重，室禁重。'《贾子·修政》上，黄帝曰：'道若川谷水，其出无已，其行无止。……'《淮南·泰族训》，黄帝曰：'茫茫昧昧，因天之威，与元同气。'此则至言要道，真道家之鼻祖。汉时黄帝老子之书，自名其学，厥后转湮。大约自淮南王等著书，递相剽窃，故真书反无传焉。"（见《汉书补注》引）今按诸子书中所载黄帝之言不止此，如《韩非·扬权》《吕氏春秋·应同》《圜道》《遇合》《审时》，贾谊《新书·宗首》及《陈政事疏》，《淮南·缪称》，《列子·力命》，《文子·符言》《上仁》等，亦均引之。但是否出于此《黄帝四经》，已不可考矣。《隋志》无此书，其道经部曰："汉时诸子道书之流有三十七家，大旨皆处健羡，去聪明而已。其《黄帝》四篇、《老子》四篇，最得深旨。"撰《隋志》者，徒因汉人言道家，辄曰"黄老"。而诸子尝引黄帝之言，故为此臆说，实未尝见此书也。《史记·五帝本纪》曰："百家言黄帝，其文不雅驯。"《货殖传》曰："神农以前，吾不知已。"《伯夷传》曰："学者考信于《六艺》，虞夏之文可知也。"盖神农以前，未有文字，纵有传说，于古无征，故曰"不知"。黄帝之史仓颉，初造文字，为一般的传说，未必可信，即使可信，文字初造安得有书？诸子所引黄帝之言，即非伪造，亦是得之传闻，故"不雅驯"。至于虞夏之文，则见于《六艺》中之《尚书》矣，故曰"可知"。故黄帝虽列于《五帝本纪》之首，而《自序》仍曰"托始陶唐"也。《汉书·司马迁传赞》亦曰："唐虞以前，虽有遗文，其语不经。"则传说所称，诸子所引，皆所谓"其语不经"，"其文不雅驯"者也。《列子·杨朱篇》曰："太古之事灭矣，孰志之哉？三皇之事，若存若亡；五帝之事，若觉若茫。”诚知言哉！近人论古史者，有所谓“时代拟人化”，如伏羲为发明畜牧时代之拟人化，燧人为发明火食时代之拟人化，神农为发明农业时代之拟人化，仓颉沮诵为创书契佐记诵的时代之拟人化……。黄帝号轩辕氏，殆发明车舆时代之拟人化欤？即使退一步说，古代诚有黄帝。但文化发明，决非一人之力；相传古代事物之发明，十九皆归功于黄帝，亦未可信。道家如《庄子》《老子》，均有上古至德之世之憧憬，此盖“托古改制”耳。与墨子之托夏禹，许行之记神农正同。故《汉志》所录黄帝诸书，皆为战国时道家者流所依托，绝无可疑。沈钦韩乃曰：“此则至言要道，真道家之鼻祖”，不亦谬哉？

（十四）《黄帝铭》六篇。王应麟曰：“《皇览》：‘武王问尚父曰：“五帝之诫，可得闻与？”尚父曰：“黄帝之诫曰：‘吾之居民上也，摇摇恐夕不至朝。’”故为金人，三封其口，曰古之慎言。’《金人铭》盖六篇之一也。”（见《汉书补注》引）今按《太平御览》三百九十，引《孙卿子》述《金人铭》；又五百九十，引《孔子家语》孔子观金人节，注曰：“《孙卿子》《说苑》又载也。”是《荀子》中当载《金人铭》，但今本不载。严可均《全上古三代秦汉三国六朝文》，据《太公阴符》《太公金匮》，知即《黄帝·金人铭》，取《说苑》足之。是《黄帝铭》六篇中，有《金人铭》矣。又蔡邕《铭论》曰：“黄帝有巾机之法。”《文心雕龙·铭箴篇》曰：“帝轩刻舆几以弼违。”《路史·疏讫纪》亦引《黄帝·巾儿铭》。是《黄帝铭》六篇中，有《巾儿铭》，或并有《舆铭》矣。《金人铭》虽似较有据，疑系武王闻太公之言，乃造金人三封其口而铭其背，以为慎言之象征，故至孔子时，此金人尚存于周庙中。此亦善言著之金版之类，非谓金人为黄帝时物，铭为黄帝之文也。其余，更为传闻之辞，不足据。

（十五）《黄帝君臣》十篇。《自注》曰：“起六国时，与《老子》相似也。”沈钦韩曰：“《五帝纪》‘黄帝举风后、力牧、常先、大鸿以治民，顺天地之纪、幽明之占、死生之说、存亡之难’。《御览》七十九引《尸子》曰：‘子贡曰：“古者黄帝四面，信乎？”孔子曰：“黄帝取合者四人，使治四方，不计而耕，不约而成，此之谓四面。’”案此盖杂记其君臣事迹，为后来言风后、力牧、太山稽等所本。”（见《汉书补注》引）今按诸子多称引黄帝，复言其君臣。此正《史记》所谓“百家言黄帝，其文不雅驯”者也。盖黄帝时未有史料流传，此皆道听涂说，齐东野人之言耳。《汉志自注》已明言其“起六国时”，盖摭拾后来关于黄帝与风后、力牧、太山稽等之传说而成者。沈氏所说，适得其反。

（十六）《杂黄帝》五十八篇。《自注》曰：“六国时贤者所作。”按此书似杂辑六国时传说之黄帝故事而成，未必为一人一时所作。

（十七）《力牧》二十二篇。《自注》曰：“六国时所作，托之力牧。力牧，黄帝相。”钱大昭曰：“兵阴阳家又有《力牧》十五篇。”沈钦韩曰：“《淮南·览冥训》：‘黄帝治天下，而力牧、太山稽辅之。以治日月之计，治阴阳之气，节四时之度，正律历之数。’王钦若《先天纪》：‘帝问张若谋敌之事。张若曰：不如力牧能于推步之术。’”（并见《汉书补注》引）按《文心雕龙·诸子篇》曰：“《风后》《力牧》篇所述者，盖上古遗语而战代所记。”此书盖亦六国时人采传说记之也。

按：上述《黄帝四经》《黄帝铭》《黄帝君臣》《杂黄帝》及《力牧》，均托于黄帝君臣，而《汉志》列之于《老子》之后者，盖明知为六国时人依托之书也。近人顾实《汉书艺文志讲疏》乃曰：“《史记》称黄老言（自注：‘《田叔传》《张释之传》《晁错传》《儒林传》《武安侯传》《孟子荀卿传》《申不害韩非传》《汲黯郑当时传》’），称黄帝老子言（自注：‘《陈丞相世家》《外戚世家》《乐毅传》《日者传》’），无虑十数见。先黄帝而后老子，宜也。《班志》抑黄帝于老子之后，盖本二刘。或谓《老子》

‘谷神’一章，《列子》引作《黄帝书》；《黄帝书》正袭《老子》，故二刘校书抑之耳。然此正倒见，云《老子》袭《黄帝》则可耳。《金人铭》一首，读于孔子，是亦岂袭《老子》者哉？大抵汉氏百年之大计在尊儒，故抑黄老；而黄帝之文质胜可。犹不若《老子》之辞简意远，故更抑置于次矣。”今按、汉初崇黄老，故司马谈论六家，特崇“道德”；武帝始特尊儒术，故司马迁特立《孔子世家》。非汉初即尊儒也。汉人恒言“黄老”，诚以时代为次；《汉志》首列儒家，诚为尊儒之故。但其列黄帝诸书于《老子》之后，则决非因《黄帝》之文质胜而野也。至于“谷神”一章，见于《老子》，而《列子》引作《黄帝书》者，则由黄帝之书为战国时人所依托。《老子》亦为战国时人所掇拾荟萃，皆捃摭道家传诵之言耳。谓为《黄帝》袭《老子》，《老子》袭《黄帝》，均为臆度之谈。

（十八）《孙子》十六篇。《自注》曰：“六国时。”此非《兵书略》所录吴齐二国孙武孙膑所著之《孙子》。沈钦韩曰：“《盐铁论·论功篇》引《孙子》曰：‘今夫国家之事，一日更百变，然而不亡者，可得而革也。逮出兵乎平原广牧，鼓鸣矢流，虽有尧舜，知之不能更也。’不称兵法而言《孙子》，似是道家之《孙子》。”（见《汉书补注》引）今按《盐铁论》所引，正是论兵之言。沈钦韩说误。

（十九）《捷子》二篇。《自注》曰：“齐人，武帝时说。”王念孙《读书杂志》谓六国时人，非武帝时人；“武帝时说”四字，乃涉下条注“武帝时说于齐王”而衍。其说甚是。捷子即《史记·孟子荀卿传》中之捷子，已见本书上编。

（二十）《曹羽》二篇。《自注》曰：“楚人，武帝时说于齐王。”

（二十一）《郎中婴齐》十二篇。《自注》曰：“武帝时。”颜师古注曰："刘向云：故待诏，不知其姓，数从游观，名能为文。"

（二十二）《臣君子》二篇。《自注》曰："蜀人。"

（二十三）《郑长者》一篇。《自注》曰："六国时，先韩子，韩子称之。"颜师古注曰："郑人，不知姓名。"沈钦韩曰："《韩非·外储说右》两引郑长者说。"陶宪曾曰："释慧苑《华严经音义》下引《风俗通》曰：'春秋之末，郑有贤人，著书一篇，号《郑长者》。'谓年高德迈，事长于人，以之为长者也。"（见《汉书补注》引）按《汉志》录诸子之书，每家中以年代先后为次。上曹羽、婴齐、并明云武帝时人；臣君子云蜀人，当亦指汉代之蜀郡。此书为六国时人作，何以独置于后，亦殊可疑。

（二十四）《楚子》三篇。

（二十五）《道家言》二篇。《自注》曰："近世，不知作者。"按此与儒家末列《儒家言》同。上二十五种，为道家亡佚之书，并有存本者九种，共三十四种；而《老子》一书，共录四种，故总计凡三十七种。

第十二章 墨家之书——墨子及其他

《汉志》录墨家之书，首列《尹佚》，末列《墨子》。尹佚，周初人；其书由后人依托而作。墨家之首列《尹佚》，犹道家之首列《伊尹》，皆以其时代最早之故，不问其书之是否出于依托也。墨子为墨家开祖，而其书抑居于墨家之殿，而“为墨子之学”之我子墨子弟子之随巢子……，反列于墨子之前，则诚百思不得其故者矣。今述墨家之书，仍以《墨子》冠之。先君子有《墨子考》。

墨 子 考

《汉志·诸子略》墨家有《墨子》七十一篇。《自注》曰：“名翟，为宋大夫，在孔子后。”《隋志》，《墨子》十五卷，目一卷。《宋馆阁书目》，《墨子》十五卷，六十一篇。王应麟《玉海》及陈振孙《直斋书录解题》均称有一本，止存十三篇。此别本也。《四库全书》列入子部杂家类，共十五卷，五十三篇。卷数与《隋志》合，篇数较《汉志》少十八篇。此即今存《墨子》，已为残本矣。

伯潜按：宋濂《诸子辨》曰：“《墨子》三卷，战国时宋大夫墨翟撰。上卷，《亲士》《修身》《所染》《法仪》《七患》《辞过》《三辩》七篇，号曰‘经’；中卷，《南贤》三篇，下卷，《尚同》三篇，皆号曰‘论’；共十三篇。”王陈二氏所见之别本，盖即此本。今存《墨子》五十三篇，其目如下：

卷一、七篇：——（一）《亲士》，（二）《修身》，（三）《所染》，（四）《法仪》，（五）《七患》，（六）《辞过》，（七）《三辩》。（按即别本上卷之七篇。）

卷二、三篇：——（八）《尚贤》上，（九）《尚贤》中，（十）《尚贤》下。（按即别本中卷之三篇。）

卷三、三篇：——（十一）《尚同》上，（十二）《尚同》中，（十三）《尚同》下。（按即别本下卷之三篇。故别本三卷，止存以上十三篇。）

卷四、三篇：——（十四）《兼爱》上，（十五）《兼爱》中，（十六）《兼爱》下。

卷五、三篇：——（十七）《非攻》上，（十八）《非攻》中，（十九）《非攻》下。

卷六、三篇：——（二十）《节用》中，（二十一）《节用》下，（二十二）《节葬》下。

卷七、三篇：——（二十三）《天志》上，（二十四）《天志》中，（二十五）《天志》下。

卷八、二篇：——（二十六）《明鬼》下，（二十七）《非乐》上。

卷九、四篇：——（二十八）《非命》上，（二十九）《非命》中，（三十）《非命》下，（三十一）《非儒》下。

卷十、四篇：——（三十二）《经》上，（三十三）《经》下，（三十四）《经说》上，（三十五）《经说》下。

卷十一、三篇：——（三十六）《大取》，（三十七）《小取》，（三十八）《耕柱》。

卷十二、二篇：——（三十九）《贵义》，（四十）《公孟》。

卷十三、二篇：——（四十一）《鲁问》，（四十二）《公输》。

卷十四、七篇：——（四十三）《备城门》，（四十四）《备高临》，（四十五）《备梯》，（四十六）《备水》，（四十七）《备突》，（四十八）《备穴》，（四十九）《备蛾附》。

卷十五、四篇：——（五十）《迎敌祠》，（五十一）《旗帜》，（五十二）《号令》，（五十三）《杂守》。

又按：高诱《吕氏春秋注》云"《墨子》七十二篇"，较《汉志》多一篇者，盖并目计之；马总《意林》作十六卷，较《隋志》多一卷者，盖亦并目计之也。《宋馆阁书目》云"亡九篇"。七十一篇亡其九，当为六十二篇，而作"六十一篇"者，疑"一"字为"二"字之误也。《墨子》亦入道藏。道藏本云"亡八篇"，亦疑误。道藏本列举所亡八篇之目，其中《非儒》仅有上篇。今按自《尚贤》至《非命》，每题各有上、中、下三篇。《非儒》列《非命》之次，疑亦有三篇，而亡其上篇、中篇。故疑"亡八篇"当作"亡九篇"。道藏本曰："亡八篇；并亡其目者十篇。"是七十一篇中，亡者共有十八篇也。即从《宋馆阁书目》改作"亡九篇"，则《非儒》中篇不在"并亡其目"之十篇中，亡目者只有九篇矣。故总计亡佚之篇，仍为十八。七十一篇，亡其十八篇，故存五十三篇。

此五十三篇中，《备城门》以下，凡十一篇（卷十四、七篇，卷十五、四篇），专言守御之法；《经》上下及《经说》上下四篇（卷十），绝似形学之定理；《大取》《小取》二篇（卷十一），专言辩论之术；在全书中最为特殊，当分别观之。其余三十六篇，均为墨子之学说。但其记纂成书亦非一次，且有所羼杂云。《鲁问篇》曰："凡入国，必择务而从事焉。国家昏乱，则语之'尚贤'、'尚同'；国家贫，则语之'节用'、'节葬'；国家憙音沉湎，则语之'非乐'、'非命'；国家淫僻无礼，则语之'尊天'，'事鬼'；国家务夺侵陵，则语之'兼爱'，'非攻'——故曰必择务而从事焉。"据此，则《尚贤》《尚同》《节用》《节葬》《非乐》《非命》《天志》《明鬼》《兼爱》《非攻》诸篇，乃墨子宗旨所在，为全书之中坚也。

伯潜按：梁启超《墨子学案》，分《墨子》五十三篇为五类，列成一表。第一类，卷一之七篇；第二类，卷二至卷九，凡二十四篇；第三类，卷十及卷十一，凡六篇；第四类，卷十一之《耕柱》及卷十二，卷十三之四篇，凡五篇；第五类，卷十四、卷十五，凡十一篇。今按梁氏尝曰："《亲士》《修身》《所染》三篇，非墨家言，纯出伪托。"又曰："《法仪》《七患》《辞过》《三辩》四篇，记墨学纲要，很能提纲挈领。"《亲士》《修身》二篇均未提及墨子；《所染篇》与《吕氏春秋·当染篇》略同，皆以墨子见染丝者而叹之故事发端；此三篇内容，均不合墨子之学说，疑是他书之文羼入《墨子》中者，犹《初见秦篇》，为张仪之言，羼入《韩非子》也。则卷一之七篇，不当归为一类明矣。第二类《尚贤》至《非命》二十三篇，梁氏以为"墨学的大纲目，《墨子》的中坚，篇中皆有'子墨子曰'，可以证明是弟子所记，非墨子自著；每题各有三篇，文义大同小异，盖墨学分为三派，各记所闻"，其说甚是。《韩非·显学篇》曰："自墨子之死也，有相里氏之墨，有相夫氏之墨，有邓陵氏之墨。"故又曰"墨离为三"。此三派均宗墨子，而各记所闻，后学纂辑《墨子》，乃并存之，故每题各有三篇也。梁氏又曰："《非儒》下无'子墨子曰'，不是记墨子之言。"

《非儒》所记，为墨子后学反对儒家之言论，与前二十三篇性质不同，盖一为“破”，一为“立”也。梁氏殆以仅此一篇，无可归纳，姑附于第二类欤？第三类六篇，梁氏曰：“这六篇鲁胜叫它‘墨辩’。大半是讲论理学。《经》上下，当是墨子自著；《经说》上下，当是述墨子口说，但有后学增补；《大取》《小取》，当是后学自著。”按此六篇，在《墨子》中确最特殊，因所讲皆论理学也。论理学即所谓“名学”。此六篇中，虽有祖述墨子之说者，但终以“名学”为主。墨子为战国初人，其时各家之学未兴，所谓“名家”之辩士未作，“名学”亦为学者所注意、所研讨，岂宜有此？故以《经》上下为墨子自著，《经说》上下为述墨子口说，其说未是。第四类、五篇，梁氏以为“记墨子言论行事，体裁颇近《论语》”，所见甚当。第五类，专言守御之法，则显而易见矣。——总之，《墨子》五十三篇，性质体裁，并不一律，其成书亦有先后，当分六类如次：

（一）记墨子言行者，共九篇。又可分为二类：第一类，《耕柱》《贵义》《公孟》《鲁问》《公输》五篇，记墨子言行，为记言体，极似《论语》，且皆为无义之题，与《论》《孟》亦同。（《耕柱篇》首句曰，“子墨子怒耕柱子”；《贵义》首二句曰，“子墨子曰，万事莫贵于义”；《公孟》首句曰，“公孟子谓子墨子曰”；《鲁问》首句曰，“鲁君问子墨子曰”；《公输》首句曰，“公输般为楚造云梯之械成”；皆取首二句中之二字为篇名。）墨子之年代，在孔子孟子之间，此五篇之记纂，当亦在《论语》《孟子》之间。故为《墨子》五十三篇中成书之最早者。第二类，《法仪》《七患》《辞过》《三辩》四篇，亦记墨子之言，亦为记言体。《法仪》《七患》，为无义之题。（《法仪》首句曰，“天下从事者不可以无法仪”；《七患》首二句曰，“子墨子曰，国有七患”。)《辞过》,《三辩》,则均为有义之题。此四篇之文,已多铺排议论。与《孟子》中之长篇相似,不似《论语》各为短章。故此四篇,其记纂成篇,当后于上述五篇。但此九篇,同为记言的体裁,故综为一类。

(二)记墨子学说要旨者,共二十三篇(自《尚贤》至《非命》)。此二十三篇,显为墨家后学所追述。“墨离为三”,故各有上中下三篇。已舍记言体而为议论体,且题均有义,似据题抒论者然。故其记纂成书,当更后于《法仪》等五篇也。以上二类,共三十二篇,当为《墨子》本书。

(三)记墨子后学诋斥儒家之言者,《非儒》是也。墨与儒既并为显学,则孔墨之后学互相诋諆,亦意中事也。孟子为孔子之后学,以“能言距杨墨者”为“圣人之徒”,为能“闲先圣之道”。则墨子之后学,自亦以能非儒者为墨子之徒,为能闲墨子之道矣。篇中不称“子墨子曰”,显非记墨子之言。其记纂当更在《尚贤》等二十三篇之后。但篇中所诋者,仅为孔子与其弟子,而于反对墨子最力之孟子,则未之及,岂作于孟子之前耶?此在《墨子》中,止能作为附录。

(四)记守御之法者,为《备城门》以下十一篇。在诸子书中,最为特殊。墨子固以善守御名。但此十一篇,疑亦非墨子自著。此十一篇,与学说无甚关系,亦不能用于今日之战守,可以不阅。

(五)记“名学”者,为《经》上下、《经说》上下、《大取》《小取》六篇。此墨子后学之后学,在辩士纷起之后,研究“名学”,以为与他学派辩论时之用者所记纂也。其成书最晚,当为战国后期之作品。(儒家亦至战国后期,始研究“名学”。故孟子虽以“好辩”称,无关于“名学”之言;战国末之荀子始有

《正名篇》。)

(六)由他书羼入者,为《亲士》《修身》《所染》三篇。

《墨子》五十三篇中,《经》上下、《经说》上下、《大取》《小取》六篇,为《战国》后期作品,与他篇迥不相同,当提出别加考证。冯友兰《中国哲学史》曰:"《墨子》书中,《经》及《经说》等篇,乃战国后期墨者所作。战国后期,游说之风极盛。诵习简编,求其简练易记,所以各家俱作'经'。墨家有'墨经',《荀子》中引有'道经',《韩非子》中有内、外《储说》之'经'。若战国前期,则尚无此种体裁之著作也。(自注:'顾颉刚先生说,见《古史辨》第一册。')古书之为私人著述者,据现在所知,最早者为《论语》。《论语》为记言体,其记言又极简的。及《孟子》《庄子》,遂由简约的记言,进而为铺排的记言,更有设寓的记言。此乃战国诸子文体演变之初步。及此以后,则有舍去记言体而据题抒论者,如《荀子》之一部分是也。舍记言体而据题为论,此乃战国诸子文体演进之第二步。(自注:'傅斯年先生说。')《墨子》书中,如《大取》《小取》诸篇,皆为据题抒论之著述体裁,亦非墨子时代所有也。且《经》《经说》及《大取》《小取》等篇中所说,'坚白同异','牛马非牛'等辩论,皆以后所有;故孟子虽好辩,而对于此等问题,皆毫未谈及也。由此诸方面观察,可知此六篇为战国后期之作品矣。"

按冯氏之说是也。称某种书曰"经",古所未有。即《易》《书》《诗》《礼》《乐》《春秋》六书,初亦未有"经"名。《庄子·天运篇》记孔子谓老聃曰:"丘治《诗》《书》《易》《礼》《乐》《春秋》六经以为文。"称此六书为"六经",以此为最早。《天运》非庄子自著,当出庄子之后。孟子与庄子同时,且为儒家大师,亦未尝称此六书为"经"也。《礼记·经解篇》言《诗》《书》《乐》《易》《礼》《春秋》之教,虽未径称之曰"经",而篇名"经解",则已以此六书为"经"矣。但《经解篇》

最早亦止能与庄子并时。书以“经”名，惟有《孝经》。但《孝经》为汉代作品，前已言之。墨子年代，去孔子未远，在庄子之前，而书中竟有以“经”为名之篇，且有解此“经”之“经说”，其非墨子时代之作品，显然可知也。窃疑称其所尊奉之书曰“经”，当自儒家之《六经》始，道墨法诸家之各有“经”，当又在其后矣。《墨子·非命》上言“言必有仪”、“言而无仪、……是非利害之辨，不可得而明也”。“故言有三表。”“三表者，上本之于古者圣王之事，下原察百姓耳目之实，发以为刑政，观其中国家人民之利。”此墨子立言之仪法也。但与战国后期之“名学”，邈不相涉。至后期墨者作此六篇，墨家方有阐发“名学”之专著。盖自惠施公孙龙等辩者出，其“怪说觭辞”，足以哗众。其徒逞口辩，与注重实际之儒墨二家大异。儒墨二家之学说虽殊，而其根据感情与常识以反对辩者，则立场相同。辩者持论，皆根据“名学”；儒墨二家欲反驳之，自亦当根据“名学”，方可收“能立”“能破”之效，故战国后期之儒墨二家，亦均研究“名学”，各有阐发“名学”之著作，《荀子》之《正名篇》，《墨子》之《经》《经说》《大取》《小取》皆是也。

晋鲁胜尝为《经》上下、《经说》上下四篇作注，名曰《墨辩注》。其序有曰：“墨子著书，作‘辩经’以张名本。”盖以《经上》《经下》为墨子所作之“辩经”，并《经说上》《经说下》，合称《墨辩》也。胡适主加入《大取》《小取》二篇，而名之曰“墨辩”，以为此六篇乃“别墨”所作。盖宗鲁胜之说而修正之。汪中《墨子序》曰：“《经》上至《小取》六篇，当时谓之‘墨经’。”冯友兰曰：“《大取》《小取》二篇，亦为战国时作品，其内容与《经》及《经说》大致相同，兹亦以附之‘墨经’中。”盖从汪中之说耳。今按此六篇，名之曰“墨辩”则可，名之曰“墨经”则不可；谓为战国后期墨者所作则是，谓为“别墨”所作则非也。

汪中所谓“墨经”，胡适所谓“别墨”，皆出《庄子·天下篇》。《天下篇》曰：“相里勤之弟子，五侯之徒，南方之墨者，苦获、已齿、邓陵子之属，俱诵‘墨经’，而倍谲不同，相谓‘别墨’。以坚白同异之辩相訾，以奇偶不仵之辞相应；以巨子为圣人，而愿为之尸，冀得为其后世；至今不决。”按《韩非子·显学篇》谓自墨子之死，墨离为三；有相里氏之墨，有邓陵氏之墨，相里氏，即相里勤也；邓陵氏，即邓陵子也。惟相夫氏不见于《天下篇》。《天下篇》之五侯之徒不见于《显学篇》。苦获、己齿，虽亦不见于《显学篇》，但显与邓陵子为一派。如“五侯之徒”即相里勤之弟子，或“南方之墨者”即指苦获、己齿、邓陵子之属，则《天下篇》所述，亦可分为三派。其一，以相里勤之弟子五侯等为一派，南方之墨者为一派，苦获、己齿、邓陵子等为一派；其二，以相里勤之弟子为一派，五侯之徒为一派，南方墨者苦获、己齿、邓陵子等为一派也。但亦可分为四派：相里勤之弟子，一也；五侯之徒，二也；南方之墨者，三也；苦获、己齿、邓陵子之属，四也。无论为三派，为四派，墨子死后，墨家分为数派，则为事实。“倍”同“背”。（《大学》：“上恤孤而民不倍。”“倍”亦同“背”。）“谲”，异也。（见《文选·傅毅赋》注）“倍谲不同”，即《显学篇》所云“取舍相反不同”也。“以巨子为圣人，而愿为之尸，冀得为其后世”者，各派领袖皆希望能为墨家之巨子也。盖此三派，各自以为墨子之嫡派，墨家之正宗，故《显学篇》云“皆自谓真墨”也。“自谓真墨”，故斥他派为“别墨”耳。“相谓别墨”，显系各派间互相排斥之辞。孔子之后，儒分为八，荀子之非子思孟子，此与及汉以后儒家之分为汉学、宋学，汉学复分今文、古文二派，宋学复分程朱、陆王二派，分门户，别主奴，同一现象。非真另有一派，名为“别墨”也。《墨子》中《耕柱》等五篇记墨子之言行，《法仪》等四篇记墨子学说之纲要。窃疑此九篇成书最早，故墨子后学共尊为“墨经”。而“俱诵”之“尚贤”等十大纲领，已见于记墨子言行的五篇中之《鲁问篇》。《尚贤》等篇，即据《鲁问篇》之十大纲领而加以申述者，而每题各有上、中、下三篇，正因三派“俱诵墨经而倍谲不同”之故。《墨子》别本，十三篇分

“经”“论”二类，正是因此。但《亲士》《修身》《所染》三篇，不当列入“经”之中，《耕柱》等五篇不当屏于“经”之外，《兼爱》以下至《非命》诸篇，不当屏于“论”之外耳。至于《经》上下、《经说》上下、《大取》《小取》六篇，则为战国后期墨家所作，或即是相里勤等“以坚白同异之言相訾，以奇偶不仵之辞相应”者之所为，决非三派“俱诵”之“墨经”也。盖战国后期，“名学”大昌，所谓“坚白同异之辨，奇偶不仵之辞”，为当时最风行之论题与辩术。墨家与他学派辩，同需运用“名学”，即墨家中各派自相辩驳，亦必彼以相訾，此以相应耳。故此六篇，不得谓之“墨经”；作此六篇者，亦非另有所谓“别墨”也。

此六篇中，《小取》最易读，《大取》错乱讹脱特多，最难读。《经》与《经说》四篇，旧称难读；但若知其排列之法，则易了然。《经上》末曰：“读此经旁行。”此句当为后来读者所旁记，误入正文者。但幸有此句，得以知此四篇之排列法耳。盖《经上》《经下》二篇，当各分条作两行上下横列；《经说》上、《经说》下二篇，当各分为前后两半，前半篇各条，乃释《经》之上行各条者，后半篇各条，乃释《经》之下行各条者。取《经》上与《经说》上、《经》下与《经说》下，各依此法分条排列对照，则眉目清朗，易于阅读矣。梁启超《墨经校释》，即先依法排列，而后加以校释者。兹就《经》上及《经说》上举例如下：

（上行）	（下行）
［经］故——所得而后成也。 ［经说］故——小故，有之不必然，无之必不然；体也，若有端。大故，有之必无然；若见之成见也。 ［经］体——分于端也。 ［经说］体——若二之一，尺之端也。	［经］止——以久也。 ［经说］止——无久之不止，当牛非牛，若矢过楹。有久之不止，当马非马，若人过梁。 ［经］必——不已也。 ［经说］必——谓壹执者也，若弟兄。

盖《经》为分条之界说或定义；《经说》则就《经》中各条分别加以解

释，且各举例以明之也。

《墨子》注本不多。南宋及明初之别本十三篇，有乐台《注》。见郑樵《通志·艺文略》及焦竑《国史经籍考》，但已亡。毕沅《墨子校注》，集卢文弨孙星衍所校，更以唐宋类书，古今传注所引之《墨子》校之并为作注。孙诒让《墨子间诂》，集诸家之说，正错乱衍，夺讹误，明通借，疏通明白，详博精审，最为完善。其为“墨辩”六篇作注者，晋鲁胜之《墨辩注》，已亡；张惠言之《墨子经说解》、胡适之《小取篇新诂》、梁启超之《墨经校释》，均可观。

《汉志》所录墨家之书，《墨子》之外，尚有五种，已均亡矣。

（一）《尹佚》二篇。《自注》曰：“周臣，在成康时也。”王应麟曰：“《左传》称‘史佚有言’，‘史佚之志’。《晋语》，胥臣曰：‘文王访于辛尹。《注》，辛甲、尹佚、皆周太史’。”《说苑·政理篇》引成王问政于尹逸。尹佚、周史也，而为墨家之首；今书亡，不可考。《吕览·当染篇》：“鲁惠公使宰让请郊庙之礼于天子。天子使史角往。（按《吕氏春秋》原文作‘桓王使史角往’。《注》曰：‘桓为平字之误。’此作‘天子’，当是王氏所改。）其后在于鲁，墨子学焉。”意者史角之后托于佚欤？叶德辉曰：“《周书世录解》云：‘武王降自车，乃俾史佚繇书。’盖其人历文武成康四朝。《周纪》引‘史佚策祝’，《逸周书》引‘史佚策’，皆其书之逸文。《左传》僖十五年，文十五年，成四年，襄十四年，昭元年，《晋语》，均引《史逸》，其言合于儒术，志入墨家者，意以其为太史，墨家出于清庙之守，故从其朔而言之焉。”（并见《汉书补注》引）今按墨家之首列《尹佚》，犹道家之有《伊尹》《辛甲》《太公》也。尹佚亦周初名臣，其名言嘉谟，流传自多，故见引于诸书。战国时好事者，著书依托，乃掇拾以成篇，并多所附益耳。刘歆班固以为诸子皆出于王官，且必各指一官以实之；以墨子之明鬼也，乃妄谓其出于清庙之守，且以史佚尝掌策祝，乃牵合之，而别其书于墨家之首，慎矣。“其言合于儒术”，则非墨家明矣。王氏谓史角之后尝托于佚，叶氏谓《周书》《周纪》所引，皆其书之逸文，非也。马国翰有辑本。

（二）《田俅子》三篇。《自注》曰："先韩子。"沈钦韩曰："《隋志》，'梁有《田俅子》一卷'。《吕览》《韩非》诸书作田鸠子。"（见《汉书补注》引）今按《自注》言"先韩子"，似在墨子之后。《艺文类聚·祥瑞部》《太平御览·休徵部》、刘赓《稽瑞》所引《田俅子》，《文选》王元长《曲水诗序》、张衡《东京赋》、张景阳《七命》诸篇注所引《田俅子》，多言瑞应。是其书盖《博物》《述异》之流耳。马国翰有辑本。

（三）《我子》一篇。颜师古曰："刘向《别录》云：'为墨子之学。'"是我子为墨子之后学也。马国翰有辑本。

（四）《随巢子》六篇。《自注》曰："墨子弟子。"王应麟曰："隋、唐《志》一卷。洪氏曰：'书今不存。'《意林》所述，随巢兼爱明鬼，为墨之后可知。"王氏并举《史记索隐》《艺文类聚》《太平御览》所引之《随巢子》语，以为即墨子之明鬼云。"随氏"，《路史》以为出于春秋之随国，《潜夫论》以为晋之士会食邑于随，其后以为氏。叶德辉曰："《太史公自序正义》引韦昭曰：'墨翟之术也尚俭，后有徐巢子传其术。'按'徐''随'音近，疑即一人。"叶氏又举《意林》《晋书·石崇传》《开元占经》《北堂书钞》《太平御览》所引《随巢子》。（并见《汉书补注》引）今按其书尚录于隋、唐《志》，而洪迈云"书今不存"，则亡于宋矣。马国翰有辑本。

（五）《胡非子》三篇。《自注》曰："墨子弟子。"《元和姓纂》以"胡非"为复姓，云陈胡公之后有公子非，其子孙以"胡非"为氏云。《隋志》《唐志》均作一卷。此后不见于著录，盖亦亡于宋矣。《意林》《艺文类聚》《北堂书钞》《太平御览》诸书，均尝引之。马国翰有辑本。

《汉志》所录墨家之书，仅六家而已。六家之中，今存者仅《墨子》一种而已。但《墨子》七十一篇，今存者仅五十三篇，则亦残本而已。墨家在战国时，与儒家并称“显学”，而其书零落如此，衰歇之速，何其甚也！盖以自苦为极，其道太觳，非人所堪；而墨子又专主实用，不尚文辞；故其学之兴也勃，亡也忽，而传世之书又极少尔。

第十三章　法家之书
——商君书、韩非子及其他

《汉志》所录法家之书，今存者，有《商君书》及《韩非子》。商君为战国初之大政治家；韩非生战国末，集法家之大成。读此二书，可以见法家学说之梗概焉。先君子有《商君书考》，《韩非子考》，录之于此：

（一）《商君书考》

《汉志·诸子略》法家有《商君书》二十九篇。《自注》曰："名鞅、姬姓、卫后也。相秦孝公。有列传。"鞅封于商，故号曰商君。《四库书目提要》曰："《三国志·先主传》注亦称《商君书》。其称《商子》，则自《隋志》始也。"今按《隋志》有《商君书》五卷。《新唐志》云，"或作《商子》"。是宋以后始有称《商子》者矣。晁公武《郡斋读书志》曰："本二十九篇，今亡者三篇。"陈振孙《直斋书录解题》曰："《汉志》二十九篇，今二十八篇，已亡其一。"《读书志》成于南宋初，《书录解题》成于南宋末，而篇数后多于前者，岂晁陈二氏所见之本不同欤？今本亦云二十六篇，似同晁氏所见本。但第十六《刑约篇》，有目无书；第二十一篇，并亡其目；则又亡其二矣。《群书治要》载《商鞅六法篇》，或云即晁氏所云亡三篇之一。然否已不可考。是今存《商君书》已是残本矣。

伯潜按：宋濂《诸子辨》曰："予家藏本二十六篇，其第二十一篇亡。"是明初二十六篇中已亡其一矣。今本篇目如下：

第一卷——（一）《更法》，（二）《垦令》，（三）《农战》，（四）《去强》；

第二卷——（五）《说民》，（六）《算地》，（七）《开塞》；

第三卷——（八）《壹言》，（九）《错法》，（十）《战法》，（十一）《立本》，（十二）《兵守》，（十三）《靳令》，（十四）《修权》；

第四卷——（十五）《徕民》，（十六）《刑约》（有目无书），（十七）《赏刑》，（十八）《画策》；

第五卷——（十九）《竟内》，（二十）《弱民》，（二十一）（亡）（二十二）《外内》，（二十三）《君臣》，（二十四）《禁使》，（二十五）《定分》，（二十六）《□□》。

又按：《晋书·刑法志》言李悝著《法经》六篇，商君受之以相秦。《群书治要》之《商鞅六法》，岂即受于李悝之《法经》欤？《史记·商君传赞》曰："尝读商君《开塞》《耕战》书。"《索隐》曰："按《商君书》，'开'谓刑严峻则政化开，'塞'谓布恩赏则政化塞。"今按《开塞》即《商君书》之第七篇，《耕战》即第三篇《农战》。《四库书目提要》谓"其书唐代不甚行，故司马贞不及睹"，洵然。

《商君书》，亦犹《管子》《晏子》为后人所辑集，非鞅自著。《文献通考》及《古今伪书考》并引《周氏涉笔》曰："《商鞅书》亦多附会后事，拟取他辞，非本人所论著。其精要确切处，《史记》本传包括已尽。凡《史记》所不载，往往为撰书者所附会。"沈钦韩曰："案第十五《徕民篇》

云：‘今三晋不胜秦四世矣。自魏襄王以来，野战不胜，攻城必拔。’又云：‘周军之胜，华军之胜，秦斩首而东之。’又第二十《弱民篇》云：‘秦师至鄢郢，举若振槁，唐蔑死于长沙，庄蹻发于内楚。’皆秦昭王时事，非商君本书也。《四库书目提要》曰：‘今考《史记》，秦孝公卒，太子立。公子虔之徒告鞅欲反。惠王乃车裂鞅，以殉。则惠王立后，鞅即逃死不暇，安得著书？如为平日所著，则必在孝公之世，又安得开卷第一篇即称孝公之谥？殆法家者流，掇鞅余论，以成是论。犹管仲卒于齐桓公前，而书中屡称桓公耳。诸子之书，如是者多。既不得撰者之主名，则亦姑仍其旧，仍题所托之人矣。’盖商君相孝公，变法致富强，确为惠王所杀，其政令言论，自为秦人所共见闻，所乐称道。且鞅势位既尊，门客自多。如尸佼，即鞅门下一学者；如尉缭，即为商君学者。此书殆为门客后学掇拾而成者也。”

按《商君书》，通行者为清严万里校本。近人王时润有《商君书斠诠》、朱师辙有《商君书解诂》。

（二）《韩非子考》

《汉志·诸子略》法家有《韩子》五十五篇。《自注》曰：“名非、韩诸公子；使秦，李斯害而杀之。”《史记》本传《正义》谓阮孝绪《七录》载《韩子》二十卷。王应麟《汉志考证》作“五十六篇”。“六”字疑为传写之误。今存本正为二十卷、五十五篇。

伯潜按：今存《韩非子》五十五篇之目如下：

卷一——（一）《初见秦》，（二）《存韩》，（三）《难言》，（四）《爱臣》，（五）《主道》；

卷二——（六）《有度》，（七）《二柄》，（八）《扬权》，

（九）《八奸》；

卷三——（十）《十过》；

卷四——（十一）《孤愤》，（十二）《说难》，（十三）《和氏》，（十四）《奸劫弑臣》；

卷五——（十五）《亡徵》，（十六）《三守》，（十七）《备内》，（十八）《南面》，（十九）《饰邪》；

卷六——（二十）《解老》；

卷七——（二十一）《喻老》，（二十二）《说林》上；

卷八——（二十三）《说林》下，（二十四）《观行》，（二十五）《安危》，（二十六）《守道》，（二十七）《用人》，（二十八）《功名》，（二十九）《大体》；

卷九——（三十）《内储说》上，《七术》；

卷十——（三十一）《内储说》下，《六徵》；

卷十一——（三十二）《外储说》左上；

卷十二——（三十三）《外储说》左下；

卷十三——（三十四）《外储说》右上；

卷十四——（三十五）《外储说》右下；

卷十五——（三十六）《难》一，（三十七）《难》二；

卷十六——（三十八）《难》三，（三十九）《难》四；

卷十七——（四十）《难势》，（四十一）《问辩》，（四十二）《问田》，（四十三）《定法》，（四十四）《说疑》，（四十五）《诡使》；

卷十八——（四十六）《六反》，（四十七）《八说》，（四十八）《八经》；

卷十九——（四十九）《五蠹》，（五十）《显学》；

卷二十——（五十一）《忠孝》，（五十二）《人主》，（五十三)《饰令》，(五十四)《心度》，(五十五)《制分》。

韩非之书，十九为其自著，且作于入秦之前。但亦有记其入秦后之言论，而为后人所辑述者，如《存韩》是也。又有羼入他人之言论者，则《初见秦》是也。即《解老》《喻老》二篇，疑亦羼入。《四库书目提要》曰："疑非所著书，本各自为篇。非殁之后，其徒收拾编次，以成一帙，故在韩在秦之作，均为收录。"庶几得之。

伯潜按：《史记》本传言："韩非作《孤愤》《五蠹》内、外《储说》《说林》《说难》十余万言。人或传其书至秦。秦王见之，叹曰：'嗟乎？寡人得见此人，与之游，死不恨矣。'李斯曰：'此韩非之所著也。'秦因急攻韩。韩王遣非使秦。"故曰十九为其自著，且作于入秦之前也。《史记·自序》及《报任安书》均曰："韩非囚秦、《说难》《孤愤》。"此与"不韦迁蜀，世传《吕览》"，同为行文之疏忽。《存韩篇》先录韩非上秦王劝存韩国书；次述秦王下其书，李斯不以为然，驳议云云；又述秦王遣李斯使韩，斯上书于韩王云云。此篇中，惟上秦王劝存韩书，为非之言论；非殁之后，辑录此书者，乃并记李斯使韩及上韩王书，编为一篇，以见此事之始末也。《初见秦篇》曰："愿望见大王，言所以破天下之纵，举赵、亡韩，臣荆楚，亲齐燕，以成霸王之名。"故司马光《通鉴》以欲覆宗国斥非。王应麟引程氏曰："非书有《存韩篇》，故李斯言非终为韩不为秦也。后人误以范雎书厕其间，乃有'举韩'之论。《通鉴》谓非欲覆宗国，非也。"按程说是，而亦未尽是。此非范雎书，乃张仪初见秦王之言，见《战国策·秦策》。殆辑《韩非子》者误收之也。《初见秦》为第一篇，《存韩》为第二篇，开卷即二篇自相矛盾，其为羼入，痕迹固显然也。

又按：《解老篇》为《老子》之解释，绝似西汉经师解释诸经之故训。所解之《老子》语，见今本《老子》第十四、三十八、四十六、五十、五十三、五十四、五十八、五十九、六十、六十七各章，不见于今本《老子》者仅一条。《喻老篇》引古时遗闻轶事以说明《老子》，绝似《韩诗外传》。所喻说之《老子》语，见今本《老子》第二十六、二十七、三十三、三十六、四十一、四十六、四十七、五十二、五十四、六十三、七十一各章。《喻老》之体裁，又极似《淮南子》之《道应训》；且二篇所说《老子》语，无重复者。疑《喻老》与《道应》，本为一篇。汉初崇尚黄老，尊《老子》为"经"，为之作"传"作"说"。录于《汉志》者已有四种。疑《解老》《喻老》及《道应》，本为《老子》之"传"或"说"，而后来羼入《韩非》及《淮南》者。《史记》言韩非之学，归本黄老，而司马谈从习道论之黄生又祖述韩非。岂《解老》《喻老》，即黄生所作之《老子传》，或《老子说》欤？此臆度如果不谬，则《韩非》之纂辑成书，当在西汉之初矣。

元明刊本，间有佚文，今本反较完全。但《初见秦》《解老》《喻老》三篇，刘向校定之五十五篇中，不知已羼入否。如彼时尚未羼入，则今本虽仍为五十五篇，已佚其三矣。

伯潜按：《四库书目提要》谓元人何犿《韩非子序》称佚《奸劫》一篇，《说林》下一篇，及《内储说》下《六徵》"似烦"以下数章。明人赵用贤以宋刊本校何犿本，始知《六徵》篇末尚有二十八条；又《说林》下篇之首尚有"伯乐教二人相踶

> 马”等十六章，而《说林》上篇末之“田伯鼎好士”章，径接此篇之“虫有蛔”章；《和氏篇》末之“未为玉之害也”句下，脱三百九十六字，《奸劫篇》首“自我以清廉事上”句上，脱四百六十字；所脱适在前后二篇之首尾，故后二篇之二标题“《说林》下”及“《奸劫》”，与之俱佚，传写者因以次篇径接上篇，而实未尝佚也云云。今本据宋刊本，故反较元明刊本完全。《初见秦》为张仪之言，见《战国策·秦策》。《战国策》为刘向所编，何至误以为韩非之书？疑刘向校定本，已亡一篇，后来误补此篇耳。

王应麟《玉海》已言《韩非子》旧注，不知何人所作。何犿《韩非子序》曰：“旧有李缵《注》，鄙陋无取，尽为削去。”今通行本为顾千里校，附《识误》一卷。卢文弨有《韩非子校正》。王先慎《韩非子集解》，最精审。

《汉志》所录法家之书，除上述《商君书》《韩非子》外，《慎子》尚存残帙。慎子者，道法二家递嬗之转捩也。《汉志》，《慎子》四十二篇，《自注》曰：“名到，先申韩，申韩称之。”王应麟曰：“《史记》‘慎到、赵人，著十二论’。《正义》：‘《慎子》十卷，战国时处士。’案《汉书》四十二篇，今三十七篇亡，惟有《威德》《因循》《民难》《德立》《君人》五篇。滕辅注。”今按王氏所引，为《史记·孟子荀卿传》。今本《史记》，此句下无《正义》。《集解》引徐广曰：“今《慎子》、刘向所定，四十一篇。”较《汉志》少一篇。严可均《铁桥漫稿》曰：“《隋志》新、旧《唐志》、皆十卷，滕辅注。《崇文总目》三十七篇。《书录解题》称麻沙刻本才五篇。余所见明刻本，亦五篇。今从《群书治要》写出七篇，有注，即滕辅注。其多出之篇，曰《知忠》，曰《君臣》。其《威德篇》多出二百五十三字。虽亦节本，视陈振孙所见为胜。”《四库书目提要》曰：

"此本虽亦五篇，而文多删削，又非陈振孙之所见。盖明人捃摭残剩，重为编次。观'孝子不生慈父之家，忠臣不生圣君之下'二句前后而见，知为杂录而成，失除重复矣。"则《四库全书》所收，殆即严氏所见之明刻本也。沈钦韩谓今本五篇亦非完篇，是也。又王应麟尝谓"《御览》所引，皆在亡篇"。沈钦韩亦谓《韩非子·难势篇》《吕览·慎势篇》及《意林》所引，皆在亡篇。盖今本《慎子》，亡佚者多，残存者少也。

严可均又曰："《艺文类聚》卷六十，有汉滕辅《祭牙文》。《隋志》谓梁有晋太学博士《滕辅集》。《慎子注》为汉为晋，未敢定之。"钱熙祚有校本，附辑佚文。

言法家者，不曰"申商"，则曰"申韩"。《韩非子·定法篇》，亦以申商相提并论。则《申子》亦法家之要籍，而今亡矣。《汉志》法家有《申子》六篇。《自注》曰："申不害、京人，相韩昭侯；终其身，诸侯不敢侵韩。"《史记》本传曰："著书二篇，号曰《申子》。"《集解》引刘向《别录》，言"今民间所有上下二篇，中书六篇，皆合。二篇已备，六篇过《太史公》所记"。则《史记》所云二篇者为民间本，《汉志》所录六篇为中秘书也。《隋志》曰："梁有《申子》三卷，亡。"旧、新《唐志》仍列三卷。是《申子》又有三卷本矣。《御览》有《申子》；《通志》《通考》无之。殆亡于唐而复出于北宋，至南宋而又亡欤？《御览》二百二十一引《七略》曰："孝宣皇帝重申不害《君臣篇》，使黄门郎张子乔正其字。"《意林》《艺文类聚》《御览》，并引《申子·君臣篇》。《史记·张叔传索隐》引《七略》《别录》曰："申子学号曰刑名者，循名以责实；其尊君卑臣，崇上抑下，合于《六经》也。"岂《君臣篇》即其"尊君卑臣，崇上抑下"之说欤？《淮南子·泰族训》曰："今商鞅之《开塞》《申子》之《三符》《韩非》之《孤愤》……。"则《申子》又有《三符篇》矣。又《初学记》及《意林》并引《申子·大体篇》。故《申子》六篇，篇名尚可考见者三，《君臣》《三符》《大体》是也。《史记·李斯传》，《北堂书钞》天部，《艺文类聚》人部、刑法部，《御览》地部、刑法部，《文选注》颜延年《应诏谳曲水诗注》《邹阳上吴王书注》，并引《申子》，不详篇名。马国翰有辑本，王时润有《申子辑佚文》。

《汉志》法家首录《李子》三十二篇。《自注》曰："名悝，相魏文侯，富国强兵。"沈钦韩曰"《食货志》：'李悝为魏文侯作尽地力之教。'《晋书·刑法志》：'律文起自李悝。悝撰次诸国法，著《法经》。以为王者之政莫急于盗贼，故其律始于盗贼。盗贼食劾捕，故著《网捕》一篇。其轻狡越城、博戏、借假不廉、淫侈逾制，以为《杂律》一篇。又以其加减。是故所著六篇而已。商君受之以相秦。'今谓李悝为律家之祖。三十二篇，则其自著之书"。（见《汉书补注》引）今按《唐六典注》曰："六法：一盗法，二贼法，三囚法，四捕法，五杂法，六具法。"殆本之李悝《法经》六篇欤？《晋志》语殊不明，无从考定。《法经》仅六篇，《李子》有三十二篇，多寡悬殊。殆《法经》为李悝相魏时所定之法律，为官书；《李子》则为私人著述也。书以"经"名，战国初尚无此风气。殆以李悝所定之律，为法家所共尊，乃名之曰"法经"耳。商君为李悝弟子，受其《法经》以相秦，固未必果为事实。但商君之开阡陌，即李悝之尽地力也。李悝曾相魏。商居曾为魏相公叔痤客，且在李悝之后，故以为受之李悝耳。

儒家有《李克》七篇。《自注》曰："为魏文侯相。"《史记·货殖传》曰："当魏文侯时，李克务尽地力。""悝"音ㄎㄨ√；"克"音ㄎㄜ；双声，一音之转。同为魏文侯相，同以尽地力为政策，岂李克即李悝耶？但二书篇数相去甚远，家数亦不同，当非同书。《兵书略》兵权谋家又有《李子》十一篇，沈钦韩疑即李悝。按李悝相魏文侯，富国强兵，其勋业赫然。故后人掇拾其遗言教令，附益成书；而撰次之人不同，主意各异，故有此三种内容性质不同，而同系于李子之书也。法家《李子》王奭有辑本。

《处子》九篇。颜师古曰:“《史记》云:‘赵有处子。’”按颜氏所引,为《史记·孟子荀卿传》语,《史记》作“赵有剧子之言”。处子即剧子,见本书上编。

《游棣子》一篇。沈钦韩谓即《晁错传》之刘带,因“游”“刘”叠韵,“棣”“带”双声。但未有他据,不能遽断为一人。

《晁错》三十一篇。周寿昌曰:“本传云三十篇。”《隋志》曰:“梁有《晁氏新书》三卷,亡。”旧、新《唐志》仍录之。《文选注》及《御览》引朝子,即晁错也。其书大抵辑录晁错之奏议及散篇而成,与《贾谊新书》相类,今其散篇尚有存者。此亦可以觇西汉时由诸子递嬗为别集之迹焉。马国翰有辑本。

《燕十事》十篇。《自注》曰:“不知作者。”按此书似记燕国故事,每事为一篇。何以列入法家,已不可考。

《法家言》二篇。自注曰:“不知作者。”此与儒家末录《儒家言》,道家末录《道家言》相同。

《汉志·诸子略》所录法家之书凡十种。《商君书》《韩非子》、虽有佚篇,其书尚存;《慎子》则亡佚之篇多,残存之篇少。其余七种,均已亡佚。又《管子》,《汉志》列于道家,审其内容,则多法家之言。故吾人欲寻绎战国时法家诸子之学说,除《商君书》《韩非子》及《慎子》残篇可供阅读外,并当参阅《管子》也。

第十四章 名家阴阳家之书

《汉志》所录名家之书仅七种，惟存《公孙龙子》残本六篇，余均亡。《邓析子》《尹文子》，今存者均伪。先君子有《公孙龙子考》。

公孙龙子考

《汉志·诸子略》名家有《公孙龙子》十四篇。《自注》曰："赵人。"《隋志》不录此书。《旧唐志》作三卷。《通志》作一卷。《四库全书》收入杂家，仅六篇，即今存本也。较之《汉志》所录，已亡其八矣。

伯潜按：今存《公孙龙子》六篇：（一）《迹府》，（二）《白马》，（三）《指物》，（四）《通变》，（五）《坚白》，（六）《名实》。

《史记·孟子荀卿传》曰："赵有公孙龙，为坚白同异之辩。"《淮南·诠言训》曰："公孙龙粲于辞而贸名。"《杨子法言》亦称公孙龙诡辞数万。《初学记》引刘向《别录》曰："公孙龙持白马之论以度关。"今其书虽残，尚可见一斑也。此书虽恢奇，颇长于辩。陈振孙《直斋书录解题》讥其浅陋迂僻，未为知言。惟常以一词累变不穷，转而益深，非解名学者，直无从了解耳。明钟惺尝刊此书，改名“辩言”，殊无谓也。

伯潜按：《迹府篇》记公孙龙与孙穿辩，言“穿折服，愿为弟子”。《孔丛子》亦记孔穿与公孙龙辩，而云“龙为穿所绌”。二书正相反。朱子曰：“《孔丛子》乃孔氏子孙所作，自必欲伸其祖说；记载不同，殆无足怪。”知言哉！

又按：今存《公孙龙子》，题宋谢希深注。《通志》称有陈嗣古贾士隐二家注，今均亡。王时润有校本。

《汉志》录名家之书，首列《邓析》二篇。《自注》曰：“郑人，与子产并时。”邓析，考见上编。《荀子·不苟篇》《非十二子篇》均以惠施邓析并举，斥其“好治怪说，玩琦辞”。杨倞《注》，引刘向言，谓其“好刑名，操两可之说，设无穷之辞”。《淮南子·诠言训》并言“邓析巧辩而乱法”。《左传》记驷颛杀邓析而用其行刑。则邓析殆一通刑法而长诡辩之人欤？《四库全书》列其书于法家，盖以此。王应麟曰：“邓析书《无厚》《转辞》二篇。刘向《序》‘臣所校雠中《邓析书》四篇，臣叙书一篇，凡中外书五篇，以相校，除复重，为二篇’。其论无厚者言之异同，与公孙龙同类。”今按“无厚”为当时辩论之辞。《庄子·天下篇》，述惠施，亦有“无厚不可积”一条。《荀子·修身篇》诋“坚白异同有厚无厚之察”。又《问辩篇》亦曰：“坚白无厚之辞章，而宪令之法息。”所谓“无厚”，乃今几何学上之面。《邓析子》曰：“天于民无厚，君于民无厚，父于子无厚，兄于弟无厚。”则以“无厚”为无恩泽，与当时辩士所常言之“无厚”殊矣。晁公武《郡斋读书志》曰：“析书大旨讦而刻，真其言也。但间时剿袭他书，颇驳杂不伦。岂后人附益之欤？”按今本《邓析子》有曰：“势者君之舆，威者君之策。”此袭申韩之说也。又曰：“令烦则民诈，政扰则民不定；心欲安静，虑欲深远。”此袭老庄之说也。又曰：“圣人不死，大盗不止。”则竟直钞《庄子》矣。《四库书目提要》谓“其文节次不相属，似亦掇拾之本”是矣。《御览》卷八十载《符子》引邓析之言曰：“古诗云，尧舜至圣，身如脯腊；桀纣无道，肌肤二尺。”不见于今本《邓析子》中。殆佚文欤？抑掇符者未尝见《符子》欤？今本前有刘向《叙录》，称“除复重为一篇”。《崇文总目》称“刘歆校为二篇”。《叙录》亦伪撰。但《意林》及杨倞《荀子注》已引之，则唐时之《邓析子》已有此《叙录》矣。刘向自成帝河平三年受诏领校秘书，至成帝绥和二年卒，先后凡二十余年。是年，成帝亦崩。哀帝立，乃诏其子歆卒父业。歆于是总群书而奏《七略》。翌年，为哀帝建平元年；秋，歆被策免。则歆之奏上《七略》，当在春夏可知。是校雠《叙录》，向已毕之；歆但总群书，编总目，以成《七略》而已。故《崇文总目》言《邓析子》为刘歆所校定，亦非《邓析子》二篇，曰《无厚》，曰《转辞》，当为名家之言，与惠施公孙龙相类。此战国中世以后所有，而邓析为春秋时人。故即《汉志》所录，亦是战国后期辩者所为，特以相传邓析长于诡辩，故托之尔。今存本则直是伪书，故误以“无厚”为无恩泽也。今存《邓析子》有严万里校本。

《汉志》名家有《尹文子》一篇。《自注》曰：“说齐宣王，先公孙龙。”颜师古曰：“刘向云：‘与宋钘俱游稷下。’”洪迈引刘歆，称尹文与宋钘同学于公孙龙，非也。其书，《隋志通考》，并作二卷。《四库全书》杂家有《尹文子》一卷，分《大道》上、《大道》下二篇，即今存本也。此本前有魏山阳仲长氏序文。李淑《邯郸书目》以为即仲长统。按仲长统卒于汉献帝建安末年，而《序》称黄初末，其为伪托，显而易见。《序》亦称尹文学于公孙龙，其误与洪氏同。马师夷初尝谓“仲长统序及二篇并出伪作”，并言“其书二篇，词说庸近，不类战国时文，陈义尤杂”。（见《庄子义证》）诚然。今按《庄子·天下篇》述尹文，称其“接万物以别宥为始”。《吕氏春秋》有《去宥篇》。宥，同囿；“别宥”即“去宥”也。

今本《尹文子》乃曰："接万物使分，则海内使不杂。"是以"别"为"分别"矣，与"别宥"之旨正相反，何也？《天下篇》又称尹文"以胹合欢"。"胹""耎"古通。"耎""輭"古今字；俗作"软"，柔也。"以胹合欢"，即"以却耎合天下之欢"，言以柔道合天下之欢，此道家"贵柔"之旨也。今本《尹文子》乃曰："俗苟沴，必为法以矫之；物苟溢，必为制以检之；累于俗，饰于物者，不可与言治。"与"贵柔"之旨适相反，又何也？其言"有形者必有名，有名者未必有形。形而不名，未必失其方圜白黑之实；形而名，不可不寻名以检其差。故名以检形，形以定名；名以定事，事以检名"。诚为名家之说。晁公武误以"形名"为"刑名"，故为高似孙所讥。今本《尹文子》乃"主为法以矫俗之沴，为制以检物之溢"，则似法家口吻矣。岂伪撰者亦如晁氏之以"形名"为"刑名"欤？今本《尹文子》又曰："穷则徼终，徼终则反始。"徼训作归。王弼《老子注》曰："徼，归终也。"训徼为归，前所未有，自王弼始。今本《列子·天瑞篇》曰："死也者，德之徼也。"亦训徼为归。今存《列子》为魏晋间伪书，已见前。今本《尹文子》，殆亦魏晋间人所撰欤？仲长统为魏代有名学者，故依托之，作《序》以冠于前耳。其书论形名而旨本《老》《庄》。尚《老》《庄》而喜谈名理，正魏晋间之学风也。沈钦韩曰："以'大道'为书，而杂以山鸡凤凰，字长子曰盗，次子曰殴，亦诙嘲无稽甚矣。"此种诙谐放诞，亦正是魏晋间之习气，见于《世说新语》者是也。故疑其为魏晋人所撰之伪书。虽出臆度，当亦不远。今本《尹文子》，有钱熙祚、汪继培、王时润校本三种。

《邓析子》《尹文子》、今存本皆伪书。其余四种，已亡佚。列举如下：

（一）《成公生》五篇。《自注》曰："与黄公等同时。"颜师古曰："姓成公。刘向云：'与李斯子由同时。由为三川守。成公生游谈不仕。'"则成公生乃秦人。《汉志》录诸子之书，每家以其人之时代为次。《成公生》何以反列《惠子》之前，殊不可解。

（二）《惠子》一篇。《自注》曰："名施，与《庄子》同时。"今按《庄子·天下篇》《至乐篇》、并言"惠施多方，其书五车"。而《汉志》所录《惠子》仅有一篇，何也？今其书已亡。而《庄子》中记惠施者甚多，《天下篇》且详述其说。《韩非子·说林》《吕氏春秋·不屈》《应言》《开春》《爱类》，《战国策·魏策》，《说苑·善说》《杂言》，皆尝引惠施之言。则惠施者，固战国时名家之巨子，足与公孙龙并驾者矣。马国翰有辑本。

（三）《黄公》四篇。《自注》曰："名疵，为秦博士；作歌诗，在《秦歌诗》中。"

（四）《毛公》九篇。《自注》曰："赵人，与公孙龙等并游平原君赵胜家。"颜师古曰："刘向《别录》云：'论坚白同异，以为可以治天下。'此盖《史记》所云藏于博徒者。"按《史记·魏公子传》言赵有处士毛公薛公，毛公藏于博徒，薛公藏于卖浆家，信陵君闻其言，往从之游。而平原君以信陵君为妄人。后毛公薛公劝信陵君归救魏云云。是毛公未尝游平原君之门也。毛公与平原君同时，何以其书反列《黄公》之后？今书已亡佚，无从考矣。

名家之书，今仅存《公孙龙子》残本，惠施之说尚略见于《庄子·天下篇》。而《墨子》中之《经》上下、《经说》上下、《大取》《小取》六篇，《荀子》中之《正名篇》，亦可以考见战国后期儒墨二家阐发名学之理论焉。

《汉志·诸子略》所录阴阳家之书，共二十一种，今俱亡矣。盖以价值不若儒道墨法名五家，故遽尔湮没欤？兹历举之如下：

（一）《宋司星子韦》三篇。《自注》曰："景公之史。"沈钦韩曰："《吕览·制乐篇》曰'宋景公之时，荧惑在心。公惧，召子韦而问焉。子韦曰：荧惑者，天罚也。心者，宋之分野也。祸当于君'。"《论衡·变虚篇》曰："案《子韦书录题奏》亦言，子韦曰：'君出三善言，荧惑宜有动。’于是候之，果徙舍。”王充所引者，即刘向奏也。（见《汉书补注》引）“刘向奏”，指刘向所奏《宋司星子韦》一书之《叙录》。则此书盖言天文星象者也。马国翰有辑本。

（二）《公梼生终始》十四篇。《自注》曰：“传邹奭《始终书》。”按“公梼”，复姓。颜师古曰：“梼音畴，其字从木。”按邵思《姓解》引《汉志》作公捣子，其字从手。未知孰是。钱大昭曰：“案下有《终始》五十六篇。则此注‘始终’当作‘终始’矣。‘奭’字亦误。作《终始书》者，乃邹衍，非邹奭也。”（见《汉书补注》引）今按“终始”，指阴阳家言“五行之德终而复始”。《史记·孟子荀卿传》曰：“邹奭者，颇采邹衍之说以纪文。”则邹奭之书亦是论“终始”者矣。但《自注》亦有岐义。如谓公梼生传邹奭之《终始书》，则邹奭在前，公梼生在后，此书不当列于邹奭之前。如谓公梼生传邹奭以《终始书》，则又公梼生在前，邹奭在后矣。

（三）《公孙发》二十三篇。《自注》曰：“六国时。”汉文帝时，有鲁人公孙臣上《终始五德传》。臣岂发之裔耶？

（四）《邹子》四十九篇。《自注》曰：“名衍、齐人、为燕昭王师。居稷下，号谈天衍。”《汉书·严安传》引邹子曰：“政教文质者，所以云救也。当时则用，过则舍之。有易则易也。故守一而不变者，未睹治之道也。”三代之治，尚质尚文，因时改易。邹子盖以五行盛衰，各主其运之天道，论文质代易之人事欤？董仲舒喜言“天人之际”，盖亦引天道以论人事者。但又曰：“天不变，道亦不变。”邹子以“变”为天道人事之原则。董仲舒则以“不变”为天道人道之原则。故董仲舒之言“天人之际”，乃儒家与阴阳家糅合之言；其以“不变”言天道人道。则又与阴阳家异趣者也。邹衍讥，“守一不变”者为“未睹治道”，殆为儒家发欤？邹衍又尝有“大九州”之说，见《史记·孟子荀卿传》，其言最为诙廓。《盐铁论·论邹篇》曰：“邹子疾晚世之儒墨，守一隅而明欲万方。”盖讥儒墨所见，仅中国一隅而已。杨雄《解嘲》曰："邹衍以颉颃而取世资。"其人盖善于谈说，而又喜言天道，故号谈天衍也。马国翰有辑本。

（五）《邹子终始》五十六篇。颜师古曰："亦邹衍所说。"按《史记·孟子荀卿传》言："邹衍深观阴阳消息，而作《主运》《终始》《大圣》之篇，十余万言。"（《史记》原文作"深观阴阳消息而作迂怪之变，《终始》《大圣》之篇，十余万言"。下文又言"作《主运》"。今正。见本书上编。）疑即此书；"主运"、"终始"、"大圣"，或即其篇名也。《封禅书》曰："齐威宣之时，驺子之徒，论终始五德之运。及秦帝，齐人奏之。"《文选注·魏都赋注》，引《七略》曰："邹子有终始五德，从所不胜之说。土德后，木德继之，金德次之，火德次之，水德次之。"今俗尚有解行相克，循环往复，周而复始之说，即所谓"终始五德，从所不胜"也。历代各主一德，以五行相克之理，此亡彼兴，所谓"主运"，殆即此耳。此书与前书，"乘"当作"桑"。皆云邹衍。何以分为二书，已不可考。

（六）《乘丘子》五篇。《自注》曰："六国时。"按邵思《姓解》引《汉志》，作"桑丘"。

（七）《杜文公》五篇。《自注》曰："六国时。"颜师古引《别录》云："韩人也。"

（八）《黄帝泰素》二十篇。《自注》曰："六国时，韩诸公子作。"颜师古曰："刘向《别录》云'或言韩诸公孙所作也'。言阴阳五行，以为《黄帝》之道也，故曰'泰素'。"按《列子·天瑞篇》曰："泰素者，质之始也。"书名当与此义同。此书明为战国时人依托，犹道家中依托黄帝诸书，故列于此。

（九）《南公》三十一篇。《自注》曰："六国时。"《元和姓纂》二十二覃"南"字下曰："战国时有南公，著书三十卷，言阴阳五行事，盖卫南公子之后也。"当即指此，惟较此少一篇。南公，见《史记·项羽本纪》。有"楚虽三户，亡秦必楚"之预言。徐广云是楚人。

（十）《容成子》十四篇。朱一新曰："《志》次于《南公》后，当是六国时人言阴阳，以为容成之道，如《黄帝泰素》之比。"（见《汉书补注》引）按《世本》及《吕氏春秋·勿躬篇》均言容成作历。《庄子·则阳篇》，容成氏曰："除日无岁，无内无外。"容成，相传为上古帝王，或云黄帝师。《经典释文》又以为老子之师。此书显出依托。《方技略》房中类有《容成阴道》二十六卷。《后汉书·方技传》曰："容成公法，寿光传之。"此亦依托容成者，但非同书。

（十一）《张苍》十六篇。《自注》曰："丞相，北平侯。"《张苍传》曰："著书十六篇，言阴阳律历事。"殆即此书。"六""八"形似。未知孰误。《史记·十二诸侯年表序》言"汉相张苍历谱五德""五德"盖即"五行之德"。《容成》《张苍》皆阴阳家言历数之书也。

（十二）《邹奭子》十二篇。《自注》曰："齐人，号雕龙奭。"此书，以作者时代论，当列《邹衍》之后。《文选注》引《七略》有《邹赫子》。"奭""赫"古通，史、汉《窦婴传》可证。

（十三）《闾丘子》十三篇。《自注》曰："名快、魏人、在南公前。"按《元和姓纂》九鱼"闾"字下，有闾丘诀，所著书作"十二篇"。与此异，未知孰是。《自注》明云"在南公前"，则其书不当列《南公》之后也。

（十四）《冯促》十三篇。《自注》曰："郑人。"其时代不明。

（十五）《将巨子》五篇。《自注》曰："六国时，先南公，南公称之。"《自注》明言其先南公，而列其书于此，亦不可解。《元和姓纂》十阳，"将"字下引《汉志》曰："六国时将巨彰著子书五篇。"当即指此。是其人名"彰"，所引殆此条下之《自注》欤？

（十六）《五曹官制》五篇。《自注》曰："汉制，似贾谊所条。"按《贾谊传》曰："谊以为当改正朔，易服色、制度，定官名，兴礼乐；乃草具其仪法，色尚黄，数用五，为官名，悉奏之。"贾谊为官名，数用五，故疑《五曹官制》为贾谊所条陈也。（王应麟说，详见《汉书补注》）《五曹算经》历举“五曹”，一曰田曹，二曰兵曹，三曰集曹，四曰仓曹，五曰金曹。不知与此书之“五曹”合否。又《战国策·楚策》记吴师入郢，蒙穀浮典逃云梦。昭王反郢，五官失次。蒙穀献典而五官得法云云。则官数用五，战国时之楚已如此，似非始于贾谊。又此书列阴阳家中，岂所谓“五曹”与“五行”有关耶？

（十七）《周伯》十一篇。《自注》曰：“齐人，六国时。”六国时人之书，何以列此？

（十八）《卫侯官》十二篇。《自注》曰：“近世，不知作者。”钱大昭曰：“‘侯’当作‘候’。卫尉官属有诸屯卫候司马二十二。逸其姓名，故但书官。”（见《汉书补注》引）按此书名，疑本只作“卫候”，卫候为官名，故读者旁注一“官”字，后乃误入注文耳。

（十九）于长《天下忠臣》九篇。《自注》曰：“平阴人，近世。”颜师古曰：“传天下忠臣。”陶宪曾曰：“长书今不传。其列阴阳家，自别有意旨。后人不见其书，无法臆测。王应麟《困学纪闻》乃以此诋刘歆抑忠臣，过矣。”（见《汉书补注》引）顾实《汉志讲疏》曰：“古言忠孝，傅诸五行。董仲舒《春秋繁露》曰：‘五行者，乃忠臣孝子之行也。’（顾氏自注：‘《春秋繁露·五行之义篇》。又《五行对篇》亦有此义。’）故于长书入阴阳家欤？”

（二十）《公孙浑邪》十五篇。《自注》曰：“平曲侯。”按公孙贺之祖父昆邪封平曲侯，著书十颇篇，见《公孙贺传》。《功臣表》亦作浑邪，与此同。

（二十一）《杂阴阳》三十八篇。《自注》曰：“不知作者。”此盖杂集阴阳家言成之，犹《儒家言》《道家言》《法家言》之类。

《汉志》所录阴阳家之书，均已亡佚。但阴阳家言与数术略之书实相表里，所以分者，殆以一论学理，一记技术欤？秦汉时方士谶纬，并祖述阴阳家者也。是阴阳家之书虽亡，而其学实盛于两汉，儒道二家且与之混合，而成今文经学怪诞之学说，及东汉末之道教；而所谓阴阳五行之说，亦流传至今，尚弥漫于我国社会中。则阴阳家之书虽亡，而阴阳家之说则未尝亡也。

第十五章　杂家之书
——吕氏春秋、淮南子及其他

杂家之书，录于《汉志》者凡二十种；今存者惟《吕氏春秋》与《淮南子》。先君子有《吕氏春秋考》《淮南子考》，录之如次：

（一）吕氏春秋考

《汉志·诸子略》有《吕氏春秋》二十六篇。《自注》曰："秦相吕不韦辑智略士所作。"按《史记·魏公子传》曰："诸侯客进兵法，公子皆名之，故世俗传《魏公子兵法》。"集诸侯宾客所进兵法而题信陵君之名，亦犹辑门下智略士所作为《吕氏春秋》，而题吕不韦之名也。《序意篇》题"维秦八年，岁在涒滩"。秦王政八年，正吕不韦为秦相，称仲父，封文信侯，声势最煊赫之时也。《史记·自序》及《报任安书》乃曰："不韦迁蜀，世传《吕览》"，一若此书作于迁蜀之后，则司马迁行文不检之故耳。此书有《十二纪》《八览》《六论》，共计二十六篇。每篇各有子目。《十二纪》每篇又分五篇，计六十篇；《八览》每篇又分八篇，因第一《览》少一篇，计六十三篇；《六论》每篇又分六篇，计三十六篇；《十二纪》末有《序意篇》，盖自序也；合计子目，共一百六十篇云。

伯潜按：《吕氏春秋》二十六篇及子目一百六十篇之篇题如下：

（甲）《十二纪》——共分六十篇：

（壹）《孟春纪》——（一）《孟春》，（二）《本生》，（三）《重己》，（四）《贵公》，（五）《去私》；

（贰）《仲春纪》——（六）《仲春》，（七）《贵生》，（八）《情欲》，（九）《当染》，（十）《功名》（一作《由道》）；

（叁）《季春纪》——（十一）《季春》，（十二）《尽数》，（十三）《先己》，（十四）《论人》，（十五）《圜道》；

（肆）《孟夏纪》——（十六）《孟夏》，（十七）《劝学》（一作《观师》），（十八）《尊师》，（十九）《诬徒》（一作《诋役》），（二十）《用众》（一作《善学》）；

（伍）《仲夏纪》——（二十一）《仲夏》，（二十二）《大乐》，（二十三）《侈乐》，（二十四）《适音》（一作《和乐》），（二十五）《古乐》；

（陆）《季夏纪》——（二十六）《季夏》，（二十七）《音律》，（二十八）《音初》，（二十九）《制乐》，（三十）《明理》；

（柒）《孟秋纪》——（三十一）《孟秋》，（三十二）《荡兵》（一作《用兵》），（三十三）《振乱》，（三十四）《禁塞》，（三十五）《怀宠》；

（捌）《仲秋纪》——（三十六）《仲秋》，（三十七）《论威》，（三十八）《简选》，（三十九）《决胜》，（四十）《爱士》（一作《慎穷》）；

（玖）《季秋纪》——（四十一）《季秋》，（四十二）《顺民》，（四十三）《知士》，（四十四）《审己》，（四十五）《精通》：

（拾）《孟冬纪》——（四十六）《孟冬》，（四十七）《节丧》，（四十八）《安死》，（四十九）《异宝》，（五十）《异用》；

（拾壹）《仲冬纪》——（五十一）《仲冬》，（五十二）《至忠》，（五十三）《忠廉》，（五十四）《当务》，（五十五）《长见》；

（拾贰）《季冬纪》——（五十六）《季冬》，（五十七）《士节》，（五十八）《介立》（一作《立意》），（五十九）《诚廉》，（六十）《不侵》。

附——《序意》。

（乙）《八览》——共分六十三篇：

（壹）《有始览》——（一）《有始》，（二）《应同》（旧作《名类》，注云“一作《应同》”），（三）《去尤》，（四）《听言》，（五）《谨听》，（六）《务本》，（七）《谕大》；

（贰）《孝行览》——（八）《孝行》，（九）《本味》，（十）《首时》（一作《胥时》），（十一）《义赏》，（十二）《长政》，（十三）《慎人》（一作《顺人》），（十四）《遇合》，（十五）《必已》（一作《本知》，一作《不遇》）；

（叁）《慎大览》——（十六）《慎大》，（十七）《权勋》，（十八）《下贤》，（十九）《报更》，（二十）《顺说》，（二十一）《不广》，（二十二）《贵因》，（二十三）《察今》；

（肆）《先识览》——（二十四）《先识》，（二十五）《观世》，（二十六）《知接》，（二十七）《悔过》，（二十八）《乐成》，（二十九）《察微》，（三十）《去宥》，（三十一）《正名》；

（伍）《审分览》——（三十二）《审分》，（三十三）《君守》，（三十四）《任数》，（三十五）《勿躬》，（三十六）《知度》，（三十七）《慎势》，（三十八）《不二》，（三十九）《执一》；

（陆）《审应览》——（四十）《审应》，（四十一）《重言》，（四十二）《精谕》，（四十三）《离谓》，（四十四）《淫辞》，（四十五）《不屈》，（四十六）《应言》，（四十七）《具备》；

（柒）《离俗览》——（四十八）《离俗》，（四十九）《高义》，（五十）《上德》，（五十一）《用民》，（五十二）《适威》，（五十三）《为欲》，（五十四）《贵信》，（五十五）《举难》；

（捌）《恃君览》——（五十六）《恃君》，（五十七）《长利》，（五十八）《知分》，（五十九）《召类》，（六十）《达郁》，（六十一）《行论》，（六十二）《骄恣》，（六十三）《观表》。

（丙）《六论》——共分三十六篇：

（壹）《开春论》——（一）《开春》，（二）《察贤》，（三）《期贤》，（四）《审为》，（五）《爱类》，（六）《贵卒》；

（贰）《慎行论》——（七）《慎行》，（八）《无义》，（九）《疑似》，（十）《壹行》，（十一）《求人》，（十二）《察传》；

（叁）《贵直论》——（十三）《贵直》，（十四）《直谏》，（十五）《知化》，（十六）《过理》，（十七）《壅塞》，（十八）《原乱》；

（肆）《不苟论》——（十九）《不苟》，（二十）《赞能》，（二十一）《自知》，（二十二）《当赏》，（二十三）《博志》，（二十四）《贵当》；

（伍）《似顺论》——（二十五）《似顺》，（二十六）《别类》，（二十七）《有度》，（二十八）《分职》，（二十九）《处方》，（三十）《慎小》；

（陆）《士容论》——（三十一）《士容》，（三十二）《务大》，（三十三）《上农》，（三十四）《任地》，（三十五）《辨土》，（三十六）《审时》。

按《十二纪》《八览》《六论》之总篇名，皆为其子目中第一分篇之分题，但均不能统摄其所属各分篇。《十二纪》之第一分篇乃分割《月令》而成，与其所属之分篇四篇，均渺不相涉。除《孟夏纪》所属四分篇论教育，《仲夏纪》所属四分篇，《季夏纪》所属三分篇论乐，《孟秋纪》《仲秋纪》所属前三分篇论兵，似各以类聚外，其他各篇均系杂凑。又有《始览》第二分篇《应同》，旧作《名类》，毕沅校谓当作“召类”。而《恃君览》之第四分篇亦曰《召类》。同一书中，篇名不应雷同。书出众手，其庞杂宜也。

《史记·十二诸侯年表序》及《吕不韦传》均曰：“著《八览》《六论》《十二纪》。”此书又称《吕览》，盖以《八览》冠其首也。古书自序皆置书末。《史记·太史公自序》《汉书叙传》，即司马迁、班固之自序，尚列于全书之殿。《序意篇》为《吕氏春秋》之自序，而附于《十二纪》末《季冬纪》之后，则《十二纪》本列于《八览》《六论》之后可知。疑原书次序，与今存本不同。但郑玄《礼记·礼运篇》注曰：“《吕氏》说《月令》，而谓之《春秋》，事类相近焉。”《十二纪》每纪之第一分篇，即《礼记》之《月令》。是以“春秋”名书，盖取义于此。若然，则《十二纪》又似当列全书之首矣。《四库书目提要》谓殆以《十二纪》为内篇，《八览》《六论》为外篇、杂篇；《序意篇》附《十二纪》后者，犹《史通·叙意篇》编于内篇之末也。但按其内容，《纪》《览》《论》三部分，殆无由分别轻重；且于又称《吕览》之故，亦无从索解；则《提要》所云，其然岂其然乎？或此书原分二次编成，《十二纪》为一次，《八览》《六论》又为一次；前者名《吕氏春秋》，后者名《吕览》；后乃合为一书欤？此书于孔子、曾子、庄子、墨子之言，伊尹、列子之书，无不采辑，不主一家，故内容庞杂。但已亡佚之先秦古籍，如阴阳家农家……之说，可由此考见一斑。殆可谓为最古的由众人辑编之类书焉。

伯潜按：此书中舛误亦不少。例如称南子为釐夫人，与《论语》《左传》不合；称西门豹在魏襄王时，与《孟子》及《史记·魏世家》不合；称晋襄公伐陆浑、楚成王慢晋文公、与《左传》不合；称颜阖对鲁庄公，与《史记·鲁世家》不合；称卫逐献公，立公子黚，与《左传》及《史记·卫世家》不合；（以上均为高诱《注》所纠举）称魏文侯虏齐侯，亦并无此事。诸如此类，《四库书目提要》言之颇详。《史记·吕不韦传》言是书成，不韦暴之咸阳市门，悬千金，购能增损其一字者，卒无人应云云。高诱曰“时人非不能也；盖惮相国，畏其势耳”。然哉！

东汉高诱之《吕氏春秋注》，为今存此书注本之最古者。毕沅有校本。梁玉绳之《吕氏春秋校补》《续补》，陈昌齐之《吕氏春秋正误》，并可观。

淮南子考

《汉志·诸子略》杂家有《淮南》内二十一篇。《自注》曰：“王安。”又有《淮南》外三十一篇。颜师古曰：“内篇论道，外篇杂说。”按高诱《淮南子序》称“淮南王刘安善属文，天下方术之士多往归之。乃与苏飞、李尚、左吴、田由、雷被、毛被、伍被、晋昌等八人，及诸儒大山、小山之徒，共著此书。其大较归之于道，号曰‘鸿烈’。鸿，大也；烈，明也；以为大明道之言也。刘向校定撰具，名之曰《淮南》。又有十九篇者，谓之《淮南外书》”云云。所云外书篇数与《汉志》不合。《汉书·景十三王传》，《淮南王传》曰：“外书甚众。又有中篇八卷，言神仙黄白之术。”外书不言篇卷之数。中篇不录于《汉志》。《汉志·数术略》天文家又有《淮南杂子星》十九卷，不见于本传。是传与志亦互异也。而高诱序所谓《淮南外书》十九篇者，恰与《淮南杂子星》之卷数相同。今外书与中篇均亡矣。《淮南子》之《要略训》，为其自序。有曰：“此《鸿烈》之《泰族》也。”“泰族”为《淮南子》之第二十篇。是《淮南内书》本名“鸿烈”之证也。今存本凡二十一篇，与《汉志》同。李淑《邯郸书目》称亡其第七、第十九两篇；《崇文总目》称存者十九篇；晁公武《郡斋读书志》称其家藏本存十七篇。惟洪迈《容斋随笔》称今所存者二十一篇，与《汉志》及今存本同。岂初佚而后复完欤？

伯潜按：今本《淮南子》二十一篇之目如下：

（一）《原道训》，（二）《俶真训》，（三）《天文训》，（四）《墬形训》（“墬”，古地字），（五）《时则训》，（六）《览冥训》，（七）《精神训》，（八）《本经训》，（九）《主术训》，（十）《缪称训》，（十一）《齐俗训》，（十二）《道应训》，（十三）《氾论训》，（十四）《诠言训》，（十五）《兵略训》，（十六）《说山训》，（十七）《说林训》，（十八）《人间训》，（十九）《修务训》，（二十）《泰族训》，（二十一）《要略训》。

按“训”之义有二，一为教训，二为训诂。如《尚书》之《伊训》，即取教训之义。《淮南子》各篇皆以“训”名，当非教训之义。疑本指高诱之训解而言，犹《宋志》称《淮南鸿烈解》耳。

《淮南子》成于门客之手，与《吕氏春秋》同。惟吕不韦本阳翟大贾，特以居异人为奇货，而博富贵，未必有学识，能文章，直尸其名而已。刘安以善属文名，或能躬与其事，差胜一筹耳。《汉书》本传曰："安好书，所招致率多浮杂。"故是书内容之杂，仍与《吕氏春秋》同。

伯潜按：宋濂《诸子辨》曰："《淮南子》多本《文子》、而出入于儒墨名法诸家，非成于一人之手，故前后有自相矛盾者，有乱言而乖事实者。如既曰'武王伐纣，载尸而行，海内未定，故不为三年之丧'；又曰'武王欲昭文王之令德，使戎狄各以其贿来贡，遥远未能至，故治三年之丧，殡两楹以俟远方'。三代时无印。《周官》所掌之'玺节'，郑氏虽谓犹今之印章，实与犀、角、虎、人、龙、符、旌诸节并用，不过手执之以表信耳。今乃曰'鲁君召子贡，授以大将军印'。如此类，不能尽举也。"宋氏所举仅二例，全书之矛盾乖舛者不仅此也。

又按：《高诱序》以"大明"释"鸿烈"，且曰，"以为大明道之言也"。似《淮南子》为道家言。《史记·自序》引司马谈《论六家要指》之言，谓道德家"兼儒墨，合名法"。似西汉初所谓道家之书，本似《淮南子》。刘歆《七略》始增"杂"、"纵横"、"农"、"小说"四家，故列之杂家耳。使无"杂家"，则仍列之道家矣。《淮南内书》为"大明道之言"，而又有中篇言"神仙黄白之术"。道家之渐与方士混合，盖于此已见端倪矣。

《淮南子》注本，亦以高诱《注》为最早。庄逵吉、王念孙、并有校本。庄校不如王校之精也。近人刘文典有《淮南鸿烈集解》。于旧说搜辑甚多，校释亦精。余所见《淮南子注》，此为最佳已。

《汉志》所录杂家之书，除上述二种外，余十八种，均已亡佚。存者亦伪。兹历举于下：

（一）《孔甲盘盂》二十六篇。《自注》曰："黄帝之史，或曰，夏帝孔甲，似皆非。”按此犹道家首列《伊尹》，墨家首列《尹佚》，实皆依托之作耳。王应麟曰：“《文选注》《七略》曰：‘《盘盂书》者，传言孔甲为之。孔甲者，黄帝之史也。书盘盂中，为诫法。或于鼎，名曰铭。’蔡邕《铭论》曰：‘黄帝有巾机之法，孔甲有槃杅之诫。’”钱大昭曰：“应劭注《田蚡传》，作二十九篇。”（并见《汉书补注》引）按《田蚡传》“田蚡学盘盂书”句下，注引应劭，所引《七略》，与《文选注》同。其作二十九篇，较《汉志》多三篇。《礼记·大学篇》尝引汤之盘铭曰：“苟日新，日日新，又日新。”《墨子·兼爱》下篇曰：“琢于盘盂。”《鲁问篇》曰：“琢于钟鼎。”盖古时钟鼎尊彝盘盂之属，多刻有铭辞。此书盖集录古器所刻之铭辞，不限一器，不限一人，故有二十六篇之多。或所录以孔甲之盘铭为首，因以名其书耳。然孔甲究为何时人，何如人，已不可考。则此书要亦道家《黄帝铭》之类也。

（二）《大命》三十七篇。《自注》曰：“传言禹所作，其文似后世语。”颜师古曰：“命、古禹字。”宋祁曰：“一作帝。”按《说文》“禹”古文作“禽”，即此字也。王应麟举《贾谊新书·修政》上篇引大禹曰云云；叶德辉举《墨子·兼爱》下引《禹誓》，《逸周书·大聚篇》引《禹禁》，《文传篇》引《夏箴》，又引《开望》（孔晁《注》《夏箴》为禹之戒书。《北堂书钞》亦引《开望》语，以为《周书》《夏箴》。则《开望》盖《夏箴》之篇名），《鬻子》引《禹笋簴铭》（《淮南·氾论训》亦引之，称《禹号》），以为皆本书之佚文。（详见《汉书补注》）今按本书盖杂录夏禹之誓禁箴铭之辞者也。或采之古籍，或录自古器，或得之传闻，要由后世辑集而成，非真夏代之书。其情质正与《孔甲盘盂》相类也。

（三）《伍子胥》八篇。《自注》曰：“名员，春秋时为吴将；忠直，遇谗死。”《兵书略》兵技巧家又有《伍子胥》十篇，疑非同书。洪颐煊《读书丛录》曰：“今本《越绝》篇次错乱。以末篇证之，本八篇：《泰伯》第一、《荆平》第二、《吴》第三、《计倪》第四、《请籴》第五、

《九术》第六、《兵法》第七、《陈恒》第八。与杂家《伍子胥》篇数正同。”洪氏盖疑《伍子胥》即《越绝书》耳。顾实《汉志讲疏》曰：“盖《越绝》书本分内外传。《崇文总目》，‘旧有内记八，外传十七’。内传今存《荆平王》《吴》《计倪》《请籴》《陈恒》《九术》六篇。《计倪》犹称‘内’。审其文字，当即杂之《伍子胥》，而余为后汉袁康所作也。《文选·颜延年侍游曲阿后湖诗》注及《张协七命注》，《太平御览》三百十五，并引《伍子胥·水战法》；《御览》七及七百，引《越绝书》子胥船战之教；当为《兵法篇》之佚文。《旧唐志》有《伍子胥兵法》一卷，或即《越绝书·兵法篇》之单行者。”顾氏盖谓今存《越绝书》内篇，六篇即杂家《伍子胥》，而其《兵法篇》则单行也，今按《兵书略》之《伍子胥》十篇，如即《越绝书》之《兵法篇》，当亦增附不少。但无他据，亦未可信。《越绝书》明云：“一说子胥作，外者非一人作。”曰“一说”，明为疑辞矣。胡应麟《四部正讹》曰：“《越绝书》称子贡，亦曰子胥，并依托也。”杨用修据《后序》“以去为姓，得衣乃成”，谓为来汉人袁康作。按《后序》又云：“厥名有米，覆之以庚。”合上二句，正隐“袁康”二字。此下又云：“以口承天，屈原同名。”隐“吴平”二字。是与袁康同撰此书者，尚有吴平其人矣。东汉末，文人好为隐语。例如《曹娥碑》阴题“黄绢少妇外孙齑臼”八字，为“绝妙好辞”四字之隐语，见《世说新语》。又如《参同契》以“委时去害，与鬼为邻”隐魏伯阳之氏。故杨用修推定袁康为东汉人也。伍子胥为吴之名将忠臣，其言行兵法，自为吴人所喜传诵。后人掇拾成编，因名之曰《伍子胥》。其后书又亡佚，东汉时袁康吴平辈乃伪撰《越绝书》。或伪撰《越绝书》时，采《伍子胥》一书之残佚颇多，亦未可知。但必谓《越绝书》之内篇，即《汉志》杂家所录《伍子胥》，其《兵法篇》即《兵书略》所录之《伍子胥》，则终是臆度武断之论耳。

（四）《子晚子》三十五篇。《自注》曰：“齐人，好议兵，与《司马法》相似。”按果如《自注》所云，则此书当入《兵书略》矣。近人孙德谦曰：“子晚子者，以子墨子证之，盖兵家大师也。以其学术通博而所长在兵耳。”亦臆度之谈。

（五）《由余》三篇。《自注》曰：“戎人，秦穆公以为大夫。”按由余既为秦穆公大夫，则其时代远在春秋中世以前。而《志》列之《伍子胥》之后者，盖明知其为依托之书欤？《韩非子》《吕氏春秋》、均记秦穆公与由余问答，《史记》采入《秦本纪》中。《贾谊新书》及《说苑》亦引由余之言。盖由余为秦贤大夫，嘉言流传自不少也。此书既依托由余，掇拾当更多矣。又《兵书略》兵形势家有《繇叙》二篇。“由余”“繇叙”音近通借。此与杂家与《兵书略》各有《伍子胥》同。马国翰有辑本。

（六）《尉缭子》二十九篇。《自注》曰：“六国时。”颜师古曰：“刘向《别录》云：‘缭为商君学。’”《隋志》杂家有《尉缭子》五卷。注曰：“梁并录一卷。梁惠王时人。”尉缭为何时人，何国人，俱有异说，已见本书上编。其书，《旧唐志》作六卷。今存者二十四篇，较《汉志》少五篇。按《兵书略》兵形势家又有《尉缭》三十一篇。今本《尉缭子》，究为杂家之书乎？抑为兵书乎？《初学记》及《御览》所引尉缭子之言，均类杂家，非论兵者。而今本则多论兵之言。宋元丰间，且以《尉缭子》与《六韬》《司马法》《孙子》《吴子》《黄石公三略》《李卫公问对》，定为“武经”以试武士。故顾实以为杂家与《兵书略》之《尉缭子》本为二书，今已合而为一。则杂家之《尉缭子》，究已亡佚欤？抑如顾实所云，已并入兵书之《尉缭子》中欤？但今本之《尉缭子》，可疑者甚多。其首篇对梁惠王问，全仿《孟子·天时不如地利章》；《战威章》竟直举《孟子》语。如尉缭果与梁惠王同时，则亦与孟子同时，何以径袭《孟子》。此可疑者一也。其论兵也，尝曰：“兵者，凶器也；争者逆德也；将者，死官也；故不得已而用之。”又曰：“兵不攻无过之城，不杀无罪之人。夫杀人之父兄，利人之货财，臣妾人之子女，此皆盗也。”又曰：“兵之所加者，农不离其田业，贾不离其肆宅，士大夫不离其官府，故兵不血刃而天下亲。”何其仁也！但又曰：“古之善用兵者能杀士卒之半，其次杀其十三，其下杀其十一。能杀其半，威加海内；能杀十三者，力加诸侯；能杀十一者，令行士卒。”又何其暴也？同出一书，何以自相矛盾如是？此可疑者二也。《别录》谓“缭为商君学”，则法家也；观其说秦王，则纵横家也；观其论兵，又兵家也。今本又杂家兵家夹杂，其驳甚矣。疑系伪书，不足观也。

（七）《尸子》二十篇。《自注》曰：“名佼、鲁人。秦相商君师之。鞅死，佼逃入蜀。”按《后汉书·宦者传》注曰：“佼作书二十篇，内十九篇陈道德仁义之纪，一篇言九州险阻水泉所起。”《隋志》亦云二十篇。注云：“其九篇亡，魏黄初中续。”李淑《邯郸书目》尚存九篇。《馆阁书目》只存二篇，合为一卷，尤袤《遂初堂书目》尚有此书。以后即不见于著录，盖亡于元明之间也。《穀梁传》隐五年尝引尸子。《尔雅疏》亦引其《广泽》《仁意》二篇语。汪继培、孙星衍、章宗源、各有辑本。

（八）《东方朔》二十篇。周寿昌曰：“《汉书》本传注引刘向《别录》云：‘朔之文辞，《客难》《非有先生论》，此二篇最善。其余有《封太山》《责和氏璧》及《皇太子生禖》《屏风》《殿上柏柱》《平乐观赋猎》《八言》《七言》上下《从公孙弘借车》，凡朔书具是矣。’”叶德辉曰：“《北堂书钞》百五十引《嗟伯夷》《文选·海赋》注引《对诏》《艺文类聚》灾异部引《旱颂》，人部引《诫子》，凡四篇。至《拾遗记》载《宝瓮铭》，唐释法琳《辨真论》载《隐真论》，《开元占经》载东方朔《占》，皆后人伪托，不足据也。”（见《汉书补注》引）按周叶二氏不及《七谏》，当是遗漏。观此，则《东方朔书》，直是《东方朔文集》耳。今散篇尚有存者。

（九）《伯象先生》一篇。应劭曰：“盖隐者也。故公孙敖难以无益世主之治。”按《御览》引《新序》曰：“公孙敖问伯象先生曰：‘先生收天下之术，博观四方之日久矣；未能裨益世主之治，明君臣之义。'”应劭所云，当即指此。而今本《新序》不载。王应麟引公孙敖问，亦作《新序》。则南宋本《新序》尚有之矣。

（十）《荆轲论》五篇。《自注》曰：“轲为燕刺秦王不成，司马相如等论之。”按司马相如作《荆轲赞》，见《文章缘起》及《文心雕龙》。《自注》云“司马相如等”，则五篇非相如一人所作也。此亦不得谓为子书。

（十一）《吴子》一篇。《兵书略》兵权谋家有《吴起》四十八篇，当非同书。

（十二）《公孙尼》一篇。儒家有《公孙尼子》二十八篇，当非同书。此与上《吴子》，以时代论，不当列于上三书之后。

（十三）《博士臣贤对》一篇。《自注》曰：“汉世，难《韩子》《商君》。”按此似对策之文。

（十四）《臣说》三篇。《自注》曰：“武帝时所作赋。”既云是“赋”，何得入《诸子略》？沈涛曰：“《志》所列杂家皆非辞赋。此赋字误衍。下赋家有《臣说》九篇，则其人所作赋也。此处因相涉而误耳。”

（十五）《解子簿书》三十五篇。

（十六）《推杂书》八十七篇。

（十七）《杂家言》一篇。《自注》曰：“王伯，不知作者。”按此书与《道家言》《儒家言》相类。

上为杂家亡佚之书十七种，并《吕氏春秋》《淮南子》为二十一种。《东方朔》以下，皆别集、对策、簿书、杂文之类，非专著矣。

第十六章　纵横家农家小说家之书

附鬼谷子

《汉志》录纵横家之书共十二种。

（一）《苏子》三十一篇。《自注》曰："名秦，有列传。"沈钦韩曰："今见于《史记》《国策》，灼然知为苏秦者八篇，其短章不与。秦死后，苏代苏厉等并有论说，《国策》通称苏子，又误为苏秦。此三十一篇，容有代厉并入。"陶绍曾曰："《御览》九百八十三引苏子曰：'兰以芳自烧，膏以肥自焫，翠以羽殃身，蚌以珠致剖。'王应麟《考证》以为《苏秦书》。（并见《困学纪闻》）案《北堂书钞》九十九亦引此文，下有'是以公孙贺得丞相而啼泣'云云，则非秦明甚以宋本《意林》考之（今本《意林》阙此卷），盖晋苏彦书也。王氏误矣。"（均见《汉书补注》引）《苏子》已亡，《战国策》《史记》中，尚可考见其游说之言。

《隋志》无《苏子》，而有《鬼谷子》三卷。《新唐志》亦有《鬼谷子》，云"一本作二卷"，且直题"苏秦撰"。《汉志》则有《苏子》，无《鬼谷子》。岂《鬼谷子》即《苏子》耶？按鬼谷子实无其人，故乐台谓"苏秦欲神其说，托名鬼谷"。上编已言之矣。《史记·苏秦传》曰："秦发书，得《周书阴符》，伏而读之。期年，以出揣摩。"《集解》曰："《鬼谷子》有《揣摩篇》。"《索隐》引王劭曰："《揣情》《摩意》、是《鬼谷》之二章名。"《御览》引亦称《揣情》《摩意》篇。今本《鬼谷子》有

《揣篇》，《摩篇》。《汉书·杜周传赞颜》注曰："陒与戏同音。戏亦险也。《鬼谷子》有《抵戏篇》也。"又引服虔曰："抵音纸，陒音义，谓罪败而复抨弹之。《苏秦书》有此法。"今本《鬼谷子》有《抵戏篇》。《史记·自序》曰"圣人不朽，时变是守。虚者，时之常也；因者，君之纲也。"《索隐》曰："其词出《鬼谷》。"（按今本《鬼谷子》无之。）综以上所述观之，则唐时已有《鬼谷子》矣。又《说苑·善说篇》引《鬼谷子》曰："人之不善而能矫之者鲜矣。"《说苑》为刘向所序，而已引《鬼谷子》，则似西汉末已有此书。《新序》引之，而《七略》《汉志》不录者，殆明知《鬼谷子》为苏秦诡托，故从其实，径称《苏子》欤？则乐台之说，庶几得之。但今本《鬼谷子》，则疑并非苏秦所托。柳宗元辨《鬼谷子》，已讥其"言益奇而道益陋"。宋濂《诸子辨》更斥为"小夫蛇鼠之智"，以为"家用之则家亡，国用之则国偾，天下用之则失天下；学士大夫宜唾弃不道"。胡应麟亦曰："其书浅陋。即仪秦之师，其术宜不至猥下如是；盖后世伪为之者。"姚际恒直断为六朝人所托。高似孙《子略》独称其"一阖一辟为易之神，一翕一张为老氏之术，出于战国诸子之表"，岂知言哉！

（二）《张子》十篇。《自注》曰："名仪，有列传。"

（三）《庞煖》二篇。《自注》曰："为燕将。"《兵书略》兵权谋家有《庞煖》三篇。王闿运《题鹖冠子》曰："道家《鹖冠子》一篇，纵横家《庞煖》二篇。《隋志》道家有《鹖冠子》三卷，无庞煖书。而篇卷适合。《隋志》误合之。凡庞子言，皆宜人煖书。"顾实《汉志讲疏》亦曰："兵家《庞煖》三篇，汪刻本《汉书》作'二篇'。合《鹖冠子》一篇，正符此二篇之数。"盖《鹖冠子》中，载庞子之言，多论兵者也。沈钦韩曰："《鹖冠子》中庞煖论兵法，《汉志》本在兵家，为后人傅合。"（见《汉书补注》引）然则即如王顾二人之说，合于《鹖冠子》之《庞煖》，疑亦为《兵书略》中之《庞煖》，非此杂家之《庞煖》矣。岂一书互见于《诸子兵书》二略耶？但篇数又不同何也。

（四）《阙子》一篇。《风俗通》曰：“阙，姓也。承阙党童子之后。纵横家有阙子著书。”（《后汉书·献帝纪》注引）“阙”诚为姓，谓为阙党童子之后，则臆测之谈也。《文选·百一诗》《吴都赋》二篇注，《水经注》淄水睢水二条注，《艺文类聚》《太平御览》，并引《阙子》。马国翰有辑本。

（五）《国筮子》十七篇。

（六）《秦零陵令信》一篇。《自注》曰：“难秦相李斯。”《文选·吴都赋》注引秦零陵令信上书云云，疑即此篇之文。信是人名，其姓不详。

（七）《蒯子》五篇。《自注》曰：“名通。”本传曰：“论战国时说士权变，亦自序其说，凡八十一首，号曰《隽永》。”疑即此书。但篇首数何悬殊也？《兵书略》兵权谋家总计条下《自注》曰：“省《蒯子》五篇。”当与此同为一书。

（八）《邹阳》七篇。《说苑·尊贤篇》引邹子说梁王云云。按邹衍有《狱中上梁王书》，疑即七篇之一。马国翰有辑本。

（九）《主父偃》二十八篇。本传言“偃学长短纵横术”。《说苑·善说篇》尝引其言。马国翰有辑本。

（十）《徐乐》一篇。马国翰有辑本。

（十一）《庄安》一篇。马国翰有辑本。

（十二）《待诏金马聊苍》三篇。《自注》曰：“赵人，武帝时。”“金马”，汉宫门。待诏于此。《严助传》之胶苍，即此人。《广韵》引《风俗通》曰：“聊仓为汉侍中，著子书。”“聊”“胶”同属萧韵；从“翏”声之字，如“寥”，亦音聊也。聊苍之又作胶苍，犹荀卿之又作孙卿尔。

上《汉志》所录纵横家之书十八种，并已亡佚。纵横本策略，不足以言学术；不但不能望儒道墨法名五家之项背，且不能与阴阳家比也。加以秦汉统一，游士弭节，故西汉时所谓纵横之士，如邹阳之类，直赋家文人而已。有此因缘，故湮没如此其速。《战国策》非子书，但尚可以见纵横家之游谈焉。

《汉志》所录农家之书凡九种。

（一）《神农》二十篇。《自注》曰："六国时诸子疾时怠于农业，道耕农事，托之神农。"颜师古曰："刘向《别录》云：'疑李悝及商君所托。'"按神农时未有文字，安得有书？其为依托，可不待辨。《孟子滕文公》曰："有为神农之言者许行。"许行盖亦依托神农者也。《食货志》记晁错之言，《吕氏春秋·爱类篇》，《管子·揆度篇》，《氾胜之书》，皆引"神农之教"；《刘子》引"神农之法"；《开元占经》引《神农书》之《八谷长生篇》；《艺文类聚》引《神农求雨书》；皆后人依托神农者，但未必出于此书耳。马国翰有辑本。

（二）《野老》十七篇。《自注》曰："六国时，在齐楚间。""野老"非人名。农家言耕农事，故以"野老"名其书耳。马国翰有辑本。

（三）《宰氏》十七篇。《自注》曰："不知何世。"叶德辉曰："《史记·货殖传》裴骃《集解》云：'计然者，葵邱濮上人。姓辛氏，字文子。其先晋国亡公子。尝南游于越，范蠡师事之。'《元和姓纂》十五海，'宰氏姓'下，引《范蠡传》云：'陶朱公师计然，姓宰氏，字文子，葵邱濮上人。'据此，则唐人所见《集解》，本是作'宰氏'。宰氏即计然，故农家无计然书。《志》云'不知何世'者，盖班氏所见，乃后人述宰氏之学者，非计然本书也。"（见《汉书补注》引）顾实《汉书讲疏》曰："盖书中仅言农事而不载其事迹也。"今按宰氏究是计然否；即是计然，此书究为计然所著否；俱是疑问，故云"不知何世"。马国翰有辑本，题曰"《范子计然》"。

（四）《董安国》十六篇。《自注》曰："汉代内史，不知何帝时。"

（五）《尹都尉》十四篇。《自注》曰："不知何世。"沈钦韩曰："《唐志·尹都尉书》三卷。《齐民要术》引氾胜之曰：'区种验，美田至十九石，中田十三石，薄田十一石。尹泽取减法。'似尹都尉名泽也。《御览》九百八十引刘向《别录》云：‘《尹都尉书》有种芥葵蓼薤葱诸篇。’《北史》萧大圜云：‘获菽寻氾氏之书，露葵征尹君之录。’”陶宪曾曰：“《尹都尉》有《种瓜篇》，见《御览》九百七十八引刘向《别录》。”（并见《汉书补注》引）马国翰有辑本。

（六）《赵氏》五篇。《自注》曰：“不知何世。”沈钦韩谓《食货志》记赵过教田三辅；《齐民要术·耕田篇》引崔实《政论》记赵过教民耕植法，云“至今三辅犹赖其利”；疑即此人。但既见《食货志》，班固何以又云“不知何世”？沈氏之言，终是臆度。

（七）《氾胜之》十八篇。《自注》曰：“武帝时为议郎。”颜师古曰：“刘向《别录》云：‘使教田三辅，有好田者师之。徙为御史。氾音凡。’”王应麟谓《月令注》《周礼·草人》注《后汉书·刘般传》注、《文选注》《御览》，皆引之。按《齐民要术》亦多引之。隋、唐《志》均有《氾胜之书》三卷。《通志·艺文略》亦有《氾胜之书》二卷。《通考》不著录，殆亡于南宋末也。马国翰有辑本。

（八）《王氏》六篇。《自注》曰：“不知何世。”

（九）《蔡葵》一篇。《自注》曰：“宣帝时，以言便宜，至弘农太守。”颜师古曰：“刘向《别录》云：‘邯郸人。’”“蔡”或作“祭”，古字通。周寿昌曰：“《齐民要术》引崔实《政论》记赵过教民耕植，其法三人共一牛云云；《御览》八百二十二引，作宣帝使蔡葵教民耕事，其文正同。盖蔡书述过法，而崔氏引之。（见《汉书补注》引）马国翰有辑本。

上《汉志》所录农家之书九种，均亡。《神农》明为依托，《野老》不详作者；《宰氏·尹都尉》《赵氏》《王氏》俱云“不知何世”；《董安国》云“不知何帝时”；知其作者为何时人何如人者，仅氾胜之与蔡葵而已。而《尹都尉书》多言种蔬瓜，《赵氏》《氾胜之》《蔡葵》均述耕田法，皆农圃之技术，非学理也。按秦始皇《焚书令》，种树之书不在焚禁之列。《汉志》所录，自《董安国》以下六书，又均为西汉人著。而均亡佚者，殆以其书本不足观欤？农家惟许行主“君臣并耕”，为最高之理想。而《汉志》不录。岂本无著述欤？《孟子》中尚可见其学说之一斑。

《汉志》所录小说家之书凡十五种。

（一）《伊尹说》二十七篇。《自注》曰：“其言浅薄，似依托也。”王应麟曰：“《司马相如传注》引《伊尹书》。《启本纪》：‘伊尹从汤，言素王及九主之事。’注引刘向《别录》曰：‘九主者，有法君、专君、授君、劳君、寄君、等君、破君、国君、三岁仕君、凡九品。图画其形。’殆出此书。”（见《汉书补注》引）今按道家有《伊尹》，此又有《伊尹》说，当非同书。顾实谓此犹《明堂阴阳》与《明堂阴阳说》。但《明堂阴阳说》乃解说《明堂阴阳》者，当与道家所录《老子》之“传”“说”相类。此《伊尹说》当辑录关于伊尹之传说故事而成，非道家《伊尹》之传说，故录之小说家耳。

（二）《鬻子说》十九篇。《自注》曰：“后世所加。”《唐志》小说家亦有《鬻子》一卷，疑即此书。道家有鬻子，此又有《鬻子说》，与上《伊尹说》正同。《文选注》二十六所引《鬻子》，记武王伐纣故事，《御览》三百八十三引鬻子年九十见文王事，当出此书。

（三）《周考》七十六篇。《自注》曰：“考周事也。”

（四）《青史子》五十七篇。《自注》曰：“古史官记事也。”周寿昌曰：“案贾执《姓氏英贤录》云：‘晋太史董狐之子，受封青史之田，因氏焉。’”王应麟曰：“《风俗通义》引《青史子书》。《大戴礼·保傅篇》：‘《青史氏之记》曰：“古者胎教……”云。’”《隋志》、梁有《青史子》一卷。《文心雕龙》曰：“《青史》由缀于街谈。”（并见《汉书补注》引）马国翰有辑本。并见近人丁福保之《佚礼扶教》中。

（五）《师旷》六篇。《自注》曰：“见《春秋》。其言浅薄，不与此同，似依托也。”《说苑·君道篇》《辨物篇》《御览》三百六十九，并引师旷语。《说文》鸟部亦引师旷语。《兵书略》兵阴阳家又有《师旷》八篇，疑非同书。师旷言行，见《左传》《国语》及《周书晋太子解》，《韩非子·十过篇》《吕氏春秋·长见篇》《说苑·建本篇》者亦不少。此书盖由后人辑集师旷之遗言轶事而成者也。

（六）《务成子》十一篇。《自注》曰："称尧问，非古语。"《韩诗外传》称尧学于务成子。《荀子·大略》称舜学于务成昭。务成子、务成昭为一人否，不可考。盖相传古有务成子其人，故为小说者附会依托之也。《数术略》五行家有《务成子灾异应》十四卷，《方技略》房中家有《务成子阴道》三十六卷，虽均依托务成子，当非同书。

（七）《宋子》十八篇。《自注》曰："孙卿道宋子，其言黄老意。"按《荀子·非十二子篇》以宋钘与墨翟同讥。《庄子·天下篇》亦言其"见侮不辱，救民之斗；非攻寝兵，救世之战"。即《荀子·解蔽篇》《正论篇》等评宋子，亦未尝言其近于黄老也。班固所云，不知何指。其书入小说家者，殆如《天下篇》所云"上说下教，强聒不舍"，故为浅近寓譬之言，使听者易晓欤？马国翰有辑本。

（八）《天乙》三篇。《自注》曰："天乙谓汤。其言非殷时，皆依托也。"

（九）《黄帝说》四十篇。《自注》曰："迂诞，依托。"按《史记·五帝本纪》曰："百家言黄帝，其文不雅驯。"诸子之依托黄帝者多矣。此入小说家，殆不雅驯之尤者欤？

（十）《封禅方说》十八篇。《自注》曰："武帝时。"《大戴礼·保傅篇》曰："封泰山而禅梁父。""禅"读为"墠"。封禅，除地为坛墠也。《白虎通》曰："增泰山之高以报天，附梁甫之基以报地。"是封禅为祭天地之礼，盖起于武帝时，详见《史记·封禅书》。此书大抵为武帝时方士所作。

（十一）《待诏臣饶心术》二十五篇。《自注》曰："武帝时。"颜师古曰："刘向《别录》云：'饶，齐人也。不知其姓。武帝时待诏，作书，名曰《心术》。'"

（十二）《待诏臣安成未央术》一篇。应劭曰："道家也，好养生事，为未央术。"按安成、人名。《老子》曰："荒兮其未央哉!""未央术"之名当本此。

（十三）《臣寿周纪》七篇。《自注》曰："项国圉人，宣帝时。"钱大昭曰："项国，疑淮阳国之讹。"按《周纪》与前《周考》，下《周说》当相似，盖录周代遗闻者也。

（十四）《虞初周说》九百四十三篇。《自注》曰："河南人。武帝时，以方士侍郎，号黄车使者。"应劭曰："其说以《周书》为本。"颜师古曰："《史记》'虞初、洛阳人'。即张衡《西京赋》'小说九百，本自虞初'者也。王应麟曰：《郊祀志》：'雒阳虞初等以方词诅匈奴大宛。'"《汉志》所录之书，篇数以此书为最多。

（十五）《百家》百三十九卷。沈钦韩曰："《御览》八百六十八引《风俗通》云：'案《百家书》、宋城门失火，取汲池中水以沃之；鱼悉露见，但就取之。'《后汉书·仲长统传》，'百家杂说，请用从火'。"陶绍曾曰："《御览》七百六十、百八十、引《风俗通》公输般见水上蠡事，亦出《百家》。"（均见《汉书补注》引）按《史记·甘茂传》所云"学百家之说"，《范雎传》所云"百家之说，吾亦知之"，及《汉书·仲长统传》所云"百家杂说"之"百家"，均系泛指诸子之书。《诸子略》录十家之书以小说家为殿，而此书又列最后，疑系十家故事之杂录。故以"百家"为名尔。

上小说家书十五种，均亡。以其书名度之，约可分为四类：（一）《周考》《周纪》《青史子》之属，为野史轶闻之类；（二）《伊尹说》《鬻了说》……所录故事以人为中心，为外史别传之类；（三）《封禅方说》《心术》《未央术》，乃方士所作，为《齐谐》《搜神》之类；（四）《宋子》盖记宋钘言近指远之辞，实寓言之类。此皆得之"街谈巷议、道听涂说"者，故名之曰小说家也。

附录一

《汉志·诸子略》十家著述统计表

《汉志·诸子略》所录儒、道、阴阳、法、名、墨、纵横、杂、农、小说十家之书，总计一百八十九种。存者少，亡者多；存书之中，完全者少，残缺者多；复有亡而又出，实由后人伪造者。兹列表统计之。

书数／别家	汉志所录种数	今存书籍种数						亡书种数	伪书种数	备注
		完本		缺本		残本				
儒	52	4	《孟子》《荀子》《晏子》《盐铁论》	1	《贾谊新书》（缺三篇）	10	《子思子》《曾子》《公孙尼子》《陆贾新语》《董仲舒》《公孙弘》《贾山》《吾丘寿王》《刘向》《杨雄》	37	1	《孟子》七篇存，无缺。《孟子外书》伪别计入伪书。
道	37	1	《老子》	2	《庄子》（缺十九篇）《管子》（缺十一篇）			28	7	《老子》传说四种亡。《老子》本文存，计入存书。

<table>
<tr><th rowspan="2">书数
别家</th><th rowspan="2">汉志所录种数</th><th colspan="6">今存书籍种数</th><th rowspan="2">亡书种数</th><th rowspan="2">伪书种数</th><th rowspan="2">备注</th></tr>
<tr><th colspan="2">完本</th><th colspan="2">缺本</th><th colspan="2">残本</th></tr>
<tr><td>阴阳</td><td>21</td><td></td><td></td><td></td><td></td><td></td><td></td><td>21</td><td></td><td></td></tr>
<tr><td>法</td><td>10</td><td>1</td><td>《韩非子》</td><td>1</td><td>《商君书》（缺四篇）</td><td>2</td><td>《慎子》《晁错》</td><td>6</td><td></td><td></td></tr>
<tr><td>名</td><td>7</td><td></td><td></td><td></td><td></td><td>1</td><td>《公孙龙子》</td><td>4</td><td>2</td><td></td></tr>
<tr><td>墨</td><td>6</td><td></td><td></td><td>1</td><td>《墨子》（缺十八篇）</td><td></td><td></td><td>5</td><td></td><td></td></tr>
<tr><td>纵横</td><td>12</td><td></td><td></td><td></td><td></td><td></td><td></td><td>12</td><td></td><td></td></tr>
<tr><td>杂</td><td>20</td><td>2</td><td>《吕氏春秋》《淮南子》</td><td></td><td></td><td></td><td></td><td>17</td><td>1</td><td></td></tr>
<tr><td>农</td><td>9</td><td></td><td></td><td></td><td></td><td></td><td></td><td>9</td><td></td><td></td></tr>
<tr><td>小说</td><td>15</td><td></td><td></td><td></td><td></td><td></td><td></td><td>15</td><td></td><td></td></tr>
<tr><td rowspan="2">总计</td><td rowspan="2">189</td><td colspan="2">完本8种</td><td colspan="2">缺本5种</td><td colspan="2">残本13种</td><td rowspan="2">154</td><td rowspan="2">今存伪书十一种</td><td rowspan="2">存书、亡书、伪书、共一百九十一种。</td></tr>
<tr><td colspan="6">今存诸子共二十六种</td></tr>
</table>

说　明

一、《汉志·诸子略》著录之书共一百八十九种。上表中存书，亡书，伪书，共一百九十一种。因《孟子》七篇计入存书中，《孟子外书》四篇分出计入伪书中；《老子》传说四种计入亡书中，《老子》本文分出计入存书中。《汉志》则《孟子》内外书十一篇作一种，《老子》本文亦不别列。故合计数较《汉志》总计之数多二种。

二、存书又分三种。今本篇数完全者曰“完本”。《孟子》今存者七篇，《汉志》则云十一篇；但除外书外，七篇固完全也。《韩非子》之《初见秦篇》，为张仪书羼入，如除此篇，似缺一篇；但此篇何时羼入，已不可考，今本篇数固与《汉志》同也。故此二书仍入完本中。

三、今存之书，篇数有缺少者曰“缺本”，篇数亡佚过多者曰“残本”。缺本于表中注明所缺篇数。残本，如《子思子》本二十三篇，仅存四篇于《小戴记》中；《曾子》本十八篇，仅存十篇于《大戴记》中；《公孙尼子》本二十八篇，仅存一篇于《小戴记》中；此本书已亡，残帙存于他书者也。《董仲舒》《贾山》《公孙弘》《吾丘寿王》《晁错》则本书已亡，仅存散篇者也。《陆贾新语》本二十三篇，仅存十二篇；《慎子》本四十二篇，仅存五篇；《公孙龙子》本十四篇，仅存六篇：此本书虽存，残帙甚少者也。他如《刘向所序》本六十七篇，今存者惟《说苑》尚全，而《新序》《列女传》则已残缺，合计仅三十八篇；《杨雄所序》本三十八篇，今仅存《太玄》《法言》，合计仅二十四篇；故亦列入残书。

四、合完本、缺本、残本计之，存书共二十六种。即《新序》《说苑》《列女传》《太玄》《法言》作五种计，亦仅二十九种而已。亡书则总计有一百五十四种之多云。

五、其亡后复出之伪书，则儒家有《孟子外书》，道家有《太公六韬》《鬻子》《文子》《关尹子》《列子》《鹖冠子》《黄帝金人铭》，名家有《邓析子》《尹文子》，杂家有《尉缭子》，凡十一种，皆曾见于《汉志》者。如《鬼谷子》之类，本不见于《汉志》者，不复计及。

附录二
现存诸子重要著述表

前表就《汉志》所录十家之书，统计其存亡、完缺、真伪之数。此表则就见存诸子，举其重要者，历举其书名、主人、及重要校注。故不复以《汉志·诸子略》为范围。十家之中，如阴阳、纵横、农、小说四家，其书均亡，不复列入。所列儒、道、墨、法、名、杂六家之次序，亦与《汉志》微异。且所举或为篇名，非书名。至于亡书，伪书，及存书中之不足观者，皆不列入。读者按此表检读原书，庶可得诸子学说之梗概。较之仅阅近人所作关于诸子学之著述，切实多矣。盖近来所谓“概论”、“学术史”之类，其选择评论之材料或史料，往往以主观取舍；未读原书，易为所蔽，不能知其取材之当与否也。

学派	书名或篇名	本书主人	重要校注	《汉志》著录门类	附注
儒家	《论语》	孔子	何晏等《论语集解》 朱子《论语集注》 刘宝楠《论语正义》	《六艺略》	本书为第一部弟子记纂师说而成之专著，所记孔子之言为主，旁及其态度、生活、琐事、与弟子之言，共二十篇，分次编成，朱子定为《四书》之一，现列《十三经》中。
	《孟子》	孟子	赵岐《孟子注》 朱熹《孟子集注》 焦循《孟子正义》	《诸子略》	本书记孟子之言，亦由其弟子记纂，但系一次编成，《汉志》有十一篇，外书四篇亡，今存内书七篇，朱熹定为《四书》之一，现列《十三经》中。
	《荀子》	荀子	杨倞《荀子注》 王先谦《荀子集解》	同上	本书有荀子自著者，有弟子记述者，其中《成相篇》及《赋篇》为荀子之歌赋。
	《中庸》	子思	郑玄《礼记注》之《中庸注》 朱熹《中庸章句》	《诸子略》	本篇为《子思子》之一篇，为儒家论人生哲学之著作，由《小戴礼记》别出单行，朱熹定为《四书》之一。
	《乐记》	公孙尼	郑玄《礼记注》之《乐记注》	《诸子略》	本篇为《公孙尼子》之一篇，为儒家论乐之著作，现在《小戴礼记》中。

学派	书名或篇名	本书主人	重要校注	《汉志》著录门类	附注
儒家	《大学》		郑玄《礼记注》之《大学注》 朱熹《大学章句》 真德秀《大学衍义》	《六艺略》礼类之《记》中。	本篇原为《小戴礼记》之一篇，为儒家论德治之著作，朱熹从《礼记》抽出，定为《四书》之一，以为曾子所述，实则为汉代作品。
	《学记》		郑玄《札记注》之《学记注》	同上	本篇亦《礼记》之一篇，为儒家论教育之著作，亦汉代作品。
	《礼运》	孔子 子游	郑玄《礼记注》之《礼运注》	同上	本篇记儒家之最高政治理想，亦《礼记》之一篇，亦后世之儒所作。
	《孝经》		唐玄宗《孝经注》 阮福《孝经补疏》	《六艺略》	此书旧云孔子为曾子陈孝道，实为汉儒论孝之著作，现列《十三经》中，当与《大戴礼记》中之《曾子》十篇参阅。
道家	《老子》	老子	王弼《老子注》 焦竑《老子翼》	《诸子略》	此书乃战国时人掇拾荟萃而成，托之老子，亦称《道德经》。
道家	《庄子》	庄子	郭象《庄子注》 焦竑《庄子翼》 王先谦《庄子集解》	同上	此书由庄子后学记纂，附益颇多，今本乃郭象等注家所删存。

学派	书名或篇名	本书主人	重要校注	《汉志》著录门类	附注
墨家	《墨子》	墨子	孙诒让《墨子间诂》	同上	此书由墨子弟子及后学所记纂，亦分数次编成。
名家	《墨辩》		梁启超《墨经校释》、 胡适《小取新诂》	同上	《墨子》中《经》上下、《经说》上下、《大取》《小取》六篇，为战国后期墨家论名学之著作。
	《正名篇》	荀子	（见前）	同上	此为《荀子》中之一篇，为战国后期儒家论名学之著作。
	《公孙龙子》	公孙龙		同上	今存者为残本，名家之书，仅此而已。
法家	《管子》	管仲	洪颐煊《管子义证》	同上	此书由战国时人辑集附益而成，《汉志》列于道家，惟书中以法家言为多。
	《商君书》	卫鞅	王时润《商君书斠诠》	同上	此书由后人辑集而成。
	《韩非子》	韩非	王先慎《韩非子集解》	同上	此书大部为韩非自著，亦有后人辑记及他书误入之篇。
杂家	《吕氏春秋》	吕不韦	高诱《吕氏春秋》注	同上	此书为吕不韦门客所作，亦名《吕览》。
杂家	《淮南子》	刘安	高诱《淮南子注》 刘文典《淮南鸿烈集解》	同上	此书为淮南王刘安门客所作，原名《鸿烈》。